高等学校创新性数智化应用型经济管理规划教材（财务系列）

总主编 / 李雪　主审 / 徐国君

洪宇 ◎ 主编

隋雪 ◎ 副主编

# 经济法（第三版）

立信会计出版社
LIXIN ACCOUNTING PUBLISHING HOUSE

图书在版编目(CIP)数据

经济法 / 洪宇主编. —3 版. —上海：立信会计出版社，2023.8(2024.12 重印)
ISBN 978-7-5429-7418-1

Ⅰ.①经… Ⅱ.①洪… Ⅲ.①经济法-中国-高等学校-教材 Ⅳ.①D922.29

中国国家版本馆 CIP 数据核字(2023)第 152647 号

策划编辑　方士华
责任编辑　孙　勇
美术编辑　吴博闻

## 经济法(第三版)

JINGJIFA

| | | | | |
|---|---|---|---|---|
| 出版发行 | 立信会计出版社 | | | |
| 地　　址 | 上海市中山西路 2230 号 | 邮政编码 | 200235 | |
| 电　　话 | (021)64411389 | 传　　真 | (021)64411325 | |
| 网　　址 | www.lixinaph.com | 电子邮箱 | lixinaph2019@126.com | |
| 网上书店 | http://lixin.jd.com | | http://lxkjcbs.tmall.com | |
| 经　　销 | 各地新华书店 | | | |
| 印　　刷 | 上海万卷印刷股份有限公司 | | | |
| 开　　本 | 787 毫米×1 092 毫米　　1/16 | | | |
| 印　　张 | 20.5 | | | |
| 字　　数 | 468 千字 | | | |
| 版　　次 | 2023 年 8 月第 3 版 | | | |
| 印　　次 | 2024 年 12 月第 3 次 | | | |
| 书　　号 | ISBN 978-7-5429-7418-1/D | | | |
| 定　　价 | 49.00 元 | | | |

如有印订差错，请与本社联系调换

# 总  序

教材是高校实现人才培养目标的重要载体,教材及教材建设对高校发展具有举足轻重的作用。与培养模式相对应的教材是培养合格人才的基本保证,是实现培养目标的重要工具。由于历史的原因,在财经类教材的出版方面,相关出版社出版研究型本科或者高职高专、中等职业等层次的教材较多,应用型本科教材较少。虽然近年来一些应用型本科教材也陆续出版,但总体而言,这些教材还是缺乏权威性、普适性、实用性、创新性。造成这种状况的原因主要在于:出版社对财经类应用型本科教材的出版还不够重视,没有进行有效的组织;财经类应用型本科院校多为新建院校,教材建设相对滞后,主观上也较愿意使用研究型本科教材;在教材使用中存在比较严重的混用现象,教材目标读者群不明确,如不少教材既适用于研究型本科院校又适用于应用型本科院校,或者既适用于本科院校又适用于高职高专院校。

由于目前财经类应用型本科教材种类和数量匮乏或质量欠佳,财经类应用型本科院校不得不沿用传统研究型教材。这些教材本身的质量很好、级别很高,但是并不适用于应用型本科院校的教学,教师和学生普遍反映不好用。即使在全国范围看,也还没有相对成套、成熟的适合财经类应用型本科院校的教材。现有教材存在的主要问题包括:① 教材的定位和要求过高;② 教材的内容偏多、难度偏大;③ 教材着重于理论解释,相关案例、实训等内容较少,缺乏普适性、实用性。

与此同时,信息技术的快速发展使学生的学习习惯和阅读习惯发生了改变,不断朝个性化、自主学习的方向发展,传统的单一纸质教材已经无法适应这种变化。翻转课堂、慕课、微课等网络课程的兴起,混合式教学的不断推进,也对立体化教材建设提出了新的要求。教材作为一种课堂上的教学工具、一种传播媒介,理应顺势而为,随课堂形式、学生学习方式的改变而改变,朝着数字化、立体化、可视化的方向发展。因此,需要编写适应学生水平、便于学生接受的立体化财经类应用型本科教材。

我们组织具有多年应用型人才培养经验的优秀教师和实务界专家编写了这套教材。本系列教材有《会计基本技能》《出纳实务》《基础会计》《中级财务会计》《成本会计》《管理会计》《会计信息系统》《财务管理》《审计学》《高级财务会计》《商业分析》《税法》《经济法》《金融学》等品种。为了保证教材的质量,本系列教材聘请了知名高校的专家教授进行专门指导和审核。每本教材至少有一名本学科的知名专家或学科带头人提出审核指导意见,至少有一名高等院校教学一线的高级职称教师组织编写,至少有一名行业协会、实务界专家或教学研究机构人员提出编写建议。

本系列教材的特色如下。

1. 应用性

应用型本科的教材建设应坚持培养应用型本科人才的定位,充分吸收和借鉴传统的普通本科教材与高职高专类教材建设的优点和经验，以就业为导向，做到理论上高于高职高专类教材、动手能力的培养上高于传统的本科院校教材。本系列教材体现了应用型本科的定位，体现了素质教育和"以学生发展为本"的教育理念，遵循了高等教育教学基本规律，重视知识、能力和素质的协调发展，根据应用型人才培养模式对学生的创新精神、实践能力和适应能力的要求，在内容选材、教学方法、学习方法、实验和实训配套等方面突出了应用性特征。

2. 针对性

本系列教材的编写符合会计学、财务管理和审计学等专业的培养目标、培养需求、业务规格和教学大纲的基本要求，与各专业的课程结构和课程设置相对应，与课程平台和课程模块相对应。教材在结构纵横的布局、内容重点的选取、示例习题的设计等方面符合教改目标和教学大纲的要求，把教师的备课、试讲、授课、辅导答疑等教学环节有机地结合起来。

3. 立体化

本系列教材为立体化教材，实现了由传统纸质教材向"纸质教材＋数字资源"的转变，通过技术手段将晦涩难懂的理论知识转变为直观的具体知识，以立体化、数字化的方式呈现，包括图文、动画、音频、视频等多种形式，生动、有趣且易懂，不仅可以激发学生的学习兴趣，还有利于教学效果的提升。

4. 趣味性

本系列教材注重趣味性，使用了大量的例题和案例，每章都加入了"思政育人""相关思考""延伸阅读"等内容，使读者能够加深理解，便于掌握相关内容。在案例、例题等的设计选用上重点突出趣味性，易于引发读者的共鸣。

5. 先进性

本系列教材反映了应用型会计人才教育教学改革的内容，能够反映学科领域的新发展。教材的整体规划、每一种教材的内容构建等均体现了创新性。教材还强调了系列配套，包括了教材、学习参考书、教学课件等。立体化教材在内容修订上更具有明显优势，线上资源可以随时根据政策法规、理论知识或工作实务等的变化进行调整，更有利于保持教材内容的先进性。

6. 基础性

本系列教材将打破传统教材自身知识框架的封闭性，尝试多方面知识的融会贯通，注重知识层次的递进，体现每一门科目的基本内容，同时在具体内容上突出实际运用能力，做到"教师易教，学生乐学，技能实用"。

7. 易于自学

自学能力是大学生的一项基本能力。学生只有具备了自主学习的能力，才能最终建立起终身学习的保障体系，这也是应用型本科人才培养的客观要求。应用技术型高校的生源素质与普通高校相比存在一定的差距，除了一部分是高考发挥失误的学生，还有一部分学生在学习习惯、基础知识等方面存在一定的欠缺，这就要求教材能够调动这部分学生的学习积极性，在理论方面尽量通俗易懂，在实践方面尽量采用案例式教学。为了有利于学生课后自主学习，本系列教材配套了学习指导书和教学课件。

因此，本系列教材的定位准确，特色明显，适用于应用型本科院校教学，容易得到学生和市场的认可，便于学生的自学和教师的教学。

"十四五"高等学校创新性数智化应用型经济管理规划教材凝聚了众多领导、教授和专家多年来的经验和心血。当然，由于我们的经验和人力有限，教材中难免存在不足，我们期待着各位同行、专家和读者的批评指正。我们将伴随着经济发展和会计环境的变迁不断修订教材，以便及时反映学科的最新发展和人才培养的最新变化。

本系列教材自2014年出版后，得到市场的认可，深受广大高校师生的欢迎。为了更好地回馈读者，本系列教材从2017年起启动第二版的修订工作，2019年启动第三版的修订工作，2021年启动第四版的修订工作。各种教材的修订版将陆续出版。我们会一如既往地做好教材修订和相关服务工作，希望广大读者对本套系列教材继续给予支持。

李　雪

2023年8月

# 第三版前言

本教材为高等学校创新性数智化应用型经济管理规划教材之一,具有应用性、针对性、先进性、基础性、自学性的特点,在充分吸收和借鉴传统的普通本科教材与高职高专类教材建设的优点和经验的基础上,以就业为导向,做到理论上高于高职高专类教材、动手能力的培养上高于传统的本科院校教材。

本教材围绕应用型人才培养目标,以"能力本位,边学边做、边做边学,学中做、做中学"的教学要求为准则,主要结合《中华人民共和国民法典》(以下简称《民法典》)以及《中华人民共和国证券法》等相关法律法规的最新要求,对经济法的内容进行优化。

本教材主要针对《民法典》进行了修订,全书共分为10章,主要内容包括法律基础知识、企业法、公司法律制度、企业破产法、物权法、合同法、证券法、金融法律制度、知识产权法、竞争法律制度。每章都结合相关案例对重点内容进行讲解,并加入"延伸阅读""相关思考""本章小结""本章重要概念"等内容。本教材主要作为普通高等教育经济管理类专业教材,也可供相关专业人员参考。

与同类教材相比,本教材具有以下几个特点:

(1) 思政元素融入教材。《民法典》通过赋予民事主体广泛的权利,并保证民事主体权利得以实现的过程,为国家权力的行使确立了边界。本教材适时引入思政元素,每章节以案例为引导,带领学生探索法律的奥秘与神圣,增强学生的法律意识和道德素养。

(2) 教材体系设计合理。本教材主要针对非法学专业学生编写,从经济管理角度介绍法律,符合经济法初学者的需求。本教材可以激发学生的学习兴趣,更好地培养学生的专业法律技能,为学生将来的工作打下良好的基础。

(3) 突出理论与实务结合。本教材采用大量案例来介绍如何应用法律,将相关法律知识以图表等形式编入其中,使理论知识与实务相结合,重视知识、能力和素质的协调发展,提高学生的创新能力和实践能力。

(4) 配套资源丰富。本教材配有《经济法学习指导书》,以及PPT课件、教学大纲、试卷等辅助资料,便于学生自学并巩固所学知识。

本教材由洪宇主编,隋雪为副主编,董明珠、高金清、孙晓彤、马瑞颖为编者。具体分工如下:第一章至第三章由洪宇、隋雪编写,第四章由隋雪、董明珠编写,第五章由洪宇、高金清编写,第六章和第九章由洪宇、董明珠编写,第七章由洪宇、孙晓彤编写,第八章由洪宇、马瑞颖编写,第十章由洪宇编写。

在编写本教材的过程中我们参考了大量相关教材和论著,在此向有关作者致以深深的谢意!

在本教材的编写过程中,编者多次讨论研究,力求内容编排合理、避免错误。书中疏漏不足之处,敬请读者批评指正。

编　者

2023 年 8 月

# 目 录

## 第一章　法律基础知识 ... 1
 第一节　法律的一般理论 ... 3
 第二节　民事法律行为制度 ... 9
 第三节　代理制度 ... 16
 第四节　诉讼时效制度 ... 20
 本章小结 ... 23
 本章重要概念 ... 23

## 第二章　企业法 ... 24
 第一节　企业的概念和分类 ... 25
 第二节　个人独资企业法律制度 ... 26
 第三节　合伙企业法律制度 ... 30
 本章小结 ... 41
 本章重要概念 ... 41

## 第三章　公司法律制度 ... 42
 第一节　公司法概述 ... 44
 第二节　有限责任公司 ... 51
 第三节　股份有限公司 ... 61
 第四节　公司股东以及董事、监事、高级管理人员 ... 71
 第五节　公司的财务与会计制度 ... 75
 第六节　公司变更 ... 79
 第七节　公司的解散和清算 ... 83
 本章小结 ... 86
 本章重要概念 ... 86

## 第四章　企业破产法 ... 87
 第一节　破产法概述 ... 88
 第二节　破产申请与受理 ... 90

  第三节 债务人财产 ................................................................ 94
  第四节 管理人与债权人会议 ................................................ 99
  第五节 重整、和解与破产清算 ............................................ 104
  本章小结 ................................................................................ 111
  本章重要概念 ........................................................................ 111

## 第五章 物权法 .................................................................................. 112
  第一节 物权概述 ........................................................................ 113
  第二节 所有权制度 .................................................................... 121
  第三节 用益物权制度 ................................................................ 126
  第四节 担保物权制度 ................................................................ 128
  本章小结 ................................................................................ 136
  本章重要概念 ........................................................................ 136

## 第六章 合同法 .................................................................................. 137
  第一节 债的概述 .................................................................... 139
  第二节 合同的订立 ................................................................ 146
  第三节 合同的内容解释 ........................................................ 154
  第四节 合同的履行 ................................................................ 156
  第五节 合同的担保 ................................................................ 164
  第六节 合同的变更与转让 .................................................... 168
  第七节 合同的终止 ................................................................ 172
  第八节 违约责任 .................................................................... 180
  本章小结 ................................................................................ 186
  本章重要概念 ........................................................................ 186

## 第七章 证券法 .................................................................................. 187
  第一节 证券法律制度概述 .................................................... 189
  第二节 证券发行 .................................................................... 196
  第三节 持续信息公开 ................................................................ 209
  第四节 上市公司收购 ................................................................ 213
  第五节 证券市场的主体 ........................................................ 222
  本章小结 ................................................................................ 227
  本章重要概念 ........................................................................ 227

### 第八章　金融法律制度 · 228
　　第一节　商业银行法律制度 · 229
　　第二节　保险法律制度 · 240
　　第三节　票据法律制度 · 247
　　本章小结 · 251
　　本章重要概念 · 252

### 第九章　知识产权法 · 253
　　第一节　知识产权概述 · 255
　　第二节　著作权 · 259
　　第三节　专利权 · 267
　　第四节　商标权 · 278
　　本章小结 · 286
　　本章重要概念 · 287

### 第十章　竞争法律制度 · 288
　　第一节　竞争法概述 · 289
　　第二节　反不正当竞争法 · 291
　　第三节　反垄断法 · 302
　　本章小结 · 313
　　本章重要概念 · 313

# 第一章 法律基础知识

- 内容简介
- 重点难点
- 学习目标
- 知识框架
- 思政育人
- 第一节 法律的一般理论
- 第二节 民事法律行为制度
- 第三节 代理制度
- 第四节 诉讼时效制度
- 本章小结
- 本章重要概念

## 内容简介

本章主要介绍了经济法的概念、经济法律关系和法律事实,以及法律行为的有效要件、代理行为制度和诉讼时效制度,侧重从整体上对经济法知识建立一个立体的框架体系,为今后各章的学习奠定基础。

## 重点难点

本章重点为法律关系的构成、无权代理行为和诉讼时效制度;难点为可撤销的民事法律行为的处理和诉讼时效届满期的计算。

## 学习目标

通过本章学习,学生应了解经济法的概念和法律关系的构成要素;正确理解和区分无效的民事法律行为与可撤销的民事法律行为的类型;能够分析无权代理行为中追认权、催告权、撤销权的使用。

## 知识框架

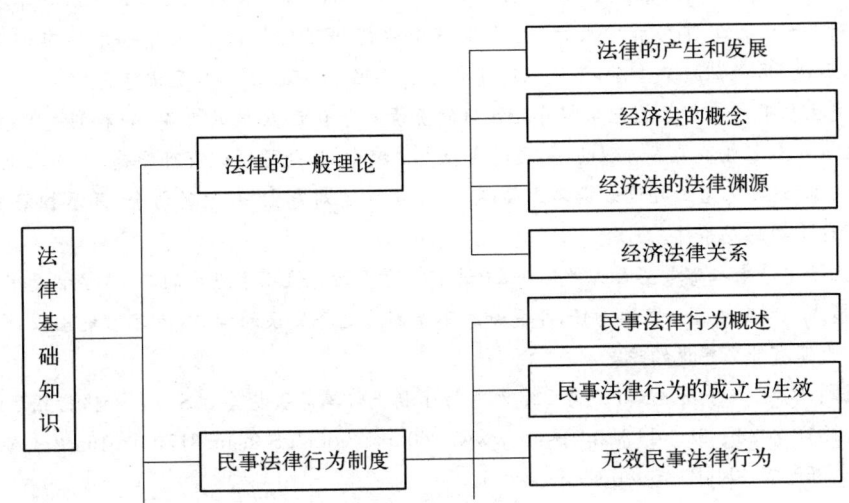

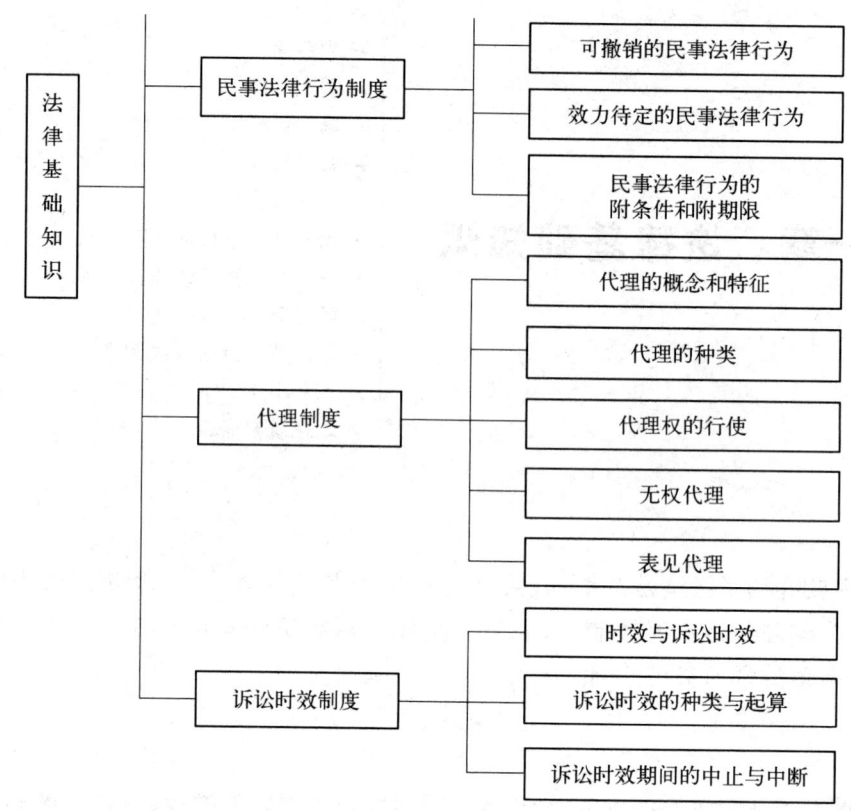

### 思政育人　男子拍下订单后去提车，4S店：价格标错了

如今，很多家庭为了出行方便都购置了小汽车。虽然开车出行确实省去了不少的时间，但对于一些人来说，新车的价格还是有些过高，所以他们不得不选择价格较为便宜的二手车。

某天刘先生无意在网上看到一辆车况较好的奥迪Q5，并且只卖228元，他立即交付99元定金拍下了这辆奥迪Q5，想要尽早把这辆车开回家。

第二天一大早，刘先生就坐车来到了这家4S店准备提车，可让他没想到的是，工作人员一听说他想要花228元提奥迪Q5，立马就傻眼了，表示自己店里并没有这款车。在刘先生拿出手机把车子照片和订单进行比对时，4S店的工作人员才表示，是店里不小心标错了价格，把22.8万元的奥迪Q5标成了228元，这辆奥迪Q5虽然是二手车，不过只跑了4万多公里，不可能以228元出售。

看到刘先生拍下订单大老远跑来提车，4S店的负责人承认了店里的失误，并和刘先生协商处理此事，而刘先生表示自己也不是不讲理的人，当时会拍下这辆车，只是觉得这有可能是4S店在做活动，自己成了幸运的买家，这才大老远赶过来提车。最终，4S店退还了刘先生99元的订金，并承担刘先生往返的车费，结束了这次的乌龙事件。

虽然在生活中每个人都希望天上掉馅饼，不过228元买到价值几十万元的车，这显然是不现实的，不过在这个事情上，4S店也有一定的责任，毕竟如果不是因为这个失误的操作，也不可能引发这次的误会。不知道对此，大家有什么想说的呢？

**资料来源**：佚名.二手奥迪Q5只卖228元？男子拍下订单后去提车，4S店：价格标错了[EB/OL]. (2020-05-08) [2023-08-11]. https://www.360kuai.com/pc/994a5817f0d3a16ac?cota=3&kuai_so=1&sign=360_57c3bbd1&refer_scene=so_1.

## 第一节 法律的一般理论

### 一、法律的产生和发展

经济学有两个重要的假定：一是人是自利的，二是资源是稀缺的。"人是自利的"这个假定并非可以解释所有具体的人，但却不失为对人性的大致观察。这两个假定应联系在一起理解，即"因为人是自利的，所以相对于人的无尽的欲望，资源是稀缺的"。

人与人如果能够和睦相处，自然而然地发展，则没有制度存在的必要。现实状况是冲突多于和谐，整个社会的发展历史就是冲突不断产生和解决的过程。冲突的解决有和平和争斗两种方式。无论是和平协商还是武力对抗，都是一个利益博弈的过程，进而达到均衡的结果。冲突的解决方案就是制度。

制度用以协调和解决人与人之间的冲突关系。先要确定各方的行为规范，此为规则。规则确定了各方在资源占有、使用和交易上的行为边界或范围。在边界内行事的资格，即权利。权利可由交易双方的合同设定，即约定权利；也可由法律直接规定，即法定权利。越界行事，如违反合同，则为违约；如侵犯他人法定权利，则为侵权。要想相安无事，则应尊重他人权利，即义务。人的自利性决定了人不可能完全自觉地恪守义务，须有相应机制来制裁其越界行为，即责任的承担。因此，规则的内容一般涵盖权利、义务和责任三个方面。

规则不可能自己产生，而是各方主体博弈的结果。规则产生后，还要有实施机制促使其发挥作用。无论是规则的产生还是实施，都伴随着相应的组织机构的产生和发展。这些组织机构可以是互相博弈的人基于不同利益而形成的各个利益集团，或者是被推选出来制定规则的代表机构，也可以是督促或监督规则实施的权力机构等。一方面，这些组织机构成了规则产生和实施的运行机制；另一方面，组织的成立、运作及组织机构之间的关系也需要有相应的规则。

制度包括规则和组织，反映在法律制度方面，即为法律规则和法律组织。其中，法律规则又可分为实体法和程序法两类，前者规定了法律主体的实体权利义务，后者是涉及法律组织的运作程序。法律制度包括两类：一类由国家机构创设，即制定和颁布的法律、法规，以及依法设立的国家组织机构等；另一类由国家机构认可，包括市场主体达成的合法的契约及形成的组织等。合同虽由市场主体订立，但只要合法，合同也可作为司法机构裁决争议的依据，国家机构可给予其履行方面的支持。

综上所述，人类社会发展到一定程度，就出现了法律。法律的产生和发展是一个复杂的孕育、演化过程，"凡社会该有其法"，任何社会都必须有自己的规范，即广泛意义上的法。在国家产生前，禁忌、习惯或习惯法充当了原始社会的法。这说明，在国家产生前，法的胚胎已在孕育。国家的出现，更多的是为法提供了强制性、权威性和统一性，法成为一种有文字记录的更加理性的机制。

### 二、经济法的概念

人类生存和社会发展，均依赖于经济活动。调整经济关系、维护经济秩序，是法律的

二维码：
视频1-1
相关法律制度

重要任务。因此,自从人类社会出现了国家、出现了法律现象,就有了对经济的法律调整。从古至今,随着经济的发展和社会的进步,法律对经济的调整也越来越深刻和广泛。

经济法的概念迄今尚无定论。这主要是因为在传统的法律部门中尚无经济法这一类别,而在自由经济发展到垄断经济时期,法律调整经济关系所适用的原则、方式、方法等发生了一系列变化,如私权神圣不可侵犯被附之以社会义务,契约自由不得损害弱者利益,过错原则不再是唯一界定行为人责任的依据,国家由不干预私人经济转而渗透到社会经济的各领域等。在此情形下,与之相关的法律规范与传统部门法在性质上具有较大的差别。那么,该类法律规范究竟应归入传统部门法中的某一类别,还是单独形成一个新的法律部门?或者该类法律规范若归入一个被称为经济法的新的法律部门,其又应该包括哪些内容?凡此种种,学者们存有较大歧见。基于本教材不是一部学术性著作,故不对有关经济法概念的各种观点作研究性探讨。

根据通俗的观点,**经济法**是调整国家协调经济运行过程中发生的经济关系的法律规范的总称。这里强调的是在国家协调经济运行过程中发生的经济关系才是经济法所调整的对象,也就是说这种经济关系是一种特定的经济关系,具有不同于其他社会经济关系的本质特征。这种特定性就在于,经济法不调整一切经济关系,也不调整经济关系以外的其他社会关系,只调整属于它自己范围内的经济关系。这种特定的经济关系一经法律调整,即形成经济法律关系。因此,经济法所调整的这种特定的经济关系的性质和内容决定了经济法在我国是整个法律体系中一个独立的法律部门,并且经济法与其他法律部门是有根本区别的,当然也是有紧密联系的。

经济法中的经济关系是通过物而形成的人与人之间的社会关系,即物质利益关系。在市场经济条件下,包括我国在内,国家对社会经济关系的管理,不再是过去的那种指令式的、审批式的、物质分配式的管理,而转变为方向式的、预测式的、指导式的、协商式的管理,这就决定了在市场经济条件下,经济法的调整对象必须是国家需要管理、控制、协调、组织的那一部分特定的社会经济关系。具体来说,这一特定的社会经济关系可以从四个方面来认识:经济管理经济关系、市场主体经济关系、宏观调控经济关系和社会保障经济关系。

之所以国家要协调经济运行,是因为这种协调体现了国家对经济活动的管理职能,体现了国家对经济运行的干预。因为市场不是万能的,在经济运行中存在着"市场失灵"的情形。市场经济是在国家协调之手和市场自身机制的共同作用下运行发展的。实践证明,市场调节具有一定的自发性、滞后性和一定的盲目性。只有既强化市场机制的作用,又进行必要的国家协调,才能保障国民经济的高效运行,才能克服经济发展中的弱点。

延伸阅读 1-1

**诚信需要制度来约束**

经济学家张五常在《卖橘者言》里作了生动的描述,如果卖橘者是一个流动商家,他与每个买家可能只是一次性的交易,那么他就有积极性去欺诈消费者,夹带一些劣质的橘子卖出去,买家也可能使用假钞欺骗卖橘者。但是,如果卖橘者是一个小店铺主,他的买家是周围的居民,那么卖家和买家相互欺诈的可能性就要小得多,甚至可能使用信用进行交易,原因很简单,如果卖家不诚信,他可能失去周围最有积极性的买家;如果买家使用假钞,他也可能失去卖家的信任和特别的优惠。

### 三、经济法的法律渊源

渊源一词可以用在不同的对象,如历史渊源、理论渊源、政治渊源等。作为专门术语,这一概念在法学,特别是立法学中有特定的含义。法律渊源是指法的创制方式和法律规范的外部表现形式。这一概念的意义在于说明一个行为规则,通过什么方式产生、具有何种外部表现形式才被认为是法律规范,才具有法的效力,并成为国家机关审理案件、处理问题的规范性依据。简单地说,法律渊源就是法律的存在或表现形式。

经济法的法律渊源主要有以下几种:

（1）宪法。宪法是我国的根本大法,是我国全部立法工作的基础、根据和最基本的效力来源,一切法律、法规和其他规范性文件,都不得与宪法的规定相抵触。

（2）法律。在我国,法律专指由国家最高权力机关及其常设机关,即全国人民代表大会和全国人大常务委员会制定颁布的规范性文件,其法律效力仅次于宪法,如《中华人民共和国民法典》（以下简称《民法典》）等。

（3）行政法规。行政法规是国务院在法定职权范围内为实施宪法和法律制定的有关国家行政管理的规范性文件。经济法以该种形式大量存在,如《中华人民共和国公司登记管理条例》等。

（4）地方性法规。地方性法规是省、自治区、直辖市的人民代表大会及其常务委员会根据本地区的具体情况和实际需要,在法定权限内制定发布的适用于本地区的规范性文件。省、自治区人民政府所在地的市,经济特区所在地的市和经国务院批准的较大的市的人民代表大会及其常委会,也可制定地方性法规,经省、自治区人民代表大会常委会批准后施行。

（5）部门规章。部门规章是指国务院的组成部门及其直属机构在其职权范围内制定的规范性文件,如中国人民银行颁发的《支付结算办法》等。

（6）司法解释。司法解释是最高人民法院、最高人民检察院在总结审判经验的基础上发布的指导性文件和法律解释,这也是经济法的重要形式之一,如最高人民法院发布的《关于审理不正当竞争民事案件应用法律若干问题的解释》等。

（7）国际条约或协定。国际条约或协定是指我国作为国际法主体同其他国家或地区缔结的双边、多边协议和其他具有条约、协定性质的文件。上述文件生效以后,对缔约国的国家机关、团体和公民具有法律上的约束力。因而,国际条约或协定便成为经济法的重要形式之一,如我国加入世界贸易组织与相关国家签订的协议等。

**延伸阅读 1-2**

**女子携导盲犬登火车遭拒**

2015年3月6日,盲人黄鸣准备乘火车从上海去南京,但其导盲犬遭到拒载,她不得不取消了行程。根据《中华人民共和国残疾人保障法》,盲人携带导盲犬可以进入公共场所。2014年4月1日《上海市实施〈中华人民共和国残疾人保障法〉办法》专门规定,盲人携带导盲犬可以进入公共场所、乘坐公共交通工具。民航、公交等都允许盲人携带导盲犬乘坐,呼吁社会各界能够共同关注和支持,给残疾人提供无障碍的出行环境。

《铁路旅客运输规程》第52条规定,动物及妨碍公共卫生（包括有恶臭等异味）的物品被禁止带上列车。自2015年1月5日起,严禁旅客携带自行车（含折叠自行车）和妨碍公共卫生、影响旅客列车车内通行、容易污损铁路车辆、影响站车环境秩序的物品及动物进站乘车。

铁路上海站工作人员表示,黄女士3月6日在上海站携导盲犬登车确实被拒。针对黄女士的实际情况及提出的意见,他们已向上级部门反映。

《中华人民共和国残疾人保障法》规定,盲人可以携带导盲犬出入公共场所,所以铁路方面不让导盲犬上火车的规定是违反上位法的。当铁路部门的规定不符合上位法的规定时,应当遵照上位法,允许导盲犬上公共交通工具。

资料来源:徐辉.导盲犬乘车遭拒载 文明乘车安全为第一考量[EB/OL].(2015-03-16)[2023-06-30]. https://www.toutiao.com/article/4075999224/.

### 四、经济法律关系

法律关系是在法律规范调整社会关系的过程中所形成的人们之间的权利和义务关系。法律关系是体现意志性的特种社会关系,法律关系是反映统治者意志和行为人意志而形成的关系;法律关系是根据法律规范建立的一种社会关系,具有合法性;法律关系是特定法律关系主体之间的权利和义务关系。

经济法律关系是指在国家协调经济运行过程中,经济法律规范作用于其调整对象而形成的权利义务关系。以经济为内容的社会关系被经济法调整之后,就形成了经济法律关系。任何法律关系都包括主体、内容和客体三个组成部分,经济法律关系也不例外。

**(一)经济法律关系的主体**

经济法律关系主体是指参加经济法律关系,拥有权利和义务的当事人。在经济法律关系主体中,法律关系当事人在许多情况下,既享有经济权利,同时又承担经济义务。例如,双方当事人就某项买卖达成了意思表示一致的有效经济合同时,双方当事人就构成了这一经济法律关系的参加者,即经济法律关系的主体。

在我国,根据各种法律的规定,能够参与经济法律关系的主体包括以下几类:

(1) 自然人。这里的自然人既包括我国公民,也包括居住在我国境内或在境内活动的外国公民和无国籍人。

(2) 法人和非法人组织。法人是具有民事权利能力和民事行为能力,依法独立享有民事权利和承担民事义务的组织。《民法典》规定,我国法人包括营利法人、非营利法人、特别法人,其中营利法人是以取得利润并分配给股东等出资人为目的成立的法人,包括有限责任公司、股份有限公司和其他企业法人等;非营利法人是为公益目的或其他非营利目的成立,不向出资人、设立人或者会员分配所取得利润的法人,包括事业单位、社会团体、基金会、社会服务机构等;特别法人包括特定的机关法人、农村集体经济组织法人、城镇农村的合作经济组织法人、基层群众性自治组织法人。非法人组织是不具有法人资格,但是能够依法以自己的名义从事民事活动的组织,包括个人独资企业、合伙企业、不具有法人资格的专业服务机构等。

(3) 国家。在特殊情况下,国家可以作为一个整体成为法律关系的主体。在国际法中,国家可以成为外贸关系中的债权人和债务人;在国内法中,国家可以直接以自己的名义参与国内法律关系(如发行国库券)。当然,在大多数情况下,由国家机关或者授权的组织作为代表参加法律关系。

自然人和法人要能够成为法律关系的主体,享有权利和承担义务,就必须具有相应的权利能力和行为能力,即具有法律关系主体构成的资格。

1. 权利能力

权利能力又称权利义务能力,是指能够参与一定的法律关系,依法享有一定权利和承担一定义务的法律资格。它是法律关系主体实际取得权利、承担义务的前提条件。

自然人的权利能力可以从不同角度进行分类。根据享有权利能力的主体范围不同,可以分为一般权利能力和特殊权利能力。前者又称为基本的权利能力,是一国所有自然人均具有的权利能力,它是任何人取得自然人法律资格的基本条件,不能被任意剥夺或解除。后者是自然人在特定条件下具有的法律资格。这种资格并不是每个自然人都可以享有的,只授予某些特定的法律主体。

法人的权利能力没有上述的类别,所以与自然人的权利能力不同。一般而言,法人的权利能力自法人成立时产生,至法人解体时消灭。其范围是由法人成立的宗旨和业务范围决定的。

2. 行为能力

行为能力是指法律关系主体能够通过自己的行为实际取得权利和履行义务的能力。自然人的行为能力是公民的意识能力在法律上的反映。其标准有两个:一是能否认识自己行为的性质、意义和后果;二是能否控制自己的行为,并对自己的行为负责。自然人的行为能力问题,是由法律予以规定的。

行为能力必须以权利能力为前提,无权利能力就谈不上行为能力。对自然人来讲,有权利能力不一定有行为能力。根据《民法典》的规定,自然人分为完全行为能力人、限制行为能力人和无行为能力人三种。

(1) 完全行为能力人。18周岁以上的自然人是成年人,具有完全民事行为能力,可以独立进行民事活动,是完全行为能力人;16周岁以上不满18周岁的自然人,以自己的劳动收入为主要生活来源的,视为完全民事行为能力人。

(2) 限制行为能力人。8周岁以上的未成年人是限制民事行为能力人,可以进行与他的年龄、智力相适应的民事活动;其他民事活动由他的法定代理人代理,或者需要征得他的法定代理人的同意。不能完全辨认自己行为的精神病人是限制行为能力人,可以进行与他的精神健康状况相适应的民事活动;其他民事活动由他的法定代理人代理,或者需要征得法定代理人的同意。

(3) 无行为能力人。不满8周岁的未成年人是无民事行为能力人,由他的法定代理人代理民事活动。不能辨认自己行为的精神病人是无行为能力人,由他的法定代理人代理民事活动。

法人组织也具有行为能力,但与自然人的行为能力不同。法人的行为能力和权利能力却是同时产生和同时消灭的。法人一经依法成立,就同时具有权利能力和行为能力,法人一经依法撤销,其权利能力和行为能力就同时消灭。

**(二) 经济法律关系的内容**

经济法律关系的内容就是经济法律关系主体之间的权利和义务。它是法律规范所规定的法律权利与法律义务在实际的社会生活中的具体落实。法律权利是国家通过法律规

二维码:
视频1-2
经济法概述

定对法律关系主体可以自主作出某种行为的许可和保障;法律义务是国家通过法律规定对法律主体行为的一种约束。在任何一种法律关系中,权利人享有权利依赖于义务人承担义务。不能一方只享有权利不承担义务,另一方只承担义务不享有权利。

### (三) 经济法律关系的客体

经济法律关系客体是指经济法律关系主体的权利和义务所指向的对象。它是构成法律关系的要素之一。经济法律关系客体的种类主要包括以下几种:

(1) 物。法律意义上的物是指能够由法律关系主体支配的、具有稀缺性并且有价值的有体物。一般是在生产上和生活上所需要的客观实体。它可以是天然物,也可以是生产物;可以是活动物,也可以是不活动物。

(2) 行为。在很多法律关系中,其主体的权利和义务所指向的对象是行为结果。这种结果一般分为两种:一种是物化结果,即义务人的行为(劳动)凝结于一定的物体,产生一定的物化产品或营建物(房屋、道路、桥梁等);另一种是非物化结果,即义务人的行为没有转化为物化实体,而仅表现为一定的行为(通常为服务行为)过程所产生的结果(或效果)。

(3) 人格利益,如公民肖像、名誉、法人名称等。

(4) 智力成果。智力成果是人通过某种物体(如书本、砖石、纸张、胶片、磁盘)或大脑记载下来并加以流传的思维成果。精神产品不同于有体物,其价值和利益在于物中所承载的信息、知识、技术、标识(符号)和其他精神文化。同时它又不同于人的主观精神活动,是精神活动的物化或固定化,如作品、技术、商标等。

### (四) 法律事实

法律事实是指具有法律关联性的、能够引起法律关系产生、变更和消灭的客观情况或现象。按是否以人们的意志为转移作标准,可以将法律事实大体上分为两类,即事件和行为。

事件是具有法律关联性的、不以当事人的意志为转移而引起法律关系形成、变更或消灭的客观事实。事件又分成社会事件和自然事件两种。前者如社会革命、战争等,后者如人的生老病死、自然灾害等。

凡是事实上存在的任何事物,无论是自然现象还是社会现象都可以说是一种客观情况。这种客观情况通常被称为"事实关系"。但是,不是所有的事实关系都能产生一定的法律后果,只有那些能够产生法律后果的"事实关系",我们才把它们称为"法律事实"。例如,刮风、下雨、下雪等自然现象是客观存在的事实,这种事实不能引起经济法律关系的建立。但如果因为忽视了防雨工作而造成了一定的经济损失,由此要赔偿对方的损失,则此时"下雨"这一自然现象已变为了能引起经济法律关系建立的"法律事实",它已间接地产生了一定的法律后果。又如,双方当事人根据实际需要自愿、合法地签订了经济合同,合同的签订是一个客观事实,而这个客观事实能够引起双方建立起买卖关系,所以,签订经济合同就是一个能够引起经济法律关系建立的法律事实。

**❓ 相关思考 1-1**

**信用卡被冒用后所涉及的经济法律关系**

邱先生的信用卡开通了消费短信提醒功能。2×23 年 1 月 1 日下午 1 点 20 分左右,邱先生突然收到一条银行发来的短信,告知他刚刚刷卡完成了一笔交易,金额为 1 720 元。"卡还在身上,怎么会有刷卡记录呢?"他一摸口袋,才发现钱包已经不翼而飞,此时离他吃完饭结账不过10分钟左右。邱先生马上拨打银行的服务热线挂失并报警。但由于挂失需要一定的时间,结果就在手续快要完成时,邱先生的手机又收到了一条短信,提醒他完成了一笔570元的交易。

完成挂失手续后,邱先生再次拨打了该银行的客户服务热线,了解消费的具体细节,这时他才知道小偷共用了他的卡消费了3次,还有一笔的金额是20元。他于是要求银行提供当时刷卡的POS单,为警方查案提供方便。银行告知调单需要较长的时间,邱先生只好等待银行给他答复。

2月22日,邱先生终于收到了银行传来的三笔刷卡消费的POS单。原本还试图从笔迹上找到些蛛丝马迹的邱先生,在见到刷卡的POS单后大吃一惊:在一张单子上,持卡人签名是"红强"。在另两张单子上,签名却是极为简单的一个"红"字。而他当初在信用卡背面的签名和之前签单时,用的都是他的全名"邱××"。

邱先生告知记者,该行信用卡消费时无需密码,因此持卡人必须在卡片背面签名后才能使用。每次消费时,POS单上的签名必须与卡片上的签名一致,交易才能够被确认。"如果签的名字是同一个,那或许收银员辨认不出来。但现在连名字都不一样,可收银员却没有丝毫疑问,这太不应该了。"邱先生对此非常不理解,并认为商店应当承担他的相应损失。但当他就此与商店进行沟通时,却遭到了对方的拒绝。

邱先生的信用卡被窃后向发卡行挂失,同日被人冒用购物消费,给邱先生造成了损失。邱先生以商店未按规定认证为由提起公诉,要求商店赔偿。邱先生作为持卡人能否直接要求商店承担赔偿责任,引起了各界的争论。

资料来源:王传辉,李爱荣.MBA经济法[M].北京:中国人民大学出版社,2015.

## 第二节 民事法律行为制度

### 一、民事法律行为概述

#### (一) 民事法律行为的概念

**民事法律行为**是民事主体通过意思表示设立、变更、终止民事法律关系的行为。意思表示是民事法律行为的核心要素,自然人、法人或非法人组织通过意思表示负载其权利或义务,法律认可该意思表示的效力,民事权利义务关系由此生效,当事人就此实现了意思自治。自己的意思表示,可以获得法律认可并发生权利义务关系,在部门法中唯有民法调整的民事法律关系才有,公法中如刑法中的犯罪行为、行政法中的行政行为其效果都不是来自当事人的意思表示,而是外部强制。所以,用法律行为表述就足矣,无须再加前缀"民事"。

法律行为是法律关系设立和变动的原因,是一种重要的法律事实。当事人通过法律行为自主地设立、变更或终止某种法律关系,达到自己追求的法律效果。由此看出,法律行为真正体现了意思自治精神。法律行为具有以下特征:

(1) 以意思表示为要素。意思表示是指行为人将意欲达到某种预期法律后果的内在意思表现于外部的行为。如果行为人仅有内在意思而不表现于外,则不构成意思表示,法律行为不能成立;行为人表现于外的意思不是其内在意思的真实反映,则表明该意思表示有瑕疵,法律行为原则上亦不能生效。意思表示是法律行为的核心,也是法律行为与非表意行为,如事实行为等相区别的重要标志。

(2) 以设立、变更或终止权利义务为目的。这一特征表明法律行为是行为人的自觉自愿行为,而非受胁迫、受欺诈的行为,否则就达不到行为人的目的。这也是衡量法律行为法律效果的基本依据,如侵权行为往往会导致一定的法律后果,但却是与行为人的预期目的相悖的。

（二）意思表示

**意思表示**是指表意人将其期望发生某种法律效果的内心意思以一定方式表现于外部的行为。意思表示是法律行为不可或缺的内容,是法律行为最基本的要素。意思表示的存在是法律行为区别于其他法律事实的根本要素。

意思表示的三要素为目的意思、效果意思和表示行为。目的意思是指民事行为标的具体内容的意思表示;效果意思是指当事人欲使其目的意思发生法律上效力的意思表示;表示行为是指行为人将其内在的意思表示和效果意思以一定方式表现于外部,为行为相对人所了解的行为要素。

意思表示的形式主要有如下种类:

(1) 口头形式。它是指以对话的形式所进行的意思表示,属于以明示、直接的方式进行意思表示。"对话"包括电话交谈、托人带口信、当众宣布自己的意思等。口头形式具有简便、迅速的优点,但同时由于缺乏客观记载,一旦发生纠纷,日后难以取证。因此,口头形式大多适用于即时清算或标的数额小的交易。

(2) 书面形式。它是指用书面文字形式所进行的意思表示,也属于以明示、直接的方式进行意思表示。合同书及任何记载当事人权利、义务内容的文件,都属书面形式。它还包括电报、电传、传真、电子数据交换和电子邮件等可以有形地表现所载内容的数据电文形式。书面形式可促使当事人深思熟虑后才实施法律行为,使权利义务关系明确化,并可保存证据,有助于预防和处理争议。书面形式是要式民事法律行为的一种形式,是否采用由法律或行政法规规定。书面形式主要适用于履行期限较长、交易规则复杂、标的数额较大的交易行为。

(3) 推定形式。它是指当事人通过有目的、有意义的积极行为将其内在意思表现于外部,使他人可以根据常识、交易习惯或相互间的默契,推知当事人已作某种意思表示,从而使民事行为成立。推定形式又被称为默示的或间接的意思表示。例如,租期届满后,承租人继续交纳房租,出租人接受之,由此可推知当事人双方作出了延长租期的法律行为。

(4) 沉默方式。它是指既无语言表示又无行为表示的消极行为,在法律有特别规定的情况下,视为当事人的沉默已构成意思表示,由此使民事行为成立。例如,《民法典》第1124条规定:继承开始后,继承人放弃继承的,应当在遗产处理前,以书面形式作出放弃继承的表示;没有表示的,视为接受继承。

## 二、民事法律行为的成立与生效

（一）民事法律行为的成立

民事法律行为要产生法律效力,首先应当符合民事法律行为的构成要素,即必须具有当事人、意思表示、标的三个要素。一些特别的民事法律行为,除了上述三个要素,还必须具备其他特殊事实要素,如实践性民事法律行为的成立还必须有标的物的交付。

### （二）民事法律行为的生效

民事法律行为的生效，是指已经成立的民事法律行为因为符合法律规定的有效要件而取得法律认可的效力。民事法律行为的成立和生效是两个不同的概念。民事法律行为的成立是民事法律行为生效的前提；民事法律行为未成立，当然也谈不上生效。在大多数情况下，民事法律行为成立和生效是一致的，即在民事法律行为成立时即具有法律效力。

民事法律行为生效，应当具备一定的条件，即民事法律行为的有效要件。民事法律行为的有效要件包括实质要件和形式要件。

1. 民事法律行为有效的实质要件

（1）行为人具有相应的民事行为能力。行为人实施的民事法律行为是合法行为，必然产生权利义务关系，进而产生相应的法律后果，因此，民事法律行为的行为人必须具有预见其行为性质和后果的相应的民事行为能力。就自然人而言，完全民事行为能力人可以以自己的行为取得民事权利，履行民事义务；限制民事行为能力人只能从事与其年龄和智力程度相当的民事法律行为，其他民事法律行为由其法定代理人代理，或者征得法定代理人同意下独立实施；无民事行为能力人不能独立实施民事法律行为，必须由其法定代理人代理。

法人的民事行为能力是由法人核准登记的经营范围所决定的。但从维护相对人的利益和促进交易的角度出发，原则上认定法人超越经营范围从事的民事法律行为有效。《民法典》第505条规定：当事人超越经营范围订立的合同的效力，不得仅以超越经营范围确认合同无效。

（2）行为人的意思表示真实。意思表示真实是指行为人在自觉、自愿的基础上作出符合其内在意志的表示行为。意思表示不真实的民事法律行为，可以撤销或宣告无效。意思表示真实包括两个方面：意思表示自愿，任何人不得强迫；行为人内在的效果意思和外在的表示一致。

（3）不违反法律、行政法规的强制性规定，不违背公序良俗。这是指意思表示的内容不得与法律的强制性或禁止性规范相抵触，也不得滥用法律的授权性或任意性规定规避强制性或禁止性规范。

2. 民事法律行为有效的形式要件

这是指意思表示的形式必须符合法律的规定。《民法典》第135条规定：民事法律行为可以采用书面形式、口头形式或者其他形式；法律、行政法规规定或者当事人约定采用特定形式的，应当采用特定形式。如果行为人进行某项特定的民事法律行为时，未采用法律规定的特定形式，则不能产生法律效力。

## 三、无效民事法律行为

### （一）无效民事法律行为的概念和特点

无效民事法律行为是指因欠缺民事法律行为的有效条件，不发生当事人预期法律后果的民事法律行为。无效民事法律行为的特点如下：

（1）自始无效。从行为开始时起就没有法律约束力。

（2）当然无效。不论当事人是否主张，是否知道，也不论是否经过人民法院或者仲裁机构确认，该民事法律行为当然无效。

(3) 绝对无效。绝对不发生法律效力,不能通过当事人的行为进行补正。当事人通过一定行为消除无效原因,使之有效,这不是无效民事法律行为的补正,而是消灭旧的民事法律行为,成立新的民事法律行为。无效民事法律行为有全部无效和部分无效的区别。

### (二) 无效民事法律行为的种类

根据《民法典》,无效民事法律行为包括以下几类。

**1. 无民事行为能力人独立实施的民事法律行为**

无民事行为能力人不能正确认识其行为的法律意义,依法不能进行民事活动,只能由其法定代理人代理。

**2. 以虚假意思表示实施的民事法律行为**

行为人与相对人以虚假的意思表示实施的民事法律行为无效。行为人如果以虚假的意思表示隐藏另外一个民事法律行为,被隐藏的民事法律行为的效力,依照有关法律规定处理。

**3. 恶意串通损害他人合法权益的民事法律行为**

恶意串通损害他人合法权益的民事法律行为,是指行为人故意合谋实施的损害其他自然人、法人、非法人组织的合法权益的行为。这类民事法律行为的主要特征是当事人之间互相串通、互相配合,共同实施了违法行为。在恶意串通损害他人合法权益的民事法律行为中,当事人所表达的意思是真实的,但这种意思表示是非法的,因此是无效的。

**4. 违反强制性规定或者公序良俗的民事法律行为**

根据《民法典》第153条的规定,违反法律、行政法规的强制性规定的民事法律行为无效,但是,该强制性规定不导致该民事法律行为无效的除外。因此,并非违反法律的行为一律都是无效的。另外,违反公序良俗的民事法律行为亦无效。

> **相关思考 1-2**
>
> **法律与应用**
>
> 北京有一位老太太买了节水器,其实就是用来"偷水"的东西,用了之后发现没效果。
>
> 请问:假设老太太找到卖节水器的人要求退货被拒绝而诉至法院,法院会作出怎样的判决?

## 四、可撤销的民事法律行为

### (一) 可撤销的民事法律行为的概念和特点

可撤销的民事法律行为,是指依照法律规定,由于行为人的意思与表示不一致或者意思表示不自由,导致非真实的意思表示,可由当事人请求人民法院或者仲裁机构予以撤销的民事法律行为。

与无效民事法律行为相比较,可撤销的民事法律行为体现出以下特点:

(1) 行为成立后的效力不同。可撤销的民事法律行为在撤销前已经生效,在被撤销以前,其法律效果可以对抗除撤销权人的任何人。而无效的民事法律行为在法律上当然无效,从一开始即不发生法律效力。

(2) 主张权利的主体不同。可撤销的民事法律行为的撤销,应由撤销权人以撤销行为为之,人民法院不主动干预。无效民事法律行为在内容上具有明显的违法性,故对无效民事法律行为的确认,不以当事人的意志为转移,司法机关和仲裁机构可以在诉讼或仲裁过程中主动宣告其无效。

（3）行为效果不同。可撤销的民事法律行为的撤销权人对权利行使拥有选择权，如果撤销权人未在规定的期限内行使撤销权，可撤销民事法律行为将终局有效，不得再被撤销。可撤销的民事法律行为一经撤销，其效力溯及至行为开始，即自行为开始时无效。而无效民事法律行为的后果则为自始无效、绝对无效。

（4）行使时间不同。可撤销的民事法律行为其撤销权的行使有时间限制。而在无效民事法律行为中，则不存在此种限制。

**（二）可撤销的民事法律行为的种类**

1. 因重大误解而为的民事法律行为

重大误解是指行为人对行为的性质和对方当事人或者标的物的品种、质量、规格、数量等产生错误认识，按照通常理解，如果不发生该错误认识，行为人就不会作出相应意思表示。按照通常理解，重大误解是指从一个处在行为人地位的普通人立场来看，错误认识会对交易的成立产生重大影响。例如，将11.5万元误认为1.5万元，将二套房误认为首套房，将英文书误认为中文书，将铁矿石误认为铜矿石。但是，基于交易习惯不构成重大误解的除外。例如，在古玩市场上对花瓶年代、手镯材质、钱币真假等发生错误认识。

2. 受欺诈而为的民事法律行为

欺诈是指故意告知虚假情况，或者负有告知义务的人故意隐瞒真实情况，致使当事人基于错误认识作出意思表示。被欺诈的一方可以请求人民法院或者仲裁机构予以撤销。如果第三人实施欺诈行为，使一方在违背真实意思的情况下实施民事法律行为，对方知道或者应当知道该欺诈行为的，受欺诈方有权请求人民法院或者仲裁机构予以撤销。

3. 受胁迫而为的民事法律行为

受胁迫而为的民事法律行为是指以给自然人及其近亲属等的人身权利、财产权利以及其他合法权益造成损害或者以给法人、非法人组织的名誉、荣誉、财产权益等造成损害为要挟，迫使其基于恐惧心理作出意思表示。被胁迫的一方可以请求人民法院或者仲裁机构予以撤销。胁迫既可以来自民事法律行为的相对人，也可以来自第三人，其法律效果一样，均导致民事法律行为的可撤销。

4. 显失公平的民事法律行为

显失公平的民事法律行为是指一方利用对方处于危困状态、缺乏判断能力等情形，致使民事法律行为成立时，当事人间的权利义务明显违反公平原则的民事法律行为。对民事法律行为是否显失公平进行判断的时间点，应当以民事法律行为成立的时间点为标准。在民事法律行为成立以后发生的情势变化，导致双方利益显失公平的，不属于显失公平的民事法律行为，而应当按照诚实信用原则处理。

**（三）撤销权**

撤销权是指权利人以其单方的意思表示撤销已经成立的民事法律行为的权利。撤销权在性质上属于形成权，故依撤销权人的意思表示即可产生相应的法律效力，无须相对人同意。在可撤销的民事法律行为中，并非所有当事人均享有撤销权。在以欺诈、胁迫的手段，使对方在违背真实意思的情况下订立的合同，只有受损害方才有权撤销。撤销权应依诉行使，由人民法院或仲裁机构作出。

撤销权有存续时间,该存续时间为除斥期间。根据《民法典》第152条的规定:有下列情形之一的,撤销权消灭:

(1) 当事人自知道或者应当知道撤销事由之日起一年内、重大误解的当事人自知道或者应当知道撤销事由之日起90日内没有行使撤销权。

(2) 当事人受胁迫,自胁迫行为终止之日起1年内没有行使撤销权;

(3) 当事人知道撤销事由后明确表示或者以自己的行为表明放弃撤销权。

当事人自民事法律行为发生之日起5年内没有行使撤销权的,撤销权消灭。

### 五、效力待定的民事法律行为

效力待定的民事法律行为是指民事法律行为成立时尚未生效,须经权利人追认才能生效的民事法律行为。追认的意思表示自到达相对人时生效。一旦追认,则民事法律行为自成立时起生效;如果权利人拒绝追认,则民事法律行为自成立时起无效。效力待定的民事法律行为主要有以下几种类型。

1. 限制民事行为能力人依法不能独立实施的民事法律行为

《民法典》第145条规定:限制民事行为能力人实施的纯获利益的民事法律行为或者与其年龄、智力、精神健康状况相适应的民事法律行为有效;实施的其他民事法律行为经法定代理人同意或者追认后有效。故限制民事行为能力人依法不能独立实施的民事法律行为属于效力待定的民事法律行为。法定代理人的追认权性质上属于形成权。仅凭其单方面意思表示就可以使得效力待定的合同转化为有效合同。

法律在保护限制民事行为能力人合法权益的同时,为避免合同相对人的利益因为合同效力待定而受损,特别规定了相对人的催告权和善意相对人的撤销权。相对人可以催告法定代理人在30日内予以追认。法定代理人未作表示的,视为拒绝追认。合同被追认之前,善意相对人有撤销的权利。撤销应当以通知的方式作出。其中,善意是指相对人在订立合同时不知道与其订立合同的人欠缺相应的行为能力。

2. 无权代理人实施的民事法律行为

《民法典》第171条规定:行为人没有代理权、超越代理权或者代理权终止后,仍然实施代理行为,未经被代理人追认的,对被代理人不发生效力。相对人可以催告被代理人自收到通知之日起30日内予以追认。被代理人未作表示的,视为拒绝追认。行为人实施的行为被追认前,善意相对人有撤销的权利。撤销应当以通知的方式作出。行为人实施的行为未被追认的,善意相对人有权请求行为人履行债务或者就其受到的损害请求行为人赔偿。但是,赔偿的范围不得超过被代理人追认时相对人所能获得的利益。相对人知道或者应当知道行为人无权代理的,相对人和行为人按照各自的过错承担责任。

### 六、民事法律行为的附条件和附期限

#### (一) 附条件的民事法律行为

附条件的民事法律行为是指在民事法律行为中规定一定条件,并且把这些条件的成就与否作为民事法律行为效力发生或者消灭根据的民事法律行为。并非所有的民事法律行为都可以附条件,下列民事法律行为不得附条件:

（1）条件与行为性质相违背的，如《民法典》第568条第2款规定，法定抵销不得附条件。

（2）条件违背社会公共利益或社会公德的，如结婚、离婚等身份性民事法律行为，原则上不得附条件。

1. 条件的特征

民事法律行为所附条件，既可以是自然现象、事件，也可以是人的行为。但它应当具备下列特征：

（1）必须是将来发生的事实。作为条件的事实，其必须是在进行民事法律行为时尚未发生的。过去的事实，不得作为条件。

（2）必须是将来不确定的事实。该事实是否发生应当是不确定的，如果在民事法律行为成立时，该事实是将来必然发生的，则该事实应当作为民事法律行为的期限而非条件。

（3）条件应当是双方当事人约定的。民事法律行为中所附条件，须是双方当事人约定，并以意思表示的形式表现出来。条件如果是法律规定的，如民事法律行为的成立条件、生效条件，不属于此处所谓的"条件"。

（4）条件必须合法。条件不得违反现行法律的规定。

（5）条件是可能发生的事实。民事法律行为所附条件不可能发生，当事人约定为生效条件的，应当认定民事法律行为不发生效力。例如，当事人约定"如果黄河之水倒流，委托合同就生效"的，委托合同自始确定无效。所附条件不可能发生，当事人约定为解除条件的，应当认定未附条件，民事法律行为是否失效，依照《民法典》和相关法律、行政法规的规定认定。又如，当事人约定"如果地球停止自转，房屋买卖合同就解除"的视为未附解除条件。除非发生法定或者约定的解除事由，房屋买卖合同不失效。

2. 条件的分类

按照所附条件对民事法律行为产生的效力的不同，其可以分为附延缓条件的民事法律行为和附解除条件的民事法律行为：

（1）附延缓条件的民事法律行为。延缓条件又称"停止条件"，《民法典》将其称为"生效条件"，是指民事法律行为中所确定的权利和义务要在所附条件成就时才生效的条件。也就是说，在延缓条件成就之前，民事法律行为已经成立，但是效力却处于停止状态。条件成就之后，民事法律行为发生法律效力。

（2）附解除条件的民事法律行为。解除条件又称"消灭条件"，是指民事法律行为中所确定的权利和义务在所附条件成就时失去法律效力。附解除条件的民事法律行为，在所附条件成就以前，已经发生法律效力，行为人已经开始行使权利和承担义务。当条件成就时，权利和义务则失去法律效力。

3. 附条件民事法律行为的效力

附条件的民事法律行为一旦成立，则已经在当事人之间产生了法律关系，当事人各方均应受该法律关系的约束。因此，在条件成就与否未得到确定之前，行为人一方不得损害另一方将来条件成就时可能得到的利益。条件成就与否未定之前，行为人也不得为了自己的利益，以不正当行为促成或阻止条件成就。《民法典》第159条规定：附条件的民事法律行为，当事人为自己的利益不正当地阻止条件成就的，视为条件已成就；不正当地促成条件成就的,视为条件不成就。

### (二) 附期限的民事法律行为

附期限的民事法律行为是指当事人设定一定的期限,并将期限的到来作为效力发生或消灭前提的民事法律行为。根据期限对民事法律行为效力所起作用的不同,可以将其分为延缓期限和解除期限。附延缓期限的民事法律行为是指民事法律行为虽然已经成立,但是在所附期限到来之前不发生效力,待到期限届至时,才产生法律效力。因此延缓期限又称"始期"。附解除期限的民事法律行为是指民事法律行为在约定的期限到来时,该行为所确定的法律效力消灭。因此解除期限又称"终期"。

附条件的民事法律行为与附期限的民事法律行为的区别在于:附条件的民事法律行为是以未来不确定的事实作为民事法律行为效力产生或消灭的依据,所以该民事法律行为效力的产生或消灭具有不确定性;而附期限的民事法律行为是以一定期限的到来作为民事法律行为效力产生或消灭的依据,期限的到来是一个必然发生的事件,所以附期限的民事法律行为的效力的产生或消灭是确定的、可预知的。

## 第三节 代理制度

### 一、代理的概念与特征

#### (一) 代理的概念

**代理**是指代理人在代理权限内,以被代理人的名义与第三人实施法律行为,由此产生的法律后果直接由被代理人承担的一种法律制度。在代理制度中,以他人名义或自己名义为他人实施民事行为的人,称为代理人。由他人代为实施民事行为的人,称为被代理人,也称本人。与代理人实施民事行为的人,称为第三人。

#### (二) 代理的特征

(1) 代理行为是民事法律行为。代理行为主要表现为民事法律行为,如订立合同、履行债务等。代理人从事的行为主要包括三类:① 民事法律行为;② 民事诉讼行为;③ 某些财政、行政行为,如代理专利申请、商标注册。并非所有的民事法律行为都可以代理,某些具有人身性质的民事法律行为(如立遗嘱、结婚等)、双方当事人约定必须由本人亲自实施的民事法律行为不得代理。

(2) 代理人以被代理人的名义为民事法律行为,在代理权限内独立向第三人为意思表示。

(3) 代理行为的法律效果归属于被代理人。被代理人利用代理人的工作的目的是增进自己的利益,因此,代理行为的法律效果归属于被代理人,是代理制度的本意。

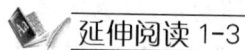
延伸阅读1-3

**代理与相关概念的区别**

1. 代理与委托

委托又称委任,是指依双方当事人的约定,由一方为他方处理事务的法律行为。委托与代理有如下区别：

(1) 行使权利的名义不同。代理是代理人在代理权限内以被代理人名义进行民事活动，其法律效果直接对被代理人发生效力。在委托中，受托人既可以以委托人名义活动，也可以以自己的名义活动。

(2) 从事的事务不同。代理涉及的行为以意思表示为要素，故代理的一定是民事法律行为；委托不要求以"意思表示"为要素，因此委托从事的行为可以是纯粹的事务性行为，如整理资料、打扫卫生等。

(3) 代理涉及三方当事人，即被代理人、代理人、第三人；委托则属于双方当事人之间的关系，即委托人和受托人。当然，委托和代理也存在一定的联系，如在委托代理中，委托人（被代理人）与受托人（代理人）之间的法律关系按照委托处理；委托人、受托人及相对人三方当事人之间的法律关系按照代理处理。

2. 代理与代表

法人组织一定有法定代表人。法定代表人从事的行为属于代表行为。代理与代表有如下区别：

(1) 代表人是法人机关，因此代表人与法人同属一个民事主体；代理人与被代理人是两个民事主体间的关系，是两个独立的民事主体。

(2) 代表人实施民事法律行为就是法人实施民事法律行为，因此不存在效力归属问题；代理人从事的法律行为不是被代理人的法律行为，只是其效力归属于被代理人。

3. 代理与行纪

行纪是指经纪人受他人委托以自己的名义从事商业活动的行为。行纪与代理有如下区别：

(1) 行纪是以行纪人自己的名义实施法律行为；代理是以被代理人的名义实施法律行为。

(2) 行纪的法律效果先由行纪人承受，然后通过其他法律关系（如委托合同）转给委托人；代理的法律效果直接归属被代理人享有。

(3) 行纪必为有偿法律行为；代理既可为有偿，也可为无偿。

## 二、代理的种类

根据《民法典》的规定，代理可分委托代理和法定代理两种。基于被代理人授权的意思表示而发生的代理，为委托代理，又称意定代理。法定代理是依据法律规定而当然发生的代理，它是为无民事行为能力人和限制民事行为能力人设立的代理方式。在市场经济活动中，委托代理是适用最广泛的代理形式。

## 三、代理权的行使

代理权的行使就是代理人义务的履行。通过履行自己的义务，代理人就实现了被代理人设立代理的目的。

**(一) 代理权行使的要求**

(1) 亲自行使代理权。被代理人之所以委托特定的代理人为自己服务，是基于对该代理人知识、技能、信用的信赖。因此，代理人必须亲自实施代理行为，才符合被代理人的愿望。除非经被代理人同意或有不得已的事由发生，否则不得将代理事务转委托他人处理。

(2) 谨慎、勤勉、忠实地行使代理权。代理制度为被代理人的利益而设，被代理人设立代理的目的，是利用代理人的知识和技能为自己服务，代理人的活动是为了实现被代理人的利益。因此，代理人行使代理权，应从被代理人的利益出发，而不是从他自己的利益出发，应谨慎、勤勉、忠实地处理好被代理人的事务，以最大限度地实现被代理人的利益。

### （二）代理权的滥用

（1）自己代理。自己代理是指代理人以被代理人名义与自己实施的民事行为。

（2）双方代理。双方代理又称同时代理，是指一个代理人同时代理一个民事法律关系的双方当事人的民事行为的情况。

（3）代理人和第三人恶意串通。代理人和第三人恶意串通，损害被代理人利益的，代理人应当承担民事责任，第三人和代理人负连带责任。

## 四、无权代理

### （一）无权代理的概念

**无权代理**是指不具有代理权的行为人所实施的代理行为。在无权代理之情形下，行为人所实施的法律行为，符合代理行为的表面特征。但是实际上行为人对所实施的代理行为不具有代理权。无权代理包括如下三种情况：

（1）根本未经授权的代理。即"代理人"实施的代理行为，根本未获得被代理人的授权。

（2）超越代理权的代理。即代理人虽然获得了被代理人的授权，但他实施的代理行为，不在被代理人的授权范围之内。就其超越代理权限所实施的代理行为，成立无权代理。

（3）代理权终止后的代理。即代理人获得了被代理人的授权，但在代理证书所规定的期限届满后，代理人继续实施代理行为，就其超过代理权存续期限所实施的代理行为，成立无权代理。

### （二）无权代理的后果

无权代理基于被代理人行使追认权的情形，可以发生与有权代理同样的法律效果。通过被代理人行使追认权，可使无权代理行为中所欠缺的代理权得到补足，转化为有权代理，发生与有权代理同样的法律效果。

1. 追认方式

被代理人追认权的行使，有明示和默示两种方式。所谓明示的方式，是指被代理人以明确的意思表示对无权代理行为予以承认。所谓默示的方式，是指被代理人虽没有明确表示承认无权代理行为对自己的效力，但以特定的行为，如以履行义务的行为对无权代理行为予以承认。被代理人追认权的行使，可以向交易相对人作出，也可以向无权代理人作出。一经作出追认，无权代理行为即获得如同有权代理行为同样的法律效力，因为追认的表示具有溯及力，无权代理行为自始有效，被代理人应接受因无权代理行为发生的法律效果。

2. 催告权和撤销权

被代理人追认权的行使，受到了交易相对人催告权的限制。交易相对人的催告权，是指交易相对人在被代理人行使追认权之前，得向被代理人发出催告，要求其在相当期限内作出是否追认表示的权利。交易相对人催告被代理人在一定期间内行使追认权的，被代理人应及时行使，不及时行使的，视为拒绝追认。《民法典》规定，相对人可以催告被代理人在1个月内予以追认。被代理人未作表示的，视为拒绝追认。一旦本人拒绝追认，无权代理行为就确定地转化为无效民事行为，由各方当事人按照过错程度承担法律责任。

为平衡当事人之间的利益,与被代理人享有追认权相对应,善意的交易相对人享有撤销权,即善意的交易相对人确定无权代理为无效行为的权利。此处的善意是指交易相对人不知道且不应该知道行为人为无权代理。该善意交易相对人一旦行使撤销权,基于无权代理所为的民事行为就确定成为不生效的行为。交易相对人撤销权的行使,应注意:第一,应于被代理人行使追认权之前行使;第二,被撤销的无权代理行为,被代理人不得再为追认;第三,关于撤销的意思表示,一般应向被代理人作出。

### 五、表见代理

#### (一) 表见代理的概念

**表见代理**是无权代理人的代理行为客观上存在使相对人相信其有代理权的情况,且相对人主观上为善意,因而可以向被代理人主张代理的效力。表见代理为广义无权代理的一种,此时,该无权代理可发生与有权代理同样的法律效果。《民法典》第172条明确规定了表见代理制度,确认行为人没有代理权、超越代理权或者代理权终止,仍然实施代理行为,相对人有理由相信行为人有代理权的,该代理行为有效。法律确认表见代理制度,意在保护动态的交易安全。

#### (二) 表见代理制度的构成要件

(1) 行为人无代理权。即行为人在以代理人的身份进行民事行为时,并无代理权。无代理权是指行为人对于正在实施的民事行为无代理权,包括根本未取得过代理权、超越代理权以及曾经取得的代理权已归于消灭。

(2) 交易相对人有理由相信行为人拥有代理权。这一要件要求交易相对人须为善意且无过失。此时,交易相对人应承担举证责任,举证证明自己的确有理由相信行为人拥有代理权。通常情况下,交易相对人需要通过证明有如下情形存在,来证明自身为善意:① 被代理人以明示或默示的方式向第三人表示以他人为自己的代理人,而事实上他并未对该他人进行授权或未就特定民事法律行为对该他人进行授权,交易相对人信赖被代理人的表示而与该他人为交易;② 被代理人与代理人之间的委托合同不成立、无效或被撤销,但尚未收回代理证书,交易相对人基于对代理证书的信赖,与行为人进行交易;③ 代理关系终止后被代理人未采取必要措施,公示代理关系终止的事实并收回代理人持有的代理证书,造成第三人不知代理关系终止而仍与代理人为交易;④ 行为人持有被代理人的介绍信、盖有合同专用章或盖有印章的空白合同书。但被代理人能够证明行为人持有的介绍信或空白合同书系"盗用"的,不发生表见代理制度的适用。

(3) 交易相对人主观上为善意。基于对行为人拥有代理权的信赖,与行为人进行民事行为。

(4) 相对人基于这个客观情形而与无权代理人成立民事行为。无权代理人与第三人所为的民事行为,合于法律行为的一般有效要件和代理行为的表面特征。

#### (三) 表见代理的效力

符合构成要件的表见代理,具有与有权代理同样的效力,代理行为的法律后果直接归属于被代理人,被代理人承担表见代理的法律后果,如果因此遭受损失,有权向无权代理人请求赔偿。如果损失因双方的过错发生,按双方过错的性质和程度分担损失。

如果善意相对人不愿使无权代理发生与有权代理同样的法律效果,也可经由撤销权的行使,使其归于无效。表见代理制度的目的是保护善意相对人,所以在表见代理的情况下,被代理人不得对相对人主张代理效果,但可以根据无权代理的规定,对无权代理行为进行追认。

## 第四节 诉讼时效制度

### 一、时效与诉讼时效

#### (一)时效与诉讼时效的概念及特点

时效是指一定的事实状态持续地达到一定期间而发生一定财产法效果的法律事实。时效是一种期限,但与一般期限由当事人约定不同,时效是法定的。时效的制度价值是对权利的限制,即用经过的时间来固定现实中的权利义务状况,否定真正权利人利用诉讼来推翻现状回复到过去。时效依其适用的权利和法律效果区分,可分为取得时效和消灭时效,取得时效也称占有时效,是适用于物权的时效,我国现行法律没有规定。消灭时效也称诉讼时效,是指债权人怠于行使权利持续到法定期间,其公力救济权不受法律保护之时效。

诉讼时效具有以下特点:

(1)有债权人不行使权利的事实状态存在,而且该状态持续了一段期间。

(2)诉讼时效届满不消灭实体权利。这意味着:① 诉讼时效期间的经过,不影响债权人提起诉讼,即不丧失起诉权;② 债权人起诉后,如果债务人主张诉讼时效的抗辩,法院在确认诉讼时效届满的情况下,应驳回其诉讼请求,即债权人丧失胜诉权;③ 诉讼时效期间届满,当事人一方向对方当事人作出同意履行义务的意思表示或者自愿履行义务后,又以诉讼时效期间届满为由进行抗辩,人民法院不予支持。

(3)诉讼时效具有强制性。法律关于诉讼时效的规定属于强制性规范,其具体内容,如时效期间的长度、适用条件、适用范围等都由法律规定,当事人不得协议变更或限制。

#### (二)诉讼时效的适用对象

诉讼时效适用于债权请求权,其他请求权(如物上请求权)不适用诉讼时效。对此,《最高人民法院关于审理民事案件适用诉讼时效制度若干问题的规定》第1条规定,当事人可以对债权请求权提出诉讼时效抗辩,但对下列债权请求权提出诉讼时效抗辩的,人民法院不予支持:① 支付存款本金及利息请求权;② 兑付国债、金融债券以及向不特定对象发行的企业债券本息请求权;③ 基于投资关系产生的缴付出资请求权;④ 其他依法不适用诉讼时效规定的债权请求权。

#### (三)诉讼时效与除斥期间

与诉讼时效相近的一个概念是除斥期间。**除斥期间**是指法律规定某种权利预定存续的期间,债权人在此期间不行使权利,预定期间届满,便可发生该权利消灭的法律后果。如《民法典》第1124条规定,受遗赠人应在知道受遗赠后两个月内作出接受遗赠的表示,否则视为放弃。两个月即为受遗赠权的除斥期间。

诉讼时效和除斥期间都是以一定的事实状态存在和一定期间的经过为条件而发生一定的法律后果,都属于法律事实中的事件。但两者有如下区别:

(1) 适用对象不同。诉讼时效适用于债权请求权;除斥期间一般适用于形成权,如追认权、解除权、撤销权等。

(2) 可以援用的主体不同。人民法院不能主动援用诉讼时效。诉讼时效须由当事人主张后,人民法院才能审查。除斥期间无论当事人是否主张,人民法院均应当主动审查。

(3) 法律效力不同。诉讼时效届满只是导致胜诉权的消灭,实体权利不消灭;除斥期间届满,实体权利消灭。

(4) 期间性质不同。诉讼时效是可变期间,可以因主客观原因中断、中止或延长;除斥期间是不变期间,不适用时效中断、中止和延长的规定。

## 二、诉讼时效的种类与起算

### (一) 诉讼时效的种类

诉讼时效的种类、期间都是法定的,不同的诉讼时效有不同的期间,不同的诉讼时效有不同的起算时间。根据《民法典》的规定,诉讼时效有以下几种。

1. 普通诉讼时效

除了法律有特别规定,民事权利适用普通诉讼时效期间。《民法典》第188条规定:向人民法院请求保护民事权利的诉讼时效期间为3年。法律另有规定的,依照其规定。

2. 长期诉讼时效

长期诉讼时效是指时效期间比普通诉讼时效的3年要长,但不到20年的诉讼时效。《民法典》第594条规定:因国际货物买卖合同和技术进出口合同争议提起诉讼或者申请仲裁的时效期间为4年。

3. 最长诉讼时效

最长诉讼时效是指期间为20年的诉讼时效期间。《民法典》第188条规定:权利被侵害超过20年的,人民法院不予保护。与其他诉讼时效相比,最长诉讼时效期间从权利被侵害时计算,而非从权利人知道或者应当知道之时起算。最长诉讼时效期间可以适用诉讼时效的延长,但不适用诉讼时效期间的中断、中止等规定。

### (二) 诉讼时效期间的起算

诉讼时效期间自权利人知道或者应当知道权利受到损害以及义务人之日起计算。无民事行为能力人或者限制民事行为能力人的权利受到损害的,诉讼时效期间自其法定代理人知道或者应当知道权利受到损害以及义务人之日起计算。法律另有规定的,依照其规定。权利人要能够行使请求权,原则上应当符合几个条件:有请求权受侵害的事实;权利人知道或者应当知道请求权受到损害;权利人知道或者应当知道义务人。根据我国的法律规定和司法实践,结合各类民事法律关系的不同特点,诉讼时效起算有不同的情况:

(1) 附条件的或附期限的债的请求权,从条件成就或期限届满之日起算。

(2) 定有履行期限的债的请求权,从清偿期届满之日起算。当事人约定同一债务分期履行的,诉讼时效期间自最后一期履行期限届满之日起计算。

(3) 未约定履行期限的合同,根据《民法典》第210条和第511条的规定,可以确定履行期限的,诉讼时效期间从履行期限届满之日起计算;不能确定履行期限的,诉讼时效期间从债权人要求债务人履行义务的宽限期届满之日起计算,但债务人在债权人第一次向其主张权利之时明确表示不履行义务的,诉讼时效期间从债务人明确表示不履行义务之日起计算。

（4）无民事行为能力人或者限制民事行为能力人对其法定代理人的请求权的诉讼时效期间,自该法定代理终止之日起计算。

（5）未成年人遭受性侵害的损害赔偿请求权的诉讼时效期间,自受害人年满18周岁之日起计算。

（6）请求他人不作为的债权请求权,应当自权利人知道义务人违反不作为义务时起算。

（7）国家赔偿的诉讼时效的起算,自赔偿请求人知道或者应当知道国家机关及其工作人员行使职权时的行为侵犯其人身权、财产权之日起计算,但被羁押等限制人身自由期间不计算在内。

**相关思考1-3**

北京市民张三常年在深圳工作,只有其父在北京居住。2×22年12月1日,邻居从张三父亲那里借走了2万元,约定在当年12月31日归还并开了借条。结果张三父亲于2×22年12月25日不幸去世。张三回京奔丧,没有发现借条,邻居也未告知张三借钱之事。

请问,假如张三一直不知道此事,那么张三收回借款的诉讼期间如何确定？假如到了2×23年4月5日清明节,张三回北京祭奠其父时才发现这张借条,诉讼期间如何确定？假如张三回到深圳后20年都未回京,第20年的12月25日回来时才发现借条,诉讼期间如何确定？

资料来源：王传辉,李爱荣.MBA经济法[M].北京：中国人民大学出版社,2015.

### 三、诉讼时效期间的中止与中断

#### （一）诉讼时效期间的中止

1. 诉讼时效期间中止的概念

诉讼时效期间的中止是指在诉讼时效期间进行中,因发生一定的法定事由使权利人不能行使请求权,暂时停止计算诉讼时效期间,待阻碍时效期间进行的法定事由消除后,继续进行诉讼时效期间的计算。诉讼时效期间中止的目的为：当权利人不行使权利是因为不得已的事由时,使权利人承担不利后果,未免失之不公。

2. 诉讼时效期间中止的法定事由

《民法典》规定,在诉讼时效期间的最后6个月内发生的,其诉讼时效中止,并从中止时效的原因消除之日起满6个月,诉讼时效期间届满,其原因主要包括如下情况：① 不可抗力,是指不能预见、不能避免并不能克服的客观情况,包括自然灾害和非出于权利人意志的"人祸",如瘟疫、暴乱等；② 无民事行为能力人或者限制民事行为能力人没有法定代理人,或者法定代理人死亡、丧失民事行为能力、丧失代理权；③ 继承开始后未确定继承人或者遗产管理人；④ 权利人被义务人或者其他人控制；⑤ 其他导致权利人不能行使请求权的障碍。

3. 诉讼时效期间可以中止的时间

中止时效的法定事由必须在诉讼时效期间的最后6个月内发生,或法定事由虽发生于6个月前但持续至最后6个月内的,才能发生中止时效的法律效果。

4. 诉讼时效期间中止的法律效果

(1) 法定事由发生前已经过的时效期间仍为有效,法定事由经过的期间为时效中止期间,不发生时效期间的效力,法定事由消除后,时效期间继续进行。

(2) 法定事由发生在最后6个月内,法定事由消除后,剩下时效期间不足6个月,应否补足其为6个月。

### (二) 诉讼时效期间的中断

1. 诉讼时效期间中断的概念

诉讼时效期间中断是指在诉讼时效进行期间,因发生一定的法定事由,使已经经过的时效期间统归无效,待时效期间中断的事由消除后,诉讼时效期间重新计算。

2. 诉讼时效期间中断的法定事由

根据《民法典》第195条的规定,有下列情形之一的,诉讼时效中断,从中断、有关程序终结时起,诉讼时效期间重新计算:

(1) 权利人向义务人提出履行请求。其是指权利人向义务人、保证人、义务人的代理人或财产代管人主张权利或向清算人申报破产债权等。

(2) 义务人同意履行义务。即义务人对权利人表示承认其权利的存在,愿意履行义务。义务人对权利人的认诺表示,可以各种方式作出。以口头或书面方式对权利人或其代理人作出通知、请求延期给付、提供担保、支付利息或租金、清偿部分债务等义务人的行为,在法律上都构成认诺。

(3) 权利人提起诉讼或者申请仲裁。其不仅包括权利人向法院起诉的行为,而且包括权利人具有同样性质的其他行为,如向有关行政机关提出保护权利的请求,向法院申请强制执行,依督促程序向法院申请支付令,向仲裁机构申请仲裁,向人民调解委员会请求调解等。但权利人起诉后又自行撤诉,或因起诉不合法被法院驳回的,不构成提起诉讼,不能使诉讼时效期间中断。

(4) 与提起诉讼或者申请仲裁具有同等效力的其他情形。诉讼时效期间中断的法律效果为于中断事由发生后,已经经过的时效期间全部作废,重新开始计算时效期间。诉讼时效的中断可以数次进行,当然不得超过20年最长诉讼时效的限制。

## 本 章 小 结

本章主要介绍了经济法的基本理论。要求学生掌握经济法的概念、经济法律关系的构成要素、法律行为制度、代理制度和诉讼时效制度;重点掌握法律行为制度和诉讼时效制度。

## 本章重要概念

经济法　法律事实　法律行为　代理　无权代理　表见代理　诉讼时效　诉讼时效的中止与中断

# 第二章 企 业 法

> 内容简介
> 重点难点
> 学习目标
> 知识框架
> 思政育人
> 第一节 企业的概念和分类
> 第二节 个人独资企业法律制度
> 第三节 合伙企业法律制度
> 本章小结
> 本章重要概念

## 内容简介

本章主要介绍了企业的概念和分类,包括个人独资企业、普通合伙企业、有限合伙企业的内容及其法律特征。

## 重点难点

本章重点为债务清偿责任的形式、合伙企业的设立和财产份额的转让;难点为合伙人的权利与义务、合伙人与第三人之间的关系。

## 学习目标

通过本章学习,学生应理解无限责任与连带责任在债务清偿方面的表现,掌握合伙企业、个人独资企业的法律特征,特别是有关普通合伙企业设立、财产、内外关系、入伙与退伙的法律效力的相关规定;了解有限合伙企业的特殊规定,对比有限合伙人与普通合伙人在法律规定方面的区别。

## 知识框架

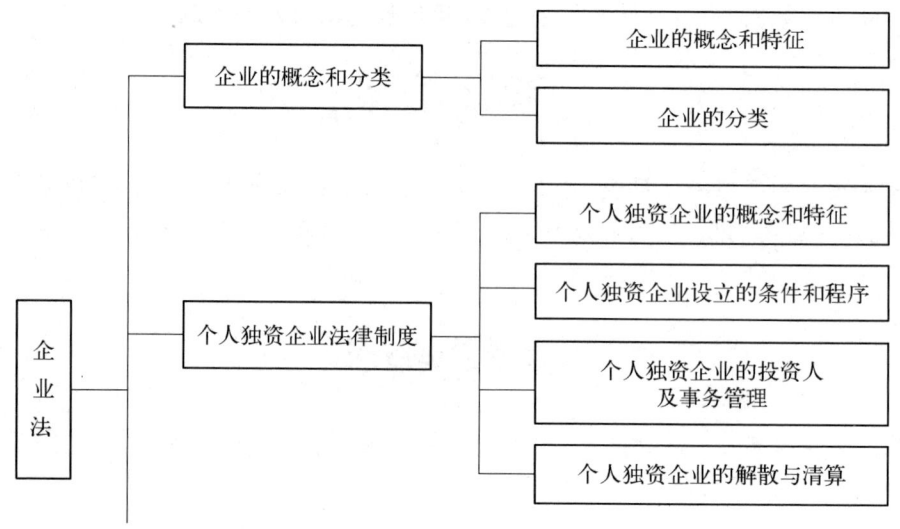

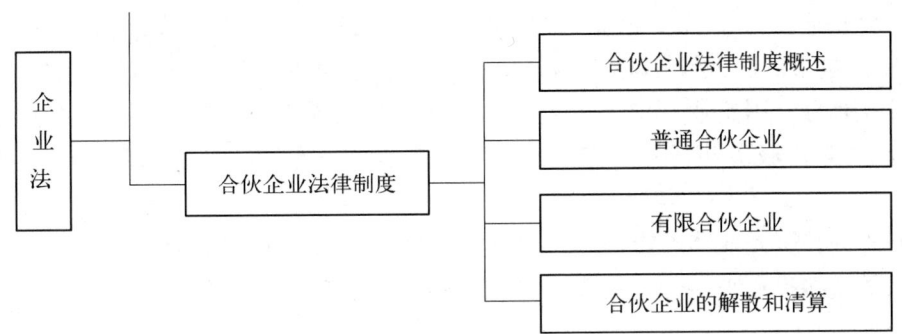

 **思政育人　康美药业案审计机构合伙人被追加为被执行人**

　　北京市高级人民法院终审裁定,康美药业财务造假案涉案会计师事务所广东正中珠江会计师事务所(特殊普通合伙)(以下简称"正中珠江")暂无财产可供执行证监会行政处罚款,证监会有权追加正中珠江合伙人杨文蔚为被执行人。这意味着,杨文蔚将对正中珠江未缴纳罚款金额(5 130万元)承担无限连带责任。

　　在实践中,法院根据债权人请求判决普通合伙人对合伙企业债务承担连带责任的情况比较普遍,但是在资本市场比较罕见。此次北京市高级人民法院的终审裁定,将显著提升证券市场案件的执行力度,提高对财务造假等违法违规行为的震慑力。未来,在严格监管下,会计师事务所等中介机构将更加勤勉尽责,发挥好监督作用,遏制财务造假,营造风清气正的资本市场生态。

　　资料来源：吴晓璐. 严监管信号持续释放,康美药业案审计机构合伙人被追加为被执行人[EB/OL]. (2023-07-05)[2023-07-11]. http://finance.china.com.cn/stock/20230705/6005438.shtml.

# 第一节　企业的概念和分类

## 一、企业的概念和特征

　　企业一词是从日语中翻译而来的。我国学者对企业一词从不同的角度有不同的定义。通俗来说,企业是指依法成立并具备一定的组织形式,以营利为目的独立从事商业生产经营活动和商业服务的经济组织。企业的特征主要有以下三个方面：

　　(1) 企业是连续从事商品生产经营活动和商业服务的经济组织。

　　(2) 从企业设立的目的来看,企业是以营利为其活动宗旨的。投资者将消费资金转为生产资金都期望资本的增值,这种期望通过企业去实现,就表现为企业活动的营利性。

　　(3) 企业必须依法成立并要具备一定的法律形式。虽然企业设立的程序繁简不同,管辖机关各不相同,但都要求设立企业必须符合法律规定的程序和条件。

## 二、企业的分类

　　分类研究是社会科学的一种传统的研究方法。对企业进行分类,即是从不同的角度依不同的标准对企业进行划分,以从各个层次去理解企业的特征和属性。

(1) 公用企业和非公用企业,主要是按该企业的存在与社会公共利益关系紧密程度而划分。城市的公共交通运输业、煤、天然气、电力供应等与城市居民的日常生活关系密切,则为公用企业;其他的企业虽与人们的日常生活有一定程度的关系,在某些情况下缺少其服务也不会引起人们基本生活的不便和恐慌,这种企业为非公用企业。

(2) 外商投资企业和内资企业,主要是根据企业资本金中是否含有外国企业、经济组织和个人的直接投资来划分。在我国,外商投资企业有中外合资企业、中外合作企业、外商独资企业。

(3) 国有企业、集体所有制企业、混合所有制企业和私营企业,主要是以企业财产的归属关系为标准来划分的。

(4) 个人独资企业、公司企业和合伙企业,这是依企业法律形式为标准所作的划分,也是企业分类中最重要的一种。公司企业是指以营利为目的,由一定人数以上的股东共同投资组建,股东以其投资额为限对公司负责,公司以其全部财产对外承担民事责任的企业法人;个人独资企业与合伙企业本章有集中讨论。

## 第二节　个人独资企业法律制度

### 一、个人独资企业的概念和特征

**个人独资企业**是指依照《中华人民共和国个人独资企业法》(以下简称《个人独资企业法》)在中国境内设立,由一个自然人投资,财产为投资人个人所有,投资人以其个人财产对企业债务承担无限责任的经营实体。个人独资企业具有以下法律特征:

(1) 个人独资企业是由一个自然人投资的企业。根据《个人独资企业法》的规定,设立个人独资企业只能是一个自然人,并且自然人只是指中国公民。关于个人独资企业投资人的民事行为能力问题,《个人独资企业法》未作明确规定。一般认为,无民事行为能力或者限制民事行为能力人不能作为个人独资企业的投资人。

(2) 个人独资企业的投资人对企业的债务承担无限责任。投资人对企业的债务承担无限责任,即当企业的资产不足以清偿到期债务时,投资人应以自己个人的全部财产用于清偿企业债务。

(3) 个人独资企业的内部机构设置简单,经营管理方式灵活。个人独资企业的投资人既是企业的所有者,又是企业的经营者。因此,法律对其内部机构设置和经营管理方式不像公司和其他企业那样加以严格的规定。

(4) 个人独资企业是非法人企业。个人独资企业由一个自然人出资,投资人对企业的债务承担无限责任。在权利义务上,企业和个人是融为一体的,企业的责任即是投资人个人的责任,企业的财产即是投资人个人的财产。因此,个人独资企业虽然不具有法人资格,但具有独立承担民事责任的能力。它是独立的民事主体,可以自己的名义从事民事活动。

二维码:
视频2-1
个人独资企业概述

## 二、个人独资企业设立的条件和程序

### (一) 个人独资企业设立的条件

根据《个人独资企业法》第8条的规定,设立个人独资企业应当具备下列条件:

(1) 投资人为一个自然人。另外,《个人独资企业法》第47条规定,外商投资企业不适用本法,因此个人投资企业的投资人只能是中国公民。

(2) 有合法的企业名称。名称是企业的标志,企业必须有相应的名称,并应符合法律、法规的要求。个人独资企业的名称与其责任形式及从事的经营活动相符合,可以叫厂、店、部、中心、工作室等,名称中不得使用"有限""有限责任"或者"公司"字样。

(3) 有投资人申报的出资。投资人可以个人财产出资,也可以家庭共有财产作为个人出资。以家庭共有财产作为个人出资的,应当在设立申请书上予以注明。

(4) 有固定的生产经营场所和必要的生产经营条件。生产经营场所包括企业的住所和与生产经营相适应的处所。住所是企业的主要办事机构所在地,是企业的法定地址。

(5) 有必要的从业人员。即要有与其生产经营范围、规模相适应的从业人员。

### (二) 个人独资企业设立的程序

申请设立个人独资企业,应当由投资人或者其委托的代理人向个人独资企业所在地的登记机关提交投资人签署的个人独资企业设立申请书、投资人身份证明、企业住所证明和生产经营场所使用证明以及国家工商行政管理局规定提交的其他文件。委托代理人申请设立登记的,应当提交投资人的委托书和代理人的身份证明或者资格证明。

登记机关应当在收到设立申请文件之日起15日内,对符合《个人独资企业法》规定条件的予以登记,发给营业执照;对不符合《个人独资企业法》规定条件的,不予登记,并发给企业登记驳回通知书。个人独资企业营业执照的签发日期,为个人独资企业成立日期。在领取个人独资企业营业执照前,投资人不得以个人独资企业名义从事经营活动。

## 三、个人独资企业的投资人及事务管理

### (一) 个人独资企业的投资人

根据《个人独资企业法》的规定,个人独资企业的投资人为具有中国国籍的自然人,但法律、行政法规禁止从事营利性活动的人,不得作为投资人申请设立个人独资企业。国家公务员、党政机关领导干部、警官、法官、检察官、商业银行工作人员等人员,掌握着公共权力与公共资源,参与市场经营活动,难免会造成官商不分与权力腐败,破坏公平合理的市场经济秩序,根据我国有关法律、行政法规规定,这类人员不得作为投资人申请设立个人独资企业。

根据《个人独资企业法》的规定,个人独资企业投资人对本企业的财产依法享有所有权,其有关权利可以依法进行转让或继承。个人独资企业是一个投资人以其个人财产对企业债务承担无限责任的经营实体。《个人独资企业法》规定,个人独资企业财产不足以清偿债务的,投资人应当以其个人的其他财产予以清偿。如果个人独资企业投资人在申请企业设立登记时明确以其家庭共有财产作为个人出资的,应当依法以家庭共有财产对企业债务承担无限责任。另外,根据《中华人民共和国婚姻法》的规定,如果夫妻双方对财

产未作各自所有的书面约定,夫妻一方取得的财产为夫妻双方的共同财产,对于夫妻一方在经营个人独资企业的过程中所形成的债务也应该以共有财产清偿。

> **相关思考2-1**
>
> **法律与应用**
>
> 王某,男,2×22年与孙某结婚。婚后,二人与王某的母亲张某生活在一起。2×23年,王某开了一家小卖部,以其个人名义注册登记为个人独资企业,8月1日开张后,王某以小卖部的名义向批发商刘某赊购3万元货物,8月2日,小卖部在一场大火中全部烧毁,王某也在救火时不幸遇难,死亡时全家财产为3.6万元。刘某向孙某要求还款,孙某说她一直不同意丈夫开店,开店的钱出自王某个人积蓄,因此只能用夫妻共同财产中属于王某的2万元还债,王某的母亲张某说其中还有她的财产,应先留出。刘某向法院起诉,经查明,张某个人财产为3 000元,家庭共有财产3 000元,其余3万元为夫妻共同财产。
>
> 请问:如何清偿刘某的债务?
>
> 资料来源:赵威.经济法[M].北京:中国人民大学出版社,2015.

### (二)个人独资企业的事务管理

**1. 个人独资企业事务管理的方式**

《个人独资企业法》规定,个人独资企业投资人可以自行管理企业事务,也可以委托或者聘用其他具有民事行为能力的人负责企业的事务管理。投资人委托或者聘用他人管理个人独资企业事务,应当与受托人或者被聘用的人签订书面合同。合同应订明委托的具体内容、授予的权利范围、受托人或者被聘用的人应履行的义务、报酬和责任等。受托人或者被聘用的人员应当履行诚信、勤勉义务,以诚实信用的态度对待投资人、对待企业,尽其所能依法保障企业利益,按照与投资人签订的合同负责个人独资企业的事务管理。

为了降低交易成本,保证交易安全,维持交易秩序,个人独资企业的投资人与受托人或者被聘用的人员之间有关权利义务的内部限制只对受托人或者被聘用的人员有效,对第三人并无约束力,受托人或者被聘用的人员超出投资人的限制与善意第三人的有关业务交往应当有效。

> **相关思考2-2**
>
> 2×22年12月25日,胡某出资8万元设立甲个人独资企业。胡某聘请刘某管理企业事务,同时约定,凡刘某签订标的额超过3万元以上的合同,须经胡某同意。2×23年3月25日,刘某未经胡某同意,以甲企业名义向善意第三人张某购买价值4万元的货物。4月22日,张某将货物发至甲企业,但胡某以刘某购买货物的行为超越其职权限制为由拒绝支付货款。双方协商未果。
>
> 请问:刘某购买货物的行为是否有效?为什么?
>
> 资料来源:赵威.经济法[M].北京:中国人民大学出版社,2015.

**2. 个人独资企业事务管理的内容**

个人独资企业事务管理的内容包括以下几个方面:

(1) 个人独资企业应当依法设置会计账簿,进行会计核算。

(2) 个人独资企业招用职工的,应当依照劳动法及有关规定与职工签订劳动合同,保障职工的劳动安全,按时、足额发放职工工资,为职工缴纳养老保险、工伤保险、医疗保险、失业保险和企业职工生育保险等社会保险费。

二维码:
视频2-2
个人独资企业事务管理

(3) 个人独资企业应当依法纳税,个人独资企业在经营的过程中,应当依照法律、法规规定的税种、税率缴纳税款。

(4) 个人独资企业可以依法申请贷款,取得土地使用权,并享有法律、行政法规规定的其他权利。

(5) 任何单位和个人不得违反法律、行政法规的规定,以任何方式强制个人独资企业提供财力、物力、人力;对于违法强制提供财力、物力、人力的行为,个人独资企业有权拒绝。

### 四、个人独资企业的解散与清算

#### (一) 个人独资企业的解散

个人独资企业的解散是指个人独资企业终止活动使其民事主体资格消灭的行为。

根据《个人独资企业法》第26条的规定,个人独资企业有下列情形之一的,应当解散:

(1) 投资人决定解散。

(2) 投资人死亡或者被宣告死亡,无继承人或者继承人决定放弃继承。

(3) 被依法吊销营业执照。

(4) 法律、行政法规规定的其他情形。

#### (二) 个人独资企业的清算

个人独资企业解散的,应当进行清算。《个人独资企业法》对个人独资企业清算作了如下规定:

(1) 通知和公告债权人。《个人独资企业法》第27条规定:个人独资企业解散,由投资人自行清算或者由债权人申请人民法院指定清算人进行清算。投资人自行清算的,应当在清算前15日内书面通知债权人,无法通知的,应当予以公告。债权人应当在接到通知之日起30日内,未接到通知的应当在公告之日起60日内,向投资人申报债权。

(2) 财产清偿顺序。《个人独资企业法》第29条规定:个人独资企业解散的,财产应当按照下列顺序清偿:① 所欠职工工资和社会保险费用;② 所欠税款;③ 其他债务。《个人独资企业法》第31条规定:个人独资企业财产不足以清偿债务的,投资人应当以其个人的其他财产予以清偿。

(3) 清算期间对投资人的要求。《个人独资企业法》第30条规定:清算期间,个人独资企业不得开展与清算目的无关的经营活动,在按法律规定的财产清偿顺序清偿债务前,投资人不得转移、隐匿财产。

(4) 投资人的持续清偿责任。《个人独资企业法》第28条规定:个人独资企业解散后,原投资人对个人独资企业存续期间的债务仍应承担偿还责任,但债权人在5年内未向债务人提出偿债请求的,该责任消灭。

(5) 注销登记。个人独资企业清算结束后,投资人或者人民法院指定的清算人应当编制清算报告,并于15日内到登记机关办理注销登记。经登记机关注销登记,个人独资企业终止。个人独资企业办理注销登记时,应当交回营业执照。

## 第三节 合伙企业法律制度

### 一、合伙企业法律制度概述

1. 合伙企业的概念

合伙是指两个以上的人为共同目的,相互约定共同出资、共同经营、共享收益、共担风险的自愿联合。

合伙企业是指自然人、法人和其他组织依照《中华人民共和国合伙企业法》(以下简称《合伙企业法》)在中国境内设立的由各合伙人订立合伙协议,共同出资、合伙经营、共享收益的普通合伙企业和有限合伙企业。

二维码:
视频2-3
普通合伙企业

2. 合伙企业的分类

合伙企业分为普通合伙企业和有限合伙企业。普通合伙企业由普通合伙人组成,合伙人对合伙企业债务承担无限连带责任。有限合伙企业由普通合伙人和有限合伙人组成,普通合伙人对合伙企业债务承担无限连带责任,有限合伙人以其认缴的出资额为限对合伙企业债务承担责任。

 延伸阅读2-1

**雇佣时代成为历史**

在今天,中国传统企业经营日渐困难,面临着新经济、新技术和互联网整体焦虑,很多人才纷纷投入创业大潮。与此同时,很多在岗员工在其位却推脱责任、应付工作。那种主动、有担当、敢于承担、把工作当自己的事业干的人为什么如此稀少?答案是雇佣制的弊端。雇佣制解决的仅仅是激励问题,但并不能解决风险与责任共担的问题。传统企业的经营困局、雇佣制度的天然弊端和核心人才的创业大潮,这三大特征成了企业面临的三大难题。新经济与新技术给了无数人才创业成功的机会,这些创业企业加剧了传统企业的被颠覆,这种颠覆与被颠覆近乎形成恶性循环。传统企业的员工找到了行业的痛点,出走创业。而雇佣制固化了公司的管理机制,束缚了人才的发展,更成了这个恶性循环的加速器。

因此,企业升级和替换雇佣制这种劳资关系,打造人才追利逐梦的事业平台,才是破解难题的根本所在。改变员工的职业经理人身份,从雇佣与被雇佣的劳资关系转变为共同创业的合伙关系成为在新时代背景下管理学的新课题。合伙人制瞬间成了热门词汇,成为众多企业纷纷推行的改革措施。公司变成事业平台,给人才提供更好的机会与资源,身份转换、完全放权、独立运营、内部市场化、利益共享、风险共担,让人才变身为合伙人,让人才借助公司的平台创业,实现人才的人生价值与创富梦想,而更多人才的创业共同铸就一个生态型的平台企业。而相对于雇佣制的合伙人制,是从企业管理角度来说的。合伙人制的本质在于建立一套企业分配机制,实现利益共享、风险共担的创业机制,为人才提供创业平台,帮人才实现人生价值。

资料来源:姚海放.新合伙企业法精解与运用[M].北京:中国法制出版社,2010.

### 二、普通合伙企业

#### (一)普通合伙企业的概念和特点

普通合伙企业是指由普通合伙人组成,普通合伙人对合伙企业债务承担无限连带责任的一种合伙企业。普通合伙企业具有以下特点：

（1）由普通合伙人组成。普通合伙人是指在合伙企业中对合伙企业的债务依法承担无限连带责任的自然人、法人和其他组织。

（2）合伙人对合伙企业债务依法承担无限连带责任，法律另有规定的除外。法律另有规定是指《合伙企业法》中对"特殊普通合伙企业"的规定。

**（二）合伙企业的设立**

1. 合伙企业的设立条件

根据《合伙企业法》的规定，设立合伙企业，应当具备下列条件：

（1）有2个以上合伙人。合伙人为自然人的，应当具有完全民事行为能力。合伙企业合伙人至少为2人以上，对于合伙企业合伙人数的最高限额，我国合伙企业法未作规定。

关于合伙人的资格，《合伙企业法》作了以下限定：① 合伙人可以是自然人，也可以是法人或者其他组织。合伙人为自然人的，应当具有完全民事行为能力。无民事行为能力人和限制民事行为能力人不得成为合伙企业的合伙人。② 国有独资公司、国有企业、上市公司以及公益性的事业单位、社会团体不得成为普通合伙人。③ 法律、行政法规规定禁止从事营利性活动的人，不得成为合伙人，如警官、法官、检察官。

（2）有书面合伙协议。合伙协议是指合伙人为设立合伙企业而达成的规定合伙人之间权利义务关系的协议。合伙协议应当依法由全体合伙人协商一致，以书面形式订立。订立合伙协议、设立合伙企业，应当遵循自愿、公平、平等、诚实信用原则。

合伙协议经全体合伙人签名、盖章后生效。合伙人按照合伙协议享有权利，履行义务。修改或者补充合伙协议，应当经全体合伙人一致同意；但是，合伙协议另有约定的除外。合伙协议未约定或者约定不明确的事项，由合伙人协商决定；协商不成的，依照《合伙企业法》和其他有关法律、行政法规的规定处理。

（3）有合伙人认缴或者实际缴付的出资。合伙协议生效后，合伙人应当按照合伙协议的规定缴纳出资。合伙人可以用货币、实物、知识产权、土地使用权或者其他财产权利出资，也可以用劳务出资。合伙人以实物、知识产权、土地使用权或者其他财产权利出资，需要评估作价的，可以由全体合伙人协商确定，也可以由全体合伙人委托法定评估机构评估。合伙人以劳务出资的，其评估办法由全体合伙人协商确定，并在合伙协议中载明。合伙人以非货币财产出资的，依照法律、行政法规的规定，需要办理财产权转移手续的，应当依法办理。

（4）有合伙企业的名称和生产经营场所。合伙企业的名称应当与其责任形式相符合。普通合伙企业应当在其名称中标明"普通合伙"字样，其中特殊的普通合伙企业，应当在其名称中标明"特殊普通合伙"字样，合伙企业的名称必须和"合伙"联系起来，名称中必须有"合伙"两字。

**? 相关思考2-3**

张某、王某、刘某拟设立一普通合伙企业，并订立了一份合伙协议，部分内容如下：① 张某的出资为现金5万元和劳务作价10万元；② 王某的出资为现金6万元，于合伙企业成立后半年内缴付；③ 刘某的出资为作价10万元的房屋一栋，不办理财产权转移手续，且保留对该房屋的处分权。

请问：该协议的上述几项内容是否符合《合伙企业法》的规定？

2. 合伙企业的设立登记

设立合伙企业应当向企业登记机关提交登记申请书、合伙协议书、合伙人的身份证明、审批文件、全体合伙人指定的代表或者共同委托的代理人的委托书、出资权属证明、经营场所证明等文件,申请登记。

申请人提交的登记申请材料齐全、符合法定形式,企业登记机关能够当场登记的,应予当场登记,发给营业执照。如果企业登记机关认为当场难以发给营业执照,对有关材料需要进一步核实等情况的,企业登记机关可以不予当场登记,但应当自受理申请之日起20日内,作出是否登记的决定。予以登记的,发给营业执照;不予登记的,应当给予书面答复,并说明理由。合伙企业的营业执照签发日期,为合伙企业的成立日期。合伙企业设立分支机构,应当向分支机构所在地的企业登记机关申请登记,领取营业执照。

(三) 合伙企业财产

1. 合伙企业财产的构成

根据《合伙企业法》规定,合伙人的出资、以合伙企业名义取得的收益和依法取得的其他财产,均为合伙企业的财产。从这一规定可以看出,合伙企业财产由以下三部分构成:

(1) 合伙人的出资。合伙人在合伙协议中认缴的财产是合伙企业的原始财产。

(2) 以合伙企业名义取得的收益。合伙企业在经营的过程中,以其名义取得的收益作为合伙企业财产的一部分。

(3) 依法取得的其他财产。即根据法律、行政法规的规定合法取得的其他财产,如合法接受赠与的财产等。

2. 合伙企业财产的性质

合伙企业的财产权主体是合伙企业,由全体合伙人依照合伙协议的约定共同管理和使用。在合伙企业存续期间,除非有法定事由,合伙人不得要求分割合伙企业的财产,也不得私自转移或者处分合伙企业财产。因此,合伙企业的合伙财产具有共有的性质,对合伙企业的占有、使用、收益和处分,均应依据全体合伙人的共同意志进行。

3. 合伙人财产份额的转让

合伙人财产份额的转让是指合伙企业的合伙人向他人转让其在合伙企业中的全部或者部分财产份额的行为。根据受让人的不同,合伙人财产份额的转让可以分为外部转让与内部转让。外部转让是指合伙人向合伙人以外的第三人转让其在合伙企业中的全部或者部分财产份额;内部转让是指合伙人之间转让在合伙企业中的全部或者部分财产份额。合伙人财产份额的转让将会影响合伙人之间的信赖关系,因此,《合伙企业法》对合伙人财产份额的转让作了以下限制性规定:

(1) 除合伙协议另有约定,合伙人财产份额的外部转让,须经其他合伙人一致同意。合伙企业是人合兼资合的企业形式,其中人合的色彩更为浓厚,合伙人财产份额的外部转让必将改变企业合伙人之间的信赖关系,只有经其他合伙人一致同意,才表明其他合伙人同意与受让人共同维持原合伙企业,合伙企业才能继续存续下去。如果其他合伙人不同意接受让人,则合伙企业无法继续存续下去。当然,"合伙人向合伙人以外的人转让其在合伙企业中的全部或者部分财产份额时,须经其他合伙人一致同意",是一项法定的原则,且这项原则是在合伙协议中没有规定的情况下才有法律效力。

(2) 合伙人财产份额的内部转让时,应当通知其他合伙人。合伙人财产份额的内部转让因不涉及合伙人以外的人参加,不影响合伙企业的人合性质,因此需要通知其他合伙人即可。

(3) 合伙人向合伙人以外的人转让其在合伙企业中的财产份额的,在同等条件下,其他合伙人有优先购买权;但是,合伙协议另有约定的除外。

此外,合伙人以其在合伙企业中的财产份额出质的,须经其他合伙人一致同意;未经其他合伙人一致同意,其行为无效,由此给善意第三人造成损失的,由行为人依法承担赔偿责任。合伙人财产份额的出质,是指合伙人将其在合伙企业中的财产份额作为质押物来担保债权人债权实现的行为。如果债务人不能如期清偿债务,质押权人行使权利的最终后果可能导致合伙财产份额依法发生转让,法律因此作出如上规定。

**? 相关思考 2-4**

甲、乙、丙为某普通合伙企业的合伙人。在征得乙、丙同意的情况下,甲将其在合伙企业中的财产份额转让给丁,双方签订了转让协议并办理了相关手续。后甲对戊负债,无力用个人财产清偿,戊决定向人民法院请求强制执行甲在合伙企业的财产份额用于清偿。

请问:分析戊是否有权请求对该财产份额强制执行?

**(四) 合伙事务执行**

1. 合伙事务执行的形式

根据《合伙企业法》的规定,合伙人执行合伙企业事务,可以有两种形式:

(1) 全体合伙人共同执行合伙事务。这是合伙事务执行的基本形式,也是在合伙企业中经常使用的一种形式,尤其是在合伙人较少、企业规模较小的情况下更为适宜。在该形式下,全体合伙人具有对外代表合伙企业的权利。

(2) 委托一个或者数个合伙人执行合伙事务。这是在各合伙人共同执行合伙事务的基础上引申而来的。在合伙人较多、企业规模较大的情况下,全体合伙人共同执行合伙事务不可避免地会引起过多的冲突和矛盾,同时也会增加企业的经营风险。另外,有的合伙人并不愿意执行合伙事务,而愿意委托其中的一个或者数个合伙人执行合伙事务。因此,可以按照合伙协议的约定或者经全体合伙人决定,可以委托一个或者数个合伙人对外代表合伙企业,执行合伙事务,其他合伙人不再执行合伙事务。

2. 合伙人在执行合伙事务中的权利和义务

(1) 合伙人在执行合伙事务中的权利。根据《合伙企业法》的规定,合伙人在执行合伙事务中的权利主要包括以下内容:① 合伙人对执行合伙事务享有同等的权利。合伙企业的特点之一就是合伙经营,各合伙人无论其出资多少,都有权平等享有执行合伙企业事务的权利。② 执行合伙事务的合伙人对外代表合伙企业。合伙人在代表合伙企业执行事务时,不是以个人的名义进行一定的民事行为,而是以合伙企业事务执行人的身份组织实施企业的生产经营活动。③ 不执行合伙事务的合伙人的监督权利。④ 合伙人查阅合伙企业会计账簿等财务资料的权利。查阅账簿是合伙人监督权的延伸,是了解合伙企业经营状况和财务状况的有效手段,因此将其作为合伙人的一项重要权利予以强调。⑤ 合伙人有提出异议的权利和撤销委托的权利。在合伙人分别执行合伙事务的情况下,执行事务合伙人可以对其他合伙人执行的事务提出异议。提出异议时,应当暂停该项事务的执行。如果发生争议,依照有关规定作出决定。受委托执行合伙事务的合伙人不按照合伙协议或者全体合伙人的决定执行事务的,其他合伙人可以决定撤销该委托。

(2) 合伙人在执行合伙事务中的义务。根据《合伙企业法》的规定,合伙人在执行合伙事务中的义务主要包括以下内容:① 合伙事务执行人向不参加执行事务的合伙人报告企业经营状况和财务状况。② 合伙人不得自营或者同他人合作经营与本合伙企业相竞争的业务。合伙人熟悉合伙企业内部的情况以及合伙企业的经营秘密,如果某一合伙人利用其掌握的信息自己经营或者与他人合作经营与本合伙企业相竞争的业务,就极有可能损害合伙企业中其他合伙人的利益。因此,《合伙企业法》规定,合伙人不得自营或者同他人合作经营与本合伙企业相竞争的业务。③ 除合伙协议另有约定或者经全体合伙人一致同意外,合伙人不得同合伙人企业进行交易。因为,当合伙人代表合伙企业同自己进行交易时,很容易损害合伙企业以及其他合伙人的利益而满足个人的私利。④ 合伙人不得从事损害本合伙企业利益的活动。合伙人在执行合伙事务过程中不得为了自己的私利,损害其他合伙人利益,也不得与其他人恶意串通,损害合伙企业的利益。

**? 相关思考2-5**

甲、乙、丙三人合伙企业,合伙企业协议中约定,合伙企业由甲全权负责管理,其他人不得过问也不承担任何合伙亏损。

请问:此约定中有哪些是违法的?

3. 合伙事务执行的决议办法

根据《合伙企业法》的规定,合伙事务执行决议有以下三种法定办法:

(1) 由合伙协议对决议办法有约定的从约定。合伙企业实质上是以合伙协议为基础的企业形式,因此,在企业经营的过程中,应该贯穿合伙人意思优先的原则。

(2) 合伙协议未约定或者约定不明确的,实行合伙人一人一票并经全体合伙人过半数通过的表决办法。

(3) 依照《合伙企业法》的规定作出决议。如根据《合伙企业法》的规定,除合伙协议另有约定外,合伙企业的下列事项应当经全体合伙人一致同意:① 改变合伙企业的名称;② 改变合伙企业的经营范围、主要经营场所的地点;③ 处分合伙企业的不动产;④ 转让或者处分合伙企业的知识产权和其他财产权利;⑤ 以合伙企业名义为他人提供担保;⑥ 聘任合伙人以外的人担任合伙企业的经营管理人员。

4. 合伙企业的损益分配

(1) 合伙损益。合伙损益包括两方面的内容:一是合伙利润。它是指以合伙企业的名义所取得的经济利益,即合伙企业财产多于合伙企业债务及出资额之和的部分。二是合伙亏损。它是指合伙企业的财产少于合伙企业债权及出资额之和的部分。合伙亏损是全体合伙人所共同面临的风险。

(2) 合伙损益分配原则。合伙损益分配包含合伙企业的利润分配与亏损分担两个方面,对合伙损益分配原则,《合伙企业法》作了原则规定,主要内容为:① 合伙企业的利润分配、亏损分担,按照合伙协议的约定办理;合伙协议未约定或者约定不明确的,由合伙人协商决定;协商不成的,由合伙人按照实缴出资比例分配、分担;无法确定出资比例的,由合伙人平均分配、分担。② 合伙协议不得约定将全部利润分配给部分合伙人或者由部分合伙人承担全部亏损。

5. 非合伙人参与经营管理

在合伙企业中,由于合伙人经营管理能力往往不足,需要在合伙人之外聘任非合伙人担任合伙企业的经营管理人员,参与合伙企业的经营管理工作。

(1) 合伙企业可以从合伙人之外聘任经营管理人员。

(2) 聘任非合伙人的经营管理人员,除合伙协议另有约定,应当经全体合伙人一致同意。

(3) 被聘任的经营管理人员,仅是合伙企业的经营管理人员,不是合伙企业的合伙人,因而不具有合伙人的资格。

(4) 被聘任的合伙企业的经营管理人员应当在合伙企业授权范围内履行职务;被聘任的合伙企业的经营管理人员,超越合伙企业授权范围履行职务,或者在履行职务过程中因故意或者重大过失给合伙企业造成损失的,依法承担赔偿责任。

(五) 合伙企业与第三人的关系

合伙企业与第三人关系,实际是指有关合伙企业的对外关系,即合伙企业与合伙企业的合伙人以外的第三人的关系,涉及合伙企业对外代表权的效力、合伙企业和合伙人的债务清偿等问题。

1. 合伙企业对外代表权的效力

(1) 合伙事务执行中的对外代表权。可以取得合伙企业对外代表权的合伙人,主要有三种情况:一是,由全体合伙人共同执行合伙企业事务的,全体合伙人都有权对外代表合伙企业;二是,由部分合伙人执行合伙企业事务的,只有受委托执行合伙企业事务的那一部分合伙人有权对外代表合伙企业,而不参加执行合伙企业事务的合伙人则不具有对外代表合伙企业的权利;三是,由于特别授权在单项合伙事务上有执行权的合伙人,依照授权范围可以对外代表合伙企业。

(2) 合伙企业对合伙人执行合伙事务以及对外代表合伙企业权利的限制,不得对抗善意第三人。合伙人执行合伙事务的权利和对外代表合伙企业的权利,都会受到一定的内部限制。如果这种内部限制对第三人发生效力,必须以第三人知道这一情况为条件,否则,该内部限制不对该第三人发生抗辩力。类似物权法上的善意取得制度,立法的初衷在于保护交易安全,减少社会不必要的成本支出,从而维护良性的市场经济秩序。

2. 合伙企业和合伙人的债务清偿

(1) 合伙企业的债务清偿与合伙人的关系:① 合伙企业财产优先清偿。即在合伙企业存在自己的财产时,合伙企业的债权人应首先从合伙企业的全部财产中求偿,而不应当向合伙人个人直接请求债权。② 合伙人的无限连带清偿责任。当合伙企业的财产不能清偿到期债务的,合伙人承担无限连带责任。③ 合伙人之间的债务分担和追偿。由于承担无限连带责任,合伙人之间的亏损分担比例内部约定对合伙企业的债权人没有约束力。债权人可以请求全体合伙人中的一人或数人承担全部清偿责任,也可以按照自己确定的清偿比例向各合伙人分别追索。如果某一合伙人实际支付的清偿数额超过其依照既定比例所应承担的数额,该合伙人有权就超过部分向其他未支付或者未足额支付应承担数额的合伙人追偿。

(2) 合伙人的债务清偿与合伙企业的关系:① 合伙人发生与合伙企业无关的债务,相关债权人不得以其债权抵销其对合伙企业的债务;也不得代位行使合伙人在合伙企业中的权利。② 合伙人的自有财产不足清偿其与合伙企业无关的债务的,该合伙人可以以其从合伙企业中分取的收益用于清偿;债权人也可以依法请求人民法院强制执行该合伙人在合伙企业中的财产份额用于清偿。

**相关思考 2-6**

2×22 年 8 月 8 日,某生产家具的合伙企业的合伙人王某因儿子结婚,向刘某借钱 20 万元购房,同日刘某向该合伙企业订购了一批价值 20 万元的家具。10 月 10 日,当合伙企业向刘某催讨货款时,刘某提出因合伙人王某欠其 20 万元,所以其不需要支付 20 万元的家具款。

请问:刘某的说法是否正确?

### (六) 入伙与退伙

**1. 入伙**

入伙是指在合伙企业存续期间,合伙人以外的第三人加入合伙从而取得合伙人资格。

(1) 入伙的条件和程序。《合伙企业法》规定,新合伙人入伙,除合伙协议另有约定,应当经全体合伙人一致同意,并依法订立书面入伙协议。

(2) 新合伙人的权利和责任。一般来讲,新入伙的合伙人与原合伙人享有同等权利,承担同等责任。但是,如果原合伙人愿意以更优越的条件吸引新合伙人入伙,或者新合伙人愿意以较为不利的条件入伙,也可以在入伙协议中另行约定。《合伙企业法》规定,新合伙人对入伙前合伙企业的债务承担无限连带责任。

**2. 退伙**

退伙是指合伙人退出合伙企业,从而丧失合伙人资格。

(1) 退伙的原因。合伙人退伙,一般有两种原因:一是自愿退伙;二是法定退伙。

自愿退伙是指合伙人基于自愿的意思表示而退伙。自愿退伙可以分为协议退伙和通知退伙两种。

《合伙企业法》规定,合伙协议约定合伙期限的,在合伙企业存续期间,有下列情形之一的,合伙人可以退伙:① 合伙协议约定的退伙事由出现;② 经全体合伙人一致同意;③ 发生合伙人难以继续参加合伙的事由;④ 其他合伙人严重违反合伙协议约定的义务。合伙人违反上述规定退伙的,应当赔偿由此给合伙企业造成的损失。

《合伙企业法》规定,合伙协议未约定合伙期限的,合伙人在不给合伙企业事务执行造成不利影响的情况下,可以退伙,但应当提前 30 日通知其他合伙人。

法定退伙是指合伙人因出现法律规定的事由而退伙。法定退伙分为当然退伙和除名两类。

《合伙企业法》规定,合伙人有下列情形之一的,当然退伙:① 作为合伙人的自然人死亡或者被依法宣告死亡;② 个人丧失偿债能力;③ 作为合伙人的法人或者其他组织依法被吊销营业执照、责令关闭、撤销,或者被宣告破产;④ 法律规定或者合伙协议约定合伙人必须具有相关资格而丧失该资格;⑤ 合伙人在合伙企业中的全部财产份额被人民法院强制执行。此外,合伙人被依法认定为无民事行为能力人或者限制民事行为能力人的,经其他合伙人一致同意,可以依法转为有限合伙人,普通合伙企业依法转为有限合伙企业。其他合伙人未能一致同意的,该无民事行为能力或者限制民事行为能力的合伙人退伙。当然退伙以退伙事由实际发生之日为退伙生效日。

《合伙企业法》规定,合伙人有下列情形之一的,经其他合伙人一致同意,可以决议将其除名:① 未履行出资义务;② 因故意或者重大过失给合伙企业造成损失;③ 执行合伙事务时有不正当行为;④ 发生合伙协议约定的事由。对合伙人的除名决议应当书面通知被除名人。被除名人接到除名通知之日,除名生效,被除名人退伙。被除名人对除名决议有异议的,可以自接到除名通知之日起 30 日内,向人民法院起诉。

(2) 退伙的效果。退伙的效果是指退伙时退伙人在合伙企业中的财产份额和民事责任的归属变动。分为两类情况:一是财产继承;二是退伙结算。

《合伙企业法》规定,合伙人死亡或者被依法宣告死亡的,对该合伙人在合伙企业中的财产份额享有合法继承权的继承人,按照合伙协议的约定或者经全体合伙人一致同意,从继承开始之日起,取得该合伙企业的合伙人资格。有下列情形之一的,合伙企业应当向合伙人的继承人退还被继承合伙人的财产份额:① 继承人不愿意成为合伙人;② 法律规定或者合伙协议约定合伙人必须具有相关资格,而该继承人未取得该资格;③ 合伙协议约定不能成为合伙人的其他情形。合伙人的继承人为无民事行为能力人或者限制民事行为能力人的,经全体合伙人一致同意,可以依法成为有限合伙人,普通合伙企业依法转为有限合伙企业。全体合伙人未能一致同意的,合伙企业应当将被继承合伙人的财产份额退还该继承人。死亡的合伙人的继承人取得该合伙企业的合伙人资格,从继承开始之日起获得。

《合伙企业法》规定,① 合伙人退伙,其他合伙人应当与该退伙人按照退伙时的合伙企业财产状况进行结算,退还退伙人的财产份额;② 合伙人退伙时,并不能解除对于合伙企业既往债务的连带责任。退伙人对基于其退伙前的原因发生的合伙企业债务,承担无限连带责任。

**(七) 特殊的普通合伙企业**

1. 特殊的普通合伙企业的含义

特殊的普通合伙企业是指以专业知识和专门技能为客户提供有偿服务的专业服务机构。特殊的普通合伙企业名称中应当标明"特殊普通合伙"字样。

2. 特殊的普通合伙企业的责任形式

(1) 责任承担。《合伙企业法》规定,非企业专业服务机构依据有关法律采取合伙制的,其合伙人承担责任的形式可以适用《合伙企业法》关于特殊的普通合伙企业合伙人承担责任的规定。非企业专业服务机构是指不采取企业(如公司制)形式成立的不以营利为目的以自己专业只是提供特定咨询等方面服务的组织,如律师事务所、会计师事务所等专业服务机构。特殊的普通合伙企业的责任形式分为两种:① 有限责任与无限连带责任相结合。即一个合伙人或者数个合伙人在执业活动中因故意或重大过失造成合伙企业债务的,应当承担无限责任或者无限连带责任,其他无过错合伙人以其在合伙企业中的财产份额为限承担责任。② 无限连带责任。对合伙人在执业活动中非因故意或者重大过失造成的合伙企业债务以及合伙企业的其他债务,全体合伙人承担无限连带责任。

(2) 责任追偿。《合伙企业法》规定,合伙人执业活动中因故意或者重大过失造成的合伙企业债务,以合伙企业财产对外承担责任后,该合伙人应当按照合伙协议的约定对给合伙企业造成的损失承担赔偿责任。

### 三、有限合伙企业

#### (一) 有限合伙企业的概念

有限合伙企业是指由有限合伙人和普通合伙人共同组成,普通合伙人对合伙企业债务承担无限连带责任,有限合伙人以其认缴的出资额为限对合伙企业债务承担责任的合伙组织。引入合伙人有限责任制度有利于调动各方的投资热情,实现投资者与创业者的最佳结合,尤其适合于风险投资。这种组织形式运用到风险投资中,可以由负责企业日常经营管理的普通合伙人承担无限连带责任,而资金投入者只承担有限责任。

在法律适用中,凡是《合伙企业法》中对有限合伙企业有特殊规定的,应当适用有关《合伙企业法》中对有限合伙企业的特殊规定。无特殊规定的,适用有关普通合伙企业及其合伙人的一般规定。

#### (二) 有限合伙企业设立的特殊规定

1. 有限合伙企业人数

《合伙企业法》规定,有限合伙企业由2个以上50个以下合伙人设立;有限合伙企业至少应当有1个普通合伙人。此外,自然人、法人和其他组织可以依照法律规定设立有限合伙企业,但国有独资公司、国有企业、上市公司以及公益性的事业单位、社会团体不得成为有限合伙企业的普通合伙人。

2. 有限合伙企业名称

《合伙企业法》规定,有限合伙企业名称中应当标明"有限合伙"字样。

3. 有限合伙企业协议

有限合伙企业协议是有限合伙企业生产经营的重要法律文件。有限合伙企业协议除符合普通合伙企业合伙协议的规定,还应当载明下列事项:① 普通合伙人和有限合伙人的姓名或者名称、住所;② 执行事务合伙人应具备的条件和选择程序;③ 执行事务合伙人权限与违约处理办法;④ 执行事务合伙人的除名条件和更换程序;⑤ 有限合伙人入伙、退伙的条件、程序以及相关责任;⑥ 有限合伙人和普通合伙人相互转变程序。

4. 有限合伙人出资形式

《合伙企业法》规定,有限合伙人可以用货币、实物、知识产权、土地使用权或者其他财产权利作价出资。有限合伙人不得以劳务出资。劳务出资的实质是用未来劳动创造的收入来投资,而有限合伙人并不参与企业事务的执行。

5. 有限合伙人出资义务

《合伙企业法》规定,有限合伙人应当按照合伙协议的约定按期足额缴纳出资;未按期足额缴纳的,应当承担补缴义务,并对其他合伙人承担违约责任。

6. 有限合伙企业登记事项

《合伙企业法》规定,有限合伙企业登记事项中应当载明有限合伙人的姓名或者名称及认缴的出资数额。

### (三) 有限合伙企业事务执行的特殊规定

1. 有限合伙企业事务执行人

《合伙企业法》规定,有限合伙企业由普通合伙人执行合伙事务。执行事务合伙人可以要求在合伙协议中确定执行事务的报酬及报酬提取方式。

2. 禁止有限合伙人执行合伙事务

《合伙企业法》规定,有限合伙人不执行合伙事务,不得对外代表有限合伙企业。另外,第三人有理由相信有限合伙人为普通合伙人并与其交易的,该有限合伙人对该笔交易承担与普通合伙人同样的责任。有限合伙人未经授权以有限合伙企业名义与他人进行交易,给有限合伙企业或者其他合伙人造成损失的,该有限合伙人应当承担赔偿责任。

3. 有限合伙企业利润分配

《合伙企业法》规定,有限合伙企业不得将全部利润分配给部分合伙人;但是,合伙协议另有约定的除外。

4. 有限合伙人权利

(1) 有限合伙人可以同本企业进行交易;但是,合伙协议另有约定的除外。因为有限合伙人并不参与有限合伙企业事务的执行,有限合伙人与本有限合伙企业进行交易时,一般不会损害本有限合伙企业的利益。

(2) 有限合伙人可以自营或者同他人合作经营与本有限合伙企业相竞争的业务;但是,合伙协议另有约定的除外。与普通合伙人不同,有限合伙人一般不承担竞业禁止义务,因为有限合伙人实质上是投资者,如果有限合伙人承担竞业禁止义务,则会限制投资者的投资热情,不利于经济的良性发展。

### (四) 有限合伙企业财产出质与转让的特殊规定

1. 有限合伙人财产份额出质

《合伙企业法》规定,有限合伙人可以将其在有限合伙企业中的财产份额出质;但是,合伙协议另有约定的除外。有限合伙人将其在有限合伙企业中的财产份额进行出质,产生的最终后果是有限合伙企业的有限合伙人财产的转让,这并不影响有限合伙企业的资合性。但是,有限合伙企业合伙协议可以对有限合伙人的财产份额出质作出约定,如有特殊约定,应按特殊约定进行。

2. 有限合伙人财产份额转让

《合伙企业法》规定,有限合伙人可以按照合伙协议的约定向合伙人以外的人转让其在有限合伙企业中的财产份额,但应当提前30日通知其他合伙人。

### (五) 有限合伙人债务清偿的特殊规定

《合伙企业法》规定,有限合伙人的自有财产不足清偿其与合伙企业无关的债务的该合伙人可以以其从有限合伙企业中分取的收益用于清偿;债权人也可以依法请求人民法院强制执行该合伙人在有限合伙企业中的财产份额用于清偿。人民法院强制执行有限合伙人的财产份额时,应当通知全体合伙人。在同等条件下,其他合伙人有优先购买权。

### （六）有限合伙企业入伙与退伙的特殊规定

1. 入伙

《合伙企业法》规定，新入伙的有限合伙人对入伙前有限合伙企业的债务，以其认缴的出资额为限承担责任。

2. 退伙

（1）有限合伙人当然退伙。《合伙企业法》规定，有限合伙人出现下列情形时当然退伙：① 作为合伙人的自然人死亡或者被依法宣告死亡；② 作为合伙人的法人或者其他组织依法被吊销营业执照、责令关闭、撤销，或者被宣告破产；③ 法律规定或者合伙协议约定合伙人必须具有相关资格而丧失该资格；④ 合伙人在合伙企业中的全部财产份额被人民法院强制执行。

（2）有限合伙人丧失民事行为能力的处理。作为有限合伙人的自然人在有限合伙企业存续期间丧失民事行为能力的，其他合伙人不得因此要求其退伙。

（3）有限合伙人继承人的权利。作为有限合伙人的自然人死亡、被依法宣告死亡或者作为有限合伙人的法人及其他组织终止时，其继承人或者权利承受人可以依法取得该有限合伙人在有限合伙企业中的资格。

（4）有限合伙人退伙后责任承担。有限合伙人退伙后，对基于其退伙前的原因发生的有限合伙企业债务，以其退伙时从有限合伙企业中取回的财产承担责任。

### （七）合伙人性质转变的特殊规定

《合伙企业法》规定，合伙协议另有约定除外，普通合伙人转变为有限合伙人，或者有限合伙人转变为普通合伙人，应当经全体合伙人一致同意。有限合伙人转变为普通合伙人的，对其作为有限合伙人期间有限合伙企业发生的债务承担无限连带责任。普通合伙人转变为有限合伙人的，对其作为普通合伙人期间合伙企业发生的债务承担无限连带责任。

## 四、合伙企业的解散和清算

### （一）合伙企业的解散

合伙企业解散是指各合伙人解除合伙协议，合伙企业终止活动。

根据《合伙企业法》的规定，合伙企业有下列情形之一的，应当解散：① 合伙期限届满，合伙人决定不再经营；② 合伙协议约定的解散事由出现；③ 全体合伙人决定解散；④ 合伙人已不具备法定人数满30天；⑤ 合伙协议约定的合伙目的已经实现或者无法实现；⑥ 依法被吊销营业执照、责令关闭或者被撤销；⑦ 法律、行政法规规定的其他原因。

### （二）合伙企业的清算

合伙企业解散的，应当进行清算。《合伙企业法》对合伙企业清算作了以下几个方面的规定。

1. 确定清算人

合伙企业解散，应当由清算人进行清算。清算人由全体合伙人担任；经全体合伙人过半数同意，可以自合伙企业解散事由出现后15日内指定一个或者数个合伙人，或者委托第三人,担任清算人。自合伙企业解散事由出现之日起15日内未确定清算人的,合伙人或者其他利害关系人可以申请人民法院指定清算人。

2. 清算人职责

清算人在清算期间执行下列事务:① 清理合伙企业财产,分别编制资产负债表和财产清单;② 处理与清算有关的合伙企业未了结事务;③ 清缴所欠税款;④ 清理债权、债务;⑤ 处理合伙企业清偿债务后的剩余财产;⑥ 代表合伙企业参加诉讼或者仲裁活动。

3. 通知和公告债权人

清算人自被确定之日起10日内将合伙企业解散事项通知债权人,并于60日内在报纸上公告。债权人应当自接到通知书之日起30日内,未接到通知书的自公告之日起45日内,向清算人申报债权。清算期间,合伙企业存续,但不得开展与清算无关的经营活动。

4. 财产清偿顺序

合伙企业在支付清算费用和职工工资、社会保险费用、法定补偿金以及缴纳所欠税款、清偿债务后的剩余财产,依照《合伙企业法》关于利润分配和亏损分担的规定进行分配。

5. 注销登记

清算结束,清算人应当编制清算报告,经全体合伙人签名、盖章后,在15日内向企业登记机关报送清算报告,申请办理合伙企业注销登记。

<u>合伙企业注销后,原普通合伙人对合伙企业存续期间的债务仍应承担无限连带责任。</u>

6. 合伙企业不能清偿到期债务的处理

合伙企业不能清偿到期债务的,债权人可以依法向人民法院提出破产清算申请,也可以要求普通合伙人清偿。合伙企业依法被宣告破产的,普通合伙人对合伙企业债务仍应承担无限连带责任。

## 本章小结

本章主要讲解了个人独资企业、合伙企业的相关内容,要求学生掌握其概念、权利与义务、分类,解散与清算;重点掌握合伙企业的相关内容规定。

## 本章重要概念

合伙企业　有限合伙　无限连带责任　合伙协议　个人独资企业　无限责任

# 第三章 公司法律制度

- 内容简介
- 重点难点
- 学习目标
- 知识框架
- 思政育人
- 第一节 公司法概述
- 第二节 有限责任公司
- 第三节 股份有限公司
- 第四节 公司股东以及董事、监事、高级管理人员
- 第五节 公司的财务与会计制度
- 第六节 公司变更
- 第七节 公司的解散和清算
- 本章小结
- 本章重要概念

**内容简介**

本章主要讲解了公司的概念和特点；公司的设立和组织机构的设置；股东权利与义务；董事、监事、高级管理人员的义务；公司的财务会计；公司的合并、分立、解散和清算。

**重点难点**

本章的重点为有限责任公司和股份有限公司的设立条件及股东的权利；难点为股东的出资责任及有限公司与股份公司法律规定的区别。

**学习目标**

通过本章的学习，学生应掌握公司的概念、特点及分类，重点掌握有限责任公司、股份有限公司的设立和组织机构；了解股份、公司债券的发行和转让，以及公司财务、会计的有关法律问题。

**知识框架**

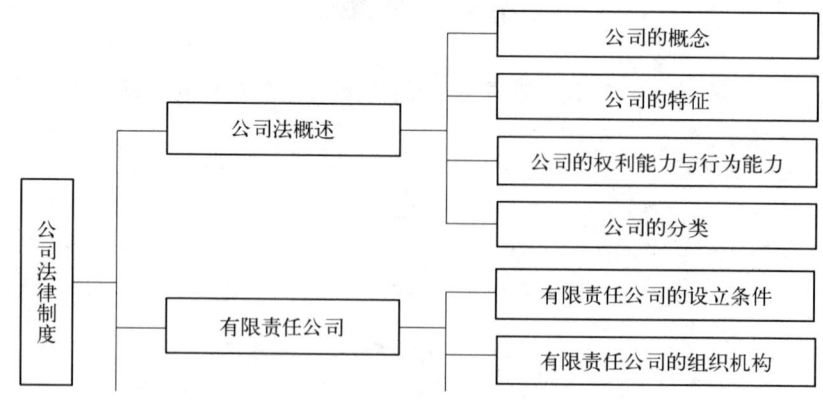

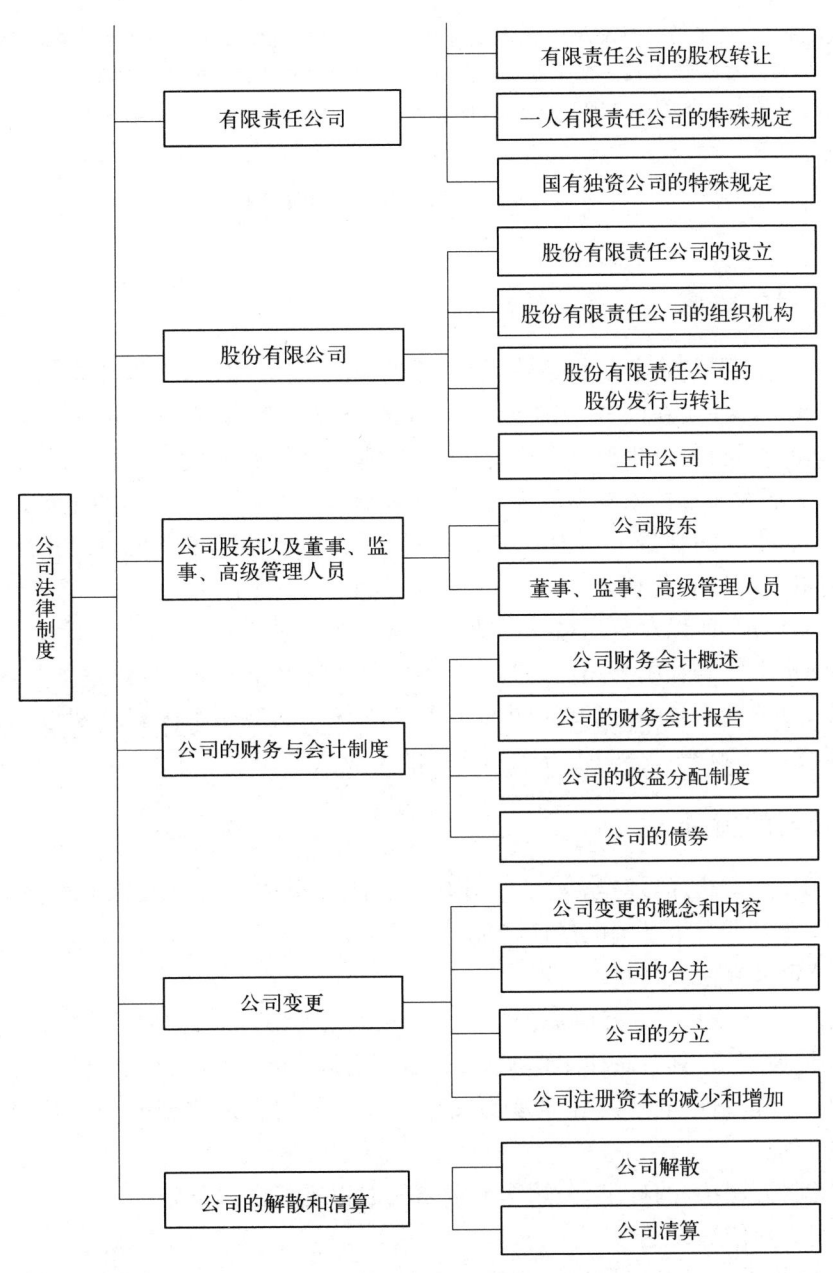

### 思政育人　　　企业不可自挂"公司"招牌

某甲与某乙合伙在县城郊区开办了一家豆浆厂，1年下来获利可观，二人次年便以10万元注册资金到市场监督管理部门以"光明豆浆厂"名称申请了工商登记，并取得了营业执照。2×22年10月，某甲和某乙在未经批准登记的情况下，将原厂牌换成"某市光明豆业股份有限公司"的牌子，并以便于经营为由分别以"公司"董事长和总经理名义印制精美的名片，从事收购黄豆、豆浆制作和销售一条龙服务。2×23年5月，他们收下了外地一家企业2万元定金后，由于行情变化未能按时交货，被对方诉上法庭。法庭在审理中发现，他们的企业不具备公司法人的条件，未经工商登记，实为两人合伙的非法人企业。法院在判定他们承担违约责任的同时，依法向市场监督管理部门提出司法建议。当地市场监督管理部门经调查，发现某甲、某乙冒用股份有限公司名称，便作出责令其改正，罚款1万元的处罚决定。他们在接到处罚决定书后,不禁傻了眼,政府不是鼓励发展股份制企业吗?我们有营业执照,开个股份制公司犯什么法?

请思考:市场监督管理部门对某甲和某乙自挂"公司"行为的处罚有哪些法律依据?

**资料来源**:王传辉,李爱荣.MBA 经济法[M].北京:中国人民大学出版社,2015.

# 第一节 公司法概述

## 一、公司的概念

公司是一种重要的企业组织形式,但由于各国立法习惯以及法律体系的不同,公司的概念也不相同。即使是在同一个国家,在不同的经济时期,随着公司的不断发展和变化,公司的外延和内涵也会发生变化。因此,公司法理论并没有形成一个统一的公司的概念。

英美法系不太注重抽象概念的界定,因而未形成一个明确的公司的定义。例如,有些英美法系国家,不同的利益主体为了实现共同目的、从事共同事业就可以采用公司形式。公司分为商事公司和非营利公司,非营利性公司不一定是企业。大陆法系较为注重概括性法律含义的界定,所以对公司概念一般采取概括规定的方式。

根据《中华人民共和国公司法》(以下简称《公司法》)的规定,**公司是指股东依法以投资方式设立,以营利为目的,以其认缴的出资额或认购的股份为限对公司承担责任,公司以其全部独立法人财产对公司债务承担责任的企业法人。**

二维码:
视频 3-1
公司法律制度概述

## 二、公司的特征

根据我国《公司法》的规定,公司包括有限责任公司和股份有限公司两种类型。一般而言,公司具有以下三个基本的法律特征。

### (一) 公司具有法人资格

《公司法》第 3 条规定:公司是企业法人。法人是与自然人并列的一类民商事主体,具有独立的主体性资格,具有法律主体所要求的权利能力与行为能力,能够以自己的名义从事民商事活动并以自己的财产独立承担民事责任。公司是最典型的法人类型,体现了法人最本质的特征。

依据我国《公司法》的规定,公司法人资格的取得需符合以下条件。

1. 公司必须依法设立

公司的依法设立主要是对设立程序而言的,即公司的设立必须依据法定的程序办理相关的登记手续,领取公司法人营业执照,有的公司如商业银行、保险公司、证券公司等的设立还须经审批程序。凡在我国境内设立的公司,必须依照我国《公司法》和《中华人民共和国公司登记管理条例》(以下简称《公司登记管理条例》),以及其他相关法律、法规所规定的条件和程序设立。《公司法》第 6 条第 1 款规定:设立公司,应当依法向公司登记机关申请设立登记。符合本法规定的设立条件的,由公司登记机关分别登记为有限责任公司或者股份有限公司;不符合本法规定的设立条件的,不得登记为有限责任公司或者股份有限公司。

2. 公司必须具备必要的财产

一定的财产是公司得以存在的物质基础。公司作为一个以营利为目的的企业法人,必须有其可控制与支配的财产,以从事经营活动。我国《公司法》将公司享有的独立的法人财产称为法人财产权,《公司法》第3条第1款规定:公司是企业法人,有独立的法人财产,享有法人财产权。公司的财产一般被称为公司资产,包括由设备、材料、工具等动产和房屋、土地等不动产以及货币组成的有形财产,也包括企业名称、工业产权等无形财产;但就公司成立时的财产而言,主要是指有形财产。公司成立时的原始财产由股东出资构成,股东可以货币、实物、土地使用权、工业产权等方式出资。股东一旦履行了出资义务,其出资标的物的所有权即转移至公司,构成公司的财产。公司的财产与股东个人的财产相分离。这是公司财产的一个重要特征,它是公司能够独立承担民事责任进而取得法人资格的基础,也是股东只以出资额为限对公司债务承担责任的依据。

3. 公司必须有自己的名称、组织机构和场所

公司的名称相当于自然人的姓名,可以自由选用,但必须标明公司的种类,即有限责任公司或股份有限公司。《公司法》第8条规定:依照本法设立的有限责任公司,必须在公司名称中标明有限责任公司或者有限公司字样。依照本法设立的股份有限公司,必须在公司名称中标明股份有限公司或者股份公司字样。公司名称属于公司章程绝对必要记载事项之一,也是公司登记事项之一。

公司必须具有完备的组织机构。规范的内部治理结构是公司法人不同于很多其他法人组织的重要标志之一。公司作为法人并无自然实体,必须设立公司机关以决定和实施公司的意志。公司健全的组织机构是其公司法人意志得以实现的组织保障,它包括公司的权力机构、执行机构和监督机构。依据我国《公司法》的规定,有限责任公司和股份有限公司的组织机构大体相同而略有差异,主要表现为前者有较多的灵活性而后者有更强的规范性。例如,有限责任公司可以不设董事会,也可以不设监事会。

公司要有自己的经营场所,它是公司实现其设立目的实施经营的地方;公司还必须有自己的住所,其住所可与其场所一致,也可以不一致。但住所是公司法律关系的中心地域,凡涉及公司债务之清偿、诉讼之管辖、书状之送达均以此为标准。《公司法》第10条规定:公司以其主要办事机构所在地为住所。

4. 公司必须能够以自己的名义从事民商事活动并独立承担民事责任

(1) 公司的独立权利。原则上,对公司的合法目的而言,公司几乎是与自然人一样的独立实体。公司若要与自然人一样,就必须拥有权利。这些权利是非常广泛的,如以自己的名义拥有财产包括不动产的权利、起诉和应诉的权利以及在公司目的范围内从事任何合法的经营活动的权利。但是,基于公司本身固有的性质和某些法律政策上的原因,公司的权利受到一定限制。如公司不能享有某些只能由自然人享有的生命权、婚姻权、继承权、肖像权、隐私权、名誉权、人格尊严权等权利又如公司在经营活动中的某些权利应依照公司法的要求与其经营范围相一致。

(2) 公司的独立责任。公司必须在依法自主组织生产和经营的基础上自负盈亏,用其全部法人财产对公司债务独立承担责任。公司独立承担责任,就意味着股东除了承担对公司的出资义务,不再承担任何其他责任,即股东的有限责任。这也是公司与其他类型的经济组织形态如合伙、个人独资企业、法人的分支机构等的本质区别之一。《公司法》第3条第1款规定:公司以其全部财产对公司的债务承担责任。公司的独立责任意味着

公司股东的有限责任。《公司法》第3条第2款规定：有限责任公司的股东以其认缴的出资额为限对公司承担责任；股份有限公司的股东以其认购的股份为限对公司承担责任。有限责任是公司制度的基石。

 延伸阅读3-1

### 公司法人人格否认制度

公司的独立法人人格和股东的有限责任使股东可以通过设立公司或者购买公司的股权或者股份，获得公司的经营利润，同时又可以将投资风险降低到最低程度，即使公司经营亏损或者资不抵债，也不及于股东的其他财产。但是，在实践中，由于股东常常会滥用公司的独立法人人格和有限责任损害公司债权人利益和公共利益，为了阻止这种行为，公司法理论和立法实践就某些特定事项，否认公司的独立法人人格和股东的有限责任。这就是公司法理论所提及的公司法人人格否认制度，英美法系公司法理论称之为"揭开公司面纱"。

《公司法》第20条第3款规定：公司股东滥用公司法人独立地位和股东有限责任，逃避债务，严重损害公司债权人利益的，应当对公司债务承担连带责任。该制度在《最高人民法院关于适用〈中华人民共和国公司法〉若干问题的规定（三）》（以下简称《公司法解释（三）》）第13、14条中得到极大的完善。

《公司法解释（三）》第13条规定：股东未履行或者未全面履行出资义务，公司或者其他股东请求其向公司依法全面履行出资义务的，人民法院应予支持。

公司债权人请求未履行或者未全面履行出资义务的股东在未出资本息范围内对公司债务不能清偿的部分承担补充赔偿责任的，人民法院应予支持；未履行或者未全面履行出资义务的股东已经承担上述责任，其他债权人提出相同请求的，人民法院不予支持。

股东在公司设立时未履行或者未全面履行出资义务，依照《公司法解释（三）》第13条第1款或者第2款提起诉讼的原告，请求公司的发起人与被告股东承担连带责任的，人民法院应予支持；公司的发起人承担责任后，可以向被告股东追偿。

股东在公司增资时未履行或者未全面履行出资义务，依照《公司法解释（三）》第13条第1款或者第2款提起诉讼的原告，请求未尽《公司法》第147条第1款规定的义务而使出资未缴足的董事、高级管理人员承担相应责任的，人民法院应予支持；董事、高级管理人员承担责任后，可以向被告股东追偿。

《公司法解释（三）》第14条规定：股东抽逃出资，公司或者其他股东请求其向公司返还出资本息、协助抽逃出资的其他股东、董事、高级管理人员或者实际控制人对此承担连带责任的，人民法院应予支持。

公司债权人请求抽逃出资的股东在抽逃出资本息范围内对公司债务不能清偿的部分承担补充赔偿责任、协助抽逃出资的其他股东、董事、高级管理人员或者实际控制人对此承担连带责任的，人民法院应予支持；抽逃出资的股东已经承担上述责任，其他债权人提出相同请求的，人民法院不予支持。

### （二）公司是社团组织，具有社团性

依法人内部组织基础的不同，可将法人分为社团法人和财团法人，公司属于社团法人。公司的社团性表现为它通常由两个或两个以上的股东出资组成。股份有限公司具有完全的社团性，其股东为两人以上。有限责任公司同样体现了公司的社团性，只是法律允许存在例外情形。我国公司法关于有限责任公司社团性的例外情形包括两种情况：一是一人有限责任公司，二是国有独资公司。在这两种公司中，都只有一个股东。但是社团性除了含有社员因素，还含有团体组织性，即不同于单个的个人的特性，而是一个组织体，就此特性而言，一人有限责任公司和国有独资公司同样体现了公司的社团性。

### （三）公司以营利为目的，具有营利性

公司以营利为目的，是指设立公司的目的及公司的运作，都是为了谋求经济利益。为

此,公司必须连续不断地从事某种经济活动,如商品生产、交换或提供某种服务。公司的营利性特征已为世界上许多国家和地区的公司立法所确认,从而成为公司的基本特征。

公司的营利性是公司区别于非营利性法人组织的重要特征。营利法人的宗旨是获取利润并将利润分配于成员(出资人或股东);而非营利法人的宗旨是发展公益、慈善、宗教、学术事业,它们即使从事商业活动、赚取利润,也只是以营利为手段,旨在实现与营利无关的目的,而且其营利所得不能直接分配于成员。区分营利法人和非营利法人的主要法律意义在于对其设定不同的设立程序、赋予不同的权利能力、适用不同的税法等。

公司的营利性实质上是股东设立公司的目的的反映。公司只有以营利为目的,实现公司利益最大化,才能让股东收回投资,并进而实现盈利。法律承认并保护公司的营利性,方能鼓励投资、创造社会财富、促进市场经济的发展。所以,我国《公司法》第4条将股东的资产收益权作为股东的第一项权利加以规定,体现了公司的营利性特征。

### 三、公司的权利能力与行为能力

#### (一)公司的权利能力

1. 公司权利能力的含义

私法上的权利能力是指一种主体性资格,是法律赋予私法主体从事私法活动、享有权利和承担义务的一般法律前提。公司权利能力是指公司作为法律主体依法享有权利和承担义务的资格。这种资格是由法律赋予的,它是公司在市场经济活动中具体享有权利、承担义务的前提。

公司权利能力的起始时间与自然人有所不同。自然人的权利能力始于出生、终于死亡。而公司的权利能力于公司成立时产生,至公司终止时消灭。那么,公司何时成立、何时终止,就是确定公司权利能力产生和消灭的关键。我国《民法典》规定,法人的民事权利能力和民事行为能力,从法人成立时产生,到法人终止时消灭。具体而言,依照我国《公司法》第7条的规定,公司营业执照签发日期,为公司成立日期。因此,公司营业执照签发之日,为公司权利能力取得之时。同样,《公司法》第188条规定,公司清算结束后,清算组应当制作清算报告,报股东会、股东大会或者人民法院确认,并报送公司登记机关,申请注销公司登记,公告公司终止。因此,公司注销登记之日,即为公司权利能力丧失之时。

2. 公司权利能力的限制

公司的权利能力与自然人的权利能力有较大不同。公司权利能力多属于特别的民事权利能力,往往受到公司法、公司章程及公司自身性质的限制。其主要包括以下几点:

(1)性质上的限制。公司毕竟为拟制人格,其本身并非为具有新陈代谢功能的生命体,故凡与自然人自身性质相关的权利义务,公司均不可能享有。如前所述,专属于自然人的生命权、健康权、婚姻权、继承权、隐私权、名誉权等,公司都不享有。

(2)目的范围的限制。公司作为营利性法人,其所持续经营的事业或业务记载于公司章程,登记于公司营业执照,称为经营范围,亦即公司设立的宗旨和目的,其意义表现在以下几个方面:其一,公司的经营范围必须由公司章程作出规定,公司章程未规定的,公司不得经营。其二,公司的经营范围必须依法登记,经依法登记的,才产生公示的效力。其三,公司的经营范围中属于法律、行政法规限制的项目,还必须依法进行批准,否则公司不得经营。其四,公司应当在登记的经营范围内从事经营活动。其五,公司需要变更其经营范围的,必须依照法定程序修改公司章程,并经公司登记机关变更登记,才可以变更其经营范围。《公司法》第12条规定:公司的经营范围由公司章程规定,并依法登记。公司可以修改公司章程,改变经营范围,但是应当办理变更登记。公司的经营范围中属于法律、行政法规规定须经批准的项目,应当依法经过批准。

由此可知,公司法人的权利能力是有差异的,即不同的公司具有不同的主体性资格,即具有不同的权利能力,这是由公司的经营范围所决定的,所以一个服装公司与一个房地产公司的权利能力是不同的,一个证券公司与一个保险公司的权利能力也是不同的。

**(二) 公司的行为能力**

1. 公司行为能力的含义

公司的行为能力是指公司基于自己的意思表示,以自己的行为独立取得权利和承担义务的能力。

公司的行为能力与其权利能力具有一致性,这种一致性不仅表现在公司的行为能力与其权利能力同时产生、同时终止,而且表现在公司行为能力的范围和内容与其权利能力的范围和内容也是相一致的,公司权利能力所受到的限制,也同样适用于公司行为能力。这也是法人的权利能力、行为能力制度与自然人的权利能力、行为能力制度不同的地方。自然人的权利能力都是一致的,但行为能力各有不同——包括完全行为能力、限制行为能力和无行为能力;法人包括公司法人的权利能力就存在差异,不同的法人享有不同的权利能力,而由于法人的权利能力与行为能力的一致性,所以不同的法人也就具有了不同的行为能力。法人行为能力的差异是由于其权利能力的差异导致的,而不像自然人那样,其行为能力的差异是由年龄、智识状况决定的。

2. 公司行为能力的实现方式

公司是法人,具有法律上的团体人格,它在按照自己的意志实施行为时,与自然人有所不同。首先,公司的意思能力是一种社团的意思能力,它必须通过公司的法人机关来形成和表示。公司的法人机关就是公司的意思机关。公司的法人机关由公司的股东会或股东大会、董事会和监事会组成,它们依照公司法规定的职权和程序相互配合又相互制衡,进行公司的意思表示。其次,公司的行为能力体现在对外行为的实施上,公司的对外行为由公司的法定代表人来实施,或者由法定代表人的授权代表来实施。

根据公司章程的规定,公司的法定代表人由董事长、执行董事或者经理担任。公司董事长(或执行董事、经理)作为公司的法定代表人,按照公司的意思以公司的名义对外进行法律行为,为公司取得权利和承担义务。在公司权利能力范围内,法定代表人或其授权代表所实施的法律行为就是公司自身实施的法律行为,其后果包括权利和义务由公司承受。

(1) 对外投资的行为能力。《公司法》第15条规定:公司可以向其他企业投资;但是,除法律另有规定外,不得成为对所投资企业的债务承担连带责任的出资人。同时,《公司法》第16条规定:公司向其他企业投资,按照公司章程的规定,由董事会或者股东会、股东大会决议;公司章程对投资的总额及单项投资的数额有限额规定的,不得超过规定的限额。

(2) 担保的行为能力。《公司法》第16条规定:公司为他人提供担保,按照公司章程的规定,由董事会或者股东会、股东大会决议;公司章程对担保的总额或者单项担保的数额有限额规定的,不得超过规定的限额。公司为公司股东或者实际控制人提供担保的,必须经股东会或者股东大会决议。接受担保的股东或者受实际控制人支配的股东不得参加规定事项的表决。该项表决由出席会议的其他股东所持表决权的过半数通过。

(3) 借款的行为能力。我国《公司法》规定,只要符合公司章程,经过董事会或股东(大)会同意,公司即可将资金借贷给他人。这表明,公司具有贷款的权利。

但是,贷款属于银行业务,未经中国银行保险监督管理委员会机构批准,任何单位和个人不得从事该业务。可见,我国一般公司的贷款权利虽未受公司法禁止,但受到其他法律控制。

### 四、公司的分类

尽管我国公司法只规定了两种类型的公司即有限责任公司和股份有限公司,但公司法理论上是存在不同类型的公司的,即使是有限责任公司和股份有限公司也可以依据不同的标准而将其分别归入不同类型的公司分类之中。

依据不同的标准,公司可有不同的分类,而每一种分类均有其法律上之意义。有些类型的公司我国公司法未作规定,故不具有立法和司法的意义,但从学理上进行把握和理解仍然是很重要的,它们对于准确地理解和领会公司法的原理具有重要意义。同时需要注意的是,各种分类标准都有一定的相对性而不是绝对的。

#### (一) 以公司股东的责任范围为标准分类

以公司股东是否对公司债务承担责任为标准,可将公司分为无限责任公司、两合公司、股份有限公司和有限责任公司。这是最主要的公司分类。

无限责任公司是指由两个以上股东组成、全体股东对公司债务负连带无限责任的公司。两合公司是指部分无限责任股东和部分有限责任股东共同组成,前者对公司债务负连带无限责任、后者仅以出资额为限承担责任的公司。我国《公司法》未对此两种公司作出规定。但在不少西方国家的公司法上,仍然存在此两种类型的公司,尽管其数量只占少数。

股份有限公司是指全部资本分为等额股份,股东以其所持股份对公司承担责任,公司以其全部资产对公司债务承担责任的公司。在公司发展历史上,股份有限公司是在两合公司之后产生较早的公司形式。股份有限公司因其可以在社会上广泛筹资、股份可以自由转让、公司可以实行所有权与经营权分离的经营方式和分权制衡机制以及股东有限责任等特点,特别适合于大型企业的经营,现今已成为十分重要的公司形式。我国《公司法》将股份有限公司作为最基本的公司形式之一予以调整。

有限责任公司是指股东仅以其出资额为限对公司承担责任、公司以其全部资产对公司债务承担责任的公司。在公司的发展史上,有限责任公司出现得较晚,由于它较好地吸收了其他公司形式的优点并克服其不足,所以这种公司形式在世界各国得到了迅速发展。我国公司法也将有限责任公司作为一种主要公司形式予以确认。

所以,我国《公司法》上的公司的股东都是承担有限责任的,公司以自己的财产独立承担责任。只是有限责任公司的股东是以其认缴的出资额为限对公司债务承担责任,而股份有限公司的股东是以其认购的股份为限对公司债务承担责任。

#### (二) 以公司股份转让方式为标准分类

以公司股份是否可以自由转让和流通为标准,可将公司分为封闭式公司与开放式公司。封闭式公司又称不公开公司、不上市公司、私公司等,是指公司股本全部由设立公司的股东拥有,且其股份不能在证券市场上自由转让的公司。有限责任公司属于封闭式公司。开放式公司又称公开公司、上市公司、公公司等,是指可以按法定程序公开招股,股东人数通常无法定限制、公司的股份可以在证券市场公开自由转让的公司。这种公司事实上就是指股份有限公司中的上市公司。并非所有的股份有限公司都是上市公司,但是股份有限公司都具有开放性,都可以申请向社会公开发行股份和募集资金,而有限责任公司是不能向社会公开发行股份的,也就无法通过此方式募集资金。

所以,我国《公司法》规定,有限责任公司属于封闭性公司,股份有限公司属于开放性公司,但股份有限公司中的非上市公司仍然具有封闭性,只有股份有限公司中的上市公司才是真正意义上的开放式公司。

（三）以公司的信用基础为标准分类

以公司的交易信用来源和责任承担依据为标准,可将公司分为人合公司、资合公司和人合兼资合公司。人合公司是指公司的经营活动以股东个人信用而非公司资本的多寡为基础的公司。人合公司的对外信用主要取决于股东个人的信用状况,故人合公司的股东之间通常存在特殊的人身信任或人身依附关系。无限责任公司是典型人合公司。资合公司是指公司的经营活动以公司的资本规模而非股东个人信用为基础的公司。由于资合公司的对外信用和债务清偿保障主要取决于公司的资本总额及其现有财产状况,为防止公司由于资本不足而损害公司债权人利益,各国法律都对资合公司的设立和运行作了较严的规定。股份公司中的上市公司是典型的资合公司。人合兼资合公司是指公司的设立和经营同时依赖于股东个人信用和公司资本规模,从而兼有两种公司的特点。两合公司、股份公司中的非上市公司和有限责任公司均属此类公司。

（四）以公司相互之间的法律上的关系为标准分类

以公司之间在财产上、人事上、责任承担上的相互关系为标准,可将公司分为总公司与分公司、母公司与子公司。

总公司又称本公司,是指依法设立并管辖公司全部组织的具有企业法人资格的总机构。

总公司通常先于分公司而设立,在公司内部管辖系统中,处于领导、支配地位。分公司是指在业务、资金、人事等方面受本公司管辖而不具有法人资格的分支机构。分公司不具有法律上和经济上的独立地位,但其设立程序简单。我国《公司法》第14条规定:公司可以设立分公司。设立分公司应当向公司登记机关申请登记,领取营业执照。分公司不具有法人资格,其民事责任由公司承担。但是,需要注意的是:分公司尽管不具有法人资格,不享有独立的财产权利,不能独立承担民事责任,但分公司能够以自己的名义从事法律行为,有相应的权利能力和行为能力。在民法的民事主体理论上,分公司可以归入非法人组织之中,非法人组织属于既不同于自然人又不同于法人的另外一类法律主体。

母公司是指拥有其他公司一定数额的股份或根据协议,能够控制、支配其他公司的人事、财务、业务等事项的公司。母公司最基本的特征,不在于是否持有子公司的股份,而在于是否参与子公司业务经营。子公司是指一定数额的股份被另一公司控制或依照协议被另一公司实际控制、支配的公司。子公司具有独立法人资格,拥有自己所有的财产,自己的公司名称、章程和董事会,对外独立开展业务和承担责任。但涉及公司利益的重大决策或重大人事安排,仍要由母公司决定。我国《公司法》第14条第2款规定:公司可以设立子公司,子公司具有法人资格,依法独立承担民事责任。

### (五) 以公司的国籍为标准分类

以公司在哪一国登记注册并取得主体资格、受该国法律管辖为标准,可将公司分为本国公司、外国公司和跨国公司。依照我国《公司法》第195条的规定,允许外国公司在中国境内设立分支机构,从事生产经营活动,但外国公司属于外国法人,其在中国境内设立的分支机构不具有中国法人资格,该分支机构在中国境内进行经营活动而产生的民事责任,由其所属外国公司承担。

 延伸阅读3-2

有限责任公司与股份公司的区别如表3-1所示。

表3-1　　　　　　　　有限责任公司与股份有限公司的区别

| | | 有限责任公司 | | | 股份有限公司 |
|---|---|---|---|---|---|
| | | 一般有限责任公司 | 一人有限责任公司 | 国有独资公司 | |
| 设立方式 | 发起设立 | √ | | | √ |
| | 募集设立 | × | | | √ |
| 股东人数 | | 2～50人 | 1 | 1 | 发起人:2～200人 |
| 出资证明 | | 出资证明书 | | | 股票 |
| 股权转让方式 | 对内 | 自由转让 | × | × | 除法律限制外,自由转让 |
| | 对外 | 其他股东过半数同意 | 自由转让 | 自由转让 | |
| 组织机构设置 | 股东(大)会 | √ | × | × | √ |
| | 董事会 | √或1名执行董事 | √或1名执行董事 | √ | √ |
| | 监事会 | √或1～2名监事 | √或1～2名监事 | √ | √ |
| | 经理 | 可设 | 可设 | 必设 | 必设 |
| 所有权与经营权分离 | | 程度较低 | | | 程度较高 |
| 信息披露义务 | | 无限制 | | | 财务和经营状况等要依法公开披露 |

# 第二节 有限责任公司

## 一、有限责任公司的设立条件

### (一) 股东的人数和资格

我国《公司法》第24条规定:有限责任公司由50个以下股东出资设立。这表明,在我

二维码:
视频3-2
有限责任公司

国设立有限责任公司,股东最多不能超过50个,最少为1个。此种情形下为一人有限责任公司。除国有独资公司,有限责任公司的股东可以是自然人,也可以是法人。

(二) 公司的资本

1. 注册资本

我国《公司法》规定,有限责任公司只要"有符合公司章程规定的全体股东认缴的出资额"即可申请登记注册,对于股东认缴的出资只要按照章程规定的数额和期限进行缴纳即可。有限责任公司的注册资本为在公司登记机关登记的全体股东认缴的出资额。法律、行政法规以及国务院决定对有限责任公司注册资本实缴、注册资本最低限额另有规定的,从其规定。

2. 出资方式

有限责任公司股东的出资方式可以是多样的。《公司法》第27条规定:股东可以用货币出资,也可以用实物、知识产权、土地使用权等可以用货币估价并可以依法转让的非货币财产作价出资。但是,法律、行政法规规定不得作为出资的财产除外。

3. 出资期限

有限责任公司可按照章程规定的方式和期限缴纳出资。

4. 出资程序

(1) 股东以货币出资的,应当将货币足额存入有限责任公司在银行开设的账户。《公司法解释(三)》第7条第2款规定:以贪污、受贿、侵占、挪用等违法犯罪所得的货币出资后取得股权的,对违法犯罪行为予以追究、处罚时,应当采取拍卖或者变卖的方式处置其股权。

(2) 股东以非货币财产出资的,应当评估作价,核实财产,不得高估或者低估作价。缴资时应当依法办理财产权的转移手续。

《公司法解释(三)》第10条第1款规定:出资人以房屋、土地使用权或者需要办理权属登记的知识产权等财产出资,已经交付公司使用但未办理权属变更手续,公司、其他股东或者公司债权人主张认定出资人未履行出资义务的,人民法院应当责令当事人在指定的合理期间内办理权属变更手续;在前述期间内办理了权属变更手续的,人民法院应当认定其已经履行了出资义务;出资人主张自其实际交付财产给公司使用时享有相应股东权利的,人民法院应予支持。(情形1:交付未过户)

《公司法解释(三)》第10条第2款规定:出资人以前款财产出资,已经办理权属变更手续但未交付给公司使用,公司或者其他股东主张其向公司交付、并在实际交付之前不享有相应股东权利的,人民法院应予支持。(情形2:过户未交付)

《公司法解释(三)》第11条规定:出资人以其他公司股权出资,符合下列条件的,人民法院应当认定出资人已履行出资义务:① 出资的股权由出资人合法持有并依法可以转让;② 出资的股权无权利瑕疵或者权利负担;③ 出资人已履行关于股权转让的法定手续;④ 出资的股权已依法进行了价值评估。

股权出资不符合上述第①②③项的规定,公司、其他股东或者公司债权人请求认定出资人未履行出资义务的,人民法院应当责令该出资人在指定的合理期间内采取补正措施,以符合上述条件;逾期未补正的,人民法院应当认定其未依法全面履行出资义务。

股权出资不符合上述第④项的规定,公司、其他股东或者公司债权人请求认定出资人未履行出资义务的,人民法院应当按照本规定第9条的规定处理。

(3) 股东不按公司章程规定缴纳所认缴的出资,除应当向公司足额缴纳外,还应当向已足额缴纳出资的股东承担违约责任。

《公司法解释(三)》第13条第1款规定:股东未履行或者未全面履行出资义务,公司或者其他股东请求其向公司依法全面履行出资义务的,人民法院应予支持。第3款规定:股东在公司设立时未履行或者未全面履行出资义务,依照本条第1款或者第2款提起诉讼的原告,请求公司的发起人与被告股东承担连带责任的,人民法院应予支持;公司的发起人承担责任后,可以向被告股东追偿。

(4) 公司成立后,发现作为设立公司出资的非货币财产的实际价额显著低于公司章程所定价额的,应当由交付该出资的股东补足其差额;公司设立时的其他股东承担连带责任。

《公司法解释(三)》第15条规定:出资人以符合法定条件的非货币财产出资后,因市场变化或者其他客观因素导致出资财产贬值,公司、其他股东或者公司债权人请求该出资人承担补足出资责任的,人民法院不予支持。但是,当事人另有约定的除外。

有限责任公司的股东未履行或者未全面履行出资义务即转让股权,受让人对此知道或者应当知道,公司请求该股东履行出资义务、受让人对此承担连带责任的,人民法院应予支持;公司债权人依照本规定第13条第2款向该股东提起诉讼,同时请求前述受让人对此承担连带责任的,人民法院应予支持。

《公司法解释(三)》第18条第2款规定:受让人根据前款规定承担责任后,向该未履行或者未全面履行出资义务的股东追偿的,人民法院应予支持。但是,当事人另有约定的除外。

(5) 抽逃出资的认定。《公司法解释(三)》第12条规定:公司成立后,公司、股东或者公司债权人以相关股东的行为符合下列情形之一且损害公司权益为由,请求认定该股东抽逃出资的,人民法院应予支持:① 通过虚构债权债务关系将其出资转出;② 制作虚假财务会计报表虚增利润进行分配;③ 利用关联交易将出资转出;④ 其他未经法定程序将出资抽回的行为。

公司、其他股东可请求该股东向公司返还出资本息——协助抽逃出资的其他股东、董事、高管或实际控制人对此承担连带责任。

公司债权人可请求抽逃出资的股东在抽逃出资本息范围内对公司债务不能清偿的部分承担补充赔偿责任——协助抽逃出资的其他股东、董事、高管或实际控制人对此承担连带责任。

5. 股东出资瑕疵的法律后果

一般情况下,股东按照实缴的出资比例分取红利;公司新增资本时,股东有权优先按照实缴的出资比例认缴出资。但是,全体股东约定不按照出资比例分取红利或者不按照出资比例优先认缴出资的除外。

但是,如果股东出资瑕疵,包括股东未履行、未全面履行出资、抽逃出资、虚假评估等。则根据《公司法解释(三)》可以对某些股东权加以限制:

(1)《公司法解释(三)》第16条规定:股东未履行或者未全面履行出资义务或者抽逃

出资,公司根据公司章程或者股东会决议对其利润分配请求权、新股优先认购权、剩余财产分配请求权等股东权利作出相应的合理限制,该股东请求认定该限制无效的,人民法院不予支持。

(2)(有限公司)可以剥夺股东资格。《公司法解释(三)》第17条规定:有限责任公司的股东未履行出资义务或者抽逃全部出资,经公司催告缴纳或者返还,其在合理期间内仍未缴纳或者返还出资,公司以股东会决议解除该股东的股东资格,该股东请求确认该解除行为无效的,人民法院不予支持。

(3)(股份公司)可以另行募股。《公司法解释(三)》第6条规定:股份有限公司的认股人未按期缴纳所认股份的股款,经公司发起人催缴后在合理期间内仍未缴纳,公司发起人对该股份另行募集的,人民法院应当认定该募集行为有效。认股人延期缴纳股款给公司造成损失,公司请求该认股人承担赔偿责任的,人民法院应予支持。

### (三) 公司章程

有限责任公司的章程由股东共同制定,不仅是因为章程实质上就是股东之间的合约,理当由其制定,而且股东人数有限,共同制定也具有可行性。一人有限责任公司的章程由股东制定,国有独资公司的章程要么由国有资产监督管理机构制定,要么由董事会制定,报国有资产监督管理机构批准。

### (四) 公司设立的其他条件

设立有限责任公司除需要具备上述三项条件外,还应当具备下列条件:

(1) 有公司名称。

(2) 有公司的组织机构。

(3) 有必要的生产经营条件。

## 二、有限责任公司的组织机构

我国公司法对有限责任公司组织机构的设置作了多元制的规定:一般的有限责任公司,其组织机构为股东会、董事会和监事会;股东人数较少和规模较小的有限责任公司,其组织机构为股东会、执行董事和监事;一人有限责任公司不设股东会。国有独资有限责任公司,其组织机构为唯一股东、董事会和监事。

### (一) 股东会

1. 股东会的性质和组成

股东会是有限责任公司的权力机关。公司法有特别规定的除外,有限责任公司必须设立股东会。但股东会是非常设机关,即它不是常设的公司机构,而仅以会议形式存在,只有在召开股东会会议时,股东会才作为公司机关存在。股东会由全体股东组成。股东是按其所认缴出资额向有限责任公司缴纳出资的人。

2. 股东会的职权

股东会作为有限责任公司的权力机关,行使下列职权:

(1) 决定公司的经营方针和投资计划。

(2) 选举和更换非由职工代表担任的董事、监事,决定有关董事的报酬事项。

(3) 审议批准董事会的报告。

(4) 审议批准监事会或者监事的报告。
(5) 审议批准公司的年度财务预算方案、决算方案。
(6) 审议批准公司的利润分配方案和弥补亏损方案。
(7) 对公司增加或者减少注册资本作出决议。
(8) 对发行公司债券作出决议。
(9) 对公司合并、分立、解散、清算或变更公司形式作出决议。
(10) 修改公司章程。
(11) 公司章程规定的其他职权。

3. 股东会的召开

股东会分为定期会议和临时会议两种。定期会议的召开时间由公司章程规定，一般每年召开一次。临时会议可经代表1/10以上表决权的股东或1/3以上的董事或监事会或不设监事会的公司监事提议而召开。

股东会的首次会议由出资最多的股东召集和主持。以后的股东会议，凡设立董事会的，由董事会召集，董事长主持。

董事长不能履行职务或者不履行职务的，由副董事长主持；副董事长不能履行职务或者不履行职务的，由半数以上董事共同推举一名董事主持。有限责任公司不设董事会的，股东会会议由执行董事召集和主持。董事会或者执行董事不能履行或者不履行召集股东会会议职责的，由监事会或者不设监事会的公司的监事召集和主持；监事会或者监事不召集和主持的，代表1/10以上表决权的股东可以自行召集和主持。召开股东会会议，应当于会议召开15日以前通知全体股东。该通知应写明股东会会议召开的日期、时间、地点和目的，以使股东对拟召开的股东会有最基本的了解。

4. 股东会决议

有限责任公司股东会可依职权对所议事项作出决议。一般情况下，股东会会议作出决议时，采取"资本多数决"原则，即由股东按照出资比例行使表决权。但公司章程可以对股东会决议的作出方式另行予以规定，而不按出资比例行使表决权。

股东会的议事方式和表决程序，公司法有规定的除外，由公司章程规定。但下列事项必须经代表2/3以上表决权的股东通过：① 修改公司章程；② 公司增加或者减少注册资本；③ 公司分立、合并、解散或者变更公司形式。全体股东对股东会议决事项以书面形式一致表示同意的，可以不召开股东会会议，而可以直接作出决定，并由全体股东在决定文件上签名、盖章。

**(二) 董事会**

1. 董事会的性质及其组成

董事会是有限责任公司的业务执行机关，享有业务执行权和日常经营的决策权。它是一般有限责任公司的必设机关和常设机关，股东人数较少或公司规模较小的有限责任公司，即可以不设董事会。至于"股东人数较少"或"规模较小"的判断标准，公司法并未规定，故实践中有较大的意思自治的余地，由股东协商决定是否设立董事会，并记载于公司章程中。董事会对股东会负责。

董事会由董事组成，其成员为3～13名。董事的任期由公司章程规定，各个公司可有所不同,但每届任期不得超过3年。换言之,公司章程可以规定董事的任期少于3年,但不得超过3年。董事任期届满时,连选可以连任,并无任职届数的限制。

2. 董事会的职权

根据《公司法》第46条的规定,有限责任公司的董事会行使下列职权:

(1) 召集股东会,并向股东会报告工作。
(2) 执行股东会的决议。
(3) 决定公司的经营计划和投资方案。
(4) 制订公司的年度财务预算方案、决算方案。
(5) 制订公司的利润分配方案和弥补亏损方案。
(6) 制订公司增加或者减少注册资本以及发行公司债券的方案。
(7) 制订公司合并、分立、变更公司形式、解散的方案。
(8) 决定公司内部管理机构的设置。
(9) 决定聘任或者解聘公司经理及其报酬事项,并根据经理的提名,决定聘任或者解聘公司副经理、财务负责人及其报酬事项。
(10) 制定公司的基本管理制度。
(11) 公司章程规定的其他职权。

3. 董事会的召开

董事会会议由董事长召集和主持。董事长不能履行职务或者不履行职务的,由副董事长召集和主持;副董事长不能履行职务或者不履行职务的,由半数以上董事共同推举一名董事召集和主持。

董事会应当对所议事项的决定作成会议记录,出席会议的董事应当在会议记录上签名。

董事会决议的表决,实行一人一票制。

4. 董事长和执行董事

有限责任公司董事会设董事长1人,可以设副董事长。董事长、副董事长的产生办法由公司章程规定。公司法未规定董事长的职责,一般而言,董事长的职权有:① 主持股东会会议,召集和主持董事会会议;② 检查董事会决议的实施情况;③ 对外代表公司;④ 设立分公司时,向公司登记机关申请登记,领取营业执照;⑤ 公司章程规定的其他职权。董事长可以是公司的法定代表人。

根据我国公司法的规定,股东人数较少和规模较小的有限责任公司,不设董事会,可以设1名执行董事。执行董事兼具了相当于一般有限责任公司董事会、董事长的身份,可以是公司的法定代表人。

(三) 经理

有限责任公司的经理是负责公司日常经营管理工作的高级管理人员。我国《公司法》规定,有限责任公司可以设经理,由董事会聘任或者解聘,经理对董事会负责。经理可以作为公司的法定代表人。

有限责任公司经理负责公司的日常经营管理工作,行使下列职权:

(1) 主持公司的生产经营管理工作,组织实施董事会决议。

(2) 组织实施公司年度经营计划和投资方案。
(3) 拟订公司内部管理机构设置方案。
(4) 拟订公司的基本管理制度。
(5) 制定公司的具体规章。
(6) 提请聘任或者解聘公司副经理、财务负责人。
(7) 决定聘任或者解聘除应由董事会决定聘任或者解聘以外的其他负责管理人员。
(8) 董事会授予的其他职权。
公司章程如果对经理职权有规定的,依其规定。

**(四) 监事会**

1. 监事会的性质及其组成

监事会为经营规模较大的有限责任公司的常设监督机关,专司监督职能。监事会对股东会负责,并向其报告工作。监事会由监事组成,其成员不得少于3人。监事会应当包括股东代表和适当比例的公司职工代表,其中职工代表的比例不得低于1/3,具体比例由公司章程规定。监事会中的股东代表,由股东会选举产生;监事会中的职工代表由职工民主选举产生;监事会应在其组成人员中推选1名召集人。监事的任期是法定的,每届为3年。监事任期届满,连选可以连任。

股东人数较少和规模较小的有限责任公司,不设立监事会,可以设1～2名监事,行使监事会的职权。同时,公司董事、高级管理人员不得兼任监事。

2. 监事会的职权

我国《公司法》第53条规定,监事会行使下列职权:

(1) 检查公司财务。
(2) 对董事、高级管理人员执行公司职务时的行为进行监督,对违反法律、法规、公司章程或者股东会决议的董事、高级管理人员提出罢免的建议。
(3) 当董事和高级管理人员的行为损害公司的利益时,要求董事和高级管理人员予以纠正。
(4) 提议召开临时股东会会议,在董事会不履行公司法规定的召集和主持股东会会议职责时召集和主持股东会会议。
(5) 向股东会会议提出提案。
(6) 依照《公司法》第151条的规定对董事、高级管理人员提起诉讼。
(7) 公司章程规定的其他职权。

监事会、不设监事会的公司的监事行使职权所必需的费用由公司承担。

此外,为便于对董事的监督,我国《公司法》还规定,监事有权列席董事会会议,并对董事会决议事项提出质询或者建议。监事会或者监事发现公司经营情况异常,可以进行调查,必要时可以聘请会计师事务所等协助其工作,费用由公司承担。

## 三、有限责任公司的股权转让

**(一) 对内转让的规则**

有限责任公司的股东相互之间可以自由转让股权。可以是转让部分股权,也可以是转让全部股权。在转让部分股权的情况下，转让方仍保留股东身份，只是转让方与受让方各自的股权比例发生变化而已。在全部转让的情况下，转让方退出公司。

公司法承认了一人有限责任公司的法律地位，所以如果因有限公司股东相互之间转让股权而导致公司只剩下一个股东时，公司仍可以继续存在，但此时公司须符合公司法关于一人有限责任公司的有关条件。

### （二）对外转让的规则

有限责任公司的股东可以将其持有的公司股权转让给股东以外的第三人，但须符合公司法规定的相关条件。

1. 其他股东的同意权及其行使

股东向股东以外的第三人转让股权，无论是部分转让还是全部转让，应当经其他股东过半数的同意。此项同意以股东人数计算，而非以股东持有的有表决权的股数计算。在程序上，欲对外转让股权的股东应当就股权转让事项以书面形式通知其他股东，征求其他股东的同意。其他股东可以同意也可以不同意，但应当给予转让方答复。如果其他股东在接到转让方的书面通知之日起 30 日未予答复的，则视为其同意转让方对外转让股权。其他股东半数以上不同意转让的，不同意的股东应当购买该转让的股权；不购买的，视为同意转让。公司法的这一规定为有限责任公司股东提供了有效的股权退出机制，方便了投资行为，保护了股东投资的自由与退出公司的自由。

若不同意对外转让的股东购买该转让的股权，股权转让价格应当由购买方与转让方通过协商确定。不能协商确定的，可以聘请第三人对股权价格进行评估，按评估的价格转让。

2. 其他股东的优先购买权

股东对外转让股权，取得了其他股东的同意，则在同等条件下，其他股东享有优先购买权。同等条件是指股权转让的价格，但也包括转让的其他条件，如支付方式、支付期限以及其他由转让方提出的合理条件。所以，如果第三人愿意以更优惠或对转让方更有利的条件购买股权，而其他股东不愿意以此条件购买，则其他股东丧失优先购买权，转让方可以向第三人转让股权。当然，其他股东可以声明放弃优先购买权。

如果其他股东中有两个或两个以上的股东都愿意受让该转让的股权，应当通过协商确定各自受让的比例，若协商不成，则按照转让时各自的出资比例行使优先购买权。

同等条件下的优先购买权并非强制性规定。如果公司章程中对股东对外转让股权有不同的或相反的规定，则从其约定。公司章程可以规定股东对外转让股权时其他股东不享有优先购买权；可以规定其他股东享有优先购买权的具体条件；可以规定其他股东行使优先购买权的程序等。

3. 转让股东的反悔权

有限责任公司的转让股东，在其他股东主张优先购买后又不同意转让股权的，应当尊重其意思自治，不能强制要求其转让股权。如果其他股东提出行使优先购买权的主张，人民法院不予支持，但公司章程另有规定或者全体股东另有约定的除外。

要注意的是，尽管法律保护转让股东的反悔权，但是如果因为转让股东的反悔而给其他股东造成损失的，其他股东有权主张损失赔偿。

4. 侵犯股东优先购买权的后果

有限责任公司的股东向股东以外的人转让股权,未就其股权转让事项征求其他股东意见,或者以欺诈、恶意串通等手段,损害其他股东优先购买权,其他股东主张按照同等条件购买该转让股权的,人民法院应当予以支持,但其他股东自知道或者应当知道行使优先购买权的同等条件之日起30日内没有主张,或者自股权变更登记之日起超过1年的除外。

但是,如果上述规定的其他股东仅提出确认股权转让合同及股权变动效力等请求,未同时主张按照同等条件购买转让股权的,则人民法院不予支持,但其他股东非因自身原因导致无法行使优先购买权,请求损害赔偿的除外。

股东以外的股权受让人,因股东行使优先购买权而不能实现合同目的的,可以依法请求转让股东承担相应民事责任。

5. 强制执行程序中的股东优先购买权

在因股权质押担保等情形而导致人民法院依法采取强制执行措施而转让有限责任公司的股东在公司中的股权的情形下,人民法院应当将此强制执行措施的有关情况通知股东所在的公司和全体股东,包括被强制执行股权的股东和其他股东。其他股东在同等条件下享有优先购买权,但该优先购买权应当自接到人民法院的通知之日起20日行使,逾期不行使的,视为放弃优先购买权,第三人可以通过强制执行措施受让该股权。对于该非通过协商而是通过强制执行程序购买股权的新股东,公司和其他股东不得否认其效力,公司应当注销原股东的出资证明书,并向新股东签发出资证明书,修改公司章程和股东名册中有关股东及其出资额的记载,此项对于公司章程的修改不需再由股东会表决而直接发生效力。

(三)股东的股权收购请求权

有限责任公司有较强的人合性质,股东相互之间的信任与合作对于公司的经营管理和发展非常重要。如果某一或某些股东对继续作为公司股东失去信心或不愿意与其他股东继续合作,又无第三人愿意受让其股权,或者其不愿意对外转让股权,在此情形下,法律应当为这些股东提供合理的救济渠道,保障股东退出公司的正当自由,保护人们的投资积极性与安全感。我国《公司法》对此作出了相应的规定。

根据《公司法》第74条的规定,有下列情形之一的,对股东会该项决议投反对票的股东可以请求公司按照合理的价格收购其股权:

(1)公司连续5年不向股东分配利润,而公司该5年连续盈利,并且符合《公司法》规定的分配利润条件的。

(2)公司合并、分立、转让主要财产的。

(3)公司章程规定的营业期限届满或者公司章程规定的其他解散事由出现,股东会会议通过决议修改公司章程使公司存续的。

在上述任何一种情形下,对公司股东会会议通过上述决议不赞成,并且投的是反对票的股东,有权自股东会会议决议通过之日起60日内提出请求,请求公司收购其持有的公司股权。收购股权的价格由该股东与公司协商确定,如果该股东与公司不能就股权收购事宜达成一致,该股东可以自股东会会议决议作出之日起90日内向人民法院提起诉讼,通过诉讼途径解决该争议。

### （四）自然人股东资格的继承

有限责任公司的自然人股东如果死亡或者被宣告死亡，该股东有符合继承法规定的合法继承人，该合法继承人可以继承股东资格。但是，如果公司章程对此种情形另有规定，则从其规定。例如，公司章程规定股东死亡时，死亡股东的继承人不能自动取得股东资格而须有其他股东一定比例的同意，或者规定继承人在符合何种条件时方能继承股东资格等。

如果公司章程没有相反规定，则当自然人股东死亡时，其合法继承人愿意取得股东资格的，其他股东应当允许。如果继承人不愿意取得股东资格，则应通过协商或者评估确定该股东的股权价格，由其他股东受让该股权或由公司收购该股权，继承人取得股权转让款。如果该股东有数个合法继承人，且都愿意继承股东资格，则由该数个继承人通过协商确定各自继承股权的份额。

## 四、一人有限责任公司的特殊规定

根据《公司法》的规定，一个自然人股东或者一个法人股东可以设立有限责任公司。为维护债权人等利害关系人的权益，保障社会经济秩序，《公司法》对一人有限责任公司的设立和组织机构用专门一节作了特殊规定，以加强对其的监管。特殊规定以外的问题，则适用对有限责任公司的一般规定。以下仅就一人有限责任公司的特别规定作一说明。

### （一）股东的特别规定

《公司法》规定，一个自然人只能投资设立一个一人有限责任公司，禁止其设立多个一人有限责任公司，而且该一人有限责任公司不能投资设立新的一人有限责任公司。

一人有限责任公司应当在公司登记中注明自然人独资或者法人独资，并在公司营业执照中载明。

### （二）组织机构的特别规定

一人有限责任公司不设股东会。法律规定的股东会职权由股东行使，当股东行使相应职权作出决定时，应当采用书面形式，并由股东签字后置备于公司。

### （三）有限责任的特别规定

为防止一人有限责任公司的股东滥用公司法人人格与有限责任制度，将公司财产混同于个人财产，抽逃资产，损害债权人的利益，《公司法》规定，一人有限责任公司的股东不能证明公司财产独立于股东自己财产的，应当对公司债务承担连带责任。

### （四）再投资的特别规定

此限制体现在两个方面：一方面，一个自然人只能投资设立一个一人有限责任公司，不能投资设立第二个一人有限责任公司；另一方面，由一个自然人投资设立的一人有限责任公司不能作为股东投资设立一人有限责任公司。但此一限制仅适用于自然人，不适用于法人。换言之，一个法人可以投资设立两个或两个以上的一人有限责任公司，由一个法人设立的一人有限责任公司可以再投资设立一人有限责任公司，成为一人有限责任公司的股东。

## 五、国有独资公司的特殊规定

国有独资公司是指国家单独出资、由国务院或者地方人民政府委托本级人民政府国有资产监督管理机构履行出资人职责的有限责任公司。《公司法》对国有独资公司的设立和组织机构也以专门一节作了特殊规定,特殊规定以外的问题,则适用对有限责任公司的一般规定。

**(一) 章程制定的特别规定**

国有独资公司章程由国有资产监督管理机构制定,或者由董事会制定报国有资产监督管理机构批准。

**(二) 组织机构的特别规定**

1. 国有独资公司不设股东会,由国有资产监督管理机构行使股东会职权

国有资产监督管理机构可以授权公司董事会行使股东会的部分职权,决定公司的重大事项,但公司的合并、分立、解散、增减注册资本和发行公司债券,必须由国有资产监督管理机构决定;其中,国务院有关规定确定的重要国有独资公司的合并、分立、解散、申请破产,应当由国有资产监督管理机构审核后,报本级人民政府批准。

2. 国有独资公司董事会的特别规定

国有独资公司设立董事会,依照法律规定的有限责任公司董事会的职权和国有资产监督管理机构的授权行使职权。董事每届任期不得超过 3 年。董事会成员中应当有公司职工代表。董事会成员由国有资产监督管理机构委派;但是,董事会成员中的职工代表由公司职工代表大会选举产生。董事会设董事长一人,可以设副董事长。董事长、副董事长由国有资产监督管理机构从董事会成员中指定。

3. 经营管理机关的特别规定

国有独资公司设经理,由董事会聘任或者解聘。国有独资公司经理的职权与普通有限责任公司相同。经国有资产监督管理机构同意,董事会成员可以兼任经理。

4. 国有独资公司的董事长、副董事长、董事、高级管理人员任职的特别规定

国有独资公司的上述人员,未经国有资产监督管理机构同意,不得在其他有限责任公司、股份有限公司或者其他经济组织兼职。

5. 国有独资公司监事会的特别规定

国有独资公司监事会成员不得少于 5 人,其中职工代表的比例不得低于 1/3,具体比例由公司章程规定。监事会成员由国有资产监督管理机构委派;但是,监事会中的职工代表由公司职工代表大会选举产生。监事会主席由国有资产监督管理机构从监事会成员中指定。国有独资公司监事会的职权范围小于普通有限责任公司的监事会,包括:检查公司财务;对董事、高级管理人员执行公司职务的行为进行监督,对违反法律、行政法规、公司章程或者股东会决议的董事、高级管理人员提出罢免的建议;当董事、高级管理人员的行为损害公司的利益时,要求董事、高级管理人员予以纠正以及国务院规定的其他职权。

## 第三节　股份有限公司

### 一、股份有限责任公司的设立

**(一) 设立条件**

按照我国《公司法》的规定,设立股份有限公司应当具备下列条件:

(1) 发起人符合法定人数。《公司法》第 78 条规定：设立股份有限公司,应当有 2 人以上 200 人以下为发起人,其中须有半数以上的发起人在中国境内有住所。根据这一特征,股份有限公司不能是一人公司,其股东至少为 2 人。但公司设立时的发起人不能超过 200 人。发起人可以是自然人,也可以是法人或其他经济组织。

(2) 发起人认缴和募集的股本达到法定出资要求。我国《公司法》规定股份公司设立必须要有符合公司章程规定的全体发起人认购的股本总额或者募集的实收股本总额。股份有限公司采取发起设立方式设立的,注册资本为在公司登记机关登记的全体发起人认购的股本总额。在发起人认购的股份缴足前,不得向他人募集股份。股份有限公司采取募集方式设立的,注册资本为在公司登记机关登记的实收股本总额。法律、行政法规以及国务院决定对股份有限公司注册资本实缴、注册资本最低限额另有规定的,从其规定。

(3) 股份发行、筹办事项符合法律规定。这是股份有限公司设立的要求。有限责任公司根本不发行股份,无需符合该要件。有关发行股份的核准手续、招股说明书、认股书、承销协议以及股款缴付等事宜,详见下文。

(4) 发起人制定公司章程。股份有限公司章程的制定要求,则有所不同。因采取募集设立的股份有限公司股东众多,不可能让其人人亲自签署章程,只要求发起人制订。采用募集方式设立的股份公司,需经创立大会通过。后来加入的股东视为接受了公司章程的约束。

(5) 有公司名称,建立符合股份有限公司要求的组织机构。

(6) 有公司住所。

**(二) 设立方式**

股份有限公司的设立方式有两种:一是发起设立;二是募集设立。

1. 发起设立

发起设立是指由发起人认购公司应发行的全部股份,不向发起人之外的任何人募集而设立公司。发起设立的程序包括以下几方面:

(1) 发起人认购股份。发起人应当书面认足公司章程规定其认购的股份。认购采用书面形式,载明认股人的姓名或名称、住所、认股数、应交股款金额、出资方式,由认股人填写、签章。认购书一经填妥并签署,即具有法律上的约束力。

(2) 发起人缴清股款。发起人在认购股份后,如规定其一次缴纳的,应即缴纳全部出资;分期缴纳的,应即缴纳首期出资。发起人以实物、知识产权、非专利技术或者土地使用权出资的,应当依法估价,并办理财产权转移手续。

(3) 选举董事会和监事会。发起人缴纳首期出资后,应当选举董事会和监事会。

(4) 申请设立登记。董事会应向公司登记机关申请设立登记,申请时应当报送公司章程、验资机构出具的验资证明以及其他文件。公司登记机关自接到股份有限公司的设立申请之日起 30 日内作出是否予以登记的决定。对符合法律规定条件的,发给公司营业执照。公司以营业执照签发日期为公司成立日期。公司成立后,应当进行公告。

2. 募集设立

募集设立是指由发起人认购公司应发行股份的一部分,其余部分向社会公开募集而设立公司。募集设立的程序如下:

(1) 发起人认购股份。以募集方式设立股份有限公司的,发起人认购的股份不得少于公司应发行股份总数的35%。法律、行政法规对此另有规定的,从其规定。

(2) 公告招股说明书,制作认股书。招股说明书应当附有发起人制定的公司章程,并载明下列事项:发起人认购的股份数;每股的票面金额和发行价格;无记名股票的发行总数;募集资金的用途;认股人的权利和义务;本次募股的起止期限及逾期未募足时认股人可撤回所认股份的说明。

(3) 签订承销协议和代收股款协议。发起人就股份承销的方式、数量、起止日期、承销费用的计算与支付等具体事项,与证券公司签订承销协议;发起人就代收和保存股款的具体事宜,与银行签订代收股款协议。

(4) 召开创立大会。创立大会通常被认为是股份有限公司募集设立过程中的决议机构。发起人应当在发行股份的股款缴足后30日内主持召开创立大会。创立大会由发起人、认股人组成。创立大会的职权包括:① 审议发起人关于公司筹办情况的报告;② 通过公司章程;③ 选举董事会成员;④ 选举监事会成员;⑤ 对公司的设立费用进行审核;⑥ 对发起人用于抵作股款的财产的作价进行审核;⑦ 发生不可抗力或者经营条件发生重大变化直接影响公司设立的,可以作出不设立公司的决议。创立大会对前款所列事项作出决议,必须经出席会议的认股人所持表决权过半数通过。

(5) 设立登记并公告。以募集方式设立的公司在创立大会结束后30日内,由董事会向公司登记机关即工商行政管理局申请设立登记,并按照公司登记管理条例的规定,提交有关文件,包括:① 公司登记申请书;② 创立大会的会议记录;③ 公司章程;④ 验资证明;⑤ 法定代表人、董事、监事的任职文件及其身份证明;⑥ 发起人的法人资格证明或者自然人身份证明;⑦ 公司住所证明。其中,以募集方式设立股份有限公司公开发行股票的,还应当向公司登记机关报送国务院证券监督管理机构的核准文件。

**(三) 公司设立中发起人的责任**

发起人是指筹办公司的设立事务、认购公司的股份、进行公司设立行为的人。发起人对于股份有限公司的设立具有重要意义。发起人在进行公司设立行为过程中,应当签订发起人协议,明确各自在公司设立过程中的权利和义务。设立公司是一个复杂的过程,尤其是股份公司的设立。从公司设立开始到公司最终成立这一阶段,称为"设立中公司",或称为"公司筹备组、公司筹建组"。此时因为公司尚未成立,所以并无法人资格,通说将其视为合伙,发起人在公司设立过程中的相互关系属于合伙性质的关系,其权利、义务、责任可以适用合伙的有关规定。

在设立公司的过程中,发起人应当承担下列责任:

(1) 公司不能成立时,对设立行为所产生的债务和费用负连带责任。

(2) 公司不能成立时,对认股人已缴纳的股款,负返还股款并加付同期银行存款利息的义务。

(3) 在公司设立过程中,因自己的过失使公司利益受到损害的,应当对公司承担赔偿责任。

(4) 发起人虚假出资,如未支付货币、实物或者未转移财产权,欺骗债权人和社会公众的,责令改正,处以虚假出资金额5%以上、15%以下的罚款。

(5) 发起人在公司成立后抽逃其出资的,责令其改正,处以所抽逃出资金额5%以上

15%以下的罚款。

## 二、股份有限责任公司的组织机构

股份有限公司的组织机构包括股东大会、董事会、监事会。

### （一）股东大会

1. 股东大会的性质及其组成

股东大会为股份有限公司必须设立的机关，是股份有限公司的最高权力机关。股东大会由全体股东组成。

2. 股东大会的召开

股东大会分为年会和临时会议两种。年会应当每年召开一次，通常在每个会计年度终了后6个月内召开。临时股东大会则应在有下列情况之一时2个月内召开：

(1) 董事人数不足《公司法》规定的人数或者公司章程规定的人数的2/3时。

(2) 公司未弥补的亏损达到实收股本总数的1/3时。

(3) 单独或合计持有公司股份10%以上的股东请求时。

(4) 董事会认为必要时。

(5) 监事会提议召开时。

股东大会会议由董事会负责召集，董事长主持会议，董事长不能履行职务或者不履行职务时，由副董事长履行职务；副董事长不能履行职务或者不履行职务时，由半数以上董事共同推举一名董事主持。

召开股东大会，应在会议召开的20日前通知各股东。通知中应写明股东大会会议将审议的事项，股东大会会议召开的日期和地点等。临时股东大会不得对通知中未列明的事项作出决议。股份有限公司发行无记名股票的，应于股东大会召开的30日前进行公告。无记名股票的股东要出席股东大会的，必须于会议召开5日以前至股东大会闭会时将股票交存于公司，否则，不得出席会议。

3. 股东大会的决议

股东出席股东大会会议，所持每一股份有一表决权。但是公司持有的本公司的股份没有表决权。

股东大会的决议实行股份多数决定的原则。所谓股份多数决定原则，是指股东大会依持有多数股份的股东的意志作出决议。股东大会决议实行股份多数表决原则，必须具备两个条件：一是要有代表股份多数的股东出席；二是要有出席会议的股东所持表决权的多数通过。股东大会作出决议，必须经出席会议的股东所持表决权过半数通过，但是股东大会作出修改公司章程、增加或者减少注册资本的决议以及公司合并、分立、解散或者变更公司形式的决议，必须经出席会议的股东所持表决权的2/3通过。公司转让、受让重大资产或者对外提供担保等事项必须经股东大会作出决议的，董事会应当及时召集股东大会会议，由股东大会就上述事项进行表决。

股东大会对所议事项的决定应当作成会议记录，主持人、出席会议的董事应当在会议记录上签名。会议记录应当与出席股东的签名册及代理出席的委托书一并保存，供股东查阅。

股东大会必须按照法定的召集方法召集，并依照法定的决议方法通过内容不违法的决议。具备该条件的决议,才具有法律效力。如果股东大会的决议违法,股东有权通过诉讼途径请求法院宣告决议无效或撤销决议。股东大会选举董事、监事,可以依照公司章程的规定或者股东大会的决议,实行累积投票制,即股东大会选举董事、监事时,每一股份拥有与应选董事或者监事人数相同的表决权,股东拥有的表决权可以集中使用。

### (二) 董事会

1. 董事会的性质及其组成

董事会是股份有限公司必设的业务执行和经营意思决定机构,对股东大会负责。

董事会由全体董事组成。董事会成员为5～19人。董事的产生有两种情况:在公司设立时,采取发起方式设立的公司,董事由发起人选举产生;采取募集方式设立的公司,董事由创立大会选举产生。在公司成立后,董事由股东大会选举产生。

董事会设董事长1人,可以设副董事长。董事长和副董事长由董事会以全体董事的过半数选举产生。董事长可以为公司的法定代表人。董事长主持股份有限公司股东大会会议和董事会会议,为其会议主席。

董事的任期由公司章程规定,但每届任期不得超过3年。董事任期届满,连选可以连任。

2. 董事会会议的召开

股份有限公司的董事会会议分为定期会议和临时会议两种。董事会定期会议,每年度至少召开两次会议,每次应于会议召开10日以前通知全体董事和监事;董事会召开临时会议,其会议通知方式和通知时限,可由公司章程作出规定。董事会会议由董事长负责召集。董事长不能履行职务或者不履行职务的,由副董事长履行职务;副董事长不能履行职务或者不履行职务的,由半数以上董事共同推举一名董事履行职务。

股份有限公司董事会会议应有过半数的董事出席方可举行。董事会作出决议,必须经全体董事过半数通过。董事会会议的结果表现于董事会决议之中。董事会应当对会议所议事项的决定作成会议记录,由出席会议的董事和记录员在会议记录上签名。董事应当对董事会的决议承担责任。董事会的决议违反法律、行政法规或者公司章程,致使公司遭受严重损失的,参与决议的董事对公司负赔偿责任。但经证明在表决时曾表明异议并记载于会议记录的,该董事可以免除责任。

### (三) 监事会

监事会是股份有限公司必设的监察机构,对公司的财务及业务执行情况进行监督。

监事会由监事组成,其人数不得少于3人。

监事的人选由股东代表和公司职工代表构成,其中职工代表的比例不得低于1/3。股东代表由股东大会选举产生;职工代表由公司职工民主选举产生。监事会设主席1人,可以设副主席。监事会主席、副主席由全体监事过半数选举产生。监事的任期每届为3年,监事任期届满,连选可以连任。

## 三、股份有限责任公司的股份发行与转让

### (一) 股份与股票

1. 股份的概念与分类

股份是股份有限公司特有的概念,它是股份有限公司资本最基本的构成单位。股份

具有以下特征：股份所代表的金额相等；股份表示股东享有权益的范围；股份通过股票这种证券形式表现出来。

股份有限公司的股份依据不同的标准，可以划分为以下几种：

第一，普通股和优先股。① 普通股。普通股股东有权在公司提取完毕公积金、公益金以及支付了优先股股利后，参与公司的盈余分配，其股利不固定。公司终止清算时，普通股股东在优先股股东之后取得公司剩余财产。普通股股东有出席或委托代理人出席股东大会并行使表决权的权利。② 优先股。优先股股东在公司盈余或剩余财产的分配上享有比普通股股东优先的权利。例如，优先股的股利率事先约定，优先股先于普通股分配红利，公司终止清算时，优先股先于普通股收回投资。但优先股股东没有表决权。

我国《公司法》未规定股份公司是否可以发行普通股与优先股，理论上说，《公司法》未作禁止性规定，即可认为公司可以发行普通股与优先股。当然，同次发行的同种类股票，每股的发行条件应当相同，同种类的每一股份应当具有同等权利。

第二，表决权股、限制表决权股和无表决权股。① 表决权股。持有表决权股的股东享有表决权。表决权股又可分为：普通表决权股，即一股拥有一票表决权；多数表决权股，即该股东享有超过其拥有股份数的表决权，持有多数表决权股的股东为特定股东，一般都是公司的董事或监事。但通常各国公司法对发行多数表决权股限制较为严格；特别表决权股，即只对公司的某些特定事项享有表决权。② 限制表决权股。持有该种股份的股东，其表决权受到公司章程的限制。通常应在公司章程中载明限制表决权股，而且不得对个别股东分别实行。③ 无表决权股。持有该种股份的股东，不享有表决权。通常，对无表决权的股份，公司必须给予其利益分配的优先权，即以盈余分配方面的优先作为无表决权的补偿。

我国《公司法》同样没有规定公司是否可以发行表决权股、限制表决权股和无表决权股，理论上认为应当可以发行。

第三，记名股和无记名股。① 记名股。这是指将股东姓名记载于股票之上的股份。记名股不仅要求在股票上记载股东姓名，而且要求记载于公司的股东名册上。记名股的股东权利并不完全依附于股票。记名股转让时，应作记名背书，并在移交股票后，变更公司股东名册上之记载。② 无记名股。这是指发行的不将股东姓名记载于股票之上的股份。这种股份的股东权利完全依附于股票，凡持票人均可主张其股东权利。无记名股在转让时，只需在合法场所交付于受让人，即可发生股权转移的效力。无记名股票通常是向自然人股东发行的股票。

我国《公司法》第 129 条规定：公司发行的股票可以为记名股票，也可以为无记名股票。所以，记名股票和无记名股票都是可以发行的。但公司向发起人、法人发行的股票，应当为记名股票，并应当记载该发起人、法人的名称或者姓名，不得另立户名或者以代表人姓名记名。

第四，额面股和无额面股。额面股又称面值股，是指股票票面标明一定金额的股份。无额面股又称比例股，是指股票不标明金额，只标明每股占公司资本的比例。我国《公司法》第 128 条将票面金额作为股票上应当记载的主要事项，故而可以推知，我国实际上是禁止发行无额面股。

第五,国家股、法人股、个人股和外资股。这是我国目前特有的股份种类之一。① 国家股。这是指由国家授权投资的机构或者国家授权的部门,以国有资产向公司投资形成的股份。其中包括将国有企业改组为股份有限公司时,已经投入企业的国家资产折成的股份。国家股一般应为普通股,由国家授权的投资机构或国家授权的部门持有,并委派股权代表。② 法人股。这是指由具有法人资格的组织以其可支配的财产向公司投资形成的股份。根据投资法人的种类不同,法人股又分为企业法人股,事业单位法人股和社会团体法人股三种。③ 个人股。这是指以个人合法取得的财产向公司投资形成的股份。包括社会个人股和本公司内部职工个人股两种。④ 外资股。这是指外国和中国港、澳、台地区的投资者,以购买人民币特种股票的形式,向公司投资形成的股份。它又分为法人外资股和个人外资股。

2. 股票的概念和特征

股票是股份有限公司股份证券化的形式,是股份有限公司签发的证明股东所持股份的凭证。股份有限公司的股份采取股票的形式。股票具有以下特征:

首先,股票是一种要式证券,它的制作和记载事项必须按照法定的方式进行。我国《公司法》规定,股票必须载明下列主要事项:① 公司名称;② 公司登记成立的日期;③ 股票种类、票面金额及代表的股份数;④ 股票的编号。股票由董事长签名,公司盖章;发起人的股票,应当标明发起人股票字样。

其次,股票是一种非设权证券,即它仅是一种表示股东权的证券,而非创设股东权的证券。换言之,股票仅仅是把已经存在着的股东权表现为证券形式,而不是创设股东权。股东遗失股票,并不因此丧失股东权和股东资格。

最后,股票是一种有价证券,它以证券的持有为权利存在的条件。股票作为一种有价证券,所表示的是股东的财产权。由此,股票持有者可享有分配股息的权利;公司终止清算时,有取得公司剩余财产的权利等。同时,股东权的存在要以股票的持有为条件。也就是说,股票的合法持有者就是股东权的享有者。

(二) 股份发行

1. 股份发行的原则

我国《公司法》第126条规定:股份的发行,实行公平、公正的原则。具体而言,股份有限公司发行股份时应当做到:第一,当公司向社会公开募集股份时,应就有关股份发行的信息依法公开披露,包括公告招股说明书,财务会计报告等。第二,同次发行的股份,每股的发行条件和价格应当相同。任何单位或者个人所认购的股份,每股应当支付相同价额。第三,发行的同种股份,股东所享有的权利和利益应当是相同的。

2. 股票的发行价格

我国《公司法》第127条规定:股票发行价格可以按票面金额,也可以超过票面金额,但不得低于票面金额。以超过票面金额发行股票所得溢价款,应列入公司资本公积金。

(三) 股份转让

股份转让实行自由转让的原则。每个股东都有权依照公司法的规定,转让自己的股份。但是,为了保护公司、股东及债权人的利益,我国公司法对股份转让做了必要的限制,主要有以下几项。

1. 转让场所的限制

根据《公司法》的规定,股东持有的股份可以依法转让。股东转让其股份,应当在依法设立的证券交易场所进行或者按照国务院规定的其他方式进行。上市公司的股票,依照有关法律、行政法规及证券交易所交易规则上市交易。

2. 发起人转让股票的限制

根据《公司法》规定,发起人持有的本公司股份,自公司成立之日起1年内不得转让。公司公开发行股份前已发行的股份,自公司股票在证券交易所上市交易之日起1年内不得转让。

3. 董事、监事、高级管理人员转让股票的限制

根据《公司法》和《上市公司董事、监事和高级管理人员所持本公司股份及其变动管理规则》的规定,公司董事、监事、高级管理人员应当向公司申报所持有的本公司的股份及其变动情况,在任职期间每年转让的股份不得超过其所持有本公司股份总数的25%;所持本公司股份自公司股票上市交易之日起1年内不得转让。上述人员离职后半年内,不得转让其所持有的本公司股份;但是因司法强制执行、继承、遗赠、依法分割财产等导致股份变动的除外。上市公司董事、监事和高级管理人员所持股份不超过1 000股的,可一次全部转让,不受上述转让比例的限制。公司章程可以对公司董事、监事、高级管理人员转让其所持有的本公司股份作出其他限制性规定。

上市公司董事、监事和高级管理人员在下列期间不得买卖本公司股票:① 上市公司定期报告公告前30日内;② 上市公司业绩预告、业绩快报公告前10日内;③ 自可能对本公司股票交易价格产生重大影响的重大事项发生之日或在决策过程中,至依法披露后两个交易日内;④ 证券交易所规定的其他期间。

4. 公司收购自身股票的限制

根据《公司法》的规定,公司不得收购本公司股份,但有下列情形之一的除外:① 减少公司注册资本;② 与持有本公司股份的其他公司合并;③ 将股份用于员工持股计划或者股权激励;④ 股东因对股东大会作出的公司合并、分立决议持异议,要求公司收购其股份的;⑤ 将股份用于转换上市公司发行的可转换为股票的公司债券;⑥ 上市公司为维护公司价值及股东权益所必需的。公司因上述第①②项规定的情形收购本公司股份的,应当经股东大会作出决议;公司因前款第③⑤⑥项规定的情形收购本公司股份的,可以依照公司章程的规定或者股东大会的授权,经2/3以上董事出席的董事会会议决议。

公司依照上述规定收购本公司股份后,属于第①项情形的,应当自收购之日起10日内注销;属于第②④项情形的,应当在6个月内转让或者注销;属于第③⑤⑥项情形的,公司合计持有的本公司股份数不得超过本公司已发行股份总额的10%,并应当在3年内转让或者注销。

上市公司收购本公司股份的,应当依照《中华人民共和国证券法》的规定履行信息披露义务。上市公司因上述第③⑤⑥项规定的情形收购本公司股份的,应当通过公开的集中交易方式进行。

5. 股票质押的限制

为防止变相违规收购本公司股份,我国《公司法》规定,公司不得接受本公司的股票作为质押权的标的。

## 四、上市公司

### (一) 上市公司组织机构的特别规定

上市公司是指所发行的股票经国务院或者国务院授权证券管理部门批准在证券交易所上市交易的股份有限公司。上市公司的股票依照法律、行政法规及证券交易所的交易规则上市交易。

公司法对上市公司的组织机构方面进行了若干特别的规定,内容如下:

(1) 上市公司在1年内购买、出售重大资产或者担保金额超过公司资产总额30%的,应当由股东大会作出决议,并经出席会议的股东所持表决权的2/3以上通过。

(2) 上市公司设立独立董事制度。

(3) 上市公司设董事会秘书,负责公司股东大会和董事会会议的筹备、文件保管以及公司股东资料的管理,办理信息披露事务等事宜。

(4) 上市公司董事与董事会会议决议事项所涉及的企业有关联关系的,不得对该项决议行使表决权,也不得代理其他董事行使表决权。该董事会会议由过半数的无关联关系董事出席即可举行,董事会会议所作决议须经无关联关系董事过半数通过。出席董事会的无关联关系董事人数不足3人的,应将该事项提交上市公司股东大会审议。

### (二) 上市公司的独立董事制度

1. 独立董事的概念

中国证监会于2001年颁布了《关于在上市公司建立独立董事制度的指导意见》(以下简称《指导意见》),根据该规范性文件,上市公司应当建立独立董事制度。上市公司独立董事是指不在公司担任除董事外的其他职务,并与其所受聘的上市公司及其主要股东不存在可能妨碍其进行独立客观判断的关系的董事。独立董事对上市公司及全体股东负有诚信与勤勉义务。独立董事应当按照相关法律法规、本指导意见和公司章程的要求,认真履行职责,维护公司整体利益,尤其要关注中小股东的合法权益不受损害。独立董事独立履行职责,不受上市公司主要股东、实际控制人或者其他与上市公司存在利害关系的单位或个人的影响。独立董事原则上最多在5家上市公司兼任独立董事,并确保有足够的时间和精力有效地履行独立董事的职责。上市公司董事会成员中应当至少包括1/3的独立董事,其中至少包括一名会计专业人士(会计专业人士是指具有高级职称或注册会计师资格的人士)。

2. 独立董事应当具备与其行使职权相适应的任职条件

担任独立董事应当符合下列基本条件:

(1) 根据法律、行政法规及其他有关规定,具备担任上市公司董事的资格。

(2) 具有《指导意见》所要求的独立性。

(3) 具备上市公司运作的基本知识,熟悉相关法律、行政法规、规章及规则。

(4) 具有5年以上法律、经济或者其他履行独立董事职责所必需的工作经验。

(5) 公司章程规定的其他条件。

3. 独立董事任职资格的限制

根据《指导意见》的规定,下列人员不得担任独立董事:

(1) 在上市公司或者其附属企业任职的人员及其直系亲属、主要社会关系(直系亲属是指配偶、父母、子女等;主要社会关系是指兄弟姐妹、岳父母、儿媳女婿、兄弟姐妹的配偶、配偶的兄弟姐妹等)。

(2) 直接或间接持有上市公司已发行股份1%以上或者是上市公司前10名股东中的自然人股东及其直系亲属。

(3) 在直接或间接持有上市公司已发行股份5%以上的股东单位或者在上市公司前5名股东单位任职的人员及其直系亲属。

(4) 最近1年内曾经具有前三项所列举情形的人员。

(5) 为上市公司或者其附属企业提供财务、法律、咨询等服务的人员。

(6) 公司章程规定的其他人员。

(7) 中国证监会认定的其他人员。

4. 独立董事的任期

独立董事每届任期与该上市公司其他董事任期相同,任期届满,连选可以连任,但是连任时间不得超过6年。独立董事连续3次未亲自出席董事会会议的,由董事会提请股东大会予以撤换。

5. 独立董事的特别职权

独立董事除行使公司董事的一般职权,还被赋予以下特别职权:

(1) 重大关联交易(指上市公司拟与关联人达成的总额高于300万元或高于上市公司最近经审计净资产值的5%的关联交易)应由独立董事认可后,提交董事会讨论;独立董事作出判断前,可以聘请中介机构出具独立财务顾问报告,作为其判断的依据。

(2) 向董事会提议聘用或解聘会计师事务所。

(3) 向董事会提请召开临时股东大会。

(4) 提议召开董事会。

(5) 独立聘请外部审计机构和咨询机构。

(6) 可以在股东大会召开前公开向股东征集投票权。

独立董事除履行上述职责,还应当对以下事项向董事会或股东大会发表独立意见:① 提名、任免董事;② 聘任或解聘高级管理人员;③ 公司董事、高级管理人员的薪酬;④ 上市公司的股东、实际控制人及其关联企业对上市公司现有或新发生的总额高于300万元或高于上市公司最近经审计净资产值的5%的借款或其他资金往来,以及公司是否采取有效措施回收欠款;⑤ 独立董事认为可能损害中小股东权益的事项;⑥ 公司章程规定的其他事项。独立董事应当就上述事项发表以下几类意见之一:同意见及其理由;反对意见及其理由;无法发表意见及其障碍。如有关事项属于需要披露的事项,上市公司应当将独立董事的意见予以公告,独立董事出现意见分歧无法达成一致时,董事会应将各独立董事的意见分别披露。

## 第四节 公司股东以及董事、监事、高级管理人员

### 一、公司股东

#### (一) 股东的概念

股东是指向公司出资、持有公司股份、享有股东权利和承担股东义务的人。股东亦称为出资人、投资人,但出资人、投资人的概念更为宽泛,如向合伙企业出资也可称为出资人,但合伙企业法中称为合伙人而不称为股东,股东是对公司法上的出资人的特别称谓。

股东可以是自然人,可以是法人,可以是非法人组织,还可以是国家,当国家作为股东时需明确代表国家行使股东权的具体组织,如国有资产监督管理机构。

法律对股东并无行为能力的要求,所以理论上股东可以是限制行为能力人或无行为能力人。当限制行为能力人或无行为能力人作为股东时,由其法定代理人代理其行使股东权利。

#### (二) 股东权利

1. 股东权利的概念

股东权利是指股东向公司出资或认购股份而对公司享有的权利,也称为股东权或股权。记载于股东名册的股东,可以依股东名册主张行使股东权利。公司应当将股东的姓名或者名称及其出资额向公司登记机关登记;登记事项发生变更的,应当办理变更登记。未经登记或者变更登记的,不得对抗第三人。股东可以通过行使股东权利对公司管理者进行选择、决定公司重大事项、提出质询等,从而影响公司法人财产权的行使;公司也可以通过法人财产权的行使满足股东的利益要求,拒绝股东对公司经营管理活动的直接干预和不正当行为。

2. 名义股东与实际出资人

名义股东(显名股东)是指登记于股东名册及公司登记机关的登记文件,但事实上并没有向公司出资的人。从形式上而言,名义股东是公司的股东。

实际出资人(隐名股东),是实际出资并实际享有股东权利,但其姓名或者名称并未记载于公司股东名册及公司登记机关的登记文件的人,也即公司的真实出资人。

3. 股东权利的内容

各国或地区法律对股东权利的内容一般不作列举式规定,我国《公司法》也是如此。《公司法》第4条规定,公司股东依法享有资产收益、参与重大决策和选择管理者等权利,这是一种概括式的规定。实际上,有关股东权利的内容散见于《公司法》的相关条文之中,归纳起来主要有如下权利。

(1) 表决权。股东通过亲自出席或者委托代理人出席股东(大)会,对会议议决事项有表示同意或者表示不同意的权利。除优先股股东,这是股东固有的权利。股东行使表决权时,一般是按照一股一票或者按照出资比例行使表决权。对于议决事项,一般按照代表多数股份或者多数出资额股东出席,并经过出席股份或者出资额多数通过为原则,公司法未对股东出席股东(大)会的具体人数作出规定。除章程另有规定,一般事项的决议按简单多数通过为原则,特别事项的决议按绝对多数通过为原则。但是,在法律有规定的情况下,股东的表决权会受到一定的限制。

(2) 选举权和被选举权。股东有权通过股东（大）会选举公司的董事或者监事，也有权在符合法定任职资格的条件下，被选举为公司的董事或者监事。为了保护中小股东的利益；我国《公司法》在股份有限公司中采用了累积投票制。《公司法》第 105 条规定：股东大会选举董事、监事，可以依照公司章程的规定或者股东大会的决议，实行累积投票制。累积投票制是指公司股东大会选举董事或者监事时，有表决权的每一股份拥有与应选董事或者监事人数相同的表决权，股东拥有的表决权可以集中使用。这就增加了中小股东选出代表其利益的董事、监事的机会。

(3) 知情权。股东有获取公司信息的权利。为此，我国《公司法》第 33 条规定：股东有权查阅、复制公司章程、股东会会议记录、董事会会议决议、监事会会议决议和财务会计报告。股东可以要求查阅公司会计账簿。《公司法》第 97 条规定：股东有权查阅公司章程、股东名册、公司债券存根、股东大会会议记录、董事会会议决议、监事会会议决议、财务会计报告，对公司的经营提出建议或者质询。为了避免股东滥用查阅权而影响公司的正常经营活动，防止股东泄露公司商业机密而损害公司的利益，我国《公司法》对查阅公司会计账簿有一定的限制。《公司法》第 33 条规定：股东要求查阅公司会计账簿的，应当向公司提出书面请求，说明目的。公司有合理根据认为股东查阅会计账簿有不正当目的，可能损害公司合法利益的，可以拒绝提供查阅，并应当自股东提出书面请求之日起 15 日内书面答复股东并说明理由。当公司拒绝提供查阅时，股东可以请求人民法院要求公司提供查阅。

《公司法》第 33 条第 2 款所称的"不正当目的"，应当有相关证据予以证明。根据《最高人民法院关于适用〈中华人民共和国公司法〉若干问题的规定（四）》（以下简称《公司法解释（四）》）第 8 条的规定，有限责任公司有证据证明股东存在下列情形之一的，人民法院应当认定股东有上述规定的"不正当目的"：① 股东自营或者为他人经营与公司主营业务有实质性竞争关系业务的，但公司章程另有规定或者全体股东另有约定的除外；② 股东为了向他人通报有关信息查阅公司会计账簿，可能损害公司合法利益的；③ 股东在向公司提出查阅请求之日前的 3 年内，曾通过查阅公司会计账簿，向他人通报有关信息损害公司合法利益的；④ 股东有不正当目的的其他情形。

**延伸阅读 3-3**

有限公司与股份公司股东知情权的范围如表 3-2 所示。

**表 3-2　　　　　　　　　　有限公司与股份公司股东知情权的范围**

| 股东可查阅的范围 | 有限公司 | 股份公司 |
| --- | --- | --- |
| 公司章程、股东名册 | √ | √ |
| 公司债券存根 | × | √ |
| 股东（大）会会议记录 | √ | √ |
| 董事会、监事会会议决议 | √ | √ |
| 财务会计报告 | √ | √ |
| 会计账簿 | √ | × |

（4）新股优先认购权。公司发行新股时，股东有权以确定的价格按照持股比例优先购买公司所发行的新股。这种优先只是认购优先，而不是发行价格或其他条件上的优惠或者享有某种特殊权利。但是，根据我国《公司法》第 34 条的规定，有限责任公司的全体股东约定不按照出资比例优先认缴出资的除外。这是更加尊重当事人自由意志的体现。

（5）提议召开临时股东（大）会的权利。股东认为有必要时，有权提议召开临时会议。根据我国《公司法》的有关规定，有限责任公司有代表 1/10 以上表决权的股东，可以提议召开临时股东会会议；股份有限公司有单独或者合并持有公司 10% 以上股份的股东，有权请求召开临时股东大会。

（6）临时提案权。根据我国《公司法》的有关规定，股份有限公司单独或者合计持有公司 3% 以上股份的股东，可以在股东大会召开 10 日前提出临时提案并书面提交董事会；董事会应当在收到提案后两日内通知其他股东，并将该临时提案提交股东大会审议。临时提案的内容应当属于股东大会职权范围，并有明确议题和具体决议事项。

（7）提起诉讼的权利。公司董事、监事、高级管理人员执行公司职务时违反法律、行政法规或者公司章程的规定，给公司造成损失的，应当承担赔偿责任。

其一，公司董事、高级管理人员执行公司职务时违反法律、行政法规或者公司章程的规定，给公司造成损失的，有限责任公司的股东、股份有限公司连续 180 日以上单独或者合计持有公司 1% 以上股份的股东，可以书面请求监事会或者不设监事会的有限责任公司的监事向人民法院提起诉讼。

其二，监事执行公司职务时违反法律、行政法规或者公司章程的规定，给公司造成损失的，有限责任公司的股东、股份有限公司连续 180 日以上单独或者合计持有公司 1% 以上股份的股东，可以书面请求董事会或者不设董事会的有限责任公司的执行董事向人民法院提起诉讼。

其三，监事会、不设监事会的有限责任公司的监事，或者董事会、执行董事收到上述股东的书面请求后拒绝提起诉讼，或者自收到请求之日起 30 日内未提起诉讼，或者情况紧急、不立即提起诉讼将会使公司利益受到难以弥补的损害的，有限责任公司的股东、股份有限公司连续 180 日以上单独或者合计持有公司 1% 以上股份的股东，有权为了公司的利益以自己的名义直接向人民法院提起诉讼。

公司董事、监事、高级管理人员以外的他人侵犯公司合法权益，给公司造成损失的，有限责任公司的股东、股份有限公司连续 180 日以上单独或者合计持有公司 1% 以上股份的股东可以书面请求监事会或者监事、董事会或者董事向人民法院提起诉讼，或者直接向人民法院提起诉讼。提起诉讼的具体程序，依照上述股东对公司董事、监事、高级管理人员给公司造成损失行为提起诉讼的程序进行。

另外，根据《公司法》的规定，公司董事、高级管理人员违反法律、行政法规或者公司章程的规定，损害股东利益的，股东可以依法向人民法院提起诉讼。

公司股东会或者股东大会、董事会的决议内容违反法律、行政法规的无效。

股东会或者股东大会、董事会的会议召集程序、表决方式违反法律、行政法规或者公司章程，或者决议内容违反公司章程的，股东可以自决议作出之日起 60 日内，请求人民法院撤销。股东依照前款规定提起诉讼的，人民法院可以应公司的请求，要求股东提供相应担保。

依据《公司法解释(四)》的规定,股东会或者股东大会、董事会决议存在下列情形之一,当事人主张决议不成立的,人民法院应当予以支持:① 公司未召开会议的,但依据《公司法》第 37 条第 2 款或者公司章程规定可以不召开股东会或者股东大会而直接作出决定,并由全体股东在决定文件上签名、盖章的除外;② 会议未对决议事项进行表决的;③ 出席会议的人数或者股东所持表决权不符合公司法或者公司章程规定的;④ 会议的表决结果未达到公司法或者公司章程规定的通过比例的;⑤ 导致决议不成立的其他情形。

此外,股东还有召集和主持股东(大)会、建议和质询权、依法转让出资额或者股份权、股利分配请求权、公司剩余财产的分配请求权等权利。

**延伸阅读3-4**

有限责任公司股东和股份有限责任公司股东的区别如表 3-3 所示。

**表 3-3　　　　有限责任公司股东和股份有限责任公司股东的区别**

| 项目 | | 有限责任公司股东 | 股份有限公司股东 |
| --- | --- | --- | --- |
| 股权与股份 | 称谓 | 股权 | 股份 |
| | 转让自由 | 受限制 | √ |
| | 优先购买权 | √ | × |
| 实物、知识产权和土地使用权出资 | | √ | 以发起人股东为限 |
| 记载于股东名册 | | 所有股东 | 记名股份持有人 |
| 知情权范围 | 查阅会计账簿 | √ | × |
| 股东大会召集和主持权 | 持有10%的表决权 | √ | 连续持股还应≥90日 |
| 股东大会提案权 | | 无明确规定 | √ |
| 提起派生诉讼的资格 | | √ | 持股和持股时间分别≥1%和180日 |
| 异议股东股份回购请求权的范围 | 连续5年盈利却不分配股利 | √ | |
| | 公司合并、分立 | √ | √ |
| | 转让主要财产 | √ | |
| | 期限届满或章定解散事由出现,却决定存续的 | √ | |

## 二、董事、监事、高级管理人员

### (一) 公司董事、监事、高级管理人员的资格

公司董事、监事、高级管理人员是代表公司组织机构行使职权的人员,在公司中处于重要地位,并依法具有法定的职权,因此,为了保证这类人员具有正确履行职责的能力与条件,《公司法》规定了他们应当具有的相应资格。

根据《公司法》的规定,有下列情形之一的,不得担任公司的董事、监事、高级管理人员:

(1) 无民事行为能力或者限制民事行为能力。

(2) 因贪污、贿赂、侵占财产、挪用财产或者破坏社会主义市场经济秩序,被判处刑罚,执行期满未逾5年,或者因犯罪被剥夺政治权利,执行期满未逾5年。

(3) 担任破产清算的公司、企业的董事或者厂长、经理,对该公司、企业的破产负有个人责任的,自该公司、企业破产清算完结之日起未逾3年。

(4) 担任因违法被吊销营业执照、责令关闭的公司、企业的法定代表人,并负有个人责任的,自该公司、企业被吊销营业执照之日起未逾3年。

(5) 个人所负数额较大的债务到期未清偿。

公司违反《公司法》的上述规定选举、委派董事、监事或者聘任高级管理人员的,该选举、委派或者聘任无效。公司董事、监事、高级管理人员在任职期间出现上述所列情形的,公司应当解除其职务。

**(二) 公司董事、监事、高级管理人员的义务**

《公司法》第147条规定:董事、监事、高级管理人员应当遵守法律、行政法规和公司章程,对公司负有忠实义务和勤勉义务。董事、监事、高级管理人员不得利用职权收受贿赂或者其他非法收入,不得侵占公司的财产。

《公司法》第148条规定,董事、高级管理人员不得有下列行为:

(1) 挪用公司资金。

(2) 将公司资金以其个人名义或者以其他个人名义开立账户存储。

(3) 违反公司章程的规定,未经股东会、股东大会或者董事会同意,将公司资金借贷给他人或者以公司财产为他人提供担保。

(4) 违反公司章程的规定或者未经股东会、股东大会同意,与本公司订立合同或者进行交易。

(5) 未经股东会或者股东大会同意,利用职务便利为自己或者他人谋取属于公司的商业机会,自营或者为他人经营与所任职公司同类的业务。

(6) 接受他人与公司交易的佣金归为己有。

(7) 擅自披露公司秘密。

(8) 违反对公司忠实义务的其他行为。

董事、高级管理人员违反上述规定所得的收入应当归公司所有。

公司董事、监事、高级管理人员执行公司职务时违反法律、行政法规或者公司章程的规定,给公司造成损失的,应当承担赔偿责任。

公司股东会或者股东大会要求董事、监事、高级管理人员列席会议的,董事、监事、高级管理人员应当列席并接受股东的质询。董事、高级管理人员应当如实向公司监事会或者不设监事会的有限责任公司的监事提供有关情况和资料,不得妨碍监事会或者监事行使职权。

# 第五节 公司的财务与会计制度

## 一、公司财务会计概述

我国《公司法》第163条规定:公司应当依照法律、行政法规和国务院财政部门的规定建立本公司的财务、会计制度。依此规定,公司均应当按照《公司法》《中华人民共和国会计法》和经国务院批准财政部颁布的《企业财务通则》《企业会计准则》,建立本公司的财务、会计制度。

公司财务会计制度主要包括两个内容:一是财务会计报告制度,即公司应当依法编制财务会计报表和制作财务会计报告。二是收益分配制度,即公司的年度分配,应当依照法律规定及股东会的决议,将公司利润用于缴纳税款、提取公积金和公益金以及进行红利分配。

公司应当聘用会计师事务所承办公司的审计业务。会计师事务所的聘用和解聘应由公司的股东会、股东大会或者董事会决定。公司股东会、股东大会或者董事会就解聘会计师事务所进行表决时,应当允许会计师事务所陈述意见。

## 二、公司的财务会计报告

公司的财务会计报告是指公司业务执行机构在每一会计年度终了时制作的反映公司财务会计状况和经营效果的书面文件。公司应当在每一会计年度终了时编制财务会计报告,并依法经会计师事务所审计。

1. 公司财务会计报告的内容

(1) 资产负债表。这是反映公司在某一特定日期财务状况的报表。它是根据"资产=负债+所有者权益"这一会计等式,按照资产、负债和所有者权益分项列示并编制而成的。资产负债表为人们提供公司一定时期的静态的财务状况,可以使人们了解公司在某一特定时点上的资本构成、公司的负债以及投资者拥有的权益。由此可以评价公司的变现能力和偿债能力,考核公司资本的保值增值情况,预测公司未来的财务状况变动趋势。

(2) 损益表。损益表又称利润表,是反映公司一定期间的经营成果及其分配情况的报表。损益表向人们提供一定期间内动态的公司营业盈亏的实际情况、人们可以利用该表分析公司利润增减变化的原因,评价公司的经营成果和投资的价值,判断公司的盈利能力和未来一定时期内的盈利趋势。

(3) 财务状况变动表。财务状况变动表是综合反映公司一定会计期间内营运资金来源、运用及其增减变动情况的报表。财务状况变动表向人们提供公司在一定会计期间内财务状况变动的全貌,说明资金变化的原因。人们通过分析财务状况变动表,了解公司流动资金流转情况,判断公司经营管理水平高低。

(4) 财务情况说明书。财务情况说明书是对财务会计报表所反映的公司财务状况作进一步说明和补充的文书。它主要说明公司的营业情况、利润实现和分配情况、资金增减和周转情况、税金缴纳情况、各项财产物资变动情况、对本期或者下期财务状况发生重大影响的事项以及需要说明的其他事项。

(5) 利润分配表。利润分配表是反映公司利润分配和年末未分配利润情况的报表。它是损益表的附属明细表。利润分配表通常按税后利润、可供分配利润、未分配利润分项列示。

2. 公司财务会计报告的提供

公司财务会计报告制作的主要目的,是向有关人员和部门提供财务会计信息,满足有关各方了解公司财务状况和经营成果的需要。因此,公司的财务会计报告应及时报送有关人员和部门。有限责任公司应当按照公司章程规定的期限将财务会计报告送交各股东。股份有限公司的财务会计报告应当在召开股东大会年会的 20 日以前置备于本公司,供股东查阅。以募集设立方式成立的股份有限公司必须公告其财务会计报告。依照有关法律的规定,公司财务会计报告要报送国家有关行政部门,以接受其管理和监督,如报送财政部门或其他有关部门。

### 三、公司的收益分配制度

1. 公司收益分配顺序

依照我国公司法的相关规定,公司当年税后利润分配规定的法定顺序是:① 弥补亏损,即在公司已有的法定公积金不足以弥补上一年度公司亏损时,先用当年利润弥补亏损。② 提取法定公积金,即应当提取税后利润的 10% 列入公司法定公积金;公司法定公积金累计额为公司注册资本的 50% 以上的,可以不再提取。③ 提取任意公积金,即经股东会或股东大会决议,提取任意公积金,任意公积金的提取比例由股东会或者股东大会决定。任意公积金不是法定必须提取的,是否提取以及提取比例由股东会或股东大会决议。④ 支付股利,即在公司弥补亏损和提取公积金后,所余利润应分配给股东,即向股东支付股息。

2. 股东利润的分配

分配利润是公司股东最重要的权利,也是股东投资公司的目的所在。股东从公司所分配的利润称为红利、股利或股息。

公司只有弥补亏损和提取法定公积金后,才能将所余利润分配于股东。这表明,公司向股东分配股利,必须以有这种盈余为条件。

有限责任公司股东分配红利的原则是按照实缴的出资比例。但如果全体股东通过出资协议、公司章程或者其他方式约定不按出资比例分配红利的,该约定具有法律效力,依照该约定分配红利,而不依各股东的出资比例。《公司法》第 34 条规定:<u>股东按照实缴的出资比例分取红利;公司新增资本时,股东有权优先按照实缴的出资比例认缴出资。但是;全体股东约定不按照出资比例分取红利或者不按照出资比例优先认缴出资的除外。</u>股份有限公司的股东原则上依其所持有的股份比例分配红利。但股东可以通过公司章程规定不按持股比例分配红利。如果股份公司的公司章程规定了红利分配方法,依其规定分配。公司如果在弥补亏损和提取法定公积金之前即向股东分配红利的,属于违反公司法的行为,股东应当将其分配的利润退还给公司。

公司向股东支付红利的方式一般有两种,即现金支付和股份分派(也称为分配红股),由股东会或者股东大会决定具体采用哪种方式。现金支付和分配红股可以同时使用,即股东的红利一部分以现金方式支付给股东,另一部分分配红股。

<u>公司持有的本公司股份不得分配利润。</u>

在实践中,常有股东因公司不分红而与公司发生争议。《公司法解释(四)》规定,股东

起诉请求公司分配利润的案件,应当列公司为被告。一审法庭辩论终结前,其他股东基于同一分配方案请求分配利润并申请参加诉讼的,应当列为共同原告。《公司法解释(四)》延续了审判实践长期以来坚持的审判思路,即法院原则上不干预公司的利润分配事务,除非存在有违公平的特定情形。如果公司股东会或者股东大会已作出含具体分配方案的有效决议,而公司又无正当理由拒不执行该决议的,法院应当判决公司依决议履行分配利润的义务;如果股东在诉讼中未提交上述决议,法院应驳回其要求公司分配利润的请求,除非公司不分配利润是因部分股东滥用股东权利所致,而且不分配利润损害了其他股东的利益。

关于如何确定公司实施利润分配决议的时间,《最高人民法院关于适用〈中华人民共和国公司法〉若干问题的规定(五)》(以下简称《公司法解释(五)》)规定:分配利润的股东会或者股东大会决议作出后,公司应当在决议载明的时间内完成利润分配。决议没有载明时间的,以公司章程规定的时间为准。决议、章程中均未规定时间或者时间超过一年的,公司应当自决议作出之日起一年内完成利润分配。决议中载明的利润分配完成时间如果超过公司章程规定的时间,股东可以依据《公司法》第22条第2款的规定,请求人民法院撤销决议中关于该时间的规定。

3. 公积金

公积金又称储备金,包括法定公积金和任意公积金,是指公司为增强自身财产能力,扩大生产经营和预防意外亏损,依法从公司利润中提取的一种款项。公积金主要用于:① 弥补公司的亏损;② 扩大公司生产经营;③ 转增公司资本。但公积金中的资本公积金不得用于弥补公司亏损。当以法定公积金转增为资本时,所留存的法定公积金不得少于转增前注册资本的25%。法定公积金的提取比例属于公司法的强行性规范,公司必须遵守,即公司分配当年税后利润时,应当提取利润的10%列入公司法定公积金。当公司法定公积金累计额达到公司注册资本的50%以上时,可以不再提取。当然,公司经股东会或股东大会决议也可以继续提取。

## 四、公司的债券

### (一) 公司债券的概念

公司债券是指公司依法发行的,约定在一定期限内还本付息的有价证券。在英美国家,公司债券可以批量发行,亦可单个发行,即可以针对单项银行贷款发行。我国则只有公开发行,也就是向社会公众批量发行。

作为债权融资的重要工具,债券与股票均属证券,而且在实践中,公众股东与债券持有人并无实质性差异。但是,两者在法律上仍有重大差别。除了前述股权与债权融资的一般差异,债券与股票还有如下差异:① 股份有限公司和有限责任公司均可发行债券,而只有股份有限公司才能发行股票;② 公司债券不能在设立时发行,只能在公司设立后发行,而股票可以采用设立发行;③ 债券发行核准机关为国务院授权的部门,而股票公开发行由中国证监会核准;④ 债券面额一般较大,而股票面额则较小。

**延伸阅读 3-5**

公司股票与债券的比较如表 3-4 所示。

表 3-4　　　　　　　　　　　　公司股票与债券的比较

| 项目 | 股票 | 债券 |
| --- | --- | --- |
| 发行主体 | 股份公司 | 股份公司、有限公司 |
| 设立发行 | √ | × |
| 核准机关 | 证监会 | 国务院授权的部门 |
| 持有人地位 | 股东 | 债权人 |
| 回报 | 股息 | 利息 |
| 面额 | 小 | 大 |

**（二）公司债券的发行**

1. 公司债券发行条件

《公司法》规定，公司发行公司债券应当符合《证券法》规定的发行条件与程序。

2. 公司债券募集办法

公司发行债券应当公告公司债券募集办法，该办法中应当载明下列主要事项：① 公司名称；② 债券募集资金的用途；③ 债券总额和债券的票面金额；④ 债券利率的确定方式；⑤ 还本付息的期限和方式；⑥ 债券担保情况；⑦ 债券的发行价格、发行的起止日期；⑧ 公司净资产额；⑨ 已发行的尚未到期的公司债券总额；⑩ 公司债券的承销机构。

3. 公司债券记载的内容

以实物券方式发行公司债券的，必须在债券上载明公司名称、债券票面金额、利率、偿还期限等事项，并由法定代表人签名，公司盖章。公司发行公司债券应当置备公司债券存根簿。

**（三）公司债券的转让**

《公司法》规定，公司债券可以转让，转让价格由转让人与受让人约定。公司债券在证券交易所上市交易的，按照证券交易所的交易规则转让。

根据公司债券种类的不同，公司债券的转让有两种不同的方式。记名公司债券，由债券持有人以背书方式或者法律、行政法规规定的其他方式转让；转让后由公司将受让人的姓名或者名称及住所记载于公司债券存根簿，以备公司存查。无记名公司债券的转让，由债券持有人将该债券交付给受让人后即发生转让的效力；受让人一经持有该债券，即成为公司的债权人。发行可转换为股票的公司债券的，公司应当按照其转换办法向债券持有人换发股票，但债券持有人对转换股票或者不转换股票有选择权。

# 第六节　公司变更

## 一、公司变更的概念和内容

**公司变更**是指公司设立登记事项中某一项或某几项的改变。公司变更的内容主要包括公司名称、住所、法定代表人、注册资本、公司组织形式、经营范围、营业期限、有限责任公司股东或者股份有限公司发起人的姓名或名称的变更。

公司变更设立登记事项,应当向原公司登记机关即公司设立登记机关申请变更登记。但公司变更住所跨公司登记机关辖区的,应当在迁入新住所前向迁入地公司登记机关申请变更登记;迁入地公司登记机关受理的,由原公司登记机关将公司登记档案移送迁入地公司登记机关。未经核准变更登记,公司不得擅自改变登记事项。

公司申请变更登记,应当向公司登记机关提交下列文件:① 公司法定代表人签署的变更登记申请书;② 依照公司法作出的变更决议或者决定;③ 国家工商行政管理总局规定要求提交的其他文件。公司变更登记事项涉及修改公司章程的,应当提交由公司法定代表人签署的修改后的公司章程或者公司章程修正案。变更登记事项依照法律、行政法规或者国务院决定规定在登记前须经批准的,还应当向公司登记机关提交有关批准文件。

《公司登记管理条例》对公司发生各种变更时应当办理变更登记的时间、应当提交的相关文件等作出了具体规定,主要包括以下内容:

(1) 公司名称变更登记。公司变更名称的,应当自变更决议或者决定作出之日起30日内申请变更登记。

(2) 公司住所变更登记。公司变更住所的,应当在迁入新住所前申请变更登记,并提交新住所使用证明。

(3) 公司法定代表人变更登记。公司变更法定代表人的,应当自变更决议或者决定作出之日起30日内申请变更登记。

(4) 公司注册资本变更登记。公司变更注册资本的,应当提交依法设立的验资机构出具的验资证明。公司增加注册资本的,有限责任公司股东认缴新增资本的出资和股份有限公司的股东认购新股,应当分别依照公司法设立有限责任公司缴纳出资和设立股份有限公司缴纳股款的有关规定执行。股份有限公司以公开发行新股方式或者上市公司以非公开发行新股方式增加注册资本的,还应当提交国务院证券监督管理机构的核准文件。公司法定公积金转增为注册资本的,验资证明应当载明留存的该项公积金不少于转增前公司注册资本的25%。

公司减少注册资本的,应当自公告之日起45日后申请变更登记,并应当提交公司在报纸上登载公司减少注册资本公告的有关证明和公司债务清偿或者债务担保情况的说明。

公司变更实收资本的,应当提交依法设立的验资机构出具的验资证明,并应当按照公司章程载明的出资时间、出资方式缴纳出资。公司应当自足额缴纳出资或者股款之日起30日内申请变更登记。

(5) 公司经营范围变更登记。公司变更经营范围的,应当自变更决议或者决定作出之日起30日内申请变更登记;变更经营范围涉及法律、行政法规或者国务院决定规定在登记前须经批准的项目的,应当自国家有关部门批准之日起30日内申请变更登记。

公司的经营范围中属于法律、行政法规或者国务院决定规定须经批准的项目被吊销、撤销许可证或者其他批准文件,或者许可证、其他批准文件有效期届满的,应当自吊销、撤销许可证、其他批准文件或者许可证、其他批准文件有效期届满之日起30日内申请变更登记或者依照《公司登记管理条例》第 6 章的规定办理注销登记。

（6）公司类型变更登记。公司变更类型的，应当按照拟变更的公司类型的设立条件，在规定的期限内向公司登记机关申请变更登记，并提交有关文件。

（7）股东和股权变更登记。有限责任公司股东转让股权的，应当自转让股权之日起 30 日内申请变更登记，并应当提交新股东的主体资格证明或者自然人身份证明。有限责任公司的自然人股东死亡后，其合法继承人继承股东资格的，公司应当依照规定申请变更登记。

有限责任公司的股东或者股份有限公司的发起人改变姓名或者名称的，应当自改变姓名或者名称之日起 30 日内申请变更登记。

（8）公司合并、分立变更登记。因合并、分立而存续的公司，其登记事项发生变化的，应当申请变更登记；因合并、分立而解散的公司，应当申请注销登记；因合并、分立而新设立的公司，应当申请设立登记。公司合并、分立的，应当自公告之日起 45 日后申请登记，提交合并协议和合并、分立决议或者决定以及公司在报纸上登载公司合并、分立公告的有关证明和债务清偿或者债务担保情况的说明。法律、行政法规或者国务院决定规定公司合并、分立必须报经批准的，还应当提交有关批准文件。

依照《公司法》第 22 条的规定，如果公司股东会或者股东大会、董事会的决议无效，或者被人民法院撤销的，而公司根据上述决议已经办理了变更登记，则在人民法院宣告上述决议无效或者撤销上述决议后，公司应当向公司登记机关申请撤销变更登记。公司申请撤销变更登记时应当提交下列文件：① 公司法定代表人签署的申请书；② 人民法院关于宣告决议无效或撤销决议的裁判文书。

## 二、公司的合并

**公司合并**是指两个或两个以上的公司，订立合并协议，依照公司法的规定，不经过清算程序，直接结合为一个公司的法律行为。公司合并有两种形式：一是吸收合并，是指一个公司吸收其他公司后存续，被吸收的公司解散；二是新设合并，是指两个或两个以上的公司合并设立一个新的公司，合并各方解散。《公司法》第 172 条规定：公司合并可以采取吸收合并或者新设合并。一个公司吸收其他公司为吸收合并，被吸收的公司解散。两个以上公司合并设立一个新的公司为新设合并，合并各方解散。

依照《公司法》的有关规定，公司合并的程序为：

（1）签订合并协议。公司合并，应当由合并各方签订合并协议。合并协议应当包括以下主要内容：① 合并各方的名称、住所；② 合并后存续公司或新设公司的名称、住所；③ 合并各方的债权债务处理办法；④ 合并各方的资产状况及其处理办法；⑤ 存续公司或新设公司因合并而增资所发行的股份总额、种类和数量；⑥ 合并各方认为需要载明的其他事项。

（2）编制资产负债表及财产清单。

（3）作出合并决议。公司在签订合并协议并编制资产负债表及财产清单后，应当就公司合并的有关事项作出合并决议。

（4）通知债权人。公司应当自作出合并决议之日起 10 日内通知债权人，并于 30 日内在报纸上公告。债权人自接到通知书之日起30日内，未接到通知书的自公告之日起45日内，可以要求公司清偿债务或者提供相应的担保。

（5）依法进行登记。公司合并后，应当依法向公司登记机关办理相应的变更登记、注销登记、设立登记。

根据民商法的原理和相关法律制度的有关规定，公司合并是合同权利义务即债权债务概括移转的法定原因，合并后的公司必须承受原公司的全部债权和债务，除非公司与债权人达成了另外的协议。如果公司在合并时未清偿债权债务，债权人有权请求合并后的公司清偿合并前的公司所负的债务。《公司法》第175条规定：公司合并时，合并各方的债权、债务，应当由合并后存续的公司或者新设的公司承继。

### 三、公司的分立

公司分立是指一个公司通过依法签订分立协议，不经过清算程序，分为两个或两个以上公司的法律行为。公司分立有两种形式：一是派生分立，是指公司以其部分资产另设一个或数个新的公司，原公司存续；二是新设分立，是指公司全部资产分别划归两个或两个以上的新公司，原公司解散。

根据《公司法》的规定，公司分立时，应当编制资产负债表及财产清单。公司应当自作出分立决议之日起10日内通知债权人，并于30日内在报纸上公告。

公司分立前的债务由分立后的公司承担连带责任。但是，公司在分立前与债权人就债务清偿达成的书面协议另有约定的除外。公司分立时应当对其财产进行分割。公司分立的程序与公司合并的程序基本相同。

### 四、公司注册资本的减少和增加

#### （一）公司注册资本的减少

1. 注册资本减少的概念

注册资本减少也称减资，是指公司根据需要，依照法定条件和程序，减少公司的资本总额。在一般情况下，公司的注册资本不得减少，但是，如果出现净资产大大小于注册资本，或者在派生分立的情况下，原公司的资产减少等情况，公司就可以减少注册资本。

2. 注册资本减少的情况

根据实际情况，注册资本减少可以采用各个股东按照出资比例或者持股比例同步减少出资，减资后，各个股东的股权比例或者持股比例不发生变化，也可以是各个股东改变原出资比例或者持股比例而减少出资，有的股东减少出资，有的股东则不减少出资。减资还可以以返还出资的方式减资，或者以免除出资义务的方式减资或者以销除股权或者股份的方式减资等等。

3. 注册资本减少的程序

（1）股东（大）会作出减资的决议，并相应地对章程进行修改。有限公司的减资决议，应当经过2/3以上表决权的股东通过。

（2）公司必须编制资产负债表及财产清单。

（3）通知债权人和对外公告。公司减少注册资本时，应当自作出减少注册资本决议之日起 10 日内通知债权人,并于 30 日内在报纸上公告。债权人自接到通知书之日起 30 日内,未接到通知书的自公告之日起 45 日内,有权要求公司清偿债务或者提供相应的担保。

(4) 办理减资登记手续。公司减少注册资本,应当依法向公司登记机关办理变更登记。

### (二) 公司注册资本的增加

1. 注册资本增加的概念

注册资本增加也称增资,是指公司根据需要,依照法定条件和程序增加公司的资本总额。增资的目的主要在于筹集资金扩大公司经营规模、开展新的投资项目、增强公司的资产实力等。

2. 注册资本增加的情况

根据实践运作的情况来看,注册资本增加的方式很多,可以由现有股东出资认购增资,现有股东认购增资可以同比例增资,也可以不同比例增资,还可以由现有股东之外的投资者出资认购增资;可以由新股东投资增资,也可以由公司将分配利润、公积金转为资本的方式增资;可以是公司债券转换增资,也可以是债转股的方式增资,等等。

3. 注册资本增加的程序

有限责任公司增加注册资本时,股东认缴新增资本的出资,依照《公司法》设立有限责任公司缴纳出资的有关规定执行。股份有限公司为增加注册资本发行新股时,股东认购新股,依照《公司法》设立股份有限公司缴纳股款的有关规定执行。股份有限公司以公开发行新股方式或者上市公司以非公开发行新股方式增加注册资本的,应当符合相应的条件,并提交国务院证券监督管理机构的核准文件。

注册资本增加应当由股东(大)会决议通过、变更公司章程,并依法向公司登记机关办理变更登记。有限责任公司股东会对增加注册资本作出决议,必须经代表 2/3 以上表决权的股东通过。

## 第七节 公司的解散和清算

### 一、公司解散

#### (一) 公司解散的概念和特征

公司解散是指公司发生章程规定或法定的除破产以外的解散事由而停止业务活动,并进入清算程序的过程。其特征为:

(1) 公司解散事由发生后,公司并未终止,仍然具有法人资格,可以自己的名义开展与清算相关的活动,直到清算完毕并注销后才消灭其主体资格。

(2) 除公司因合并或分立而解散,不必进行清算,公司解散必须经过法定清算程序。

(3) 公司解散的目的是终止其法人资格。

#### (二) 公司解散的原因

根据《公司法》的规定,公司解散的原因有以下五种情形:① 公司章程规定的营业期限届满或者公司章程规定的其他解散事由出现;② 股东会或者股东大会决议解散;③ 因公司合并或者分立需要解散;④ 依法被吊销营业执照、责令关闭或者被撤销;⑤ 人民法院依法予以解散。

公司有上述第①项情形的,可以通过修改公司章程而存续。公司依照规定修改公司章程的,有限责任公司须经持有 2/3 以上表决权的股东通过,股份有限公司须经出席股东大会会议的股东所持表决权的 2/3 以上通过。

根据《公司法》第 182 条和《最高人民法院关于适用〈中华人民共和国公司法〉若干问题的规定(二)》(以下简称《公司法解释(二)》)的有关规定,单独或者合计持有公司全部股东表决权 10% 以上的股东,有下列事由之一,公司继续存续会使股东利益受到重大损失;通过其他途径不能解决,提起解散公司诉讼,人民法院应予受理:

(1) 公司持续 2 年以上无法召开股东会或者股东大会,公司经营管理发生严重困难的。

(2) 股东表决时无法达到法定或者公司章程规定的比例,持续 2 年以上不能作出有效的股东会或者股东大会决议,公司经营管理发生严重困难的。

(3) 公司董事长期冲突,且无法通过股东会或者股东大会解决,公司经营管理发生严重困难的。

(4) 经营管理发生其他严重困难,公司继续存续会使股东利益受到重大损失的情形。

股东以知情权、利润分配请求权等权益受到损害,或者公司亏损、财产不足以偿还全部债务,以及公司被吊销企业法人营业执照未进行清算等为由,提起解散公司诉讼的,人民法院不予受理。另外,股东提起解散公司诉讼,同时又申请人民法院对公司进行清算的,人民法院对其提出的清算申请不予受理。

## 二、公司清算

### (一) 公司清算的概念

公司清算是指公司解散或被依法宣告破产后,依照一定的程序结束公司事务、收回债权、偿还债务、清理资产,并分配剩余财产,终止消灭公司的过程。公司被依法宣告破产的,依照有关企业破产的法律实施破产清算。

公司解散后进入清算程序是为了公平地分配公司财产,保护股东和债权人的利益,同时也是为了保护职工利益。

### (二) 公司在清算期间的行为限制

公司进入清算程序后,其行为受到以下限制:

(1) 清算期间,公司不再从事新的经营活动,仅局限于清理公司已经发生但尚未了结的事务,包括清偿债务、实现债权以及处理公司内部事务等。

(2) 清算期间,公司的代表机构为清算组。清算组负责处理未了事务,代表公司对外进行诉讼。在清算组未成立前,仍然由原公司法定代表人代表公司进行诉讼。清算组进行民事诉讼,应当以公司名义进行。

(3) 清算期间,公司财产在未按照法定程序清偿前,不得分配给股东。

### (三) 清算组及其组成

根据《公司法》的规定,公司应当在解散事由出现之日起 15 日内成立清算组,开始清算。有限责任公司的清算组由股东组成,股份有限公司的清算组由董事或者股东大会确定的人员组成。逾期不成立清算组进行清算的,债权人可以申请人民法院指定有关人员组成清算组进行清算。人民法院应当受理该申请,并及时组织清算组进行清算。

根据《公司法解释(二)》的规定,有下列情形之一,债权人申请人民法院指定清算组进行清算的,人民法院应予受理:① 公司解散逾期不成立清算组进行清算的;② 虽然成立清算组但故意拖延清算的;③ 违法清算可能严重损害债权人或者股东利益的。具有上述情形,而债权人未提起清算申请,公司股东申请人民法院指定清算组对公司进行清算的,人民法院应予受理。

人民法院受理公司清算案件,应当及时指定有关人员组成清算组。清算组成员可以从下列人员或者机构中产生:① 公司股东、董事、监事、高级管理人员;② 依法设立的律师事务所、会计师事务所、破产清算事务所等社会中介机构;③ 依法设立的律师事务所、会计师事务所、破产清算事务所等社会中介机构中具备相关专业知识并取得执业资格的人员。

人民法院指定的清算组成员有下列情形之一的,人民法院可以根据债权人、股东的申请,或者依职权更换清算组成员:① 有违反法律或者行政法规的行为;② 丧失执业能力或者民事行为能力;③ 有严重损害公司或者债权人利益的行为。

### (四) 清算组的职权

根据《公司法》的规定,清算组在清算期间行使下列职权:① 清理公司财产,分别编制资产负债表和财产清单;② 通知、公告债权人;③ 处理与清算有关的公司未了结的业务;④ 清缴所欠税款以及清算过程中产生的税款;⑤ 清理债权、债务;⑥ 处理公司清偿债务后的剩余财产;⑦ 代表公司参与民事诉讼活动。

清算组在公司清算期间代表公司进行一系列民事活动,全权处理公司经济事务和民事诉讼活动。根据《公司法》的规定,清算组成员应当忠于职守,依法履行清算义务。清算组成员不得利用职权收受贿赂或者其他非法收入,不得侵占公司财产。清算组成员因故意或者重大过失给公司或者债权人造成损失的,应当承担赔偿责任。

### (五) 清算工作程序

一般来说,清算工作程序如下:

(1) 登记债权。清算组应当自成立之日起 10 日内通知债权人,并于 60 日内在报纸上公告。债权人应当自接到通知书之日起 30 日内,未接到通知书的自公告之日起 45 日内,向清算组申报其债权。债权人申报债权,应当说明债权的有关事项,并提供证明材料。清算组应当对债权进行登记。在申报债权期间,清算组不得对债权人进行清偿。

(2) 清理公司财产,制定清算方案。清算组应当对公司财产进行清理,编制资产负债表和财产清单,制定清算方案。清算方案应当报股东会、股东大会或者人民法院确认。清算组在清理公司财产、编制资产负债表和财产清单后,发现公司财产不足清偿债务的,应当依法向人民法院申请宣告破产。公司经人民法院裁定宣告破产后,清算组应当将清算事务移交给人民法院。

(3) 清偿债务。公司财产在分别支付清算费用、职工工资、社会保险费用和法定补偿金,缴纳所欠税款,清偿公司债务后的剩余财产,有限责任公司按照股东的出资比例分配,股份有限公司按照股东持有的股份比例分配。清算期间,公司存续,但不得开展与清算无关的经营活动。

(4) 公告公司终止。公司清算结束后,清算组应当制作清算报告,报股东会、股东大会或者人民法院确认,并报送公司登记机关,申请注销公司登记,公告公司终止。

## 本 章 小 结

本章主要讲解了公司法概述、公司的分类、相关法律制度,以及在不同的公司类型下讲解公司的设立、变更、终止的过程;分析了公司作为庞大的管理系统,股东、董事、监事、管理人员的权责关系,以及股东大会、董事会、监事会的权利与义务,并阐述了一人有限责任公司和国有独资公司的特别规定。

## 本章重要概念

公司　法人　有限责任公司　股份有限公司　章程　组织机构　股份

# 第四章 企业破产法

- ➢ 内容简介
- ➢ 重点难点
- ➢ 学习目标
- ➢ 知识框架
- ➢ 思政育人
- ➢ 第一节 破产法概述
- ➢ 第二节 破产申请与受理
- ➢ 第三节 债务人财产
- ➢ 第四节 管理人与债权人会议
- ➢ 第五节 重整、和解与破产清算
- ➢ 本章小结
- ➢ 本章重要概念

## 内容简介

本章主要讲解了破产法的概念、破产申请与受理、债务人财产、管理人与债权人会议、重整、和解与破产清算几个重要的问题,从破产案件受理的效力、债务人的财产、破产债权、破产分配等方面进行讲解。

## 重点难点

本章的重点为和解与重整、管理人与债权人会议;难点为破产重整、和解、清算的程序。

## 学习目标

通过本章的学习,学生应理解并掌握破产与破产法的概念、破产原因、破产申请,掌握和解及重整、破产宣告及其法律效力、破产财产的处置与分配;熟悉别除权和抵消权、破产救济与破产责任的法律政策规定。

## 知识框架

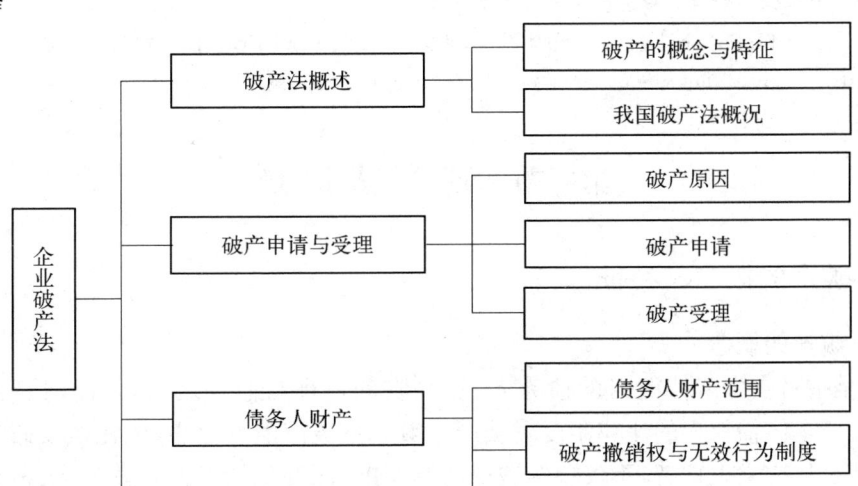

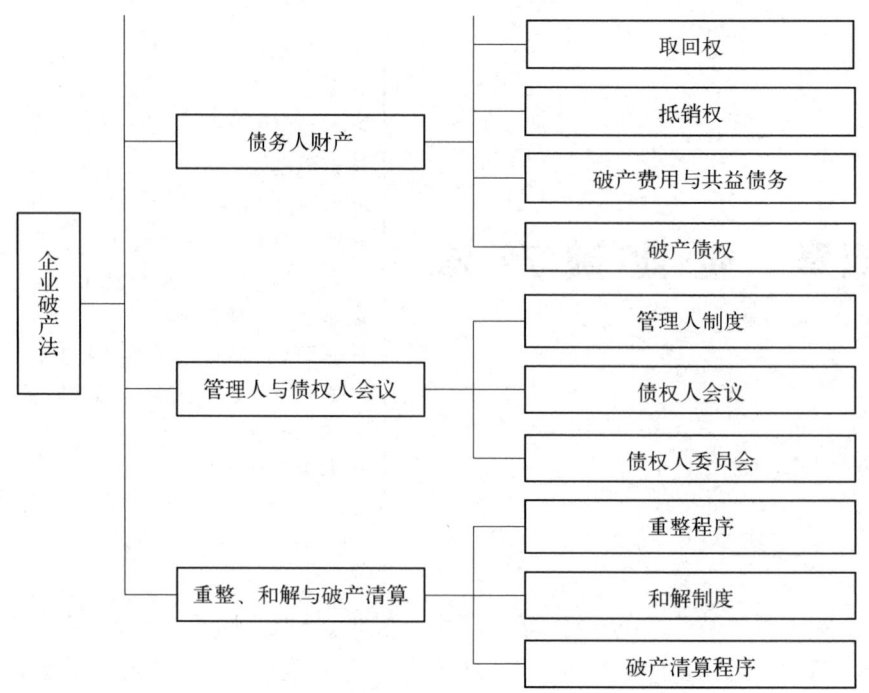

 **思政育人　日本企业破产数量激增　三成以上为服务业**

日本民间企业信誉调查机构东京商工调查所发布报告说,受人手不足和物价高昂等因素影响,2023年7月日本破产企业数量达758家,同比增加53.4%。

报告显示,截至2023年7月,日本破产企业数量已连续16个月同比增加。7月,破产企业负债总额为1 621亿日元(1美元约合143日元),同比增加91.7%。

报告认为,随着企业优惠贷款陆续到期,在偿还贷款、人手不足和物价高昂的重压下,中小企业资金状况持续恶化。报告预测,今后业绩难以恢复、债务负担过重导致的企业破产数量将进一步增加。

从行业来看,被调查的十大行业中,八个行业的企业破产数量同比增加,以服务业、建筑业企业破产问题最为突出。

请思考:企业破产会给社会带来哪些负面的影响?

资料来源:佚名.日本企业破产数量激增,三成以上为服务业[EB/OL].(2023-08-10)[2023-08-11]. http://news.10jqka.com.cn/20230810/c649609128.shtml.

二维码:
视频4-1
破产法概述

# 第一节　破产法概述

## 一、破产的概念与特征

### (一)破产的概念

破产是指对丧失清偿能力的债务人,在法院的审理与监督之下,强制清算其全部财产,公平清偿全体债权人的法律制度。破产一般是指破产清算程序,但在谈及破产法律制度时,通常是从广义上理解,不仅包括破产清算制度,而且包括以挽救债务人、避免其破产为目的的重整、和解等法律制度。

破产制度的功能在于：确保债权人的债权得到最大程度的公平的清偿；迅速解脱债务人的债务危机，使其重整旗鼓；促使企业居安思危，不断提高企业的技术革新和管理，提高企业的经济效益；调动企业职工参与民主管理和监督的积极性，增强企业的凝聚力，有利于现代企业文化的建设和传统企业制度的革新；通过产权市场的资产重组，实现存量资本的有效利用和资源的合理配置。

### （二）破产的特征

破产具有如下特征。

#### 1. 必须以债务人不能清偿到期债务为前提

"不能清偿到期债务"是指：① 债务的履行期限已届满；② 债务人明显缺乏清偿债务的能力。当债务人停止清偿到期债务并呈连续状态时，如无相反证据，也可推定为"不能清偿到期债务"。

#### 2. 存在两个以上的债权人

如果只有一个债权人，采用一般的民事执行程序即可清偿债务。当存在多数债权人时，如何对债务人的财产进行公正的分配，满足债权人的清偿要求，一般的民事执行程序无法解决，必须由法律进行特别规定。

#### 3. 以公平清偿债权为宗旨

破产主要的目的是将债务人的财产按照一定的程序和比例公平合理地分配给各债权人，不能清偿的部分也由各债权人公平分担。

#### 4. 按诉讼程序处理

从破产申请到破产宣告，从债权申报到财产清理，从破产分配到破产终结，有关当事人的活动均应在法院的主持和监督下按法定程序进行。

破产是对债务人财产法律关系的全面清算与执行，破产程序中执行的对象仅为财产，破产宣告后，破产人为企业法人的，将终结其商事经营活动，并使其丧失民事主体资格。破产制度与民事诉讼与执行制度又有着密切的关系。《中华人民共和国企业破产法》（以下简称《企业破产法》）第4条规定：破产案件审理程序，本法没有规定的，适用民事诉讼法的有关规定。

## 二、我国破产法概况

### （一）破产法的概念

企业破产法是指调整破产债权人和债务人、法院、管理人以及其他破产参加人相互之间在破产过程中所发生的社会关系的法律规范的总称。企业破产法主要包括破产程序规范和破产实体规范。

在我国，狭义上的企业破产法是指中华人民共和国第十届全国人民代表大会常务委员会第二十三次会议于2006年8月27日通过，自2007年6月1日起施行的《企业破产法》。广义上的企业破产法还包括其他处理破产案件的程序规范和实体规范，如1991年4月9日公布实施的《中华人民共和国民事诉讼法》中关于企业法人破产还债程序的规定，以及公司法、合伙企业法、保险法等单行法中关于破产的实体性规范。

## （二）破产法的适用范围

**1. 破产法的主体适用范围**

根据《企业破产法》第2条、第134条、第135条的规定，企业破产法适用范围为：① 企业法人，即适用于所有具有法人资格的企业。② 商业银行、证券公司、保险公司等金融机构出现破产原因后，国务院金融监督管理机构可以向人民法院提出对该金融机构进行重整或者破产清算的申请。但由于其特殊性，所以特别规定：国务院金融监督管理机构依法对出现重大经营风险的金融机构采取接管、托管等措施的，可以向人民法院申请中止以该金融机构为被告或者被执行人的民事诉讼程序或者执行程序。金融机构实施破产的，国务院可以依据企业破产法和其他相关法律的规定制定实施办法。③ 为缓解其他非法人组织的破产无法可依的问题，规定企业法人之外的其他组织（如合伙企业）如果属于破产清算的，可以参照适用《企业破产法》规定的程序。

**2.《企业破产法》的域外效力**

《企业破产法》的域外效力，即一国的破产程序对位于其他国家的破产人财产是否有效。破产程序的域外效力发生在跨境破产的情况下。跨境破产又称国际破产、越界破产，是指同时涉及本国与外国因素的破产程序。通常，影响跨国破产形成的因素主要指债权人、债务人、破产财产位于两个以上的国家。

关于破产程序的域外效力，当今世界各国的破产法大多采取一些变通措施以解决实际问题。有的国家将外国破产程序视同外国裁判，按照相应的法律程序个案处理，在一定条件下承认其全部或部分效力。有的国家采取缔结条约的方法，承认缔约方破产程序在本国具有相应的法律效力。还有一些国家在本国立法中采纳《联合国贸易法委员会跨国界破产示范法》，通过全球立法统一化的方式解决跨境破产问题，目前已形成主流趋势。

为促进对外开放与国际经贸发展，《企业破产法》第5条规定：依照本法开始的破产程序，对债务人在中华人民共和国领域外的财产发生效力。《企业破产法》第6条规定：对外国法院作出的发生法律效力的破产案件的判决、裁定，涉及债务人在中华人民共和国领域内的财产，申请或者请求人民法院承认和执行的，人民法院依照中华人民共和国缔结或者参加的国际条约，或者按照互惠原则进行审查，认为不违反中华人民共和国法律的基本原则，不损害国家主权、安全和社会公共利益，不损害中华人民共和国领域内债权人的合法权益的，裁定承认和执行。

**3.《企业破产法》的适用时间**

《企业破产法》第136条规定：本法自2007年6月1日起施行，《中华人民共和国企业破产法（试行）》同时废止。现在，《企业破产法》已经付诸实施。

# 第二节 破产申请与受理

## 一、破产原因

**破产原因**也称破产界限，是指认定债务人丧失清偿能力，当事人得以提出破产申请，法院据以启动破产程序的法律事实。破产原因也是和解与重整程序开始的原因,但重整程序开始的原因更为宽松,企业法人有明显丧失清偿能力可能的,就可以依法申请重整。对债务人丧失清偿能力的认定,不以其他对其债务负有清偿义务者(如连带责任人、担保人)也不能代为清偿为条件。只要债务人本人不能清偿到期债务即为丧失清偿能力,其他人对其负债的连带责任、担保责任,不能视为债务人的清偿能力或其延伸。

《企业破产法》第2条规定:企业法人不能清偿到期债务,并且资产不足以清偿全部债务或者明显缺乏清偿能力的,依照本法规定清理债务。据此规定,破产原因可以分为两种情况:第一,债务人不能清偿到期债务,并且资产不足以清偿全部债务,主要适用于债务人提出破产申请且其资不抵债情况通过形式审查即可判断的案件。第二,债务人不能清偿到期债务,并且明显缺乏清偿能力,主要适用于债权人提出破产申请和债务人提出破产申请但其资不抵债状况通过形式审查不易判断的案件。所谓"明显缺乏清偿能力",主要起到与停止支付相同的作用,即可据此推定债务人不能清偿。当债权人经人民法院强制执行仍不能得到清偿,或债务人作为被执行人在其他执行案件中不能清偿债务时,如无反证,均可认定债务人丧失清偿能力,发生破产原因,法院应当依法受理破产案件。与之相应,《企业破产法》第7条规定:债务人不能清偿到期债务,债权人可以向人民法院提出对债务人进行重整或者破产清算申请。

## 二、破产申请

### (一) 破产申请的提出

破产申请的提出是启动破产程序的开端,有资格可以提出破产申请的当事人主要有以下几种情况:

第一,债务人提出破产申请。根据法律规定,债务人不能清偿到期债务,并且资产不足以清偿全部债务或者明显缺乏清偿能力的,可以向人民法院提出破产清算申请。

第二,债权人提出破产申请。债务人不能清偿到期债务的,债权人可以向人民法院提出对债务人进行破产清算的申请。

第三,清算责任人提出破产申请。企业法人已解散但未清算或者未清算完毕,资产不足以清偿债务的,依法负有清算责任的人应当向人民法院申请破产清算。如《公司法》第187条第1款规定:清算组在清理公司财产、编制资产负债表和财产清单后,发现公司财产不足清偿债务的,应当依法向人民法院申请宣告破产。

第四,国务院金融监管机构提出破产申请。商业银行、证券公司、保险公司等金融机构不能清偿到期债务,并且资产不足以清偿全部债务或者明显缺乏清偿能力的,国务院金融监督管理机构可以向人民法院提出对该金融机构进行破产清算的申请。

第五,破产企业职工提出破产申请。破产企业的职工也可以申请债务人破产,但申请破产的债权应经生效法律文书确认或无争议。为慎重起见,职工提出破产申请应经职工代表大会或者全体职工同意。

### (二) 破产案件的管辖

当事人的申请应向对破产案件有管辖权的人民法院提出。《企业破产法》规定,破产案件的地域管辖由债务人住所地人民法院管辖。但对级别管辖,立法未作规定,留待最高人民法院通过司法解释解决。根据最高人民法院对《中华人民共和国破产法》的司法解释规定,破产案件的级别管辖依破产企业的工商登记情况确定。基层人民法院一般管辖县、县级市或者区的工商行政管理机关核准登记企业的破产案件;中级人民法院一般管辖地区、地级市(含本级)以上的工商行政管理机关核准登记企业的破产案件;纳入国家计划调整的国有企业破产案件即政策性破产,由中级人民法院管辖。上级人民法院审理下级人民法院管辖的企业破产案件,或者将本院管辖的企业破产案件移交下级人民法院审理,以及下级人民法院需要将自己管辖的企业破产案件交由上级人民法院审理的,依照《民事诉讼法》第 39 条的规定办理;省、自治区、直辖市范围内因特殊情况需对个别企业破产案件的地域管辖作调整的,须经共同上级人民法院批准。

(三) 破产申请所需材料

当事人向人民法院提出破产申请,应当提交破产申请书和有关证据。破产申请书应当载明下列事项:① 申请人、被申请人的基本情况;② 申请日;③ 申请的事实和理由;④ 人民法院认为应当载明的其他事项。

债务人提出申请的,还应当向人民法院提交财产状况说明、债务清册、债权清册、有关财务会计报告、职工安置预案以及职工工资的支付和社会保险费用的缴纳情况。企业(尤其是私营企业、外商投资企业等非国有企业)在破产后并不负有安置职工的义务,也无此能力,真正负有此项义务的是地方政府,所以破产申请书要求提交的"职工安置预案",实际上应由地方政府制定。如申请企业因政府不履行职责而无法提交职工安置预案,或在预案中将职工安置问题交由政府解决,不影响破产申请的受理(实施政策性破产的国有企业除外)。人民法院受理破产申请前,申请人可以请求撤回申请。

### 三、破产受理

债权人提出破产申请的,人民法院应当自收到申请之日起 5 日内通知债务人。通知中应告知债务人不得转移资产、逃避债务,不得进行有碍于公平清偿的行为。债务人对申请有异议的,应当自收到人民法院的通知之日起 7 日内向人民法院提出。人民法院应当自异议期满之日起 10 日内裁定是否受理。除上述情形外,人民法院应当自收到破产申请之日起 15 日内裁定是否受理。有特殊情况需要延长受理案件期限的,经上一级人民法院批准,可以延长 15 日。人民法院裁定受理破产申请的,应当将裁定自作出之日起 5 日内送达申请人。债权人提出申请的,人民法院应当自裁定作出之日起 5 日内送达债务人。债务人应当自裁定送达之日起 15 日内,向人民法院提交财产状况说明、债务清册、债权清册、有关财务会计报告以及职工工资的支付和社会保险费用的缴纳情况。债务人违反法律规定,拒不向人民法院提交或者提交不真实的上述文件与情况说明的,人民法院可以对直接责任人员依法处以罚款。

人民法院裁定不受理破产申请的,应当将裁定自作出之日起 5 日内送达申请人并说明理由。申请人对裁定不服的,可以自裁定送达之日起 10 日内向上一级人民法院提起上诉。人民法院受理破产申请后至破产宣告前,经审查发现债务人未发生破产原因的,可以裁定驳回申请。申请人对裁定不服的,可以自裁定送达之日起 10 日内向上一级人民法院提起上诉。

人民法院裁定受理破产申请的,应当同时指定管理人,并在裁定受理破产申请之日起25日内通知已知债权人,并予以公告。通知和公告应当载明下列事项:① 申请人、被申请人的名称或者姓名;② 人民法院受理破产申请的时间;③ 申报债权的期限、地点和注意事项;④ 管理人的名称或者姓名及其处理事务的地址;⑤ 债务人的债务人或者财产持有人应当向管理人清偿债务或者交付财产的要求;⑥ 第一次债权人会议召开的时间和地点;⑦ 人民法院认为应当通知和公告的其他事项。

为保证破产程序顺利进行,自人民法院受理破产申请的裁定送达债务人之日起至破产程序终结之日,债务人的有关人员承担下列义务:① 妥善保管其占有和管理的财产、印章和账簿、文书等资料;② 根据人民法院、管理人的要求进行工作,并如实回答询问;③ 列席债权人会议并如实回答债权人的询问;④ 未经人民法院许可,不得离开住所地;⑤ 不得新任其他企业的董事、监事、高级管理人员。

债务人的有关人员是指企业的法定代表人;经人民法院决定,可以包括企业的财务管理人员和其他经营管理人员。债务人的有关人员违反法律规定,擅自离开住所地的,人民法院可以予以训诫、拘留,可以依法并处罚款。

为保证对全体债权人的公平清偿,《企业破产法》第16条规定:人民法院受理破产申请后,债务人对个别债权人的债务清偿无效。但是,债务人以其财产向债权人提供物权担保的,其在担保物市场价值内向债权人所作的债务清偿,不受上述规定限制。因物权担保债权人享有对担保物的优先受偿权,对其债务清偿可使债务人收回担保财产,用于对所有债权人的清偿,或用于和解、重整中的继续经营活动,不违反公平清偿原则。

人民法院受理破产申请后,债务人的债务人或者财产持有人应当向管理人清偿债务或者交付财产。债务人的债务人或者财产持有人故意违反法律规定向债务人清偿债务或者交付财产,使债权人受到损失的,不免除其清偿债务或者交付财产的义务。故意违反法律规定是指上述当事人明知或应知人民法院已经受理破产申请,仍向债务人清偿债务或者交付财产。通常以人民法院受理破产申请后向其发出通知或向社会发布公告,判断当事人是否明知或应知破产案件已经受理。不免除清偿债务或者交付财产的义务是以债权人因此受到损失的范围为限。如果债务人的债务人或者财产持有人虽向债务人清偿债务或者交付财产,但债务人将接收到的清偿款项或者财产全部上交管理人,债权人并未受到损失,则不必再承担民事责任。

人民法院受理破产申请后,管理人对破产申请受理前成立而债务人和对方当事人均未履行完毕的合同有权决定解除或者继续履行,并通知对方当事人。管理人决定解除或者继续履行合同,应当以保障债权人权益最大化为原则。管理人自破产申请受理之日起两个月内未通知对方当事人,或者自收到对方当事人催告之日起30日内未答复的,视为解除合同。管理人决定继续履行合同的,对方当事人应当履行,但有权要求管理人提供担保。管理人不提供担保的,视为解除合同。

人民法院受理破产申请后,有关债务人财产的保全措施应当解除,执行程序应当中止。其中保全措施既包括民事诉讼保全措施,也包括在行政处罚程序中的保全措施,如应包括海关、工商管理部门等采取的财产扣押、查封等措施,还应包括刑事诉讼中公安部门、司法部门采取的相关措施。执行程序应当中止是指对无物权担保债权的执行,物权担保债权人对担保物的执行原则上不中止,除非当事人申请的是重整程序。因为在破产清算和和解程序中,物权担保债权人对担保物享有优先受偿权,其就担保物的个别执行,不会损害其他债权人的权益,不违反公平清偿原则。但是,在担保物为破产企业占有的情况下,物权担保债权人对担保物的执行应经过管理人进行。

人民法院受理破产申请后,已经开始而尚未终结的有关债务人的民事诉讼或者仲裁应当中止;在管理人接管债务人的财产后,该诉讼或者仲裁继续进行。这是因为从对债务的清偿角度讲,破产程序相当于为全体债权人进行的执行程序,它不具备解决当事人实体权利义务争议的功能,也未设置保护当事人诉讼权利的程序。所以各国立法均规定,涉及债务人的民事诉讼或者仲裁应当在破产程序之外正常进行。

破产申请受理后,有关债务人的民事诉讼只能向受理破产申请的人民法院提起但是其他法律有特殊规定的应当除外,如当事人约定仲裁解决纠纷的,仍应当以仲裁方式解决。上述有关债务人的民事诉讼向受理破产申请的人民法院提起该法院有权依据民事诉讼法的规定,根据案件具体情况决定由该院审理,或指定由其下级法院审理。

## 第三节 债务人财产

### 一、债务人财产范围

《企业破产法》第30条规定:破产申请受理时属于债务人的全部财产,以及破产申请受理后至破产程序终结前债务人取得的财产为债务人财产。据此规定,确定债务人财产范围的界定时点是破产申请受理时,而不是破产宣告时,已作为担保物的财产也属于破产财产。债务人财产在破产宣告后称为破产财产。

人民法院受理破产申请后,债务人的出资人尚未完全履行出资义务的,管理人应当要求该出资人缴纳所认缴的出资,而不受出资期限的限制。根据《公司法》规定,出资人是以认缴的而不是实缴的出资或股份对公司承担,所以在企业破产时,出资人必须立即缴纳所认缴的出资,而不受原出资期限是否已到的限制。债务人的董事、监事和高级管理人员利用职权从企业获取的非正常收入和侵占的企业财产,管理人应当追回。

在人民法院受理破产申请后,管理人可以通过清偿债务或者提供为债权人接受的担保,取回质物、留置物。管理人所作的债务清偿或者替代担保,在质物或者留置物的价值低于被担保的债权额时,以该质物或者留置物当时的市场价值为限。否则,就可能出现对无担保债权不公平清偿的情况。

### 二、破产撤销权与无效行为制度

《企业破产法》规定了破产撤销权与无效行为制度。撤销权是指管理人对债务人在破产案件受理前的法定期间内进行的欺诈、逃债或损害公平清偿的行为,有申请法院撤销的权利。我国破产法上的无效行为则是针对《民法典》中规定的无效民事行为在破产程序中的表现特点作出的强调性规定,并无实质性创新内容。而破产撤销权则明确建立了新的法律制度。《企业破产法》以维护债务公平清偿为首要目标,撤销权则是维护公平清偿的关键环节,故各国均将撤销权视为破产法上最重要的制度之一。撤销权理论上应为可撤销行为发生在债务人存在破产原因的情况下,债务人实施一定的行为,致使财产不合理减少,使得债权人的利益受到损失。但因实践中债权人举证困难,法官判断困难,我国破产法采用程序判断,即只要债务人的特定行为发生在法定期间内,就可构成可撤销行为,管理人应当在规定时效期限内行使撤销权以维护债权人利益。

《企业破产法》在第33条中对无效行为作出规定,涉及债务人财产的下列行为无效：① 为逃避债务而隐匿、转移财产的;② 虚构债务或者承认不真实的债务的。其中"为逃避债务"而隐匿、转移财产,是指债务人的行为客观上构成逃避债务,而不是要求债务人必须具有逃避债务的目的才能认定行为无效。

《企业破产法》在第31条、第32条中对可撤销行为作出规定。第31条规定,人民法院受理破产申请前1年内,涉及债务人财产的下列行为,债权人有权请求人民法院予以撤销：① 无偿转让财产的;② 以明显不合理价格进行交易的;③ 对没有财产担保的债务提供财产担保的;④ 对未到期的债务提前清偿的;⑤ 放弃债权的。

其中,无偿转让财产行为中的"财产",既包括实物财产也包括财产性权利;"对没有财产担保的债务提供财产担保",不包括在可撤销期间内设定债务的同时提供的财产担保,因其是有对价行为。

撤销权原则上应由管理人统一行使,《企业破产法》第34条规定：因本法第31条、第32条或者第33条规定的行为而取得的债务人的财产,管理人有权追回。但是在重整程序中,债务人可以在管理人的监督下自行管理财产和营业事务,其职权相当于管理人。此时,在不与债务人利益发生冲突的情况下,撤销权可以由债务人自行行使,管理人负责监督。但如与债务人利益发生冲突,撤销权则应由管理人行使。

根据《企业破产法》规定,在破产清算程序终结后两年内,债权人可以行使破产撤销权或针对债务人的无效行为而追回财产。在此期间内追回的财产,应用于对全体债权人分配。在此期间之后,债权人发现因无效行为而应追回的财产,或可行使撤销权追回的财产时,仍可行使相应权利追回财产,但追回的财产不再用于对全体债权人清偿,而是用于对追回财产的债权人个别清偿。

### 三、取回权

破产法上的取回权分为一般取回权与特别取回权。《企业破产法》第38条规定：人民法院受理破产申请后,债务人占有的不属于债务人的财产,该财产的权利人可以通过管理人取回。但是,本法另有规定的除外。这是对一般取回权的规定。"本法另有规定的除外"是指在重整程序中行使取回权,应当符合事先约定的条件。一般取回权的行使通常只限于取回原物。如在破产案件受理前,原物已被债务人卖出或灭失,权利人的取回权消灭,只能以物价即直接损失额作为破产债权要求清偿,但可构成代位权利的除外。

《企业破产法》第39条规定：人民法院受理破产申请时,出卖人已将买卖标的物向作为买受人的债务人发运,债务人尚未收到且未付清全部价款的,出卖人可以取回在运途中的标的物。但是,管理人可以支付全部价款,请求出卖人交付标的物。这是对特别取回权中出卖人取回权的规定。只要买受人的破产申请受理时,货物尚在运输途中,出卖人向管理人表示行使取回权,即发生法律效力,不要求出卖人必须在买受人(管理人)收到货物前实际控制并取回货物。管理人即使收到货物,也仅处于保管人的地位。

### 四、抵销权

破产法上的抵销权,是指债权人在破产申请受理前对债务人即破产人负有债务的,无论是否已到清偿期限、标的是否相同,均可在破产财产最终分配确定前向管理人主张相互抵销的权利。《企业破产法》第40条规定:债权人在破产申请受理前对债务人负有债务的,可以向管理人主张抵销。此即破产抵销权。破产抵销权是破产债权只能依破产程序受偿的例外,抵销权实施的结果是使该债权在抵销范围内得以由破产财产中得到全额、优先清偿。为防止破产抵销权被当事人所滥用,损害他人利益,各国破产法对抵销权的行使均规定有禁止条款。《企业破产法》第40条规定,有下列情形之一的,不得抵销:

(1)债务人的债务人在破产申请受理后取得他人对债务人的债权的。因为债权转手后的抵销会损害其他破产债权人的利益。破产债权一般只能获得其债权名义数额一定比例的清偿,甚至得不到清偿,实际价值与收购价格远低于名义价值。但当它用于抵销债务时,却可获得全额清偿,如不禁止债务人的债务人用破产申请受理后取得的他人破产债权对自己债务进行抵销,则势必出现债务人低价收买破产债权以抵销须全额偿付的债务,非法牟利,损害其他破产债权人利益的现象。

(2)债权人已知债务人有不能清偿到期债务或者破产申请的事实,对债务人负担债务的;但是,债权人因为法律规定或者有破产申请1年前所发生的原因而负担债务的除外。如不禁止此种情况下的抵销,就可能出现债权人在知道债务人有不能清偿到期债务或者破产申请的事实时,通过购买债务人的财产造成负债,却恶意地不予清偿,待到破产程序启动后再用其不能获得完全清偿的破产债权与该项债务进行抵销,使其他破产债权人可分配破产财产减少。但债权人负担的债务,是因为法律规定如继承,或者是破产申请1年前所发生的原因者除外。例如,在破产申请1年前当事人签订了企业合并合同,但延迟至破产申请受理的1年内才完成工商变更登记,而企业的合并各方有的对债务人享有债权,有的对债务人负有债务,合并后即可以进行抵销。

(3)债务人的债务人已知债务人有不能清偿到期债务或者破产申请的事实,对债务人取得债权的;但是,债务人的债务人因为法律规定或者有破产申请1年前所发生的原因而取得债权的除外。"对债务人取得债权"一般均是指取得他人对债务人的债权。因为,只有在此种情况下才存在取得债权成本与抵销清偿之间的差额,有利可图,如果是债务人的债务人自己通过与债务人的正常交易而取得债权,实际上不仅无差额之利可图,反而可能造成新的损失。

如果当事人违反法律禁止抵销规定进行了抵销,管理人可以向法院申请予以撤销。

### 五、破产费用与共益债务

#### (一)破产费用

破产费用是在破产程序中为全体债权人共同利益而支付的各项费用的总称。《企业破产法》第41条规定,人民法院受理破产申请后发生的下列费用,为破产费用:① 破产案件的诉讼费用；② 管理、变价和分配债务人财产的费用；③ 管理人执行职务的费用、报酬和聘用工作人员的费用。

### （二）共益债务

共益债务是在破产程序中为全体债权人利益而由债务人财产负担的债务的总称。《企业破产法》第42条规定，人民法院受理破产申请后产生的下列债务，为共益债务：① 因管理人或者债务人请求对方当事人履行双方均未履行完毕的合同所产生的债务；② 债务人财产受无因管理所产生的债务；③ 因债务人不当得利所产生的债务；④ 为债务人继续营业而应支付的劳动报酬和社会保险费用以及由此产生的其他债务；⑤ 管理人或者相关人员执行职务致人损害所产生的债务；⑥ 债务人财产致人损害所产生的债务。

### （三）破产费用与共益债务的清偿

《企业破产法》第43条规定：破产费用和共益债务由债务人财产随时清偿。债务人财产不足以清偿所有破产费用和共益债务的，先行清偿破产费用。债务人财产不足以清偿所有破产费用或者共益债务的，按照比例清偿。债务人财产不足以清偿破产费用的，管理人应当提请人民法院终结破产程序。人民法院应当自收到请求之日起15日内裁定终结破产程序，并予以公告。债务人财产虽然不足以支付所有破产费用和共益债务，但是破产案件的债权人、管理人、债务人的出资人或者其他利害关系人愿意垫付相关费用的，经人民法院同意，破产程序可以继续进行。这样可以避免因债务人财产不足，反而使债务人或其董事、监事、经理等高级管理人员的转移财产、逃避债务等违法行为逃脱法律制裁。

## 六、破产债权

### （一）破产债权的申报

破产债权是依破产程序启动前原因成立的，经依法申报确认，并得由破产财产中获得清偿的可强制执行的财产请求权。确定破产债权的时点与破产程序启动的时点相统一，均为受理破产申请时，对破产人的特定财产享有担保权的债权也属于破产债权，未再对其作排除性规定。

根据破产法的一般规定，破产案件受理后，债权人只有在依法申报债权并得到确认后，才能行使破产参与、受偿等权利。债权人行使各项权利，应依照破产法规定的程序进行。《企业破产法》规定人民法院受理破产申请后，应当确定债权人申报债权的期限。债权申报期限自人民法院发布受理破产申请公告之日起计算，最短不得少于30日，最长不得超过3个月。在法律规定的期间内，人民法院可以根据案件具体情况确定申报债权的期限。债权人应当在人民法院确定的债权申报期限内向管理人申报债权。但债务人所欠职工的工资和医疗、伤残补助、抚恤费用，所欠的应当划入职工个人账户的基本养老保险、基本医疗保险费用，以及法律、行政法规规定应当支付给职工的补偿金，不必申报，由管理人调查后列出清单并予以公示。职工对清单记载有异议的，可以要求管理人更正；管理人不予更正的，职工可以向人民法院提起诉讼。据此，职工债权是免申报的债权，这有助于更好地维护职工权益，避免出现遗漏职工债权的现象。

未到期的债权，在破产申请受理时视为到期。附利息的债权自破产申请受理时起停止计息。无利息的债权以本金申报债权。附条件、附期限的债权和诉讼、仲裁未决的债权,债权人也可以申报。职工劳动债权计算到解除劳动合同时止,管理人接管企业后的一项重要工作,就是及时解除所有不必维持的劳动合同,避免给债权人扩大损失。

债权人申报债权时,应当书面说明债权的数额和有无财产担保,并提交有关证据。申报的债权是连带债权的,应当说明。连带债权人可以由其中一人代表全体连带债权人申报债权,也可以共同申报债权。

债务人的保证人或者其他连带债务人已经代替债务人清偿债务的,以其对债务人的求偿权申报债权;尚未代替债务人清偿债务的,以其对债务人的将来求偿权申报债权。允许保证人等预先申报债权,是为避免在债权人不参加破产清偿而直接向保证人或连带债务人要求清偿的情况下,保证人或连带债务人履行保证或连带责任后却因无法及时申报债权,破产人的财产分配程序已终结,而无法行使其代位求偿权。所以,立法允许保证人等预先行使求偿权。但是,债权人已向管理人申报全部债权的除外,否则会出现债务人对一项债务向债权人和保证人的二次重复清偿,从而损害其他债权人的合法权益。连带债务人数人的破产案件均被受理的,其债权人有权就全部债权分别在各破产案件中申报债权。未到期的债权,在破产申请受理时视为到期。附利息的债权自破产申请受理时起停止计息。无利息的债权以本金申报债权。附条件、附期限的债权和诉讼、仲裁未决的债权,债权人也可以申报其债权。

管理人或者债务人依照破产法规定解除双方均未履行完毕的合同,对方当事人以因合同解除所产生的损害赔偿请求权申报债权。可申报的债权以实际损失为限,违约金不作为破产债权。

债务人是委托合同的委托人,其破产案件被人民法院受理,受托人不知该事实,继续处理委托事务的,受托人以由此产生的请求权申报债权。如果受托人已知该事实,为了债务人即全体债权人利益而在无法向管理人移交事务的紧急情况下继续处理委托事务的,受托人以由此产生的请求权为共益债务。

债务人是票据的出票人,其破产案件被人民法院受理,该票据的付款人继续付款或者承兑的,付款人以由此产生的请求权申报债权。这一规定是为了维护票据作为无因证券的地位,保障付款人或承兑人的合法权益,保证票据的流通信用。

《企业破产法》第56条规定:在人民法院确定的债权申报期限内,债权人未申报债权的,可以在破产财产最后分配前补充申报;但是,此前已进行的分配,不再对其补充分配。为审查和确认补充申报债权的费用,由补充申报人承担。此外,补充申报的债权人对其申报债权前已经进行完毕的各项破产活动,不得再提出异议。

### (二)破产债权的确认

债权人申报之债权需经确认后才能在破产程序中行使权利。债权审查的判断原则是:凡法律允许通过一般司法程序提出异议的债权,即未经发生法律效力的裁判所确认的债权,均应在审查确认之列;凡经发生法律效力的裁判所确认的债权,原则上不在审查确认之列,应直接列入债权确认表中。

根据《企业破产法》的规定,管理人收到债权申报材料后,应当登记造册,对申报的债权进行审查,并编制债权表。管理人必须将申报的债权全部编入债权表,不允许以其认为债权超过诉讼时效或不能成立等为由拒绝编入债权表。管理人进行实质审查后对各项债权的认定结果,如是否真实存在、是否超过诉讼时效等,应附在提交第一次债权人会议的债权表后,供核查使用。债权表和债权申报材料由管理人保存,供利害关系人查阅。管理人依法编制的债权表,应当提交第一次债权人会议核查。

通常,债权的核查程序如下:首先,由管理人发放、宣读被核查债权的申报登记情况以及有关证据材料,并由该债权人进行说明;其次,由管理人、债务人、其他债权人等利害关系人陈述意见,由该债权人解释,有疑问者可继续进行询问;最后,经核查后,管理人、债务人、其他债权人等对债权无异议的,列入债权表。债权表由人民法院裁定确认,其确认具有与生效判决同等的法律效力。经核查后仍存在异议的债权,由人民法院裁定该异议是否成立。该项裁定无实体法律效力,不影响债权人提起债权确认诉讼的权利。人民法院裁定异议不成立时,债权列入债权表,异议人可以该债权人为被告提起债权确认诉讼。人民法院裁定异议成立时,债权不列入债权表,该债权人可以异议人为被告提起债权确认诉讼。

根据《企业破产法》的规定,管理人、债务人、债权人对债权表记载的债权有异议的,可以向受理破产申请的人民法院提起诉讼。

## 第四节　管理人与债权人会议

### 一、管理人制度

#### (一) 管理人含义

管理人是破产程序中最为重要的机构。通常,管理人是指破产宣告后成立的,全面接管破产企业并负责破产财产的保管、清理、估价、处理和分配等破产清算事务的专门机构。管理人概念有广义与狭义之分。狭义的管理人仅负责破产清算程序中的管理工作,所以又称破产管理人,如前述概念。广义的管理人则还在和解、重整程序中承担管理、监督工作。《企业破产法》将破产清算、和解与重整三程序的受理阶段合并规定,管理人的工作自案件受理开始横贯三个程序,使用是广义的管理人概念,所以称为管理人,而不是破产管理人。

我国《企业破产法》第22条规定:管理人由人民法院指定。债权人会议认为管理人不能依法、公正执行职务或者有其他不能胜任职务情形的,可以申请人民法院予以更换。指定管理人和确定管理人报酬的办法,由最高人民法院规定。《企业破产法》颁布后,最高人民法院制定的《最高人民法院关于审理企业破产案件指定管理人的规定》(以下简称《指定管理人规定》)、《最高人民法院关于审理企业破产案件确定管理人报酬的规定》(以下简称《确定管理人报酬规定》)已经出台实施。

#### (二) 管理人的资格

对管理人的资格条件,各国立法规定不一。管理人可以由有关部门、机构的人员组成的清算组或者依法设立的律师事务所、会计师事务所、破产清算事务所等社会中介机构担任。人民法院根据债务人的实际情况,可以在征询有关社会中介机构的意见后,指定该机构具备相关专业知识并取得执业资格的人员担任管理人。有下列情形之一的,不得担任管理人：① 因故意犯罪受过刑事处罚；② 曾被吊销相关专业执业证书；③ 与本案有利害关系；④ 人民法院认为不宜担任管理人的其他情形。个人担任管理人的，应当参加执业责任保险。

**（三）管理人的指定**

根据《企业破产法》的规定，所有法律允许担任管理人的中介机构及其取得执业资格的成员，都有资格请求人民法院指定其担任管理人职务。但在实践中，并非所有的中介机构及个人都具备担任管理人的实际能力，而且由于破产案件数量所限，也不需要那么多的管理人。为解决这一矛盾，《指定管理人规定》设置了管理人名册制度。由人民法院根据破产案件发生数量确定编入管理人名册的人数，并在管理人名册中实际指定管理人。人民法院对管理人名册实行动态管理，应当根据破产案件发生的数量以及社会中介机构和个人的情况变化，适时调整名册，加以增删，以适应审理破产案件的实际需要。管理人无正当理由，不得拒绝人民法院的指定。《指定管理人规定》第39条对管理人拒绝指定行为规定有相应处罚，可以决定停止其担任管理人1～3年，或将其从管理人名册中除名。

《企业破产法》第22条第2款规定，管理人"不能依法、公正执行职务或者有其他不能胜任职务"情形的，债权人会议可以申请人民法院予以更换。

**（四）管理人的职责**

管理人应当勤勉尽责，忠实执行职务。根据《企业破产法》的规定，管理人应履行下列职责：① 接管债务人的财产、印章和账簿、文书等资料；② 调查债务人财产状况，制作财产状况报告；③ 决定债务人的内部管理事务；④ 决定债务人的日常开支和其他必要开支；⑤ 在第一次债权人会议召开之前，决定继续或者停止债务人的营业；⑥ 管理和处分债务人的财产；⑦ 代表债务人参加诉讼、仲裁或者其他法律程序；⑧ 提议召开债权人会议；⑨ 人民法院认为管理人应当履行的其他职责。

《企业破产法》对管理人的职责另有规定的，适用其规定。同时，《企业破产法》第26条规定：在第一次债权人会议召开之前，管理人决定继续或者停止债务人的营业或者有该法第69条规定行为之一的，应当经人民法院许可。

管理人经人民法院许可，可以聘用必要的工作人员。管理人依法执行职务，向人民法院报告工作，并接受债权人会议和债权人委员会的监督。管理人应当列席债权人会议，报告职务执行情况。管理人没有正当理由不得辞去职务。管理人辞去职务应当经人民法院许可。

管理人未依照《企业破产法》规定勤勉尽责，忠实执行职务的，人民法院可以依法处以罚款；给债权人、债务人或者第三人造成损失的，依法承担赔偿责任。

**（五）管理人的报酬**

管理人履行职责，应当获得合理的报酬。《企业破产法》第28条规定：管理人的报酬由人民法院确定。债权人会议对管理人的报酬有异议的，有权向人民法院提出。根据《确定管理人报酬规定》的规定，管理人获得的报酬是纯报酬，即纯粹是因其付出劳动而获得的报酬，不包括因进行破产管理工作需支付的其他费用。

人民法院确定或者调整管理人报酬方案时，应当考虑以下因素：① 破产案件的复杂性；② 管理人的勤勉程度；③ 管理人为重整、和解工作作出的实际贡献；④ 管理人承担的风险和责任;⑤ 债务人住所地居民可支配收入及物价水平;⑥ 其他影响管理人报酬的情况。

人民法院采取公开竞争方式指定管理人的,可以根据社会中介机构提出的报价确定管理人报酬方案,但报酬比例不得超出上述限制范围。上述报酬方案一般不予调整,但债权人会议异议成立的除外。

## 二、债权人会议

### (一) 债权人会议的概念

我国破产程序中的债权人会议,是由所有依法申报债权的债权人组成,以保障债权人共同利益为目的,为实现债权人的破产程序参与权,讨论决定有关破产事宜,表达债权人意志,协调债权人行为的破产议事机构。

在破产程序中,债权人会议不是一个独立的民事权利主体,而只是具有自治性质的机构。债权人会议仅在破产程序中与法院、管理人、债务人或破产人等有关当事人进行交涉,负责处理涉及全体债权人共同利益的问题、协调债权人的法律行为,采用多数表决的决定方式,在其职权范围内议决有关破产事宜。

债权人会议不能与破产程序之外的主体发生法律关系。债权人会议依召集会议的方式进行活动,虽属于法定必设机关,但不是常设的机构,而是临时性机构。债权人会议仅为决议机关,虽享有法定职权,但本身无执行功能,其所作出的相关决议一般由管理人负责执行。

### (二) 债权人会议的成员

债权人会议是由债务企业的债权人组成的,审议决定破产实施过程中涉及债权人利益的重要事项的临时性机构,除了债权人,还有债务人的职工和工会的代表。此外,债务人的法定代表人、债务人企业的财务管理人员和其他经营管理人员也可列席。

为保证债权人会议的顺利进行,我国立法规定,债权人会议设主席一人,由人民法院在有表决权的债权人中指定,通常是在破产程序中无优先权的债权人。债权人会议主席依法行使职权,负责债权人会议的召集、主持等工作。

1. 依法申报债权的债权人

依法申报债权的债权人是债权人会议的成员,有权参加债权人会议,享有表决权。需注意的是,凡是申报债权者均有权参加第一次债权人会议,有权参加对其债权的核查、确认活动,并可依法提出异议。对第一次会议以后的债权人会议,便只有债权得到确认者才有权参加并行使表决权。债权被否认而又未提起债权确认诉讼者,不得再参加债权人会议。

2. 债权尚未确定的债权人

债权尚未确定的债权人,除人民法院能够为其行使表决权而临时确定债权额者,不得行使表决权。

3. 对债务人的特定财产享有担保权的债权人

对债务人的特定财产享有担保权的债权人,未放弃优先受偿权利的,对于通过和解协议和破产财产分配方案事项不享有表决权。《企业破产法》第59条第3款规定:对债务人的特定财产享有担保权的债权人,未放弃优先受偿权利的,对于本法第61条第1款第7项(通过和解协议)、第10项(通过破产财产的分配方案)规定的事项不享有表决权。

4. 债务人的职工和工会的代表

为维护企业职工的权益,立法规定,债权人会议应当有债务人的职工和工会的代表参加,对有关事项发表意见。但通常认为,债务人的职工和工会的代表在债权人会议上没有表决权。除职工劳动债权不能从破产财产中全额优先受偿,债权人会议决议影响其清偿利益(如表决通过重整计划)的情况下,职工债权人应有表决权外,在其他情况下,因职工债权人处于最优先的清偿地位,破产程序的进行与分配不影响其实际利益,故不应享有表决权,以保证当事人的权利与义务对等。

(三) 债权人会议的列席人员

在债权人会议上除有权出席会议的债权人,还有其他列席人员。债权人会议的列席人员是指不属于会议正式成员,无表决权,为协助债权人会议顺利召开,因履行法定义务或职务义务而参加会议的人员。

债务人的法定代表人有义务列席债权人会议。经人民法院决定,债务人企业的财务管理人员和其他经营管理人员也有义务列席债权人会议。管理人作为负有财产管理职责的人也应当列席债权人会议。

(四) 债权人会议的职权

债权人会议行使下列职权:① 核查债权;② 申请人民法院更换管理人,审查管理人的费用和报酬;③ 监督管理人;④ 选任和更换债权人委员会成员;⑤ 决定继续或者停止债务人的营业;⑥ 通过重整计划;⑦ 通过和解协议;⑧ 通过债务人财产的管理方案;⑨ 通过破产财产的变价方案;⑩ 通过破产财产的分配方案;⑪ 人民法院认为应当由债权人会议行使的其他职权。债权人会议应当对所议事项的决议作成会议记录。

(五) 债权人会议的召集和决议

1. 债权人会议的召集

第一次债权人会议由人民法院召集,自债权申报期限届满之日起15日内召开。以后的债权人会议,在人民法院认为必要时,或者管理人、债权人委员会、占债权总额1/4以上的债权人向债权人会议主席提议时召开。

2. 债权人会议的决议

债权人会议的决议,由出席会议的有表决权的债权人过半数通过,并且其所代表的债权额占无财产担保债权总额的1/2以上。但是,如果债权人会议通过和解协议与重整计划的决议,需要符合更严格的法律规定。债权人会议的决议,对于在该决议事项上有表决权的全体债权人均有约束力。

债权人认为债权人会议的决议违反法律规定,损害其利益的,可以自债权人会议作出决议之日起15日内,请求人民法院裁定撤销该决议,责令债权人会议依法重新作出决议。如果债权人会议对债务人财产的管理方案和破产财产的变价方案,经表决未通过的,由人民法院裁定。破产财产的分配方案,经债权人会议二次表决仍未通过的,由人民法院裁定。人民法院可以在债权人会议上宣布或者另行通知债权人。

债权人对人民法院批准债务人财产管理方案和破产财产变价方案的裁定不服的,债权额占无财产担保债权总额1/2以上的债权人对人民法院批准破产财产分配方案的裁定不服的,可以自裁定宣布之日或者收到通知之日起15日内向该人民法院申请复议,复议期间不停止裁定的执行。

### 三、债权人委员会

#### (一) 债权人委员会的概念

债权人委员会是指遵循债权人的共同意志,代表债权人会议监督管理人行为以及破产程序的合法、公正进行,处理破产程序中的有关事项的常设监督机构。在破产程序中设立债权人委员会具有重要的意义,有助于保护全体债权人的利益,保障债权人会议职能的有效执行,并在债权人会议闭会期间对破产程序进行日常必要的监督。

债权人委员会为破产程序中的选任机关,由债权人会议根据案件具体情况决定是否设置。债权人委员会中的债权人代表由债权人会议选任、罢免。此外,债权人委员会中还应当有一名债务人企业的职工代表或者工会代表。为便于决定事项、开展工作,债权人委员会的成员人数原则上应为奇数,最多不得超过9人。出任债权人委员会的成员应当经人民法院书面认可。

#### (二) 债权人委员会的职权

债权人委员会行使下列职权:① 监督债务人财产的管理和处分;② 监督破产财产分配;③ 提议召开债权人会议;④ 债权人会议委托的其他职权。

债权人委员会执行职务时,有权要求管理人、债务人的有关人员对其职权范围内的事务作出说明或者提供有关文件。管理人、债务人的有关人员违反法律规定拒绝接受监督的,债权人委员会有权就监督事项请求人民法院作出决定,强制施行。人民法院接到债权人委员会的请求应当在5日内作出决定。

为保障债权人委员会能够及时了解破产程序进行的有关信息,行使监督权力,《企业破产法》还规定,管理人实施下列行为,应当及时报告债权人委员会:① 涉及土地、房屋等不动产权益的转让;② 探矿权、采矿权、知识产权等财产权的转让;③ 全部库存或者营业的转让;④ 借款;⑤ 设定财产担保;⑥ 债权和有价证券的转让;⑦ 履行债务人和对方当事人均未履行完毕的合同;⑧ 放弃权利;⑨ 担保物的收回;⑩ 对债权人利益有重大影响的其他财产处分行为。未设立债权人委员会的,管理人实施上述行为应当及时报告人民法院。

由于立法对管理人应报告债权人委员会的上述财产处分行为,仅作了定性规定,而没有定量规定,即没有规定数额界限,这就使对该条规定的执行可能出现操作困难。在实践中,我们可以通过由债权人会议对管理人进行授权的方式解决在具体案件中的操作困难。即由第一次债权人会议通过相应决议,根据本案具体情况对管理人的财产处分行为进行授权,根据行为的性质区分,在一定数额以下者,管理人可以自行处理,不必报告债权人委员会,而超过一定数额者,应当报告债权人委员会,数额再高者,则应报告债权人会议。

债权人委员会的成员应当依法正确履行职责,公平维护债权人的正当权益,如有违法渎职行为,应当承担相应的法律责任。

## 第五节 重整、和解与破产清算

### 一、重整程序

**(一) 重整申请**

我国重整制度的适用范围为企业法人。重整是指对已经或可能发生破产原因但又有挽救希望的法人企业,通过对各方利害关系人的利益协调,借助法律强制进行营业重组与债务清理,以避免破产、获得更生的法律制度。由于其程序复杂、费用高昂、耗时很长,故实践中主要适用于大型企业,中小型企业则往往采用更为简化的和解程序。

《企业破产法》规定,债务人或者债权人可以依法直接向人民法院申请对债务人进行重整。债权人申请对债务人进行破产清算的,在人民法院受理破产申请后、宣告债务人破产前,债务人或者出资额占债务人注册资本 1/10 以上的出资人,可以向人民法院申请重整。国务院金融监督管理机构可以向人民法院提出对金融机构进行重整的申请。

人民法院经审查认为重整申请符合法律规定的,应当裁定债务人重整,并予以公告。人民法院在审查重整申请时,要严格把握受理标准,不能让重整制度变成债务人阻止债权人实现权利的手段,偏离其立法宗旨。

**(二) 重整期间**

自人民法院裁定债务人重整之日起至重整程序终止,为重整期间。需注意的是,重整期间是指重整申请受理至重整计划草案得到债权人会议分组表决通过和人民法院审查批准,或重整计划草案未能得到债权人会议分组表决通过或人民法院不予批准的期间,不包括重整计划得到批准后的执行期间。

在重整期间,债务人的财产管理和营业事务执行,可以由债务人或管理人负责。《企业破产法》规定,经债务人申请,人民法院批准,债务人可以在管理人的监督下自行管理财产和营业事务。这时,管理人应当向债务人移交财产和营业事务,管理人的职权由债务人行使。管理人起监督之作用。管理人负责管理财产和营业事务的,可以聘任债务人的经营管理人员负责营业事务。

在重整期间,对企业重整无保留必要的担保财产,经债务人和管理人同意,担保权人可行使担保权。其他对债务人特定财产享有的担保权暂停行使。此期间,债务人的出资人不得请求投资收益分配,债务人的董事、监事、高级管理人员不得向第三人转让其持有的债务人的股份,除非经人民法院的同意。

在重整期间,有下列情形之一的,经管理人或者利害关系人请求,人民法院应当裁定终止重整程序,并宣告债务人破产:① 债务人的经营状况和财产状况继续恶化,缺乏挽救的可能性;② 债务人有欺诈、恶意减少债务人财产或者其他显著不利于债权人的行为;③ 由于债务人的行为致使管理人无法执行职务。

**(三) 重整计划的制定**

当事人的重整申请被受理之后,应当在法定期限内提交重整计划草案。债务人自行管理财产和营业事务的,由债务人制作重整计划草案。管理人负责管理财产和营业事务的,由管理人制作重整计划草案。债务人或者管理人应当自人民法院裁定债务人重整之日起 6 个月内,同时向人民法院和债权人会议提交重整计划草案。期限届满,经债务人或者管理人请求,有正当理由的,人民法院可以裁定延期 3 个月。债务人或者管理人未按期提出重整计划草案的,人民法院应当裁定终止重整程序,并宣告债务人破产。

根据《企业破产法》第 81 条的规定,重整计划草案应当包括下列内容:① 债务人的经营方案;② 债权分类;③ 债权调整方案;④ 债权受偿方案;⑤ 重整计划的执行期限;⑥ 重整计划执行的监督期限;⑦ 有利于债务人重整的其他方案。

### (四) 重整计划草案的表决与批准

重整计划草案在债权人会议上进行分组表决。表决组的划分要充分体现出当事人的差别利益。根据《企业破产法》规定,债权人参加讨论重整计划草案的债权人会议,依照下列债权分类,分组对重整计划草案进行表决:① 对债务人的特定财产享有担保权的债权;② 债务人所欠职工的工资和医疗、伤残补助、抚恤费用,所欠的应当划入职工个人账户的基本养老保险、基本医疗保险费用,以及法律、行政法规规定应当支付给职工的补偿金;③ 债务人所欠税款;④ 普通债权。

人民法院在必要时可以决定在普通债权组中设小额债权组对重整计划草案进行表决。除法律列举的组别划分外,人民法院还可以根据案件具体情况,决定设置其他组别,如公司债债权人组、次级债权人组等。但是,表决组别的设置不得损害表决结果的公平性。根据《企业破产法》的规定,重整计划不得规定减免债务人欠缴的纳入社会统筹账户的社会保险费用;该项费用的债权人不参加重整计划草案的表决。人民法院应当自收到重整计划草案之日起 30 日内召开债权人会议,对重整计划草案进行表决。出席会议的同一表决组的债权人过半数同意重整计划草案,并且其所代表的债权额占该组债权总额的 2/3 以上的,即为该组通过重整计划草案。债务人或者管理人应当向债权人会议就重整计划草案作出说明,并回答询问。

债务人的出资人代表可以列席讨论重整计划草案的债权人会议。重整计划草案涉及出资人权益调整事项的,应当设出资人组,对该事项进行表决。出资人组的表决,原则上按照公司法规定的股东表决方式进行。

各表决组均通过重整计划草案时,重整计划即为通过。自重整计划通过之日起 10 日内,债务人或者管理人应当向人民法院提出批准重整计划的申请。人民法院经审查认为符合法律规定的,无恶意损害少数债权人利益等情形的,应当自收到申请之日起 30 日内裁定批准,终止重整程序,并予以公告。

部分表决组未通过重整计划草案的,债务人或者管理人可以同未通过重整计划草案的表决组协商。该表决组可以在协商后再表决一次。双方协商的结果不得损害其他表决组的利益。未通过重整计划草案的表决组拒绝再次表决或者再次表决仍未通过重整计划草案,但重整计划草案符合法定条件的,债务人或者管理人可以申请人民法院批准重整计划草案。

在管理人或债务人提出强制批准重整计划草案的申请后,人民法院裁定批准重整计划前,未通过重整计划表决组的债权人或出资人可以就重整计划草案中的破产清算率是否公平、重整清偿率是否实质上高于破产清算率以及对出资人的权益调整是否公平、公正等问题以书面形式提出异议,人民法院应当组织债务人、债权人及利害关系人及时进行听证,并可以委托中介机构进行重新测算。重整计划草案未获得通过且未依照法律规定获得人民法院的强制批准,或者已通过的重整计划未获得批准的,人民法院应当裁定终止重整程序,并宣告债务人破产。

### (五) 重整计划的执行、监督与终止

根据《企业破产法》的规定,重整计划由债务人负责执行。即使原重整计划草案是由管理人负责制定的,在批准之后也要由债务人负责执行。为此,债权人在审查重整计划草案时,必须考虑重整计划草案中对债务人董事、监事、经理等高级管理人员中有违法行为者及不称职者的更换,以免重整计划在由债务人执行的过程中发生问题。人民法院裁定批准重整计划后,已接管财产和营业事务的管理人应当向债务人移交财产和营业事务。

重整计划中应当规定其执行监督期限。自人民法院裁定批准重整计划之日起,在重整计划规定的监督期内,由管理人监督重整计划的执行。在监督期内,债务人应当向管理人报告重整计划执行情况和债务人财务状况。监督期届满时,管理人应当向人民法院提交监督报告。自监督报告提交之日起,管理人的监督职责终止。经管理人申请,人民法院可以裁定延长重整计划执行的监督期限。管理人向人民法院提交的监督报告,重整计划的利害关系人有权查阅。

经人民法院裁定批准的重整计划,对债务人和全体债权人均有约束力,包括对债务人的特定财产享有担保权的债权人,债权人对债务人的保证人和其他连带债务人所享有的权利,不受重整计划的影响,可以依据原合同约定行使权利。

债权人未依法申报债权的,在重整计划执行期间不得行使权利;在重整计划执行完毕后,可以按照重整计划规定的同类债权的清偿条件行使权利。据此,在重整程序中,债权人未依法申报债权的,在债务人或管理人向人民法院和债权人会议提交重整计划草案表决之前仍未依法补充申报的,不得再补充申报债权,以免打乱重整计划中债权调整、清偿等方案,影响重整程序进行。

债务人不能执行或者不执行重整计划的,人民法院经管理人或者利害关系人请求,应当裁定终止重整计划的执行,并宣告债务人破产。人民法院裁定终止重整计划执行的,债权人在重整计划中作出的债权调整的承诺失去效力,但为重整计划的执行提供的担保继续有效。债权人因执行重整计划所受的清偿仍然有效,债权未受清偿的部分作为破产债权。在重整计划执行中已经接受清偿的债权人,只有在其他同顺位债权人同自己所受的重整清偿达到同一比例时,才能继续接受破产分配。按照重整计划减免的债务,自重整计划执行完毕时起,债务人不再承担清偿责任。

## 二、和解制度

### (一) 和解的含义

和解是指在债务人发生破产原因时,为了避免债务人破产,由债务人与全体(或者大部分)债权人达成和解协议,按照和解协议调整债务人的债务、减轻债务人的负担,以使债务人恢复生机,并使债权人有可能得到比通过破产程序所能得到的要更多的清偿的一种法律制度。

和解是预防债务人破产的法律制度之一。在发生破产原因时,债务人可以提出和解申请及和解协议草案,由债权人会议表决,如能获得通过,再经法院裁定认可后生效执行,可以避免被宣告破产。但因和解存在只能在债务人发生破产原因后才能提出申请,挽救企业的时机较晚,不能约束对债务人的特定财产享有担保权的债权人等问题,所以其挽救债务人的效果明显不如重整程序,仅限于给当事人提供更多的避免破产的方式与机会。

### (二) 和解申请

和解申请只能由债务人一方提出,申请和解的原因是债务人发生破产原因。债务人申请和解,应当提出和解协议草案。债务人可以依法直接向人民法院申请和解,也可以在人民法院受理破产申请后、宣告破产前,向人民法院申请和解。

人民法院经审查认为和解申请符合法律规定的,应当受理其申请,裁定和解,予以公告,并召集债权人会议讨论和解协议草案。和解程序对就债务人特定财产享有担保权的权利人无约束力,该权利人自人民法院裁定和解之日起可以对担保物行使权利。

债权人会议通过和解协议的决议,由出席会议的有表决权的债权人过半数同意,并且其所代表的债权额占无财产担保债权总额的 2/3 以上。对债务人的特定财产享有担保权的债权人,对此事项无表决权。债权人会议通过和解协议的,由人民法院裁定认可,终止和解程序,并予以公告。管理人应当向债务人移交财产和营业事务,并向人民法院提交执行职务的报告。和解协议草案经债权人会议表决未获得通过,或者已经债权人会议通过的和解协议未获得人民法院认可的,人民法院应当裁定终止和解程序,并宣告债务人破产。

### (三) 和解协议的效力

和解协议一旦生效,则应中止破产程序,使债务人免受破产宣告,和解双方当事人均应按照协议的约定行使权利和履行义务。中止是指破产程序暂时停止,而不是永久性终结破产程序。只有双方当事人按照和解协议执行完毕,破产程序才由中止转化为终结。

经人民法院裁定认可的和解协议,对债务人和全体和解债权人均有约束力。

和解债权人是指人民法院受理破产申请时对债务人享有无财产担保债权的人。债务人应当按照和解协议规定的条件清偿债务。按照和解协议减免的债务,自和解协议执行完毕时起,债务人不再承担清偿责任。和解债权人未依照法律规定申报债权的,在和解协议执行期间不得行使权利;在和解协议执行完毕后,可以按照和解协议规定的清偿条件行使权利。

在和解程序中,债权人未依法申报债权的,在债务人向债权人会议提交和解协议草案表决之前未补报债权的,不得再补充申报债权,以免打乱和解协议中的债权调整、清偿方案,影响和解程序进行。

和解债权人对债务人的保证人和其他连带债务人所享有的权利,不受和解协议的影响。也就是说,和解协议对债务人的保证人或连带债务人无效,和解债权人对债务人所作的债务减免清偿或延期偿还的让步,效力不及于债务人的保证人或连带债务人,他们仍应按原来债的约定或法定责任承担保证或连带责任。在破产和解问题上,不适用主债务减少从债务随之减少的原则。

因债务人的欺诈或者其他违法行为而成立的和解协议,人民法院应当裁定无效,并宣告债务人破产。有上述情形的,和解债权人因执行和解协议所受的清偿,在其他债权人所受清偿同等比例的范围内,不予返还,这是与一般合同无效时应双方完全返回财产不同的。债务人不能执行或者不执行和解协议的,人民法院经和解债权人请求,应当裁定终止和解协议的执行,并宣告债务人破产。

  破产法上的和解协议只具有程序法上的意义,没有强制执行的效力。债务人不履行和解协议时,债权人只能向法院申请终止和解协议,宣告其破产,而不能提起对和解协议的强制执行程序。人民法院裁定终止和解协议执行的,和解债权人在和解协议中作出的债权调整的承诺失去效力,但债务人方面为和解协议的执行提供的担保继续有效。和解债权人因执行和解协议所受的清偿仍然有效,不予退回,和解债权未受清偿的部分作为破产债权。

  上述债权人只有在其他债权人同自己所受的和解清偿达到同一比例时,才能继续接受破产分配。为尊重当事人的自主决定权,《企业破产法》还规定,人民法院受理破产申请后,债务人与全体债权人就债权债务的处理自行达成协议的,可以请求人民法院裁定认可,并终结破产程序。

### 三、破产清算程序

**(一) 破产宣告**

  破产宣告是指法院依据当事人的申请或法定职权裁定宣布债务人破产以清偿债务的活动。人民法院依法宣告债务人破产,应当自裁定作出之日起5日内送达债务人和管理人;自裁定作出之日起10日内通知已知债权人,并予以公告。债务人被宣告破产后,在破产程序中的有关称谓也发生相应变化,债务人称为破产人,债务人财产称为破产财产,人民法院受理破产申请时对债务人享有的债权称为破产债权。

  破产宣告前,第三人为债务人提供足额担保(必须是为债权人所自愿接受的担保)或者为债务人清偿全部到期债务的,或者债务人已清偿全部到期债务的,人民法院应当裁定终结破产程序,并予以公告。当然,第三人或债务人清偿了全部到期债务,须看债务人的具体资产负债情况。如果债务人已经资不抵债,而且即将有大额债务到期并无力清偿,此时终结破产程序便无意义,债务到期后很可能仍要进入破产程序。

**(二) 破产财产的变价**

  破产财产的分配以货币分配为基本方式,在破产宣告后,管理人应当及时拟订破产财产变价方案,提交债权人会议讨论。管理人应当按照债权人会议通过的或者人民法院依法裁定的破产财产变价方案,适时变价出售破产财产。变价出售破产财产应当通过拍卖方式进行,但债权人会议另有决议的除外。因为拍卖方式成本较高,耗时较长,所以,只要是债权人会议作出相应决议,就可以不采取拍卖方式处分财产。

  破产财产的变价出售必须以债权人利益最大化为原则,原则上不能与职工安置挂钩,决不允许以低价向购买者处分破产财产的方式换取其对职工的安置,以损害债权人利益的方式解决政府的财政与工作困难。破产企业可以全部或者部分变价出售。企业变价出售时,别除权人如放弃优先受偿权利,其债权也不能转为对破产人的破产债权,因两人之间只有担保关系,无基础债务关系。

### (三) 别除权

别除权是指债权人不依破产程序，而由债务人财产中的特定财产或者法律规定优先受偿的权利。《企业破产法》第109条规定：对破产人的特定财产享有担保权的权利人，对该特定财产享有优先受偿的权利。此项权利即是破产法理论上的别除权。别除权是大陆法系国家破产法上的称谓，英美法系国家的破产法，称为有财产担保的债权，我国破产法采用英美法系的说法，称为有财产担保的债权。别除权实际上是民法担保制度在破产法上的延伸。别除权制度在《破产法（试行）》中虽有规定，但是新破产法中别除权制度已经较过去发生了根本性的变化，其价值取向已经由极端保护模式转变为保护和限制相结合的模式。

别除权之债权属于破产债权，其担保物属于破产财产。别除权人享有破产申请权，也应当申报债权，未依法申报债权者不得依照破产法规定的程序行使权利。别除权人就破产人的特定财产享有优先受偿权利，即该项财产的变价款必须优先清偿别除权人的担保债权，只有在全部清偿其担保债权后仍有剩余财产时才能够用于对其他普通债权人的清偿。所以别除权人对破产人的特定财产处于最优先的清偿顺序，但法律另有规定的除外。

别除权人行使优先受偿权利未能完全受偿的，其未受偿的债权作为普通债权。别除权人放弃优先受偿权利的，其债权作为普通债权。但如破产人仅作为担保人为他人债务提供物权担保，担保债权人的债权虽然在破产程序中可以构成别除权，但因破产人不是主债务人，在担保物价款不足以清偿担保债额时，余债不得作为破产债权向破产人要求清偿，只能向原主债务人求偿。此时，别除权人如放弃优先受偿权利，其债权也不能转为对破产人的破产债权，因两人之间只有担保关系，无基础债务关系。

别除权是基于担保物权及法定特别优先权产生的，其优先受偿权的行使不受破产清算与和解程序的限制，但在重整程序中受到限制。别除权与职工债权之间的清偿顺序依《企业破产法》第132条的特别规定确定。别除权人为及时获得清偿，可以在处置担保物时将对担保物享受有优先于别除权受偿的职工债权全额提存，在不影响该债权清偿的前提下，对特定财产行使优先受偿权。享有优先受偿权的权利人为两人以上时，对职工债权的责任按照各权利人行使优先受偿权的财产比例分担。

### (四) 破产财产的分配顺序

破产分配是指将破产财产按照法律规定的债权清偿顺序和案件实际情况决定的受偿比例进行清偿的程序。破产财产的分配应当遵守法定的分配顺序和分配的方法。对破产财产可以进行一次性分配，也可以进行多次分配，需视破产财产的多少、变价难易等情况而定。依照破产分配进行的时间不同，可分为中间分配、最后分配和追加分配。

破产财产在优先清偿破产费用和共益债务后，首先清偿破产人所欠职工的工资和医疗、伤残补助、抚恤费用，所欠的应当划入职工个人账户的基本养老保险、基本医疗保险费用，以及法律、行政法规规定应当支付给职工的补偿金；其次清偿破产人欠缴的除前面所说的规定以外的社会保险费用和破产人所欠税款；最后清偿普通破产债权。破产财产不足以清偿同一顺序的清偿要求的，按照比例分配。

对职工债权的清偿问题，《企业破产法》第132条规定：本法施行后，破产人在本法公布之日前所欠职工的工资和医疗、伤残补助、抚恤费用，所欠的应当划入职工个人账户的基本养老保险、基本医疗保险费用,以及法律、行政法规规定应当支付给职工的补偿金,依照本法第113条的规定清偿后不足以清偿的部分,以本法第109条规定的特定财产优先于对该特定财产享有担保权的权利人受偿。

如果是商业银行被宣告破产的,破产清算时,在支付清算费用、所欠职工工资和劳动保险费用后,应当优先支付个人储蓄存款的本金和利息。

### (五)破产财产的分配方案

管理人应当及时拟订破产财产分配方案,提交债权人会议讨论。破产财产分配方案应当载明下列事项:① 破产财产分配的债权人名称或者姓名、住所;② 破产财产分配的债权额;③ 可供分配的破产财产数额;④ 破产财产分配的顺序、比例及数额;⑤ 实施破产财产分配的方法。债权人会议表决通过破产财产分配方案后,由管理人将该方案提请人民法院裁定认可,经人民法院裁定认可后,由管理人执行。管理人按照破产财产分配方案实施多次分配的,应当公告本次分配的财产额和债权额。管理人实施最后分配的,应当在公告中指明,并载明法律规定的事项。

破产财产的分配应当以货币分配方式进行。但是,债权人会议另有决议的除外。在实践中,有些破产财产处分较为困难,或在变价过程中会造成较大损失,有些破产企业的债权一时难以追回,股权无法变现,在破产分配时,经债权人会议决议,可以进行实物分配、债权或股权分配。

破产企业的董事、监事和高级管理人员的工资按照该企业职工的平均工资计算。破产分配时,对债务人的董事、监事和高级管理人员在破产申请受理前拖欠的工资,应当按照拖欠职工工资平均期间、以同期职工平均工资为标准予以调整。这是为避免发生企业董事、监事和高级管理人员在企业濒临破产期间对自己的工资按期照发,却拖欠职工的工资,或者在企业破产后,破产财产被董事、监事和高级管理人员不合理的高额工资所侵占,损害债权人利益。

### (六)破产财产的交付

管理人实施分配,应当通知所有债权人。对债权人留有明确姓名或名称、地址、银行账户,无需债权人受领行为即可交付的,管理人应当直接将破产财产分配额交付债权人。无法通知且无法直接交付的债权人未受领的破产财产分配额,管理人应当提存。债权人自最后分配公告之日起满2个月仍不领取的,视为放弃受领分配的权利,管理人或者人民法院应当将提存的分配额分配给其他债权人。

对附生效条件或者解除条件的债权,管理人应当将其分配额提存。在最后分配公告日,生效条件未成就或者解除条件成就的,提存的分配额应当分配给其他债权人;在最后分配公告日,生效条件成就或者解除条件未成就的,提存的分配额应当交付给债权人。

破产财产分配时,对于诉讼或者仲裁未决的债权,管理人应当将其分配额提存。自破产程序终结之日起满两年仍不能受领分配的,人民法院应当将提存的分配额分配给其他债权人。

### (七)破产程序的终结

破产程序终结方式主要有四种:其一,因和解、重整程序顺利完成而终结;其二,因债务人消除破产原因或以其他方式解决债务清偿问题(包括自行和解)而终结;其三,因债务人的破产财产不足以支付破产费用而终结;其四,因破产财产分配完毕而终结。管理人应当自破产程序终结之日起 10 日内,持人民法院终结破产程序的裁定,向破产人的原登记机关办理注销登记。

## 本 章 小 结

本章主要学习了破产申请与受理、债权人会议、和解与重整等相关内容,主要从破产案件受理的效力、债务人的财产、破产债权、破产分配等方面对其进行了讲解。

## 本章重要概念

破产　破产财产　破产债权　和解　重整　别除权　取回权　债权人会议　管理人

# 第五章 物权法

- 内容简介
- 重点难点
- 学习目标
- 知识框架
- 思政育人
- 第一节 物权概述
- 第二节 所有权制度
- 第三节 用益物权制度
- 第四节 担保物权制度
- 本章小结
- 本章重要概念

**内容简介**

本章主要讲解了物权的基本概念和特征、物权变动的形式，自物权与他物权的基本分类，所有权、用益物权以及担保物权的基本法律制度规定等相关内容。

**重点难点**

本章的重点为物权的特征、用益物权和担保物权的相关知识；难点为物权变动的特别规则、留置权的成立条件及效力。

**学习目标**

通过本章的学习，学生应掌握物权、所有权、用益物权、担保物权各自的概念；明确物权的取得方式，在物的流转过程中所产生的相关法律规定，对于他物权中的用益物权与担保物权的法律规定等相关内容。

**知识框架**

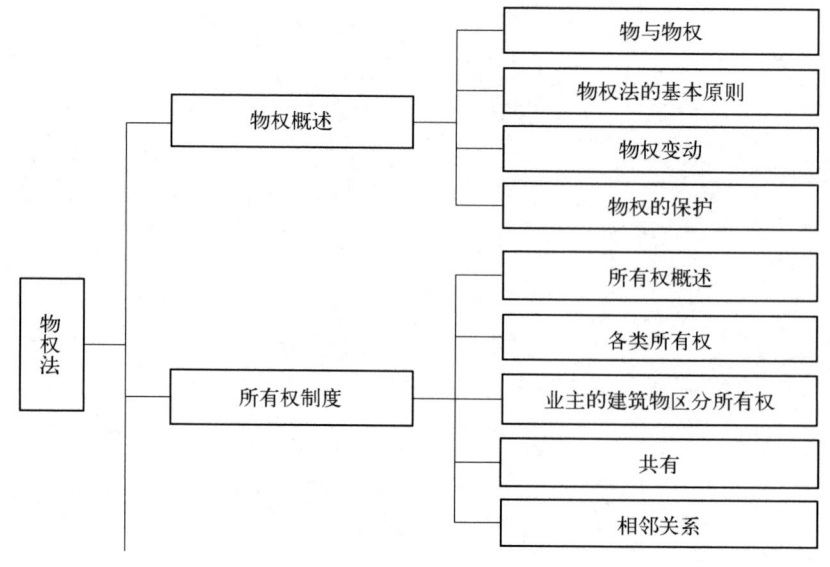

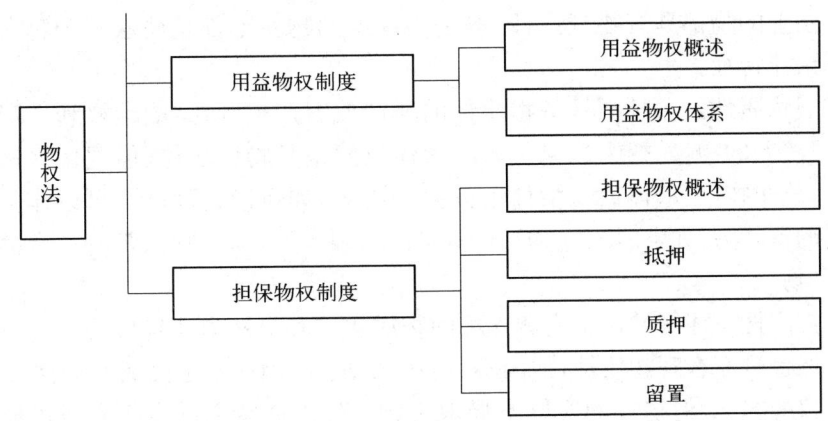

### 思政育人　　巡回审判进乡村,物权纠纷巧化解

内黄县人民法院楚旺法庭法官来到辖区田氏镇耿高城村开展巡回审判,成功化解了一起物权保护纠纷案。

20 年前,被告刘某在距离原告耿某土地边界 70 厘米处种了三棵杨树。如今杨树高达 20 多米,树胸径 120~170 厘米不等,影响了耿某农作物的生长。双方经村委会多次调解无果,耿某遂起诉至法院。考虑到案件涉及村民之间的关系及相邻权问题,开展巡回审判有利于勘查现场、了解相关案情,也有利于对群众进行法律知识的宣传。在征得双方同意后,承办法官朱艳钊来到双方所在村开展了巡回审判。庭审中,朱艳钊认真听取了双方当事人意见,用通俗易懂的语言为双方当事人讲解了物权纠纷有关法律知识,并阐明双方应享有的权利和应承担的义务。庭审结束后,承办法官朱艳钊跟双方当事人前往现场实地了解相关情况。朱艳钊认为单纯的判决并不能解决双方的矛盾,甚至可能会产生其他的问题,于是一直做双方当事人的调解工作,最终经过法官的释法明理,原、被告达成一致意见,案件以调解的方式圆满化解。

内黄县人民法院将继续立足于审判职能要求,常态化开展巡回审判,真正做到解民忧、暖民心,让人民群众切实感受到公平正义就在身边。

资料来源:佚名.巡回审判进乡村,物权纠纷巧化解[EB/OL].(2023-07-24)[2023-07-31].
https://www.thepaper.cn/newsDetail_forward_23972079.

## 第一节　物权概述

物权法律制度是调整因物的归属和利用而产生的民事关系的法律制度。财产制度的两根支柱分别是物权制度和债权制度,其中,物权制度属于财产的归属法范畴,债权制度则属于财产的流转法范畴。作为财产归属法,物权法律制度是财产制度的基础,也是区隔不同经济制度的标志。

### 一、物与物权

#### (一) 物

1. 物的概念和法律特征

物权是基于物而产生的权利,物是物权的客体。民法上的物是指人们能够支配的物

二维码:
视频 5-1
物与物权

质实体。民法上的物都具有物理属性,但是物理上的物并不都是民法上的物。民法上的物具有以下法律特征:

(1) 客观物质性。自身不具备物质性的财产或财产权利,虽能给权利人带来物质利益,但不是民法上的物,如智力成果。人的活体虽然也是物质实体,但现代立法不允许将人作为客体,故非物,但尸体或从活体上分离的物体,如血液、肾脏等,可以作为物。能够被人们支配的自然力,如电、热、气、磁力等,虽然外表无形,但实际上都有一定的物质结构或形态,亦是物。

(2) 可支配性。能够被民事主体支配的物质实体和自然力才是民法上的物。如宇宙中的恒星虽然也具有客观物质性,但因不具备可支配性,因此不是民法上的物。

物是物权的客体,但物权的客体不局限于物。经法律特别规定权利也可成为物权的客体。

2. 物的种类

为了明确不同物各自的特点,可以从不同角度,按照不同的标准,对物进行不同分类:

(1) 动产和不动产。《民法典》第 115 条规定:物包括不动产和动产。动产是能够移动并且不损害其价值的物,如桌子、电视机等。不动产是指性质上不能移动或虽可以移动但移动会损害其价值的物,如土地、房屋。

区分两者的意义在于:第一,两者的流通性和范围有区别。不动产中除土地、公路、铁路等为禁止流通物,其他多为限制流通物,流通物种类很少,但动产中大多数都是流通物或限制流通物,禁止流通物的比例比较小。第二,物权变动的法定要件不同。不动产物权的变动,一般以向国家行政主管机关登记为要件(也有一些不动产物权的变动不以登记为要件的,具体参见相关部分的论述)。而动产物权的变动,一般以物的交付为要件。第三,诉讼管辖不同,因不动产发生的纠纷适用专属管辖,即由不动产所在地的人民法院管辖。而因动产发生的纠纷,诉讼管辖的确定较为灵活。

(2) 特定物和种类物。特定物是指具有独立特征或被权利人指定,不能以其他物替代的物,包括独一无二的物和从一类物中指定而特定化的物。前者如一件古董、一幅名人字画等;后者如从一批机器设备中挑选出来的某一台等。种类物是指以品种、质量、规格或度量衡确定,不需具体指定的物,如级别、价格相同的大米等。

区分两者的意义在于:第一,有些法律关系只能以特定物为客体,如所有权法律关系等;而有些法律关系的对象既可以是特定物,也可以是种类物,如买卖法律关系等。第二,物意外灭失时的法律后果不同。特定物在交付前意外灭失的,可以免除义务人的交付义务,权利人只能请求赔偿损失。种类物在交付前意外灭失的,由于其具有可替代性,故不能免除义务人的交付义务,义务人仍应交付同类物。

(3) 原物与孳息。原物是指依其自然属性或法律规定产生新物的物,如产生幼畜的母畜、带来利息的存款等。孳息是指物或者权益而产生的收益,包括天然孳息和法定孳息。天然孳息是原物根据自然规律产生的物,如幼畜。法定孳息是原物根据法律规定由一定法律关系产生的物,如存款利息、股利、租金等。既然为物,故树上的果实、母牛身体里的小牛属于物的组成部分,不属原物的孳息。

《民法典》第 321 条规定:天然孳息,由所有权人取得;既有所有权人又有用益物权人的,由用益物权人取得。当事人另有约定的,按照约定。法定孳息,当事人有约定的,按照约定取得;没有约定或者约定不明确的,按照交易习惯取得。

(4) 主物和从物。根据两个独立存在的物在用途上客观存在的主从关系,把物分为主物与从物。主物是指独立存在,与其他独立物结合使用,并在其中发挥主要效用的物。在两个独立物结合使用中处于附属地位、起辅助和配合作用的是从物。例如,杯子和杯盖,杯子是主物,杯盖是从物。

两者的区分意义在于:在法律或合同没有相反规定时,主物所有权转移时,从物所有权也随之转移。

### (二) 物权

1. 物权的概念及特征

《民法典》第114条规定:民事主体依法享有物权。物权是权利人依法对特定的物享有直接支配和排他的权利,包括所有权、用益物权和担保物权。因此物权是由法律确认的主体对物依法所享有的支配权利,换言之,是指权利人在法定的范围内对特定的物享有的直接支配并排他的权利。物权的特征如下:

(1) 物权的权利主体特定、义务主体不特定。物权是指特定主体所享有的、排除一切不特定人侵害的财产权利。作为一种绝对权和"对世权",权利人以外的任何人都负有不得非法干涉和侵害的义务。而债权只是发生在债权人和债务人之间,权利主体和义务主体都是特定的。债权人的请求权只对特定的债务人发生效力,因此被称为对人权。

(2) 物权的内容是直接支配一定的物,并排除他人干涉。物权权利人享有对物直接支配,并排除他人干涉的权利。直接支配是指权利人无须借助他人的行为就能够行使自己的权利。物权权利人可以依据自己的意志直接依法占有、使用其物,或采取其他支配方式。排除他人干涉是指物权具有不容他人侵犯的性质。

(3) 物权的标的是物。物权关系是民事主体之间对物质资料的占有关系,所以,物权的标的是物而不是行为。

2. 物权的分类

(1) 所有权与他物权。所有权是指所有人依法可以对物进行占有、使用、收益和处分的权利。所有权是物权中最完整、最充分的权利,所有权也称自物权。他物权是指所有权以外的物权,亦称限制物权、定限物权。他物权是所有权权能与所有权人发生分离,由所有权人以外的人,即他物权人对物享有一定程度的直接支配权。他物权与所有权一样,具有直接支配物并排斥他人干涉的性质。

(2) 用益物权和担保物权。根据设立物权的目的不同,他物权分为用益物权和担保物权。用益物权是指以物的使用收益为目的的物权,包括建设用地使用权、土地承包经营权、地役权等。担保物权是指以担保债权为目的,即以确保债务的履行为目的的物权,包括抵押权、质权、留置权等。

(3) 动产物权和不动产物权。这是按物权客体为动产或不动产所作的分类。这种分类的意义在动产与不动产的分类中已有阐述,此处不再赘述。

## 二、物权法的基本原则

### （一）物权法定原则

《民法典》第116条规定了物权法定原则：物权的种类和内容，由法律规定。物权法定原则包括两个方面的内容：一是物权种类法定，即当事人不得自由创设法律未规定的新种类物权。例如，我国的担保物权只能是抵押权、质押权和留置权三种。二是物权内容法定，即物权的方式、效力等内容都由法律明文规定，当事人不得在物权中自由创设新的内容。例如，法律规定动产质押必须移转占有，当事人创设不移转占有的动产质押就不能产生物权效力。

### （二）一物一权原则

一物一权原则包括以下几项内容：一个所有权的客体仅为一个独立物；一个独立物上只能存在一个所有权。一物一权主要是指一物之上只能设定一个所有权，不是指一物之上不能设置多个他物权，如在一物之上可以有多个抵押权的存在。

### （三）公示、公信原则

1. 公示原则

公示原则是指物权的权利状态必须通过一定的公示方法向社会公开，使第三人在物权变动时知道权利的实际状态，维护交易安全。《民法典》第208条规定：不动产物权的设立、变更、转让和消灭，应当依照法律规定登记。动产物权的设立和转让，应当依照法律规定交付。可见不动产的权利状态通过登记制度表示，而动产权利状态的变化则通过交付表示。

2. 公信原则

公信原则是指当物权依据法律规定进行了公示，即使该公示方法表现出来的物权实际存在瑕疵，对信赖该公示的物权并从事了物权交易的人，法律承认物权变动的法律效果，以保护交易安全。《民法典》第311条关于善意取得制度的规定就是公信原则的体现。

## 三、物权变动

### （一）不动产的物权变动

《民法典》第209条规定：不动产物权的设立、变更、转让和消灭，经依法登记，发生效力；未经登记，不发生效力，但法律另有规定的除外。依法属于国家所有的自然资源，所有权可以不登记。根据这条规定，不动产登记采用登记生效主义，即不动产的物权变动不仅需要当事人的法律行为或其他法律事实，还需要登记这个法律事实才能完成不动产物权的变动。例如，当事人订立了合法有效的房屋买卖合同后，只有依法办理了所有权转让登记以后，才能发生房屋所有权变动的法律后果。即使双方当事人支付了价款，交付了房屋，只要没有办理所有权变动的登记，不发生房屋所有权变动的法律效果。此条所指的不动产物权不限于所有权，还包括在不动产上设立的用益物权和担保物权。例如，依法属于国家所有的自然资源，其所有权虽然可以不登记，但如果在自然资源上设定用益物权和担保物权，仍以办理登记为必要。

《民法典》第209条规定的"法律另有规定的除外"主要是指个别他物权的变动以登记为对抗要件的情形：① 土地承包经营权自土地承包经营合同生效时设立。未经登记，不得对抗善意第三人。②地役权自地役权合同生效时设立。未经登记,不得对抗善意第三人。③已经登记的宅基地使用权转让或者消灭的,应当及时办理变更登记或者注销登记。从这条规定来看,宅基地使用权的变动不以登记为生效要件。

另外,非以法律行为发生的不动产物权变动也不要求以登记为生效要件,主要有以下三种情形:其一,因人民法院、仲裁委员会的法律文书,人民政府的征收决定等,导致物权设立、变更、转让和消灭的,自法律文书生效或人民政府的征收决定等行为生效时发生效力。其二,因继承或受遗赠取得物权的,自继承或者受遗赠开始时发生效力。其三,因合法建造、拆除房屋等事实行为设立和消灭物权的,自事实行为成就时发生效力。上述三种情形的物权变动虽不以登记为生效要件,但获得权利的主体在处分该物权时,仍应当依法办理登记。未经登记,不发生物权效力。

《民法典》第210条第2款规定:国家对不动产实行统一登记制度。统一登记的范围、登记机构和登记办法,由法律、行政法规规定。不动产的统一登记制度是指由一个登记机构统一负责有关不动产的登记事务,并在登记范围和登记规则、程序等方面实现统一。

在不动产买卖中,买卖合同的效力与办理登记没有必然联系。《民法典》第215条规定:当事人之间订立有关设立、变更、转让和消灭不动产物权的合同,除法律另有规定或者合同另有约定,自合同成立时生效;未办理物权登记的,不影响合同效力。

### 相关思考5-1

甲将自己的一间私房作价2万元转让给乙,乙略加修缮后,居住1年后以4万元的价格转让给丙,丙居住1年后以5万元的价格转让给丁。以上几次转让都签订了买卖合同,但均未办理过户手续。在丁居住期间,该房屋价格涨至20万元。甲、乙、丙、丁就房屋所有权发生争议。

请问:此时该房屋所有权应属于谁?

#### (二)动产的物权变动

《民法典》第224条规定:动产物权的设立和转让,自交付时发生效力,但法律另有规定的除外。动产物权的类型主要有动产所有权、动产质押、动产抵押、留置权等。根据这条规定,动产物权的变动以交付为标准,因此当事人虽然就动产所有权移转达成协议,但在未交付标的物以前,所有权并不发生移转。该条规定的"法律另有规定的除外"情形,主要是指动产抵押权的设立等情形。

另外,《民法典》第225条规定:船舶、航空器和机动车等的物权的设立、变更、转让和消灭,未经登记,不得对抗善意第三人。

由此可见,动产的物权变动可以总结为以下两点:一是动产物权的设立和转让,自交付时发生效力,但法律另有规定的除外;二是船舶、航空器和机动车等物权的设立、变更、转让和消灭,采用登记对抗主义。未经登记,不得对抗善意第三人。

交付是指将物或提取标的物的凭证移转给他人占有的行为。交付通常指现实交付,即直接占有的移转。交付分为以下几种形式。

**1. 现实交付**

现实交付,即标的物直接占有的移转。此为交付的常态。现实交付依交货方式的不同,可以再分为三种情形:①送货上门。即由义务人送运权利人处,此时货交权利人处才算完成交付。②上门提货。即由权利人到义务人处取走货物,此时货物运出义务人处即算完成交付。③代办托运。即由义务人代理权利人与承运人订立运送合同,权利人承担运费的交付方式。此时义务人将货物交给承运人即算完成交付。

2. 简易交付

简易交付是指动产物权设立和转让前,权利人已经先行占有该动产的,无需现实交付,物权在法律行为生效时发生变动效力。如受让人已经通过寄托、租赁、借用等方式实际占有了动产,则当双方当事人关于动产物权变动的合意生效的同时,标的物的交付完成,受让人取得直接占有。

3. 指示交付

指示交付又称返还请求权的让与,是指让与动产物权的时候,如果让与人的动产由第三人占有,让与人可以将其享有的对第三人的返还请求权让与受让人,以代替现实交付。《民法典》第227条规定了指示交付。

4. 占有改定

占有改定是指动产物权的让与人与受让人之间特别约定,标的物仍然由出让人继续占有,受让人取得对标的物的间接占有以代替标的物的现实交付。这样在双方达成物权让与合意时,视为已经交付。《民法典》第228条规定了占有改定。例如,甲将其所有的某本图书卖给乙,按照一般原则,必须当甲将其所有的书现实交付与乙,才能发生所有权的转移。但甲希望将该书阅读完毕,遂与乙协商要求借用,乙表示同意。这样乙仅仅取得一个间接占有,但交付在法律上已经完成。

### (三) 所有权取得的特别规则

所有权的取得又可分为原始取得与继受取得。原始取得是指根据法律规定,最初取得财产的所有权或不依赖于原所有人的意志而取得财产的所有权。原始取得的方式有善意取得、拾得遗失物等。

1. 善意取得

善意取得是指动产占有人或者不动产的名义登记人将动产或者不动产不法转让给受让人以后,如果受让人善意取得财产,即可依法取得该财产所有权或其他物权的法律制度。法律规定善意取得制度的目的在于保护占有及登记的公信力,保护交易当事人的信赖利益和交易安全,维护交易秩序。善意取得是对原权利人和受让人之间的权利所作的一种强制性的物权配置,受让人取得财产所有权是基于法律的规定,而非当事人之间的法律行为,因此善意取得是原始取得。

善意取得必须具备以下要件:

(1) 受让人受让财产时主观上为善意。受让人善意是指受让人相信财产的让与人不是无处分权人。受让人受让不动产或者动产时,不知道转让人无处分权,且无重大过失的,应当认定受让人为善意。真实权利人主张受让人不构成善意的,应当承担举证证明责任。受让人在让与后是否为善意,不影响受让人取得所有权。"受让人受让该不动产或者动产时",是指依法完成不动产物权转移登记或者动产交付之时。

(2) 以合理的价格有偿受让。应当根据转让标的物的性质、数量以及付款方式等具体情况,参考转让时交易地市场价格以及交易习惯等因素综合认定。

（3）转让财产依照法律规定应当登记的已经登记，不需要登记的已经交付给受让人。如果双方当事人仅仅达成合意，没有物权变动的公示行为，当事人之间只有债的法律关系，没有形成物权法律关系，不能发生善意取得的效果。

善意取得涉及三方当事人，即权利人、让与人、受让人。善意取得成立后，在当事人间发生如下法律效果：

（1）在原权利人与受让人之间，原权利人丧失标的物所有权，受让人则基于善意取得制度而获得标的物所有权。对于动产来说，受让人受让动产时，交易的对象、场所或者时机等不符合交易习惯的，应当认定受让人具有重大过失。一旦善意取得成立，该动产上的原有权利消灭，但善意受让人在受让时知道或者应当知道该权利的除外。

（2）在让与人与受让人之间，让与人与受让人基于有偿法律行为发生债的法律关系，受让人承担向让与人支付价款的义务，不能基于让与人无权处分拒绝支付价款。

（3）在原权利人与让与人之间，原权利人可以要求无权处分人承担赔偿责任，也可以要求让与人返还不当得利，但无权要求让与人返还原物。

根据《民法典》的规定，在理解善意取得制度时，应当注意以下几点：

（1）除了动产可以适用善意取得制度，不动产也可以适用善意取得制度。当然不动产的善意取得以登记为要件。

（2）根据《民法典》第312条的规定，遗失物、漂流物、隐藏物、埋藏物由于所有权人可以基于所有权要求返还标的物，因此原则上不适用善意取得制度，但是在特定情形下，即所有权人超过两年期间仍没有主张原物返还请求权的，有善意取得制度的适用。赃物不适用善意取得制度。

（3）善意取得不但适用于所有权的取得，也适用于他物权的取得。因此建设用地使用权、抵押权、质押权等他物权也可以适用善意取得制度。

（4）具有下列情形之一，受让人主张根据《民法典》第311条规定取得所有权的，不予支持。转让合同因违反《最高人民法院关于适用〈中华人民共和国民法典〉物权编的解释（一）》被认定无效；转让合同因受让人存在欺诈、胁迫或者乘人之危等法定事由被撤销。

**相关思考5-2**

甲继承其父遗留的小提琴，即出卖于乙，约定于4月3日交琴。甲于4月3日向乙表示愿意让与该琴所有权，但欲借用3日，乙同意，并即开具支票支付。甲又于4月4日将该琴出售于善意之丙，并即交付与丙。甲又于4月5日将该琴出卖于丁，对丁虚称该琴系借丙使用，愿将其对丙的返还请求权让与丁，以代交付，遂移转该琴所有权。

请问：此时谁享有该琴的所有权？

2. 拾得遗失物

遗失物是指他人不慎丧失占有的动产。拾得遗失物指发现他人遗失物而予以占有的法律事实。《民法典》规定，拾得遗失物，应当返还权利人。拾得人与权利人之间法律关系的处理规则如下：

（1）拾得遗失物，应当返还权利人。拾得人应当及时通知权利人领取，或者送交公安等有关部门。

(2) 拾得人在返还拾得物时,可以要求支付必要费用,但不得要求支付报酬。但遗失人发出悬赏广告,愿意支付一定报酬的,不得反悔。

(3) 有关部门收到遗失物,知道权利人的,应当及时通知其领取;不知道的,应当及时发布招领公告。自有关部门发出招领公告之日起6个月内无人认领的,遗失物归国家所有。

(4) 拾得人在遗失物送交有关部门前,有关部门在遗失物被领取前,应当妥善保管遗失物。因故意或者重大过失致使遗失物毁损、灭失的,应当承担民事责任。

(5) 拾得人拒不返还遗失物,按侵权行为处理。拾得人不得要求支付必要费用,也无权请求权利人按照承诺履行义务。

如果遗失物通过转让为拾得人以外的第三人占有时,权利人可以主张以下权利:① 权利人有权向无处分权人请求损害赔偿,或者自知道或者应当知道受让人之日起2年内向受让人请求返还原物。② 如果受让人通过拍卖或者向具有经营资格的经营者购得该遗失物的,权利人请求返还原物时应当支付受让人所付的费用。权利人向受让人支付所付费用后,有权向无处分权人追偿。

拾得漂流物、发现埋藏物或者隐藏物的,同样适用关于遗失物的规则。

**相关思考5-3**

马女士在商场购物试衣时捡到一个顾客遗失的钻石戒指。第二天,马女士将该戒指直接转让给孙女士,碰巧孙女士的朋友郭女士是该戒指的失主,由于戒指是定做的结婚戒指,郭女士一眼便认出,当即要求孙女士返还,孙女士不同意,双方发生了纠纷。

请问:如何解决他们之间的纠纷?

### 四、物权的保护

民法对物权的保护,根据保护方法的不同,物权的民法保护分为物权的保护方法和债权的保护方法。其中物权的保护方法指物上请求权,债权的保护方法指恢复原状、损害赔偿的救济手段。

#### (一)物上请求权

物权是对物的直接支配权,物权人对其权利的实现,无需他人行为的介入。如果有他人干涉,使权利人的物权受到妨害或有妨害的危险时,必然妨碍物权人对物的直接支配,法律赋予物权人除去该等妨害,恢复对标的物支配的权利,这种权利就是物上请求权。物上请求权的行使,可依意思表示方式进行,即物权人在其物权受到妨害后,可以直接请求侵害人为一定的行为,如停止侵害、排除妨碍、消除危险、返还财产等,也可依诉讼方式进行。

根据具体救济内容的不同,物上请求权分为以下几种。

1. 请求确认物权

因物权的归属、内容发生争议的,利害关系人可以请求确认权利。即双方当事人对物权的归属,或者物权的具体内容发生争议时,可以请求法院确认具体的权利归属及内容。在诉讼法上,这属于确认之诉。

## 2. 请求返还原物

无权占有不动产或者动产的,权利人可以请求返还原物。请求返还原物是指物权人之外的人无权占有不动产或者动产时,权利人可依法请求无权占有人返还原物,或请求人民法院责令无权占有人承担返还原物的责任。无权占有包括两种情况,一是非法侵占,如甲抢夺乙的财产据为己有。二是无权占有所有物,如甲的房屋被乙租用,租期届满后,乙不返还承租的房屋。这两种情况都构成无权占有,权利人可以通过提出请求或诉讼,要求返还。

## 3. 请求排除妨害或者消除危险

妨害物权或者可能妨害物权的,权利人可以请求排除妨害或者消除危险。这是关于排除妨害请求权及消除危险请求权的规定。排除妨害请求权是指物权人的物或权利正遭受妨害时,物权人可直接请求不法侵害人排除妨害,或者请求人民法院责令不法侵害人排除妨害。消除危险请求权是指物权人享有的对将要妨害物权的行为或设施请求消除这种危险的权利。这两种请求权的区别在于:主张排除妨害请求权,要求妨害事实已经或者正在发生;主张消除危险请求权,要求妨害事实还没有发生,但有可能发生。

### (二) 债权请求权

物权人在其标的物受到损害时,除要求返还原物、排除妨害、消除危险以外,还可以请求修理、重作、更换或者赔偿损失。这两项请求权在性质上属于债权请求权,请求权的行使以侵害人的行为构成侵权行为,应当承担侵权损害赔偿之债为前提。

物上请求权与债权请求权不同。物上请求权旨在恢复物权人对其标的物的支配状态,从而使物权得以实现。债权请求权的目的在于填补损害,它是通过修理、重作的方式恢复原状或者在不能恢复原状时,以金钱作为赔偿,填补物权人受到的财产损失。债权请求权必须以实际受有损害为前提,而物上请求权不以有损害为必要。当然,如果物权因他人的违法行为受到侵害,构成侵权行为时,可以同时适用物上请求权和债权请求权。

# 第二节 所有权制度

## 一、所有权概述

### (一) 所有权的概念

所有权是指所有人依法对自己财产享有的占有、使用、收益和处分的权利。其法律特征表现在:

(1) 所有权是法定的财产权,具有完整性。所有权与他物权的区别主要表现为所有人对财产享有占有、使用、收益和处分的完整权利,他物权只能具有所有权的部分权能。所有权有完整性并不意味着所有权人必须实际行使各项权能,他可以将四项权能中的一项或数项权能分离出去由他人享有并行使,从而更好地实现所有权人的意志和利益。

(2) 所有权是独占的支配权。所有权人对权利的行使,不需要借助其他人的作为,即可直接实现对其财产的占有、使用、收益和处分。所有权的义务主体是权利人以外的所有主体,具有不特定性。所有权的排他性原则,即一物不容二主,同一物上只能有一个所有权。

(3) 所有权的主体为所有人。从法律关系的角度来看,所有权关系的主体则是所有人及除所有人以外的义务人。任何在民法上具有民事权利能力的主体均可取得所有权,《民法典》从所有制性质出发,规定了国家、集体、私人三种所有权类型。除此之外,《民法典》也规定了社会团体的所有权。

(4) 所有权的客体仅限于有体物、特定物和独立物。作为所有权的客体,必须是有体物,而且该物必须是特定的、独立的,如果所有权的客体不能特定,则权利人根本不可能对物形成特定的支配权。

(5) 所有权是无期限限制的权利。所有权因标的物的存在而永久存在,不预定其存续期间。即所有权在存续的期限上,是不存在限制的。

(二) 所有权的权能

所有权包括四项权能,即占有权、使用权、收益权和处分权。占有权是指民事主体依法享有的对于某项财产的实际控制权。与占有强调事实管领不同,占有权是基于合法占有产生的权利。使用是指民事主体按照物的性能对物进行利用,以满足生产或生活的某种需要。使用权是民事主体对于财产进行合法利用的权利。使用是为了实现物的使用价值,满足人们的需要,如公民甲驾驶自己的车辆。收益权是指民事主体通过合法途径获取基于财产而产生的物质利益的权利。收益包括孳息和利润。法律上的处分权,是指在不改变物本身的情况下,通过民事法律行为或者其他法律事实处置财产的权利,其法律后果实质上是转移原财产的所有权或处置了所有权的某项权能,如出卖房屋等。财产所有人可以将这四项权能集于一身统一行使,也可以将这四项权能中的若干权能交由他人行使。在社会生活中,财产所有人正是通过这四项权能与自己不断分离和恢复的方式,来实现生产和生活的特定目的。

## 二、各类所有权

在我国,所有权的种类主要有国家所有权、集体组织所有权和私人所有权。

(一) 国家所有权

国家所有权是国家对国有财产的占有、使用、收益和处分的权利。《民法典》规定,法律规定属于国家所有的财产,属于国家所有即全民所有。国家所有权在具体实施上,由占有国有财产的各级国家机关和企事业单位行使:国家机关对其直接支配的不动产和动产,享有占有、使用以及依照法律和国务院的有关规定处分的权利。国家举办的事业单位对其直接支配的不动产和动产,享有占有、使用以及依照法律和国务院的有关规定收益、处分的权利。国家出资的企业,由国务院、地方人民政府依照法律、行政法规规定分别代表国家履行出资人职责,享有出资人权益。未授权给公民、法人经营、管理的国家财产受到侵害的,不受诉讼时效的限制。

根据《民法典》第246条的规定,国家所有权有最广泛的客体,具体包括:① 城市土地、矿藏、水流、海域;② 无线电频谱资源;③ 国防资产;④ 法律规定属于国家所有的野生动植物资源;⑤ 森林、山岭、草原、荒地、滩涂等自然资源,属于国家所有,但法律规定属于集体所有的除外;⑥ 法律规定属于国家所有的农村和城市郊区的土地及铁路、公路、电力设施、电信设施和油气管道等基础设施,属于国家所有;⑦ 法律规定属于国家所有的文物,属于国家所有。这些财产有的只能作为国家所有权的客体,如第①②③项中的财产。根据《物权法》的规定,法律规定专属于国家所有的不动产和动产,任何单位和个人不能取得所有权。

### (二)集体组织所有权

集体组织所有权是指集体组织占有、使用、收益和处分其财产的权利。集体组织所有权的客体可以是除法律规定只能属于国家所有权客体以外的其他任何财产。例如,集体组织可以享有土地、森林、山岭、草原、荒地、滩涂等的所有权,但不包括地下的矿产资源,因为矿产资源属于国家所有。集体组织所有权的各项权能可以由集体组织自己行使,也可以将其所有权的权能转移给个人行使。《民法典》将集体所有区分为农民集体所有和城镇集体所有,其中农民集体所有的不动产和动产,属于本集体成员集体所有。对集体财产的很多处分,需要有集体成员共同决定。对于城镇集体所有,法律没有强调成员共有,而是规定,城镇集体所有的不动产和动产,依照法律、行政法规的规定由本集体享有占有、使用、收益和处分的权利。

### (三)私人所有权

私人所有权是私人依法享有的占有、使用、收益和处分其生产资料和生活资料的权利。私人对其合法的收入、房屋、生活用品、生产工具、原材料等不动产和动产享有所有权。合法的储蓄、投资及其收益也受到法律保护。另外,企业、社会团体依法所有的不动产和动产,受法律保护。

## 三、业主的建筑物区分所有权

### (一)业主的建筑物区分所有权的概念

建筑物区分所有权由专有部分所有权、共有部分的权利及因共同关系产生的成员权三种权利构成。它们三种权利共同作为一个整体出现,不得分离。建筑物区分所有权不同于传统的共有制度,其本质属性仍是单独所有,共有部分及成员权部分均是为单独所有服务的。因此建筑物区分所有权人在转让其权利时,其他建筑物区分所有权人不享有优先购买权。

### (二)建筑物区分所有权的客体

区分所有权的客体包括区分所有部分和共有部分:区分所有部分是指通过物理方法所分割出的,兼具构造上和使用上独立性的一部分房屋;共有部分包括共用部分及附属物、共用设施等,它们都是建筑物区分所有权的客体。

1. 专有部分的所有权

《民法典》规定,业主对建筑物内的住宅、经营性用房等专有部分享有所有权,有权对专有部分占有、使用、收益和处分。业主行使专有部分所有权时,不得危及建筑物的安全,不得损害其他业主的合法权益。如业主在对专有部分装修时,不得拆除房屋内的承重墙等。业主不得违反法律、法规以及管理规约,将住宅改变为经营性用房。业主将住宅改变为经营性用房的,除了遵守法律、法规及管理规约,应当经有利害关系的业主同意。

2. 共有部分的共有权

业主对专有部分以外的共有部分,如电梯、过道、楼梯、水箱、外墙面、水电气的主管线等享有共有的权利。业主的共有,有部分共有与全体共有的区别:如两层之间的楼板,属于这两层的业主共有;单元内的电梯,属于单元内的业主共有;小区的公共绿地,属于小区全体业主共有。根据《民法典》的规定,属于全体业主共有的部分一般包括:① 建筑区划内的道路,属于业主共有,但属于城镇公共道路的除外;② 建筑区划内的绿地,属于业主共有,但属于城镇公共绿地或者明示属于个人的除外;③ 建筑区划内的其他公共场所、公用设施和物业服务用房,属于业主共有;④ 占用业主共有的道路或者其他场地用于停放汽车的车位,属于业主共有。

3. 共有部分的共同管理权

根据《民法典》的规定,业主对专有部分以外的共有部分享有共同管理的权利。业主可以自行管理建筑物及其附属设施,也可以委托物业服务企业或者其他管理人管理。业主可以设立业主大会,选举业主委员会。业主大会和业主委员会,对任意弃置垃圾、排放大气污染物或者噪声、违反规定饲养动物、违章搭建、侵占通道等损害他人合法权益的行为,有权依照法律、法规以及管理规约,要求行为人停止侵害、消除危险、排除妨害、赔偿损失。《民法典》规定的业主共同行使权利的大部分事项,如制定和修改业主会议议事规则、制定和修改建筑物及其附属设施的管理规约、选举业主委员会或者更换业主委员会成员、选聘和解聘物业服务机构或者其他管理人等事项经专有部分占建筑物总面积过半数的业主且占总人数过半数的业主同意即可。但是对于筹集和使用建筑物及其附属设施的维修资金和改建、重建建筑物及其附属设施的行为则应当经专有部分占建筑物总面积 2/3 以上的业主且占总人数 2/3 以上的业主同意。

## 四、共有

### (一) 共有概述

共有是指某项财产由两个或两个以上的权利主体共同享有所有权。《民法典》确定的共有方式有按份共有和共同共有。共有的法律特征如下:

(1) 共有的主体是两个或两个以上的公民或法人。但是多数人共有一物,并非有多个所有权,只是一个所有权由多人共同享有。

(2) 共有的客体即共有物是特定的,它可以是独立物,也可以是集合物(如共同继承的遗产)。共有物在共有关系存续期间不能分割,不能由各个共有人分别对某一部分共有物享有所有权。

(3) 在内容方面,共有人对共有物按照各自的份额享有权利并承担义务,或者平等地享有权利、承担义务。在处分共有财产时,必须由全体共有人协商,按照法律规定的方式决定。

### (二) 按份共有

按份共有又称分别共有,是指两个或两个以上的共有人按照各自的份额分别对共有财产享有权利和承担义务。例如,甲、乙合购一幢房屋,甲出资 100 万元,乙出资 50 万元,甲、乙各按出资的份额对房屋享有权利。

按份共有的法律特征为:按份共有人按照预先确定的份额分别对共有财产享有占有、使用和收益的权利。但对共有财产的使用,应由全体共有人协商决定;按份共有人有权自由处分自己的共有份额,无需取得其他共有人的同意,但是共有人将份额出让给共有人以外的第三人时,其他共有人在同等条件下,有优先购买的权利。

### (三) 共同共有

共同共有是指两个或两个以上的公民或法人,根据某种共同关系而对某项财产不分份额地共同享有权利并承担义务。共同共有基于共同关系产生,以共同关系的存在为前提。共同关系可以表现为夫妻关系、家庭关系等。共同共有中,共有人对共有财产不分份额地享有权利,对共有财产享有平等的占有和使用的权利。

共同共有的法律特征为:共同共有根据共同关系而产生,以共同关系的存在为前提;在共同共有中,共有财产不分份额;在共同共有中,各共有人平等地享有权利和承担义务。

### (四) 共有物的处分

(1) 处分共有的不动产或者动产以及对共有的不动产或者动产作重大修缮的,应当经占份额 2/3 以上的按份共有人或者全体共同共有人同意,但共有人之间另有约定的除外。

(2) 一个或几个共有人未经占份额 2/3 以上的按份共有人同意或者其他共同共有人同意,擅自处分共有财产的,其处分行为应当作为效力待定的民事行为处理。但第三人善意、有偿取得该财产的,应当维护第三人的合法权益,对其他共有人的损失,由擅自处分共有财产的人赔偿。

(3) 对共有物的管理费用以及其他负担,有约定的,按照约定;没有约定或者约定不明确的,按份共有人按照其份额负担,共同共有人共同负担。

(4) 共有财产的分割可以采取三种方式:协议分割、实物分割以及变价分割或作价补偿。

### (五) 共有的对外关系

因共有的不动产或者动产产生的债权债务,在对外关系上,共有人享有连带债权、承担连带债务,但法律另有规定或者第三人知道共有人不具有连带债权债务关系的除外。偿还债务超过自己应当承担份额的按份共有人,有权向其他共有人追偿。

## 五、相邻关系

相邻关系是指两个或两个以上相互毗邻的不动产的所有人或使用人,在行使不动产的所有权或使用权时,因相邻各方应当给予便利和接受限制而发生的权利义务关系。主张相邻关系的当事人,既可以是不动产的所有人,也可以是不动产的使用人。

相邻关系产生的原因很多,种类复杂。主要的相邻关系有:

(1) 因通行而产生的相邻关系。相邻一方因生产和生活上的需要,必须临时或长期通过对方使用的土地的,对方应当提供必要的方便。

(2) 因用水、排水产生的相邻关系。不动产权利人应当为相邻权利人用水、排水提供必要的便利。对自然流水的利用,应当在不动产的相邻权利人之间合理分配。对自然流水的排放,应当尊重自然流向。

(3) 因修建施工、防险发生的相邻关系。不动产权利人因建造、修缮建筑物以及铺设电线、电缆、水管、暖气和燃气管线等必须利用相邻土地、建筑物的,该土地、建筑物的权利人应当提供必要的便利,但不动产权利人不得危及相邻不动产的安全。

(4) 因通风、采光而产生的相邻关系。相邻各方修建房屋和其他建筑物,必须与邻居保持适当距离,不得违反国家有关工程建设标准,不得妨碍邻居的通风和采光。

(5) 因不可量物产生的相邻关系。不动产权利人不得违反国家规定弃置固体废物,排放大气污染物、水污染物、噪声、光、电磁波辐射等有害物质。不动产的相邻权利人应当按照有利生产、方便生活、团结互助、公平合理的原则,正确处理相邻关系。有法律规定的,依照法律规定处理;没有规定的,可以按照当地习惯。如果不动产权利人因用水、排水、通行、铺设管线等利用相邻不动产并造成损害的,应当给予赔偿。

### 相关思考5-4

甲、乙两家是邻居,甲家在界墙附近种有一棵核桃树,该核桃树很大,有一半的冠枝越过界墙,伸入到乙家院中,乙家一向也很合作,帮助照顾核桃树和采摘。有一年,两家闹起了矛盾,于是乙家不再让甲家到自己家摘核桃,捡地上的核桃也不许。甲家于是找到村委会,经调解无效,最后告到法院。

请问:该纠纷如何解决?

## 第三节 用益物权制度

### 一、用益物权概述

《民法典》规定,用益物权人对他人所有的不动产或者动产,依法享有占有、使用和收益的权利。

与所有权、担保物权相比,用益物权有以下特征:① 用益物权以对标的物的使用、收益为主要内容,即注重物的使用价值,并以对物的占有为前提。这区别于担保物权注重物的交换价值的特点。抵押权不以物的占有为前提,即是注重交换价值的体现;质押权、留置权虽要转移占有,但这种转移占有的目的在于权利的保持和公示,而非在于标的物的使用。② 除了地役权,用益物权均为主物权;担保物权为从物权。③ 用益物权虽然也可以在动产上设立,但是从用益物权的具体类型来看,用益物权主要以不动产为客体,这主要是便于通过登记公示。④ 用益物权是直接支配他人的物的权利。用益物权人可以直接支配标的物,不需要他人行为的介入。

### 二、用益物权体系

结合《民法典》的相关规定,用益物权包括:① 土地承包经营权;② 建设用地使用权;③ 宅基地使用权;④ 地役权;⑤ 准物权。准物权具体包括海域使用权、探矿权、采矿权、取水权和使用水域、滩涂从事养殖、捕捞的权利。鉴于《民法典》对于土地以外的其他自然资源用益物权(即准物权)作了宣示性的规定,因此本教材只介绍前四种用益物权。

#### (一) 土地承包经营权

土地承包经营权是指由公民或集体组织,对国家所有或集体所有的土地、山岭、草原、荒地、滩涂、水面等,依照承包合同的规定而享有的占有、使用和收益的权利。土地承包经营权的承包人原则上是土地所属的集体经济组织的成员,其权利客体是农业用地。

承包经营权通过订立承包合同方式确立。《民法典》规定,土地承包经营权自土地承包权合同生效时设立。承包经营权的期限因为内容的不同而不同:耕地的承包期为30年;草地的承包期为30年至50年;林地的承包期为30年至70年,特殊林木的林地承包期,经国务院林业行政主管部门批准可以延长。

在承包经营期限范围内,承包权人有权根据法律规定,采取转包、互换、转让等方式流转土地承包经营权,流转期限不得超过承包期的剩余期限。如果采取互换、转让方式流转没有办理登记手续的,不得对抗善意第三人。通过招标、拍卖、公开协商等方式承包荒地等农村土地,依照农村土地承包法等法律和国务院的有关规定,其土地承包经营权可以转让、入股、抵押或者以其他方式流转。在承包期内,承包地被征收的,土地承包经营权人有权依照法律规定获得相应补偿。2013年12月31日,《中共中央 国务院关于加快发展现代农业进一步增强农村发展活力的若干意见》中指出,探索建立严格的工商企业租赁农户承包耕地(林地、草原)准入和监管制度;集体经营性建设用地可进入市场;在坚持和完善最严格的耕地保护制度前提下,赋予农民对承包地占有、使用、收益、流转及承包经营权抵押、担保权能等,进一步推进和拓展现有承包经营权的多种流转方式。

#### 相关思考5-5

赵某与村委会签订了村头10亩①农田的承包经营合同。在耕种的第二年,赵某打算将该10亩农田转包,于是找到了同村的李某,签订了土地转包合同。村委会知道此事后,找到赵某,表示村委会作为10亩农田的所有人不同意赵某转包10亩农田,认为该转包合同无效。双方发生争议,诉至法院。

请问:该纠纷如何解决?

### (二)建设用地使用权

建设用地使用权是指民事主体对国家所有的土地,依法享有占有、使用和收益的权利,有权利用该土地建造建筑物、构筑物及其附属设施。

建设用地使用权的取得方式有出让、划拨等方式。其中划拨是无偿取得使用权的方式,因此法律严格限制以划拨方式设立建设用地使用权。《民法典》规定,凡是工业、商业、旅游、娱乐和商品住宅等经营性用地,都应当采取招标、拍卖等公开竞价的方式出让。建设用地使用权的设立必须向登记机构办理登记,登记是设立、变更、转让、消灭建设用地使用权的生效条件。

权利人取得建设用地的使用权后,除法律另有规定的,有权将建设用地使用权转让、互换、出资、赠与或者抵押。在转让、互换、出资或者赠与时,附着于该土地上的建筑物、构筑物及其附属设施一并处分。当建筑物、构筑物及其附属设施转让、互换、出资或者赠与的,该建筑物、构筑物及其附属设施占用范围内的建设用地使用权一并处分。因此,建设用地使用权与附着在上面的建筑物所有权采取"房随地走、地随房走、房地一体"的流转规则,住宅建设用地使用权期间届满的,自动续期。

### (三)宅基地使用权

宅基地使用权是指农村集体经济组织的成员依法享有的在农民集体所有的土地上建

---

① 1亩=666.67平方米。

造个人住宅的权利。根据我国《民法典》的规定,宅基地使用权人依法对集体所有的土地享有占有和使用的权利,有权利用该土地建造住宅及其附属设施。

宅基地使用权的取得方式是农村村民按照"一户一宅"划分的。其主体只能是农村集体经济组织的成员。城镇居民不得购置宅基地,除非其依法将户口迁入该集体经济组织。宅基地使用权的用途仅限于村民建造个人住宅。个人住宅包括住房以及与村民居住生活有关的附属设施,如厨房、院墙等。根据《中华人民共和国土地管理法》的规定,农村村民一户只能拥有一处宅基地,其面积不得超过省、自治区、直辖市规定的标准。农村村民建住宅,应符合乡(镇)土地利用总体规划,并尽量使用原有的宅基地和村内空闲地。农村村民住宅用地,经乡(镇)人民政府审核,由县级人民政府批准,但如果涉及占用农用地的,应依照土地管理法的有关规定办理审批手续。农村村民出卖、出租住房后,再申请宅基地的,不予批准。

### (四)地役权

地役权是指不动产权利人(包括土地所有人、地上权人以及土地的承租人),为了自己利用不动产的方便或者不动产利用价值的提高,通过约定得以利用他人不动产的权利。其中为他人不动产利用提供便利的不动产称为供役地,而享有地役权的不动产称为需役地。可以设立地役权的不动产不局限于土地,还包括建筑物和其他工作物。

《民法典》规定,地役权自地役权合同生效时设立。当事人要求登记的,可以向登记机构申请地役权登记;未经登记,不得对抗善意第三人。可见,我国对地役权的设定采用的是登记对抗主义。

《民法典》规定,地役权与其他用益物权之间的平衡采取下列方式:① 土地所有权人享有地役权或者负担地役权的,设立土地承包经营权、宅基地使用权时,该土地承包经营权人、宅基地使用权人继续享有或者负担已设立的地役权;② 土地上已设立土地承包经营权、建设用地使用权、宅基地使用权等权利的,未经上述用益物权人同意,土地所有权人不得设立地役权;③ 以土地承包经营权、建设用地使用权等转让的,地役权一并转让,但合同另有约定的除外。以土地承包经营权、建设用地使用权等抵押的,在实现抵押权时,地役权一并转让。

## 第四节 担保物权制度

### 一、担保物权概述

二维码:
视频5-2
担保物权

#### (一)担保物权的含义

担保物权是指在债务人不履行到期债务或者发生当事人约定的实现担保物权的情形,债权人依法享有就担保财产优先受偿权利的他物权。按照我国《民法典》的规定,担保物权主要包括抵押权、质押权和留置权。

#### (二)担保物权的特征

1. 从属性

担保物权的设立目的就是担保债权的实现,故担保物权具有从属性。担保物权的从属性体现在以下三个方面：① 发生上的从属性。原则上担保物权的设立，以主债权存在为前提（最高额抵押等属于例外情形）。主债权不存在，担保物权也不能设立。② 移转上的从属性。担保物权不能与主债权分离而转让。担保物权不能与主债权分离，单独作为权利质权的客体。③ 消灭上的从属性。原则上，主债权消灭，担保物权也归于消灭。不过主债权部分消灭时，基于担保物权的不可分性特性，担保物权并不部分消灭。

2. 不可分性

担保物权的不可分性是指担保物的全部担保债权的各部分以及担保物的各部分担保债权的全部。即在所担保的债权未受全部清偿前，担保权人可就担保物的全部行使权利。债权部分消灭，债权人仍就未清偿部分的债权对担保物的全部行使权利。担保物部分灭失，残存部分仍担保债权全部。担保物权之所以具有不可分性，主要是为了强化担保物权的效力。

3. 物上代位性

担保物权注重物的交换价值，当担保物灭失后，其价值变为他物或权利时，则担保物权继续存在于该物或该权利之上，这是法律承认担保物权物上代位性的原因。因此，在担保期间，如果担保财产毁损、灭失或者被征收等，担保物权人可以就获得的保险金、赔偿金或者补偿金等优先受偿。被担保债权的履行期未届满的，也可以提存该保险金、赔偿金或者补偿金等。

## 二、抵押

### （一）抵押的概念

抵押是指债务人或者第三人不转移对财产的占有，将该财产抵押给债权人，债务人不履行到期债务或者发生当事人约定的实现抵押权的情形时，债权人有权依法以该财产折价或者以拍卖、变卖该财产的价款优先受偿。抵押中提供财产担保的债务人或者第三人为抵押人，债权人为抵押权人，提供担保的财产为抵押物。

抵押权是不移转标的物占有的一种担保物权。是否移转标的物的占有是抵押权与其他担保物权的重要区别。抵押权的设定不需要移转占有，因此，抵押权的设定不能采用占有移转的公示方法，而必须采用登记或其他方法公示。

### （二）抵押权的设定

抵押权的取得，主要通过法律行为获得，但抵押权也可以基于法律行为以外的法律事实获得，如基于继承或者善意取得制度取得抵押权。基于法律行为取得抵押权的，就是抵押权的设定，抵押权的设定是由双方当事人签订抵押合同，抵押合同应当采用书面形式。抵押当事人包括抵押人和抵押权人，其中抵押权人就是债权人，抵押人即抵押财产的所有人，既可能是债务人，也可能是第三人。设定抵押权属于处分财产的行为，因此抵押人必须对设定抵押的财产享有所有权或处分权。

在债务履行期届满前，抵押权人不得与抵押人约定债务人不履行到期债务时抵押财产归债权人所有。如果双方当事人的抵押合同有这样的条款，该条款（流押条款）无效。流押条款的无效不影响抵押合同其他条款的效力。

1. 抵押物

抵押物又称为抵押财产，是指抵押人用以设定抵押权的财产。抵押物是抵押权的标的物。

根据《民法典》的规定，下列财产可以作为抵押物：

(1) 建筑物和其他土地附着物。地上定着物包括尚未与土地分离的农作物，但当事人以农作物和与其尚未分离的土地使用权同时抵押的，土地使用权部分的抵押无效。因为种植农作物的土地属于耕地，故属于不可以抵押的财产。

(2) 建设用地使用权。对于建筑物和建设用地使用权的抵押，结合《民法典》的规定，要注意以下几点：第一，以建筑物抵押的，该建筑物占用范围内的建设用地使用权同时抵押。以建设用地使用权抵押的，该国有土地上的房屋同时抵押。即"地随房走，房随地走，房地一体"。即使抵押人未依照前款规定一并抵押的，未抵押的财产视为一并抵押。第二，如果以建设用地使用权设定抵押的，土地上新增的房屋不属于抵押物。抵押权实现时，可以依法将该土地上新增的房屋与抵押物一同变价，但对新增房屋的变价所得，抵押权人无权优先受偿。第三，乡镇、村企业的建设用地使用权不得单独抵押。以乡镇、村企业的厂房等建筑物抵押的，其占用范围内的建设用地使用权一并抵押。

(3) 以招标、拍卖、公开协商等方式取得的荒地等土地承包经营权。并非所有的土地承包经营权都可以成为抵押权的客体，只有以招标、拍卖、公开协商等方式取得的荒地等土地承包经营权才可以成为抵押权的客体。

(4) 生产设备、原材料、半成品、产品。

(5) 正在建造的建筑物、船舶、航空器。依法获准尚未建造的或者正在建造中的房屋或者其他建筑物也属于可以抵押的标的物。

(6) 交通运输工具。

(7) 法律、行政法规定未禁止抵押的其他财产。

根据《民法典》的规定，下列财产不得抵押：

(1) 土地所有权。在我国，土地归国家所有和集体所有，不能成为私人财产。因此土地所有权不得抵押，也就是不能以国家或集体所有的土地抵押，否则抵押合同无效。

(2) 耕地、宅基地、自留地、自留山等集体所有的土地使用权，但是法律规定可以抵押的除外。"法律规定的例外"主要有两种情形：一是以招标、拍卖、公开协商等方式取得的荒地等土地承包经营权可以抵押。二是乡镇、村企业的建设用地使用权不得单独抵押。以乡镇、村企业的厂房等建筑物抵押的，其占用范围内的建设用地使用权一并抵押。故只能"地随房走"，不能"房随地走"，而且以这两种财产进行抵押的，在实现抵押权后，未经法定程序不得改变土地集体所有和土地用途。

(3) 学校、幼儿园、医院等以公益为目的的事业单位、社会团体的教育设施、医疗卫生设施和其他社会公益设施。如果学校、幼儿园、医院等以公益为目的的事业单位、社会团体，以其教育设施、医疗卫生设施和其他社会公益设施以外的财产为自身债务设定抵押的，人民法院可以认定抵押有效。

(4) 所有权、使用权不明或者有争议的财产。所有权、使用权不明或者有争议，无法确定是否有处分权，因此不得抵押。

(5) 依法被查封、扣押、监管的财产。但是已经设定抵押的财产被采取查封、扣押等财产保全或者执行措施的，不影响抵押权的效力。

(6) 法律、行政法规规定不得抵押的其他财产,如以法定程序确认为违法、违章的建筑物。

2. 抵押登记

(1) 登记时抵押权的设立条件。根据《民法典》的规定,如果以建筑物和其他土地附着物,建设用地使用权,以招标、拍卖、公开协商等方式取得的荒地等土地承包经营权,正在建造的建筑物这四种财产设定抵押的,应当办理抵押物登记,抵押权自登记之日起设立。

登记时抵押权的设立条件的情形,应当注意几点:第一,以上述财产设定抵押,如果当事人未办理登记,虽然抵押权没有设立,但是抵押合同已经生效。第二,抵押物登记记载的内容与抵押合同约定的内容不一致的,以登记记载的内容为准。第三,以尚未办理权属证书的财产抵押的,只要当事人在一审法庭辩论结束前能够提供权利证书或者补办登记手续的,法院可以认定抵押有效。

(2) 登记为对抗第三人的效力。当事人以《民法典》规定的生产设备、原材料、半成品、产品,正在建造的船舶、航空器、交通运输工具设定抵押,或者以《民法典》规定的动产设定抵押,抵押权自抵押合同生效时设立。未经登记,不得对抗善意第三人。因此这些财产设定抵押时,抵押权自抵押合同签订之日起设立,并对当事人产生约束力。如果没有登记,不能对抗善意第三人。

**(三) 抵押权的效力**

抵押权的效力主要体现为抵押关系当事人的权利义务。

1. 抵押人的权利

(1) 抵押物的占有权。抵押设定以后,除法律和合同另有约定以外,抵押人有权继续占有抵押物,并有权取得抵押物的孳息。因此原则上抵押权的效力不及于抵押物的孳息。但是,根据《民法典》的规定,债务人不履行到期债务或者发生当事人约定的实现抵押权的情形,致使抵押财产被人民法院依法扣押的,自扣押之日起抵押权人有权收取该抵押财产的天然孳息或者法定孳息,但抵押权人未通知应当清偿法定孳息的义务人的除外。

(2) 抵押物的收益权。抵押权设定以后,由于抵押物仍然归抵押人占有,因此抵押人有权将抵押物出租。这里需要注意抵押权与出租之间的关系:第一,如果抵押权设定在先,出租在后,抵押权实现后,租赁合同对受让人不具有约束力。抵押人将已抵押的财产出租时,如果抵押人未书面告知承租人该财产已抵押的,抵押人对出租抵押物造成承租人的损失承担赔偿责任;如果抵押人已书面告知承租人该财产已抵押的,抵押权实现造成承租人的损失,由承租人自己承担。第二,抵押权设立后抵押财产出租的,该租赁关系不得对抗已登记的抵押权。

(3) 抵押物的处分权。抵押设定以后,抵押人并不丧失对抵押物的所有权,抵押人有权将抵押物转让给他人,但抵押人处分财产的权利受到一定的限制。《民法典》规定,抵押期间,抵押人经抵押权人同意转让抵押财产的,应当将转让所得的价款向抵押权人提前清偿债务或者提存。转让的价款超过债权数额的部分归抵押人所有,不足部分由债务人清偿。抵押期间,抵押人未经抵押权人同意,不得转让抵押财产,但受让人代为清偿债务消灭抵押权的除外。因此转让抵押财产是以抵押权人的同意为条件的。

（4）设定多项抵押的权利。抵押人可以就同一抵押物设定多个抵押权。在同一抵押物上有数个抵押权时，各个抵押权人应按照法律规定的顺序行使抵押权。

2. 抵押权人的权利

（1）保全抵押物。在抵押期间，抵押权人虽未实际占有抵押物，但法律为了抵押权人的利益，赋予其保全抵押物的权利。如果抵押物受到抵押人或第三人的侵害，抵押权人有权要求停止侵害、恢复原状、赔偿损失。如果因抵押人的行为使抵押物价值减少，抵押权人有权要求抵押人恢复抵押物的价值，或者提供与减少的价值相当的担保。

（2）放弃抵押权或者变更抵押权的顺位。《民法典》规定，抵押权人可以放弃抵押权或者抵押权的顺位。抵押权人与抵押人可以协议变更抵押权顺位但不得对其他抵押权人产生不利影响。债务人以自己的财产设定抵押，抵押权人放弃该抵押权、抵押权顺位或者变更抵押权的，其他担保人在抵押权人丧失优先受偿权益的范围内免除担保责任，但其他担保人承诺仍然提供担保的除外。

（3）优先受偿权。在债务人不履行债务时，抵押权人有权以抵押财产折价或者以拍卖、变卖抵押物的价款优先于普通债权人受偿。抵押物折价或者拍卖、变卖该抵押物的价款不足清偿债权的，不足清偿的部分由债务人按普通债权清偿。

（四）抵押权的实现

担保物权的担保范围包括主债权及其利息、违约金、损害赔偿金、保管担保财产和实现担保物权的费用。当然，当事人另有约定的，按照约定。如果债务人不履行到期债务或者发生当事人约定的实现抵押权的情形，抵押权人可以与抵押人协议以抵押财产折价或者以拍卖、变卖该抵押财产所得的价款优先受偿。协议损害其他债权人利益的，其他债权人可以在知道或者应当知道撤销事由之日起一年内请求人民法院撤销该协议。抵押物折价或者拍卖、变卖所得的价款，当事人没有约定的，清偿顺序如下：① 实现抵押权的费用；② 主债权的利息；③ 主债权。抵押物不足清偿的债权由债务人清偿。

在抵押物灭失、毁损或者被征用的情况下，抵押权人可以就该抵押物的保险金、赔偿金或者补偿金优先受偿；如抵押权所担保的债权未届清偿期，抵押权人可以请求人民法院对其采取保全措施。

如果在同一物上并存数个抵押权或并存数个物权（包括一项抵押权），会产生优先受偿权的位序问题。关于优先受偿权位序，采取法定主义，由法律明确规定。

1. 多个抵押权并存时的清偿顺序

同一财产向两个以上债权人抵押的，拍卖、变卖抵押物所得的价款按照以下规定清偿：

（1）抵押权已登记的，按照登记的先后顺序清偿；顺序相同的，按照债权比例清偿。如果当事人同一天在不同的法定登记部门办理抵押物登记的，视为顺序相同。因登记部门的原因导致抵押物进行了连续登记的，以第一次登记的时间为准确定抵押顺序。

（2）抵押权已登记的先于未登记的受偿。

（3）抵押权未登记的，按照债权比例清偿。

(4) 顺序在先的抵押权与该财产的所有权归属一人时,该财产的所有权人可以其抵押权对抗顺序在后的抵押权。

(5) 顺序在后的抵押权所担保的债权先到期的,抵押权人只能就抵押物价值超出顺序在先的抵押担保债权的部分受偿。

> **相关思考 5-6**
>
> 甲开发商曾分别向乙、丙、丁各借款 300 万元、50 万元及 150 万元并以其市价约 500 万元的商品房分别为乙、丙、丁设置三个抵押权,均办理登记。但乙最先,丙次之,丁最后。其后,乙与甲开发商合并。不久,甲因未对丁清偿债务,丁申请实行抵押权,扣除税收各项费用之后,共拍得 350 万元。
>
> 请问:本案中 350 万元如何清偿乙、丙、丁?

2. 与其他物权并存时的清偿顺序

当抵押权与其他物权并存时,也存在位序问题:

(1) 抵押权与质权并存。同一财产先抵押后质押的,法定登记的抵押权人优先于质权人受偿,质权人优先于未登记的抵押权人受偿。同一财产先质押后抵押的,质权人优先于抵押权人受偿。

(2) 抵押权与留置权并存。同一财产抵押权与留置权并存时,留置权人优先于抵押权人受偿。

(3) 抵押权与其他权利并存。如果同一财产有抵押权与《民法典》规定的优先受偿权并存时,《民法典》规定的优先受偿权优先于抵押权。

**(五) 最高额抵押**

最高额抵押是指为担保债务的履行,债务人或者第三人对一定期间内将要连续发生的债权提供担保财产的,债务人不履行到期债务或者发生当事人约定的实现抵押权的情形,抵押权人有权在最高债权额限度内就该担保财产优先受偿的情形。

最高额抵押权的设定不以已经存在的债权为前提,而是对将来发生的债作担保。根据《民法典》的规定,最高额抵押权设立前已经存在的债权,经当事人同意,可以转入最高额抵押担保的债权范围。最高额抵押担保的债权确定前,部分债权转让的,最高额抵押权不得转让,但当事人另有约定的除外。

抵押权人实现最高额抵押权时,如果实际发生的债权余额高于最高限额的,以最高限额为限,超过部分不具有优先受偿的效力;如果实际发生的债权余额低于最高限额的,以实际发生的债权余额为限对抵押物优先受偿。

**(六) 浮动抵押**

《民法典》规定,经当事人书面协议,企业、个体工商户、农业生产经营者可以将现有的以及将有的生产设备、原材料、半成品、产品抵押,债务人不履行到期债务或者发生当事人约定的实现抵押权的情形,债权人有权就实现抵押权时的动产优先受偿。

这是关于动产浮动抵押的规定。动产的浮动抵押只能由特定的主体设立,即企业、个体工商户、农业生产经营者。其抵押客体是动产,是指现有的以及将有的生产设备、原材料、半成品、成品,不包括不动产。浮动抵押的设立以合同的生效为条件,不以登记为要件。但是不登记的,抵押权不能对抗善意第三人。

### 三、质押

**（一）质押概述**

质押是指债务人或者第三人将其动产或权利移交债权人占有，将该财产作为债的担保，当债务人不履行债务或者发生当事人约定的实现抵押权的情形时，债权人有权依法以该财产变价所得优先受偿。

质押权与抵押权有以下区别：① 质押的标的物可以是动产或者权利，但不能是不动产；抵押的标的物既可以是动产也可以是不动产。② 质权的设定必须移转质物的占有；抵押权的设定不要求移转抵押物的占有。③ 由于抵押权设定不移转占有，抵押人可以继续对抵押物占有、使用、收益；由于质押移转标的物的占有，质押人虽然享有对标的物的所有权，但不能直接对质押物进行占有、使用、收益。

质押分为动产质押与权利质押。

**（二）动产质押**

动产质押，是以动产作为标的物的质押。

1. 动产质押的设定

设定动产质押，出质人和质权人应当以书面形式订立质押合同。根据《民法典》的规定，质押合同是诺成合同，原则上自双方当事人意思表示一致时成立。质物占有的移转不是合同的生效要件。

质权自质物移交给质权人占有时设立。因此，只有出质人将出质的动产移交以债权人占有，债权人才能取得质权。出质人以间接占有的财产出质的，书面通知送达占有人时视为移交。

和抵押合同一样，质权人在债务履行期届满前，不得与出质人约定债务人不履行到期债务时质押财产归债权人所有。如果违反该规定，则约定的"流质条款"无效，但不影响质押合同其他部分的效力。

2. 动产质押的标的物

在动产上设定动产质押是对财产的处分行为，因此要求出质人对财产有处分权。但出质人以其不具有所有权但合法占有的动产出质的，法律保护善意质权人的权利。善意质权人行使质权给动产所有人造成损失的，由出质人承担赔偿责任。

动产质权的效力及于质物的从物。但是从物未随同质物移交质权人占有的，质权的效力不及于从物。

3. 动产质押的效力

动产质押设立后，在主债务清偿以前，质权人有权占有质物，并有权收取质物所生的孳息。质权人收取孳息，并非取得孳息所有权，而是将孳息作为质押标的。

质权人在质权存续期间，为担保自己的债务，经出质人同意，以其所占有的质物为第三人设定质权的，应当在原质权所担保的债权范围之内，超过的部分不具有优先受偿的效力。转质权的效力优于原质权。

**（三）权利质押**

权利质押是指以可转让的权利为标的物的质权。法律将权利质押与动产质押共同规定在质押中,仅就权利质押作了一些特殊规定,对于权利质押的一般问题,法律规定直接适用动产质押的有关规定。

根据《民法典》的规定,可以作为权利质押的权利有:① 汇票、支票、本票;② 债券、存款单;③ 仓单、提单;④ 可以转让的基金份额、股权;⑤ 可以转让的注册商标专用权、专利权、著作权等知识产权中的财产权;⑥ 应收账款;⑦ 法律、行政法规规定可以出质的其他财产权利。

权利质押因为设定质押的权利标的的不同,其生效条件也是不同的:

(1) 有价证券的质押。以汇票、支票、本票、债券、存款单、仓单、提单出质的,当事人应当订立书面合同。质权自权利凭证交付质权人时设立。

(2) 可以转让的基金份额、股权的质押。以基金份额、股权出质的,当事人应当订立书面合同。以基金份额、证券登记结算机构登记的股权出质的,质权自证券登记结算机构办理出质登记时设立;以其他股权出质的,质权自工商行政管理部门办理出质登记时设立。

(3) 知识产权的质押。依法可以转让的商标专用权、专利权、著作权中的财产权可以作为质押的客体。对于这类权利质押,注意几点:① 知识产权的内容既包括财产权,也包括人身权,但设定质押的知识产权仅限于可以转让的财产权。以知识产权中的人身权设定质押无效。② 设定质权后,未经质权人同意不得转让或者许可他人使用。未经许可转让或者许可他人使用,应当认定为无效。因此给质权人或第三人造成损失的,由出质人承担民事责任。③ 以知识产权设定质押,应当向有关管理部门办理出质登记,才能使得质权生效。

(4) 应收账款的质押。根据《民法典》的规定,以应收账款出质的,当事人应当订立书面合同。质权自信贷征信机构办理出质登记时设立。

## 四、留置

### (一) 留置权概述

留置权是指债权人合法占有债务人的动产,在债务人不履行到期债务时,债权人有权依法留置该财产,并有权就该财产优先受偿的权利。留置权属于法定的担保物权。留置权的产生不是依据当事人之间的约定,而是在符合法律规定的条件时产生。但当事人可以通过合同约定排除留置权的适用。

### (二) 留置权的成立条件

1. 债权人已经合法占有债务人的动产

债权人的占有必须合法,因此动产如果是因侵权行为而占有的,不能产生留置权。原则上动产应当属于债务人所有,但根据《民法典》的规定,留置权可以善意取得,即如果债权人合法占有债务人交付的动产时,不知债务人无处分该动产的权利产债权人仍可以行使留置权。

2. 债权人占有的动产与债权属于同一法律关系

《民法典》规定,债权人留置的动产,应当与债权属于同一法律关系,但企业之间留置的除外。从《民法典》的规定来看,我国留置权的适用范围大大扩大,一方面不再局限于特定的合同关系,其他的债权债务关系,如不当得利、无因管理等法律关系也可以产生留置权;另一方面,对于企业之间的留置权的行使,可以不以同一债权债务关系为要件。

3. 债务人不履行到期债务

留置权因债务人不履行债务而发生,如果债权清偿期尚未届满,债务人仍处于自觉履行合同的状态中,债务人到期能否清偿债务还无法判断,因而留置权不能成立。只有在债权清偿期已届满,债务人仍不履行其债务时,债权人才可以将其合法占有的属于债务人的动产留置,即债权已届清偿期是留置权产生的条件。

(三) 留置权的效力

留置权人在占有留置物期间内,除了留置物本身,留置权的效力还及于从物、孳息和代位物。根据《民法典》的规定,留置的财产为可分物的,留置物的价值应当相当于债务的金额。留置物为不可分物的,留置权人可以就其留置物的全部行使留置权。

留置权的效力分两个层次。

1. 留置标的物

债权人在其债权没有得到清偿时,有权留置债务人的财产,并给债务人确定一个履行期限。根据《民法典》的规定,该履行期限应当为两个月以上。自留置开始之时起,留置权人就享有收取留置物孳息的权利。

2. 优先受偿

即债务人超过规定的期限仍不履行其债务时,留置权人可依法以留置物折价或拍卖、变卖所得价款优先受偿。留置财产折价或者拍卖、变卖后,其价款超过债权数额的部分归债务人所有,不足部分由债务人清偿。同一动产上已设立抵押权或者质权,该动产又被留置的,留置权人优先受偿。

## 本 章 小 结

本章主要讲解了物权的概念、种类与效力,学生应掌握抵押、质押、留置这三种担保物权的基本范围,对用益物权及占有等相关内容有所熟悉。本章的重点是抵押和质押两个担保物权的相关知识。

## 本章重要概念

占有　地役权　建筑物房屋区分所有权　宅基地使用权　抵押权　质押权　留置权

# 第六章 合 同 法

- 内容简介
- 重点难点
- 学习目标
- 知识框架
- 思政育人
- 第一节 债的概述
- 第二节 合同的订立
- 第三节 合同的内容解释
- 第四节 合同的履行
- 第五节 合同的担保
- 第六节 合同的变更与转让
- 第七节 合同的终止
- 第八节 违约责任
- 本章小结
- 本章重要概念

## 内容简介

本章以合同从成立到终止的时间为主线,讲解关于在不同的合同阶段所涉及的法律规定,主要涉及合同的订立、合同的内容解释、合同的履行、合同的担保合同的变更与转让、合同的终止、违约责任的基本内容。

## 重点难点

本章的重点为合同的订立、合同的履行以及合同的终止;难点为债权与物权、缔约过失责任与违约责任的区别。

## 学习目标

通过本章学习,学生能够从总体上把握合同的法律要求,充分理解合同的法律特征和合同法的一般规则,掌握合同订立、效力、履行、变更、转让、权利义务终止、违约责任等规则,能够解决合同实务中的一般问题。

## 知识框架

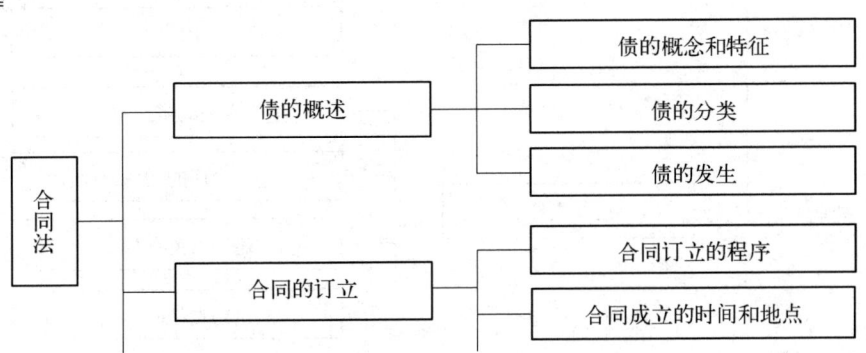

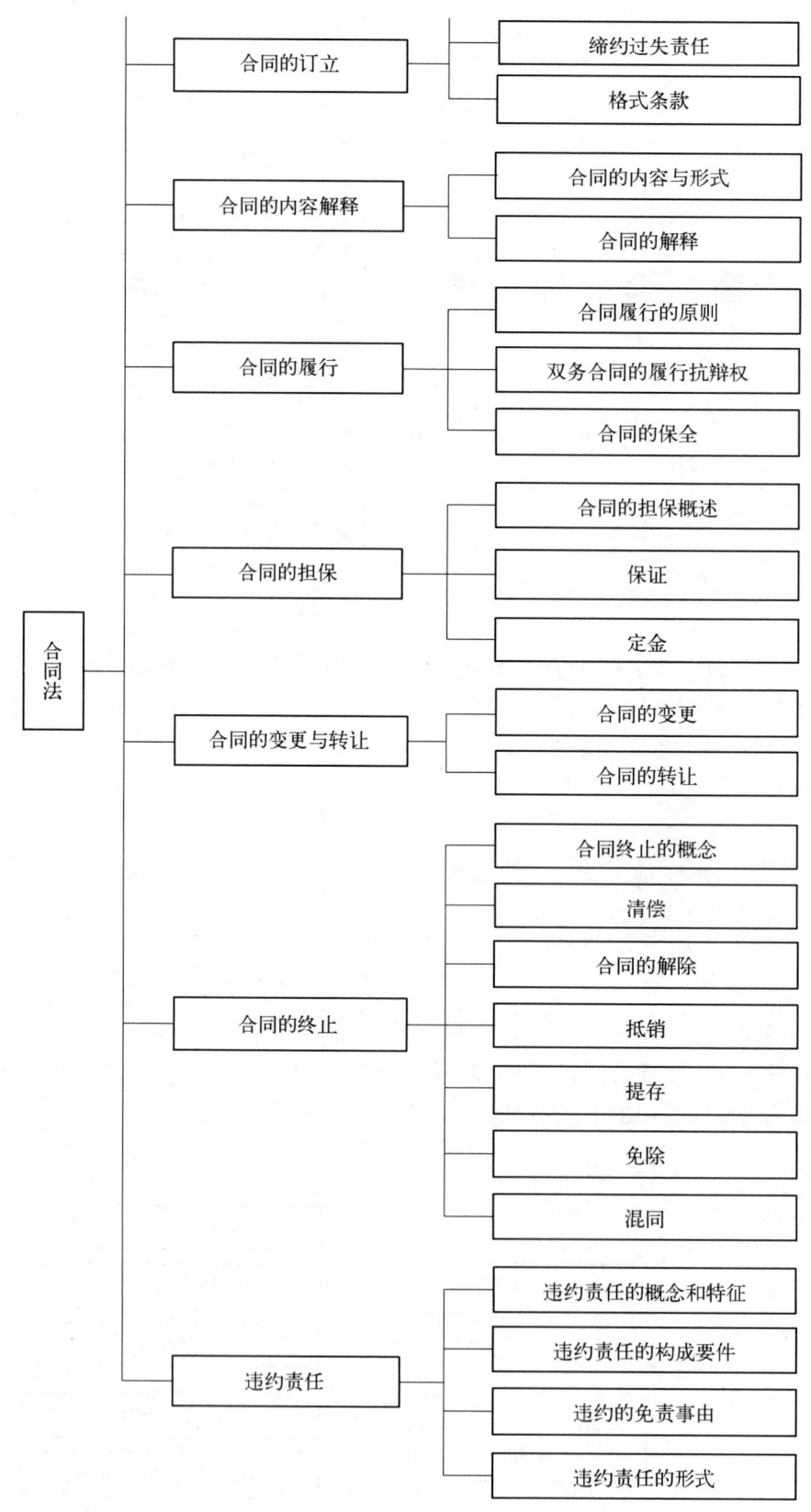

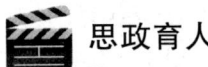 **思政育人**　　　　蛋壳公寓：一场信用透支的冒险游戏

蛋壳公寓成立于2015年,在政策利好和资本扶持下迅速壮大,管理的公寓数量从最初的2 500余间增加到2019年年末约43.8万间,规模仅次于链家孵化的自如和我爱我家。

2015年至2018年,住建部、国务院办公厅、发改委等部门先后发布利好住房租赁市场的相关政策。有的直接提出积极发展长、短租公寓,有的建议试行租房和买房居民享受同等权利(如学区房)。银保监会和证监会罕见地愿意为非地产开发商类房企提供融资支持。资本闻风而动。根据贝壳研究院的数据,2018年长租公寓公开股权融资规模达74亿元人民币,是前一年的3倍多。同年,多家著名投资机构入股蛋壳：老虎环球2.94亿美元、CMC资本(华人文化产业投资基金)3 000万美元、高榕资本2 000万美元,以及愉悦资本追加的2 600万美元。2018年年末,蛋壳的营业收入涨了300%。

即便如此,扩张的钱还是不够。同时随着2018年长租公寓小规模暴雷,中国金融监管机构对这个行业的债权融资也谨慎起来。杭州蛋壳2018年5月申请ABS融资,一直没有获批。蛋壳等一批长租公寓企业,开始利用租客的预付款和信用贷款获得扩张资金。以蛋壳为例,它分别按月、季、半年、年付的形式向租客收取租金,但只按月或季向房东结算,利用"长收短付"不对等的结算期限,获得沉淀资金,用于签约更多业主、抢占市场。

尽管规模快速扩大,蛋壳经营效率却不断走低,规模效应并未如预期出现。2018年、2019年,蛋壳租金成本、营销费用增长速度远超租金收入的增速。更高的收入、更多的房源,带来的是更大的亏损和现金流缺口。2019年,蛋壳实现71亿元收入,但各项成本费用是收入的1.4倍。2019年年末,蛋壳账面可动用现金不足7亿元。此时,蛋壳距离资不抵债、资金链断裂只有一步之遥。

2020年9月初,监管进一步收紧。住建部就《住房租赁条例》向公众征求意见。这是中国首部专门规范住房租赁的行政法规。该草案明确提出将"高进低出"和"长收短付"等长租公寓企业用惯了的经营方式,纳入经营异常名录监管范围。最终,业主、租客、供应商都成为了这场漩涡的受害者,各方为了及时止损最终走向了对立。

请思考：蛋壳公寓的长租模式中包括各关系方之间的合同关系,随着互联网公司技术创新的深入,其经营绑定了太多的社会资源,当它们过度冒险、占用押金、租金等金融工具进行业务扩张时,会造成哪些信用危机？

**资料来源**：黄俊杰,宋玮.蛋壳公寓暴雷调查：一场冒险游戏,全社会买单[EB/OL].(2020-11-27)[2023-08-30] https://finance.ifeng.com/c/81jxDMIB0YF.

# 第一节　债 的 概 述

## 一、债的概念和特征

债是按照合同的约定或者依照法律的规定,在当事人之间产生的特定的权利和义务关系。债是特定当事人之间请求为一定给付的民事法律关系。在债的关系中,一方享有请求对方为一定给付的权利,即债权,该方当事人称为债权人；另一方负有向对方为一定给付的义务,即债务,该方当事人称为债务人。

债的关系不同于好意施惠关系。好意施惠是指基于好意而实施某项惠及他人的行为,如代传口信、代接访客、好意领路等。两者的主要区别在于：好意施惠的行为人主观上仅有负担某种道义责任(义务)的意思,并无确立某种民事法律关系、使自己承担法律上

的义务的意思(法效意思),也不获得某种利益,因此,行为人的承诺没有法律约束力,也不因为未践行其承诺而承担法律责任;而债的关系则是一种受法律保障的权利义务关系,债务的违反将产生法律责任。

债作为民事法律关系的一种,除具有民事法律关系的共同属性,还有其自身特征。

### (一) 债反映财产流转关系

首先,债是一种财产法律关系。民法调整平等主体之间的财产关系和人身关系,其结果表现为财产法律关系和人身法律关系。债的关系是建立于债权人与债务人之间的利益关系,这种利益关系或者直接表现为财产性质,或者最终与财产利益相关。债的关系所包含的债权、债务,最终都能以货币衡量评价。因此,债是一种财产法律关系。

其次,债反映的是财产流转关系。财产关系依其形态分为财产归属利用关系和财产流转关系。前者为静态的财产关系,后者为动态的财产关系。物权关系和知识产权关系反映财产的归属和利用关系,其主要目的是保护财产的静态的安全;债的关系反映的是财产利益从一个主体移转到另一主体的财产流转关系,目的在于保护财产的动态的安全。

### (二) 债为特定主体之间的法律关系

法律关系有的发生于特定主体与不特定主体之间,有的发生于特定主体与特定主体之间。债的关系是特定主体之间的法律关系,其权利主体(债权人)和义务主体(债务人)都是特定的。换言之,债权人只能向特定的债务人主张权利,债务人也只对特定的债权人承担义务。这种权利义务的相对性,是债的关系与物权关系、知识产权关系以及继承权等关系的重要区别(在后者,只有权利主体是特定的,义务主体则为不特定的人)。需要指出的是,债的主体的特定化,并不排除在特殊情形下债的效力及于当事人之外的第三人(如债权人代位权),也不排除债的主体的变更(债权人更换和债务人替代)。

### (三) 债的客体是债务人的特定行为

作为债的关系的要素之一,债的客体,即债权债务指向的对象,是债务人应为的一定行为(作为或不作为),统称为给付。债的关系通常与一定的财物、智力成果或者劳务相联系,但债的客体并非财物、智力成果或劳务,而是债务人应当履行的交付财物、转让智力成果、提供劳务等行为。换言之,债的客体是给付,而财物、智力成果、劳务等则是给付的对象或给付标的。此点也与物权关系和知识产权关系不同。物权以物为客体,知识产权则以知识产品为客体。

### (四) 债的目的须通过债务人的特定行为实现

实现民事法律关系是当事人实现其特定利益的法律手段,但不同法律关系的目的不尽相同,权利人实现其利益的方式也有所不同。债的目的是一方从另一方取得一定的财产利益。这一目的只能通过债务人的给付才能实现,没有债务人的特定行为,债权人的权利(利益)便不能实现。而在物权关系和知识产权关系中,权利人可以直接通过自己的行为实现其权利,无须借助于义务人的行为来实现法律关系的目的。

### (五) 债的发生具有任意性和多样性

债的关系可因合法行为而发生,也可因不法行为而发生。对于合法行为设定的债,法律并不限定其种类,而是任由当事人自行设定。而物权关系和知识产权关系一般只能因合法行为而发生,并且其类型具有法定性,当事人不得任意设定法律未作规定的物权和知识产权。

## 二、债的分类

1. 意定之债与法定之债

按照债的设定及其内容是否允许当事人以自由意思决定,债可以分为意定之债与法定之债。意定之债是指债的发生及其内容由当事人依其自由意思决定的债。合同之债和单方允诺之债均为意定之债。法定之债是指债的发生及其内容均由法律予以规定的债。侵权行为之债、无因管理之债和不当得利之债均属法定之债。

区分意定之债与法定之债的意义在于:前者贯彻意思自治原则,在债的客体、内容及债务不履行的责任等方面均可由当事人约定;对后者而言,债的发生及效力均由法律规定。

2. 特定之债与种类之债

根据债的标的物的不同属性,债可划分为特定之债和种类之债。以特定物为标的的债称为特定之债,以种类物为标的的债称为种类之债。对前者而言,债发生时,其标的物即已特定化;对后者而言,债成立时其标的物尚未特定化,甚至尚不存在,当事人仅就其种类、数量、质量、规格或型号等达成协议。区分特定之债与种类之债的意义为:其一,在特定之债,除非债务履行前标的物已灭失,债务人不得以其他标的物代为履行,而种类之债则无此问题;其二,在法律规定或当事人约定的情况下,特定之债标的物的所有权可自债成立时发生转移,标的物意外灭失的风险随之转移,而种类之债标的物的所有权及其意外灭失风险则自交付时起转移。

3. 单一之债与多数人之债

根据债的主体双方是单一的还是多数的,债可分为单一之债和多数人之债。单一之债是指债的主体双方即债权人和债务人均为一人的债;多数人之债是指债权人和债务人至少有一方为2人或2人以上的债。

区分单一之债和多数人之债,有助于准确地确定债的当事人之间的权利义务关系。在单一之债中,当事人之间的权利义务关系较为简单明了。多数人之债既涉及债权人与债务人之间的权利义务关系,又涉及多数债权人之间或多数债务人之间的权利义务关系,其法律关系较为复杂。

4. 按份之债与连带之债

对于多数人之债,根据多数一方当事人之间权利义务关系的不同状态,可分为按份之债和连带之债。

按份之债是指债的多数人一方当事人各自按照确定的份额享有权利或者承担义务的债。其中,债权人为两人以上,各自按照确定的份额分享权利的,称为按份债权;债务人为两人以上,各自按照确定的份额分担义务的,称为按份债务。在按份债权中,各个债权人只能就自己享有的债权份额请求债务人给付和接受给付,无权请求和接受债务人的全部给付;在按份债务中,各债务人只对自己分担的债务额负责清偿,无须向债权人清偿全部债务。

连带之债是指债的多数人一方当事人之间有连带关系的债。连带关系是指对于当事人中一人发生效力的事项对于其他当事人同样发生效力。连带之债有连带债权和连带债务之分。在连带之债中,享有连带权利的每个债权人都有权要求债务人履行义务,负有连带义务的每个债务人都负有清偿全部债务的义务。履行了债务的连带债务人,有权要求其他连带债务人偿付其应当承担的份额。

区分按份之债和连带之债的主要意义在于两者的效力不同。在按份之债中,任一债权人接受了其应受份额义务的履行或任一债务人履行了其应负担份额的义务后,与其他债权人或债务人均不再发生任何权利义务关系。在连带之债中,连带债权人的任何一人接受了全部债务的履行,或者连带债务人的任何一人清偿了全部债务时,虽然原债归于消灭,但在连带债权人或连带债务人内部则会产生新的按份之债。

5. 简单之债与选择之债

根据债的标的有无选择性,债可分为简单之债和选择之债。简单之债是指债的履行标的只有一种,债务人只能按照该种标的履行,债权人也只能请求债务人按该种标的履行的债。选择之债是指债的履行标的有数种,债务人可从中选择其一履行或债权人可选择其一请求债务人履行的债。两者的主要区别在于,简单之债的标的无可选择,而选择之债则可在数个标的中选择履行。

6. 主债与从债

在存在从属关系的两个债中,根据其不同地位,可分为主债和从债。主债是指能够独立存在,不以其他债的存在为前提的债。从债是指不能独立存在,必须以主债的存在为存在前提的债。主债和从债是相互对应的,没有主债不发生从债,没有从债也无所谓主债。主债与从债之分常见于设有担保的债中,被担保的债(如买卖合同、借贷合同之债)为主债,为担保该债而设之债(如保证合同、抵押合同之债)为从债。

7. 财物之债与劳务之债

根据债务人所负给付义务的不同内容,债可分为财物之债和劳务之债。凡债的标的为给付财物的,为财物之债,如买卖合同之债;债的标的为提供劳务的,为劳务之债,如委托合同之债。两者的主要区别在于,当债务人不履行债务时,财物债务可强制履行,而劳务债务则不得强制履行。

## 三、债的发生

债的发生原因也称债的发生根据,是指引起债的关系产生的法律事实。

债的发生原因可分为两类:一是合同,二是法律规定。实际上,合同以外的其他的法律行为也可以发生债的关系,如遗嘱。因此,债的发生原因依其是否基于当事人的意思而发生,可划分为法律行为和法律规定两大类,前者称为意定之债,后者称为法定之债。引起债的产生的法律事实主要有以下几种。

(一) 合同

1. 合同的概念和特征

"合同"一词在不同的法律部门均得到应用,如劳动法上的合同、行政法上的合同、民法典上的合同等。《民法典》第464条规定:合同是民事主体之间设立、变更、终止民事法律关系的协议。

(1) 合同是一种民事法律行为。对法律行为,民法典对行为人的行为能力和意思表示均有一定的要求，并以此作为其有效要件。合同是民事法律行为的一种，因此民法典上关于民事法律行为的一般规定，如民事法律行为的有效要件、民事法律行为的无效和撤销等，均适用于合同。

(2) 合同以设立、变更、终止民事权利义务关系为目的。任何民事法律行为均有其特定目的，合同的目的在于设立、变更或终止民事权利和民事义务关系。这意味着，首先，尽管合同主要是债权债务关系的协议（即债权合同），但并不以此为限，而是涉及各类民事权利义务关系（如物权关系、身份关系）。其次，合同的目的不仅在于设立民事权利义务关系，也包括变更和终止民事权利义务关系。设立民事权利义务关系是指合同依法成立后，即在当事人之间原始地发生一定的民事权利义务关系；变更民事权利义务关系是指当事人通过成立合同使他们之间原有的民事权利义务关系发生变化，形成新的民事权利义务关系；终止民事权利义务关系是指当事人通过成立合同使他们之间原有的民事权利义务关系归于消灭。

(3) 合同是当事人意思表示一致的协议。首先，合同是双方或多方法律行为，须有双方或多方当事人。其次，合同的成立须各方当事人相互为意思表示，即当事人各方均从自己的利益出发作出意思表示，并且其意思表示是交互作出的。最后，须当事人的意思表示达成一致。意思表示一致也称合意，是指当事人各方作出的意思表示在内容上互相吻合、不存在分歧。

2. 合同的分类

(1) 双务合同与单务合同。依双方当事人是否互负给付义务，合同可分为双务合同和单务合同。

双务合同是指当事人双方互相承担对待给付义务的合同。在双务合同中，当事人双方均承担合同义务，并且双方的义务具有对应关系，一方的义务就是对方的权利，反之亦然。从另一个角度说，双务合同也就是当事人双方互享债权的合同。双务合同是合同的主要形态，合同法所规定的多数合同均为双务合同。

单务合同是指只有一方当事人承担给付义务的合同。在单务合同中，当事人双方不存在对待给付关系，一方仅承担义务而不享有权利，另一方则相反。单务合同有两种情况：一种情况是只有单方承担义务，如在借用合同中，只有借用人负有按约定使用并按期返还借用物的义务，出借人不负合同义务；另一种情况是一方承担合同的主要义务，另一方只承担附属义务，双方的义务不存在对待给付关系。例如，《民法典》允许赠与附属义务，但赠与人交付赠与财产与对方的附属义务之间不存在对价关系，因而赠与合同仍属于单务合同。

区分双务合同和单务合同的主要意义在于：① 是否适用合同履行抗辩权。合同履行抗辩权（包括同时履行抗辩权、顺序履行抗辩权和不安抗辩权）的成立以合同双方存在对待给付关系为前提，因而只有双务合同中存在合同履行抗辩权，单务合同不适用这一规则。② 风险负担不同。在双务合同中，双方的权利义务互相依存、互为条件，如果一方当事人由于可以免责的事由导致不能履行合同义务，发生风险负担问题，其具体标准因合同类型的不同而异，有交付主义、合理分担主义、债务人主义等规则；而在单务合同中，如果一方因不可抗力导致不能履行义务，风险一律由债务人负担，不会发生双务合同中的复杂问题。③ 因一方过错所致合同不履行的后果不同。在双务合同中,如果非违约方已履行合同,可以要求违约方履行合同或承担其他违约责任,条件具备时还可解除合同;解除合同并溯及既往时,守约方有权请求违约方返还受领给付。单务合同不发生上述后果。

(2) 有偿合同与无偿合同。这是依合同当事人之间的权利义务是否存在对价关系所作的分类。有偿合同是指当事人一方享有合同规定的权益,须向对方当事人偿付相应代价的合同。有偿合同是商品交换最典型的法律形式,实践中常见的买卖、租赁、运输、承揽等合同,均属有偿合同。无偿合同是指一方当事人向对方给予某种利益,对方取得该利益时不支付任何代价的合同。无偿合同不是典型的交易形式,实践中主要有赠与合同、无偿借用合同、无偿保管合同等。在无偿合同中,一方当事人不支付对价,但也要承担义务,如无偿借用他人物品,借用人负有正当使用和按期返还的义务。

区分有偿合同与无偿合同的意义在于:① 确定某些合同的性质。有些合同只能是有偿的,不可能是无偿的,如买卖合同、租赁合同;有些合同则相反,如赠与合同;如果变有偿为无偿,或者相反,就会使合同性质发生根本变化(买卖变为赠与或相反)。也有的合同既可以是有偿的,也可以是无偿的,如保管合同、委托合同,是否有偿并不改变其性质。② 义务程度不同。在无偿合同中,利益出让人原则上只承担较低程度的注意义务,如无偿保管合同中,保管人因过失造成保管物毁损灭失的,应酌情减轻责任;而在有偿合同中,当事人所承担的注意义务较无偿合同为重。例如,有偿保管合同的保管人因其过失造成保管物灭失时,应负全部赔偿责任。③ 对当事人行为能力的要求不同。订立有偿合同的当事人原则上应具有完全行为能力,限制行为能力人非经其法定代理人同意,不能订立超出其行为能力范围的较为重大的有偿合同;而对于一些纯获利益的无偿合同,如接受赠与等,限制行为能力人甚至无行为能力人也具有缔约能力。④ 对债权人行使撤销权之意义不同。根据合同法的有关规定,债权人行使撤销权时,其对象仅限于债务人无偿处分和以不合理的低价转让财产权益的行为,故以合理对价有偿处分财产权益的合同不能作为债权人撤销权的对象。

(3) 诺成合同与实践合同。这是从合同成立条件的角度对其所作的分类。诺成合同是指以缔约当事人意思表示一致为充分成立条件的合同,即一旦缔约当事人的意思表示达成一致即告成立的合同。实践合同是指除当事人意思表示一致以外尚需交付标的物才能成立的合同。在这种合同中仅有当事人的合意,合同尚不能成立,还必须有一方实际交付标的物的行为或其他给付,才能成立合同关系。实践中,大多数合同均为诺成合同,实践合同仅限于法律规定的少数合同,如保管合同、自然人之间的借款合同。

诺成合同与实践合同的主要区别,在于两者成立的要件不同。诺成合同自当事人意思表示一致时即告成立,而实践合同则除当事人达成合意,尚需交付标的物或完成其他给付才能成立和生效。因此,在诺成合同中,交付标的物或完成其他给付是当事人的合同义务,违反该义务便产生违约责任;而在实践合同中,交付标的物或完成其他给付只是先合同义务,违反该义务不产生违约责任,可构成缔约过失责任。

(4) 要式合同与不要式合同。以合同的成立是否须采取一定的形式为标准,合同可分为要式合同与不要式合同。要式合同是指法律规定必须采取一定形式的合同;反之,法律不要求采取特定形式的合同则为不要式合同。根据合同自由原则,当事人有权选择合同形式,故合同以不要式合同为常态,但对于一些重要的交易,如不动产买卖,法律常规定当事人应当采取特定的形式订立合同。

区分要式合同与不要式合同的主要意义在于,某些法律和行政法规对合同形式的要求可能成为影响合同效力的因素。

(5) 有名合同与无名合同。根据法律是否赋予特定名称并设有规范,合同可分为有名合同与无名合同。有名合同又称为典型合同,是指在法律上已设有规范并赋予名称的合同。如我国《民法典》所规定的15类合同,均为有名合同。无名合同又称非典型合同,是指在法律上尚未确立一定的名称和规则的合同。

根据合同自由原则,在不违反强行法及社会公共利益和社会公德的前提下,允许当事人订立任何内容的合同,此即合同类型自由。因此,当事人订立法律未作规定的非典型合同并无不可。实际上,随着社会的不断发展和交易关系的日益复杂,当事人往往不得不在法定合同类型之外另创新的合同形态,以满足现实需要。非典型合同产生后,经过一定的发展阶段,法律应适时地加以规范,使之成为典型合同。

非典型合同在实践中大量存在,大体可归为三类:① 纯粹非典型合同,即以法律全无规定的事项为内容,或者说其内容不属于任何典型合同所涉事项的合同。② 混合合同,即由数个典型合同的部分所构成的合同(如买卖合同附带借用合同)。此类合同包含了数种不同的典型合同的内容,但在性质上属于一个合同。③ 准混合合同,即在一个有名合同中规定其他无名合同事项的合同。

(6) 主合同与从合同。根据合同相互间的主从关系,可将合同分为主合同与从合同。在两个关联合同中,不依赖其他合同的存在即可独立存在的合同称为主合同,以其他合同的存在为前提而存在的合同称为从合同。例如,借款合同与保证合同之间,前者为主合同,后者为从合同。

区分主合同与从合同的主要意义在于:认识两者在效力上的关联性和从合同的从属性,即从合同不能独立存在,而必须以主合同的有效成立为成立和生效的前提;主合同转让,从合同不能单独存在;主合同被宣告无效或被撤销,从合同也失去效力;主合同终止,从合同也随之终止。

(7) 束己合同与涉他合同。以订约人是否仅为自己设定权利义务为标准,合同可分为束己合同与涉他合同。束己合同是指严格遵循合同相对性原则,当事人为自己设定并承受权利义务,第三人不能向合同当事人主张权利,当事人也不得向第三人主张权利的合同。此为合同的常态。涉他合同是指突破了合同的相对性原则,合同当事人在合同中为第三人设定了权利或约定了义务的合同,包括为第三人利益的合同和由第三人履行的合同。束己合同与涉他合同的区别主要在于两者的缔约目的和合同的效力范围不同。

### (二) 单方允诺

单方允诺也称单独行为或单约束行为,是指表意人向相对人作出的为自己设定某种义务,使对方取得某种权利的意思表示。依意思自治原则,民事主体可基于某种物质上或精神上的需要为自己设定单方义务,同时放弃对于他方当事人的对价请求。因此,单方允诺能够引起债的发生。在社会生活中较为常见的单方允诺有悬赏广告、设立幸运奖和遗赠等。

### （三）侵权行为

侵权行为是指不法侵害他人的合法民事权益的行为。依法律规定，侵权行为发生后，加害人负有赔偿受害人损失等义务，受害人享有请求加害人赔偿损失等权利。这种特定主体之间的权利义务关系，即侵权行为之债。侵权行为之债是除合同之债以外的另一类较为常见的债，它由非法行为引起，依法律规定而产生，以损害赔偿为主要内容。

### （四）无因管理

无因管理是指没有法定的或约定的义务，为避免他人利益受损失而为他人管理事务或提供服务的行为。无因管理一经成立，在管理人和本人之间即发生债权债务关系，管理人有权请求本人偿还其因管理而支出的必要费用，本人有义务偿还，此即无因管理之债。无因管理之债与合同之债一样，都是因合法行为而发生的，两者的根本区别在于合同之债为意定之债，无因管理之债为法定之债。

### （五）不当得利

不当得利是指没有合法根据而获得利益并使他人利益遭受损失的事实。依法律规定，取得不当利益的一方应将所获利益返还于受损失的一方，双方因此形成债权债务关系，即不当得利之债。不当得利之债与侵权行为之债、无因管理之债同属法定之债，其特点在于，它既不像合同之债那样基于当事人的合意而成立，也不像侵权行为之债那样因不法行为而发生，或像无因管理之债那样因合法的事实行为而发生，而是基于当事人之间的利益发生不当变动的法律事实（事件）而发生。

### （六）其他原因

除了上述发生原因，债的关系还可因其他法律事实而产生。例如，因缔约过失，可在缔约当事人之间产生债权债务关系；因拾得遗失物，可在拾得人与遗失物的所有人之间产生债权债务关系；因防止、制止他人合法权益受侵害而实施救助行为，可在因此而受损的救助人与受益人之间产生债的关系。

## 第二节 合同的订立

### 一、合同订立的程序

#### （一）要约

1. 要约的概念

要约又称发盘、出盘、发价、出价、报价，是订立合同的必经阶段。从一般意义上说，要约是一种订约行为，发出要约的人称为要约人，接受要约的人称为受要约人或相对人。我国《民法典》规定，要约是希望和他人订立合同的意思表示，该意思表示应当符合下列规定：① 内容具体确定；② 表明经受要约人承诺，要约人即受该意思表示约束。该条规定揭示了要约的性质及其构成要件。

要约是希望和他人订立合同的意思表示。首先，要约是一种意思表示。要约既不是事实行为，也不是法律行为，只是一种意思表示。其次，要约是希望和他人订立合同的意思表示。要约的目的，是希望与相对人订立合同；若无此目的，即不构成要约。

2. 要约的要件

要约作为一种意思表示，除了必须具备意思表示的一般要件，还有其特定的构成要件，包括以下几个方面：

(1) 要约是由特定人作出的意思表示。要约旨在与他人订立合同，所以，要约人必须是订立合同一方的当事人，这就要求要约人是特定之人。唯有如此，受要约人才能对之作出承诺，从而订立合同。

(2) 要约必须具有订立合同的意图。即要约应表明，一经受要约人承诺，要约人即受该意思表示约束，与之建立合同关系。实践中，应根据要约所实际使用的语言、文字和其他情况判断要约人是否决定与受要约人订立合同。

(3) 要约必须向要约人希望与之订立合同的受要约人发出。要约只有向要约人希望与之订立合同的受要约人发出，才能唤起受要约人的承诺，从而订立合同。然而，对于受要约人是否必须是特定的人，则有不同看法。本教材认为，要约原则上应向特定的人发出（可以是一人，也可以是数人），但法律并不禁止要约向不特定人发出。但是向不特定人发出要约，必须具备两个条件：① 必须明确表示其作出的建议是一项要约而非要约邀请，如申明"本广告构成要约"；② 必须明确承担向多人发出要约的责任，同时具有向不特定的相对人作出承诺后履行合同的能力。

(4) 要约的内容必须具体、确定。具体是指要约的内容必须是合同成立所必需的条款（合同的主要条款）。确定是指要约的内容必须明确，不能含糊不清，使相对人难明其意。

3. 要约邀请

要约邀请也称要约引诱，是指希望他人向自己发出要约的意思表示。依此定义，要约邀请具有以下特点：① 要约邀请是一种意思表示，故应具备意思表示的一般成立要件；② 要约邀请的目的在于诱使他人向自己发出要约，而非与他人订立合同，故只是订立合同的预备行为，而非订约行为；③ 要约邀请只是引诱他人发出要约，既不能因相对人的承诺而成立合同，也不能因自己作出某种承诺而约束要约人，行为人撤回其要约邀请，只要没有给善意相对人造成信赖利益的损失，不承担法律责任。

区分要约与要约邀请，既十分重要，又相当复杂，各国立法和实践主张也不完全一致，因此，对招标、投标、悬赏广告等行为性质的认识也不尽相同。区分要约与要约邀请主要有以下标准：① 根据法律规定区分，即如果法律规定某行为为要约邀请或要约，应依其规定处理。我国《民法典》有此规定。② 根据当事人的意愿区分。例如，如果当事人在其订约建议中申明"以我方最后确认为准"，就表明其不愿受对方要约的约束，因而属要约邀请；商店在其展示的服装上标示"六折出售"字样及价格，则为要约，如标明为"样品"，则为要约邀请。③ 根据订约提议的内容是否包含了合同的主要条款加以确定。例如，甲对乙称"我有位于某处的房屋一栋，愿以低价出售，你是否愿意购买"，因没有标明价款，不能认为是要约；若甲明确提出以20万元出售该房屋，则构成要约。④ 根据交易习惯加以区分。出租车停在路边揽客（竖起"空车"标牌），如根据当地规定或行业习惯，司机可以拒载，则此种招揽是邀请；反之，则可视为要约。⑤ 根据订约提议是向特定人还是不特定人发出区分。向不特定人发出者，大都为要约邀请，如商业广告等。

根据《民法典》的规定，下列行为属于要约邀请：

（1）寄送的价目表。此举虽包含了商品名称及价格条款,且含有行为人希望订立合同的意思,但从中并不能确定行为人具有一经对方承诺即接受承诺后果的意图,而只是向对方提供某种信息,希望对方向自己提出订约条件,因此只是要约邀请,而不是要约。当然,如果在向不特定人派发的商品订单中明确表示愿受承诺的约束,或从其内容中可以确定有此意图,则应认定为要约。

（2）拍卖公告。拍卖是指拍卖人在众多的报价中,选择报价最高者订立买卖合同的特殊买卖方式。拍卖一般要经过三个阶段:拍卖表示(拍卖公告);拍卖(叫价);拍定。对拍卖公告,各国合同法一般认为是要约邀请,因为其中并未包含合同成立的主要条件,特别是价格条款,而只是希望竞买人提出价格条款。

（3）招标公告。招标是指订立合同的一方当事人采取招标公告的形式向不特定人发出的、以吸引或邀请相对方发出要约为目的的意思表示。对招标的回应称为投标。一般认为,招标属要约邀请,投标为要约(招标人的决标为承诺)。值得注意的是,如果招标人在招标公告中明确表示将与报价最优者订立合同,则可视为要约。

（4）招股说明书。招股说明书是指拟公开发行股票的人经批准公开发行股票后,依法于法定日期和证券主管机关指定的报刊上刊登的全面、真实、准确地披露发行股票者的信息以供投资者参考的法律文件。它通过向社会提供股票发行人的各方面信息,从而吸引投资者向发行人发出购买股票的要约,故属要约邀请。

（5）商业广告。商业广告是指商品经营者或者服务提供者通过一定的媒介和形式直接或间接地介绍自己所推销的产品或者所提供的服务的文字、图形或影音作品。从其内容、对象、后果等方面判断,商业广告均不能构成要约,而是要约邀请。但如果广告内容符合要约规定,应视为要约,如注明为要约或写明相对人只要作出规定的行为就可以使合同成立者,即为要约。

4. 要约的效力

《民法典》第137条第1款规定:要约到达受要约人时生效。这一规定采取了世界各国通行的"到达主义"立场。依到达主义,要约于到达受要约人时生效。何谓到达?应作广义解释:① 到达受要约人与到达代理人(包括无行为能力人、限制行为能力人的法定代理人);② "到手到达"与"非到手到达"(送达受要约人所能实际控制之处所,如信箱);③ 数据电文要约的到达。《民法典》第137条第2款规定:采用数据电文形式订立合同,收件人指定特定系统接收数据电文的,该数据电文进入该特定系统的时间,视为到达时间;未指定特定系统的,该数据电文进入收件人的任何系统的首次时间,视为到达时间。

要约的效力期间由要约人确定。如未预先确定,则应区分以下两种情况:① 口头要约,如受要约人未立即作出承诺,即失去效力。② 书面要约,如要约中未规定有效期间,应确定一个合理期间作为要约存续期限,该期限的确定应考虑以下因素:要约到达所需时间;作出承诺所需时间;承诺到达要约人所需时间。

要约的效力表现在两个方面:① 要约对要约人的约束力(要约的形式约束力):要约一经生效,要约人即受到约束,不得随意撤回、撤销或对要约加以限制、变更和扩张。但要约人预先申明不受要约约束或依交易习惯可认为其有此意旨时,不在此限。② 要约对受要约人的约束力(要约的实质约束力):受要约人于要约生效时取得依其承诺而成立合同的法律地位,具体表现在:受要约人有为承诺以订立合同的权利(形成权),此权利原则上不得由他人继受,但要约人认可者除外;受要约人对于要约人原则上不负任何义务,只有在强制缔约情形下,承诺为法定义务。

5. 要约的撤回和撤销

要约的撤回是指要约人在发出要约后,于要约到达受要约人之前取消其要约的行为。要约可以撤回。撤回要约的通知应当在要约到达受要约人之前或者与要约同时到达受要约人。在此情形下,被撤回的要约实际上是尚未生效的要约。倘若撤回的通知于要约到达后到达,而按其通知方式依通常情形应先于要约到达或同时到达,其效力如何,我国《民法典》未作规定。依诚实信用原则,在此情况下,相对人应当向要约人发出迟到的通知,相对人怠于为通知且其情形为要约人可得而知者,其要约撤回的通知视为未迟到。

要约的撤销是指在要约发生法律效力后,要约人取消要约从而使要约归于消灭的行为。要约的撤销不同于要约的撤回(前者发生于生效后,后者发生于生效前)。

要约可以撤销。撤销要约的通知应当在受要约人发出承诺通知之前到达受要约人。有下列情形之一的,要约不得撤销:① 要约人确定了承诺期限或者以其他方式明示要约不可撤销;② 受要约人有理由认为要约是不可撤销的,并且已经为履行合同做了准备工作。

6. 要约的失效

要约的失效,即要约丧失法律约束力。要约失效的事由有以下几种:

(1) 受要约人拒绝要约。广义的拒绝包括对要约内容的实质变更(构成反要约),但合同法将此单列为一项。

(2) 要约人撤销要约。

(3) 承诺期限届满,受要约人未作出承诺。

(4) 受要约人对要约的内容作出实质性变更。

二维码:
视频6-1
合同订立的方式

**(二) 承诺**

1. 承诺的概念和要件

《民法典》规定,承诺是受要约人同意要约的意思表示。根据《民法典》的规定及相关理论,承诺须具备以下要件:

(1) 承诺必须由受要约人作出。其一,承诺必须是受要约人的意思表示。如果要约是向特定人发出的,承诺须由该特定人作出;如果是向不特定人发出的,不特定人均具有承诺资格。受要约人以外的人,不具有承诺资格。其二,承诺可由受要约人本人作出,也可由其代理人作出。

(2) 承诺必须在合理期限内向要约人发出。承诺应当在要约确定的期限内到达要约人。要约没有确定承诺期限的,如果要约以对话方式作出的,应当及时作出承诺的意思表示,但当事人另有约定的除外;如果要约以非对话方式作出的,承诺应当在合理期限内到达要约人。《民法典》规定,要约以信件或者电报作出的,承诺期限自信件载明的日期或者电报交发之日开始计算。信件未载明日期的,自投寄该信件的邮戳日期开始计算。

(3) 承诺的内容必须与要约的内容相一致。《民法典》规定,承诺的内容应当与要约的内容一致。受要约人对要约的内容作出实质性变更的,为新要约。有关合同标的、数量、质量、价款或者报酬、履行期限、履行地点和方式、违约责任和解决争议方法等的变更,是对要约内容的实质性变更。本条规定揭示了承诺的内容要件,即承诺的内容必须与要约内容一致。所谓内容一致,具体表现在:承诺是无条件的同意,不得限制、扩张或者变更要约的内容,否则不构成承诺,而应视为对要约的拒绝并作出一项新要约(或称反要约)。但承诺的内容并不要求与要约的内容绝对一致或完全等同,即允许承诺对要约的内容作非实质性变更。承诺对要约的内容作出非实质性变更的,除要约人及时表示反对或者要约表明承诺不得对要约的内容作出任何变更的以外,该承诺有效,合同的内容以承诺的内容为准。由此可见,非实质性变更的承诺在以下两种情况下不能生效:一是要约人及时表示反对;二是要约中明确表示不得作任何变更。

《民法典》规定,承诺应当以通知的方式作出,但根据交易习惯或者要约表明可以通过行为作出承诺的除外。根据这一规定,承诺原则上应当以通知方式作出。通知包括口头通知和书面通知,要约人对通知的方式有特殊要求的,应按该要求予以通知。如果根据交易习惯或者要约表明可以通过行为方式作出承诺,则该行为也构成承诺。行为包括作为和不作为,构成承诺的行为主要是指作为,如供货商于收到订货要约后径行发货。单纯的沉默或不作为通常不能作为承诺的意思表示方式,但是,如果交易习惯或要约表明可以采取此种方式进行承诺的,也可以作为承诺方式。

2. 承诺的效力

承诺的效力是指承诺所产生的法律效果。简言之,承诺的效力表现为:承诺生效时合同成立。具体而言,在诺成合同,承诺生效合同即告成立;在实践合同,若交付标的物先于承诺生效,承诺同样使合同成立,若交付标的物后于承诺生效,则合同自交付标的物时成立。因此,承诺生效的时间在合同法上具有重要意义。

对于承诺的生效时间,两大法系有着不同的立法例。大陆法系采到达主义或送达主义,即主张承诺的意思表示于到达要约人支配的范围内时生效。如《德国民法典》第130条规定,在相对人以非对话方式向其(要约人)为意思表示时,意思表示于通知到达要约人时发生效力。《联合国国际货物销售合同公约》也采纳了这一主张。英美法系采发送主义或送信主义,即主张如果承诺的意思表示是以邮件、电报方式作出,则承诺于投入邮筒或交付电信局时生效,除非要约人与承诺人另有约定。

我国《民法典》采到达主义。《民法典》规定,承诺通知到达要约人时生效。承诺不需要通知的,根据交易习惯或者要约的要求作出承诺的行为时生效。

3. 承诺的撤回和迟延

承诺的撤回是指受要约人在其作出的承诺生效之前将其撤回的行为。承诺可以撤回。撤回承诺的通知应当在承诺通知到达要约人之前或者与承诺通知同时到达要约人。本条明确规定了承诺撤回的原则(依到达主义,承诺可以撤回)、撤回的方式(通知)、撤回的生效条件(先于承诺到达或同时到达)。承诺一经撤回,即不发生承诺的效力,也就阻止了合同的成立。

承诺迟延又称迟到的承诺,是指受要约人未在承诺期限内发出的承诺。对此,我国《民法典》作出以下规定:① 除要约人及时通知受要约人该承诺有效的以外,迟到的承诺不发生承诺的效力，但因其符合要约的条件，故可视为新要约；② 承诺因意外原因而迟延者，并非一概无效。受要约人在承诺期限内发出承诺，按照通常情形能够及时到达要约人，但因其他原因承诺到达要约人时超过承诺期限的，除要约人及时通知受要约人因承诺超过期限不接受该承诺的以外，该承诺有效。这一规定照顾了受要约人的利益，使得合同法采取的到达主义与发送主义更为接近。

## 二、合同成立的时间和地点

### (一) 合同成立时间

1. 一般规定

承诺生效时合同成立。据此，合同于承诺生效时成立。至于承诺于何时生效，则有前文所述两种立法主张，兹不赘述。

2. 合同书形式的合同成立时间

当事人采用合同书形式订立合同的，自双方当事人签字或者盖章时合同成立。当事人采用合同书形式订立合同，但并未签字盖章，意味着当事人的意思表示未能最后达成一致，因而一般不能认为合同成立。双方当事人签字或者盖章不在同一时间的，最后签字或者盖章时合同成立。

3. 确认书形式的合同成立时间

当事人采用信件、数据电文等形式订立合同的，可以在合同成立之前要求签订确认书。签订确认书时合同成立。在此情况下，确认书具有最终承诺的意义。

4. 合同的实际成立

法律、行政法规规定或者当事人约定采用书面形式订立合同，当事人未采用书面形式但一方已经履行主要义务，对方接受的，该合同成立。此时可从实际履行合同义务的行为中推定当事人已经形成了合意和合同关系，当事人一方不得以未采取书面形式或未签字盖章为由，否认合同关系的实际存在。

### (二) 合同的成立地点

1. 一般规定

《民法典》规定，承诺生效的地点为合同成立的地点。采用数据电文形式订立合同的，收件人的主营业地为合同成立的地点；没有主营业地的，其经常居住地为合同成立的地点。当事人另有约定的，按照其约定。

2. 书面合同的成立地点

《民法典》规定，当事人采用合同书形式订立合同的，双方当事人签字或者盖章的地点为合同成立的地点。

## 三、缔约过失责任

### (一) 缔约过失责任的概念和构成要件

缔约过失责任是指在订立合同过程中，一方因违背其依据诚实信用原则所应尽的义务而致另一方信赖利益的损失，依法应承担的民事责任。

缔约过失责任的构成应具备如下要件：

（1）此种责任发生于合同订立阶段。这是它与违约责任的根本区别。只有在合同尚未成立，或者虽已成立，但因为不符合法定的有效要件而被确认为无效或被撤销时，才可能发生缔约过失责任。因此，合同是否成立，是判定是否产生缔约过失责任的关键。

（2）一方当事人违反了依诚实信用原则所担负的先合同义务。由于合同尚未成立，因此当事人并不承担合同义务。然而，在订约阶段，当事人依诚实信用原则负有忠实、保密等义务，此为法定义务，若因过失而违反，则可能产生缔约过失责任。

（3）另一方的信赖利益因此而受到损失。所谓信赖利益损失，是指一方实施某种行为后，另一方对此产生了信赖（如相信其会与己方订立合同），并为此而支付了一定的费用，后因对方违反诚实信用原则导致合同未成立或无效或被撤销，该费用不能得到补偿，因而受到损失。此项损失，既包括财产的直接减少（积极损失），也包括应增加而未增加的利益（如履约收益）。

### （二）缔约过失责任的适用

缔约过失责任的适用情形如下。

（1）恶意磋商，即非出于订立合同之目的而借订立合同之名与他人磋商。其真实目的，或阻止对方与他人订立合同，或使对方贻误商机，或仅为戏耍对方。

（2）故意隐瞒与订立合同有关的重要事实或者提供虚假情况。缔约当事人依诚实信用原则负有如实告知义务，主要包括：① 告知对方自己的财产状况与履约能力；② 告知标的物的瑕疵；③ 告知标的物的性能和使用方法。若违反此项义务（隐瞒或虚告），即构成欺诈，如因此致对方受损害，应负缔约过失责任。

（3）违反有效要约和要约邀请。例如，某房地产开发公司于售楼广告中称客户入住后将开通免费进市区班车，后虽开通，但数月后即停止。

（4）违反初步协议或许诺。例如，王某与某小学商定捐款 100 万元改建校舍，王某承诺捐款于 9 月到账，要求学校此前做好准备，并备好配套资金。而后，学校将旧校舍拆除，并贷款 50 万元。后王某以生意亏损为由拒绝捐款，给学校造成损失。

（5）未尽保护、照顾等附随义务，如店堂地滑，致顾客摔伤。

（6）违反强制缔约义务，如公共汽车司机无正当理由拒载。

（7）无权代理。无权代理若未被被代理人追认，又不构成表见代理，则应由行为人承担缔约过失责任。

### （三）缔约过失责任的赔偿范围

根据《民法典》的规定，缔约过失责任的形式是损害赔偿。缔约过失损害赔偿的范围，是相对人因缔约过失而遭受的信赖利益损失，包括直接损失和间接损失。具体而言：① 在合同不成立，或虽已成立但被宣告为无效或被撤销的情况下，构成缔约过失的一方应赔偿对方的直接损失通常包括订立合同的费用（如差旅费、通信费）、准备履行合同所支出的费用（如仓库预租费）以及上述费用的利息，间接损失主要指对方因此丧失商机所造成的损失；② 一方当事人在订立合同的过程中未尽照顾、保护义务而使对方遭受人身损害时，应赔偿因此产生的实际财产损失；③ 由于一方当事人在订立合同的过程中未尽通知、说明义务致使另一方遭受财产损失时，也应赔偿其实际财产损失。

> **相关思考6-1**
>
> 甲因疏于注意,将原已灭失的一幅古画出售予不知情的丙。请问:甲应当对丙承担何种责任?

## 四、格式条款

### (一) 格式条款的概念

格式条款是当事人为了重复使用而预先拟定,并在订立合同时未与对方协商的条款。这一规定揭示了格式条款的以下特征:

(1) 由一方当事人预先拟定。此点表明,格式条款是由一方当事人事先拟定的,在拟定之时并未征求对方当事人的意见。对此,应作扩大解释,即不限于一方当事人自己事先拟定,也包括一方采用第三人拟定的格式条款(如主管部门、行业组织制定的合同示范文本,但示范文本本身并非格式条款)。但是,法律规定的合同条款,无论是当然适用的强制性条款,还是具有补充当事人意思作用的任意性条款,都不属于格式条款的范围。

(2) 重复使用。重复使用包括适用对象的广泛性和适用时间的持久性。一般而言,格式条款的拟定是为了重复使用。但有学者认为,重复使用并不是格式条款的本质特征,而仅仅是为了说明"预先拟定"的目的,因为有的格式条款只使用一次,而普通合同条款也可以反复使用多次。

(3) 在订立合同时未与对方协商。此点强调了格式条款的附从性或定型化特征,即格式条款的特点在于订约时不容对方协商(要么接受,要么拒绝),容许协商而不与对方协商或放弃协商的权利,该条款并非格式条款。

### (二) 格式条款的订立规则

采用格式条款订立合同的,提供格式条款的一方应当遵循公平原则确定当事人之间的权利和义务,并采取合理的方式提请对方注意免除或者限制其责任的条款,按照对方的要求,对该条款予以说明。该条规定了提供方的一般义务,并规定了提供方免责格式条款的"提请注意义务"和"说明义务"。

格式条款订入合同必须经过一定的程序并不能自动纳入合同。格式条款订入合同的程序实际上就是《民法典》所规定的,提供条款的一方应当采取合理的方法提请对方注意,即有义务以明示或者其他合理、适当的方式提醒相对人注意其欲以格式条款订立合同的事实。此种提醒,应达到合理的程度,具体可从文件的外形、提起注意的方法、清晰明白的程度、提起注意的时间等方面综合判断。

### (三) 格式条款的无效

《民法典》第505条规定:当事人超越经营范围订立的合同的效力,应当依照本法第一编第六章第三节和本编的有关规定确定,不得仅以超越经营范围确认合同无效。本条采取列举的方式,规定了格式条款的无效情形。需要注意的是:

(1) 格式条款中的免责条款是否一概无效。应当认为,第505条所谓免除责任,是指格式条款的制定人在格式条款中已经不合理或不正当地免除其应当承担的责任,而且所免除的不是未来的责任,而是现在应当承担的义务和责任,其含义不同于《民法典》第590条所规定的"免除或者限制其责任的条款"。

（2）对方的主要权利，一是指法律规定的权利，如消费者的权利；二是由法官自由裁量；三是应依合同性质确定。本教材认为"对方的主要权利"对应第三种观点较为妥当。

## 第三节 合同的内容解释

### 一、合同的内容与形式

（一）合同的内容

合同的内容，就是合同当事人的权利与义务，具体体现为合同的各项条款。《民法典》规定，在不违反法律强制性规定的情况下，合同条款可以由当事人自由约定，但一般包括以下条款：① 当事人的名称或者姓名和住所；② 标的，即合同双方当事人权利义务所共同指向的对象；③ 数量；④ 质量；⑤ 价款或者报酬；⑥ 履行期限、地点和方式；⑦ 违约责任；⑧ 解决争议的方法。

（二）合同的形式

合同的形式是指合同当事人意思表示一致的外在表现形式。当事人订立合同，可以采取书面形式、口头形式和其他形式。合同形式在对于固定证据、警告当事人郑重其事、区分磋商与缔结两个阶段均有重要意义。口头形式的合同虽方便易行，但缺点是发生争议时难以举证确认责任，不够安全。书面形式是指以合同书、信件等各种有形地表现所载内容的合同形式。根据《民法典》的规定，数据电文（包括电报、电报、传真、电子数据交换和电子邮件）也属于书面形式的一种。另外，法律行政法规规定或者当事人约定采用书面形式的合同，当事人应当采用书面形式。

### 二、合同的解释

（一）合同解释的概念

合同解释是指对合同条款及其相关资料所作的分析和说明。合同解释有广义和狭义之分。对合同条款及其相关资料的含义加以分析和说明，任何人都有权进行，这是广义的合同解释。狭义的合同解释专指有权解释，即受理合同纠纷的法院或仲裁机构对合同及其相关资料所作的具有法律约束力的分析和说明。

合同解释的客体是体现合同内容的合同条款及相关资料，包括发生争议的合同条款和文字、当事人遗漏的合同条款、与交易有关的环境因素（如书面文据、口头陈述、双方表现其意思的行为以及交易前的谈判活动和交易过程）等。

（二）合同解释的原则

1. 文义解释原则

合同条款由语言文字所构成。欲确定合同条款的含义，必须先了解其所用的词句，确定该词句的含义。因此，解释合同必须由文义解释入手。

合同解释的根本目的在于确定当事人的真实意思。对此，现代法律奉行表示主义，即主张按当事人表示出来的意思加以解释，即依据合同用语解释合同。但由于主客观原因，合同用语往往不能准确地反映当事人的真实意思,有时甚至相反,这就要求合同解释不能拘泥于合同文字,而应全面考虑与交易有关的环境因素,探求当事人的真意。

2. 体系解释原则

体系解释又称整体解释,是指把全部合同条款和构成部分看成一个统一的整体,从各条款及构成部分的相互关联、所处的地位和整体联系上阐明某一合同用语的含义。《民法典》关于按照"合同的有关条款"解释的规定,是对这一原则的确认。

合同解释之所以要遵循体系解释原则,是因为:首先,在于合同条款经双方当事人协商一致,自然需平等对待,视为一体。其次,表达当事人意图的语言文字在合同的整个内容中是有组织的,而不是毫无联系、彼此分离的词语排列,如果不把有争议的条款或词语与其上下文所使用的词语联系起来,就很难正确、合理地确定当事人的实际意图。最后,合同内容通常是单纯的合同文本所难以完全涵盖的,而是由诸多其他行为和书面材料所组成(如双方初步谈判、要约、反要约、信件、电报、电传等),其中可能包含对合同文本内容的修订或补充,也可能包含对合同的担保。因此,在确定某一争议条款或词语的意思的过程中,这些材料应放在一起进行解释,以便明确该条款或词语的真正意义。

3. 目的解释原则

当事人订立合同均为达到一定目的,合同的各项条款及其用语均为达到该目的的手段。因此,确定合同用语的含义乃至整个合同的内容自然须适合于合同的目的。《民法典》也规定了这一原则。

合同目的可分为抽象目的和具体目的。前者是指当事人订立合同时有使合同有效的目的。它是合同解释的总体方向,如果合同条款相互矛盾有使合同有效和无效两种解释,应作使合同有效的解释。具体目的是指合同所欲追求的具体的经济或社会效果,这是合同目的意思的内容。对此,可分别以下情况加以确定:① 合同的目的应是当事人双方在合同中通过一致的意思表示而确定的目的;② 当事人双方所欲达到的目的不一致时,以双方均已知或应知的表示于外部的目的为准;③ 合同的目的不仅指合同整体目的,还可区分为部分合同目的和条款目的,在进行目的解释时应予以兼顾。

4. 参照习惯或惯例原则

参照习惯或惯例原则是指在合同的文字或条款的含义发生歧义时,应按照习惯或惯例的含义予以明确;在合同存在漏洞,致使当事人的权利义务不明确时,参照习惯或惯例加以补充。

习惯和惯例是人们在长期反复实践的基础上形成的,在某一地区、某一行业或某一类交易关系中普遍采用的做法、方法或规则,能够被广大的合同当事人所认知、接受和遵从。因此,在合同解释中参照习惯或惯例,不仅符合当事人的利益和愿望,也符合社会正义和法律的要求。

(三) 合同解释的方法

合同解释的方法亦即合同解释的具体规则,它是在合同解释原则指导下产生的合同解释的具体手段。根据实践经验和学者归纳,常用的合同解释规则如下。

1. "明示其一即排除其他"规则

如果当事人在合同中列明了特定的款项,未采用更为一般性的术语,其意图就是排除未列明的项目,尽管未列明的项目与列明的项目相类似。

2. 特定性条款优于一般性条款规则

条款内容越具体特定,就越可能反映当事人的真实意图。

3. 手写条款(词语)优于印刷条款规则

手写条款往往是当事人在印刷条款形成之后通过单独谈判而确定的条款,故应优于印刷条款。

4. 不利解释规则

如果一方提供的条款或用语可合理地作出两种解释时,应选择不利于条款或用语提供人的解释。

### (四) 格式条款的解释

对格式条款的理解发生争议的,应当按照通常理解予以解释。对格式条款有两种以上解释的,应当作出不利于提供格式条款一方的解释。格式条款和非格式条款不一致的,应当采用非格式条款。

格式条款的解释规则包含以下三个层次内容:

(1) 通常理解规则。对格式条款的解释应以一般人的、惯常的理解为准,而不应仅以条款制作人的理解为依据,对某些特殊术语,也应作出通常的、通俗的、一般意义的解释,亦即依据订约者平均的、通常具有的理解能力予以解释。

(2) 不利解释规则。不利解释规则古代已有,现代各国民法均予以采纳,即应作不利于格式条款提供者的解释。

(3) 非格式条款效力优先规则。非格式条款即个别商议条款,其效力应优先于格式条款,这样既尊重了当事人的意思,也有利于保护广大消费者。

## 第四节 合同的履行

### 一、合同履行的原则

根据《民法典》的规定,当事人应当按照约定全面履行自己的义务;应当遵循诚实信用原则,根据合同的性质、目的和交易习惯履行通知、协助、保密等义务。由此规定可得出下文所述的合同的履行原则。

#### (一) 全面履行原则

全面履行又称适当履行原则,是指切实、准确地按合同约定的各项条款去履行,即为适当履行。"适当"两字在这里指履约行为和结果同约定条款的要求相符合,既包括主体适当,也包括标的物、履行方式和履行地点适当。

#### (二) 诚实信用原则

当事人在履行合同过程中,应遵守诚实信用原则,根据合同的性质、目的及交易习惯正确履行合同规定的义务。按照诚实信用原则的要求,当事人在履行合同中应履行保密义务,即当事人在履行合同中对属于对方当事人的商业秘密或者对方当事人要求保密的信息、事项不能向外界透露。该原则要求当事人履行以下义务:

(1) 通知义务,即将与合同有关的重要事项通知对方。

(2) 协助义务,即指当事人在履行合同义务时要互相配合。

(3) 提供必要的条件,即当事人之间应为对方履行义务提供必要的条件。

(4) 防止损失扩大,在合同履行过程中因某种原因致使当事人遭受损失,双方在有条件的情况下都应避免损失的扩大。

### 相关思考 6-2

2×23年4月24日,刘天晓购票上车后发现火车已由原来的空调硬座子弹头式豪华列车变为由3节硬卧和4节硬座车厢混编的临时普通列车。列车在运行中无人报站,车内很冷,服务质量也极差。对刘天晓的质疑,列车长的解释是"原车次的子弹头式列车需进库进行整体护体(即对车厢内外设施进行维修更换),所以改换车体"。对于为什么没有在售票厅进行公示告知,列车长答复:"不清楚。"4月26日,刘天晓返回,乘坐的火车又是同样问题。投诉未果,刘天晓起诉了哈尔滨铁路局。

### (三) 合同约定不明的履行原则

合同生效后,当事人就质量、价款或者报酬、履行地点等内容没有约定或者约定不明确的,可以协议补充;不能达成补充协议的,按照合同有关条款或者交易习惯确定。依照上述规则仍不能确定的,依照下列规则确定:

(1) 质量要求不明确的,按照国家标准、行业标准履行;没有国家标准、行业标准的,按照通常标准或者符合合同目的的特定标准履行。

(2) 价款或者报酬不明确的,按照订立合同时履行地的市场价格履行;依法应当执行政府定价或者政府指导价的,按照规定履行。

(3) 履行地点不明确,给付货币的,在接受货币一方所在地履行;交付不动产的,在不动产所在地履行;其他标的,在履行义务一方所在地履行。

(4) 履行期限不明确的,债务人可以随时履行,债权人也可以随时要求履行,但应当给对方必要的准备时间。

(5) 履行方式不明确的,按照有利于实现合同目的的方式履行。

(6) 履行费用的负担不明确的,由履行义务一方负担。

合同约定执行政府定价或者政府指导价的,在合同约定的交付期限内政府价格调整时,按照交付时的价格计价。逾期交付标的物的,遇价格上涨时,按照原价格执行;价格下降时,按照原价格执行。

## 二、双务合同的履行抗辩权

### (一) 同时履行抗辩权

在未约定先后履行顺序的双务合同中,当事人应当同时履行,一方在对方未为对待给付之前,有权拒绝其履行要求。此项权利,称为同时履行抗辩权。

同时履行抗辩权只适用于双务合同,如买卖、互易、租赁、承揽、保险等合同。只有在双务合同中,当事人之间才存在对待给付,即当事人之间的给付具有对等关系或对应关系,一方为给付是为了换取对方的给付。正是这种对应关系,使得同时履行抗辩权具有公平性。单务合同(如赠与合同)和不真正的双务合同(如委托合同)不适用同时履行抗辩权。

**延伸阅读 6-1**

**当事人一方违约与同时履行抗辩权**

(1) 部分履行与同时履行抗辩权。债务人原则上无部分履行的权利,因此双务合同的一方当事人提出部分履行时,对方当事人有权拒绝受领,但若拒绝受领违反诚实信用原则,则不在此限;若受领部分给付,可以提出相当部分的对待给付,也可以主张同时履行抗辩权,拒绝为给付,除非如此违背诚实信用原则。

(2) 瑕疵履行与同时履行抗辩权。《民法典》规定,一方在对方履行债务不符合约定时,有权拒绝其相应的履行要求。债务人瑕疵履行,债权人可请求其消除缺陷或另行给付,在债务人未消除缺陷或另行给付时,债权人有权行使同时履行抗辩权,拒绝为对待给付。

## (二) 不安抗辩权

我国《民法典》上的不安抗辩权,是指先给付义务人在有证据证明后给付义务人的经营状况严重恶化,或者转移财产、抽逃资金以逃避债务,或者有谎称有履行能力的欺诈行为,以及其他丧失或者可能丧失履行债务能力的情况时,有权中止自己的履行的权利;后给付义务人收到中止履行的通知后,在合理的期限内未恢复履行能力或者未提供适当担保的,先给付义务人有权解除合同。

1. 双方当事人因同一双务合同而互负债务

不安抗辩权为双务合同的效力表现,其成立须双方当事人因同一双务合同而互负债务,并且该两项债务存在对价关系。

2. 后给付义务人的履行能力明显降低,有不能为对待给付的现实危险

不安抗辩权制度保护先给付义务人是有条件的,只有在后给付义务人有不能为对待给付的现实危险、害及先给付义务人的债权实现时,才能行使不安抗辩权。

后给付义务人的履行能力明显降低,有不能为对待给付的现实危险,主要包括:其经营状况严重恶化;转移财产、抽逃资金,以逃避债务;谎称有履行能力的欺诈行为;其他丧失或者可能丧失履行能力的情况。

履行能力明显降低,有不能为对待给付的现实危险,须发生在合同成立以后。如果在订立合同时即已经存在,先给付义务人若明知此情而仍然缔约,法律则无必要对其进行特别保护;若不知此情,则可以通过合同无效等制度解决。

为了兼顾后给付义务人的利益,也便于其能及时提供适当担保,先给付义务人行使不安抗辩权的,应及时通知后给付义务人,该通知的内容包括中止履行的意思表示和指出后给付义务人提供适当担保的合理期限。行使不安抗辩权的先给付义务人并负有证明后给付义务人的履行能力明显降低、有不能为对待给付的现实危险的义务。

先给付义务人及时通知后给付义务人,可使后给付义务人尽量减少损害,及时地恢复履行能力或提供适当的担保以消除不安抗辩权,使先给付义务人履行其义务。

规定先给付义务人负上述举证义务,可防止其滥用不安抗辩权,借口后给付义务人丧失或可能丧失履行能力而随意拒绝履行自己的债务。如果先给付义务人没有确切证据而中止履行,应当承担违约责任。

二维码:
视频6-2
合同履行中的抗辩权

## (三) 顺序履行抗辩权

顺序履行抗辩权也称先履行抗辩权,是指当事人互负债务,有先后履行顺序的,先履

行一方未履行之前,后履行一方得拒绝其履行请求,先履行一方履行债务不符合约定的,后履行一方得拒绝其相应的履行请求的权利。

顺序履行抗辩权的成立及行使,产生后履行一方可一时中止履行自己债务的效力,对抗先履行一方的履行请求,以此保护自己的期限利益、顺序利益;在先履行一方采取了补救措施、变违约为适当履行的情况下,先履行抗辩权消失,后履行一方须履行其债务。可见,顺序履行抗辩权属一时的抗辩权(非永久性抗辩权)。顺序履行抗辩权的行使不影响后履行一方主张违约责任。

### 三、合同的保全

合同的保全是指法律为防止因债务人的责任财产不当减少给债权人的债权带来损害,允许债权人代债务人之位向第三人行使债务人的权利,或者请求法院撤销债务人与第三人的法律行为的法律制度。合同的保全表现为两种制度,一是债权人的代位权,二是债权人的撤销权。其中,前者设立的目的是保持债务人的责任财产,适用于债务人的财产应增加且能增加、因债务人的懈怠未增加的情形;后者设立的目的是恢复债务人的责任财产,适用于债务人的财产不应减少、因债务人的处分不当减少的情形。

#### (一) 代位权

根据《民法典》的规定,债权人代位权是指当债务人怠于行使其对第三人享有的到期债权而对债权人的债权造成损害的,债权人为保全自己的债权,可以向人民法院请求以自己的名义代位行使债务人的债权的权利。债权人代位权具有以下特征:

(1) 债权人代位权是债权人以自己的名义行使债务人的权利,此点不同于代理权。

(2) 债权人代位权的行使,针对的是债务人怠于行使到期债权的消极行为,此点与债权人撤销权不同。

(3) 债权人代位权的目的是保全债权,因此在履行期到来之前,债权人为了保持债务人的财产也可以行使代位权,此点不同于债权人对债务人或第三人的请求权。

#### (二) 债权人代位权的成立要件

1. 债务人对次债务人(即债务人的债务人)享有到期债权

首先,债权人代位权的行使,以债务人对次债务人享有到期债权为前提,如债务人对次债务人的债权根本不存在,或虽已存在但并未到期,债权人均不可主张代位权。而债务人对次债务人的到期债权发生于债权人与债务人之间的债权债务关系之前或者之后,对债权人代位权的成立和行使没有影响。其次,从该到期债权的内容来看,依最高人民法院的司法解释,必须是以金钱给付为内容的债权,对于以非金钱给付为内容的债权,如不作为债权或者以劳务为标的的债权,债权人不得行使代位权。最后,债权人代位行使的权利,必须是债务人的现有权利,对于非现实的权利,如将来债权,债权人不得请求代位行使。

2. 债务人怠于行使其到期债权

债务人怠于行使其到期债权,是指债务人应行使且能行使却不行使其到期债权。应行使是指如果不及时行使,则该权利将有消灭的可能,如请求权将因时效完成而消灭,受偿权将因不申报破产债权而丧失。能行使是指债务人客观上有能力行使权利并得以行使权利,而不存在无法行使其权利的情形,如债务人客观上不能行使权利,债权人则不得代位行使。

3. 债务人已陷入履行迟延

附停止条件的债权,在条件成就之前,没有代位权成立的可能,已发生的债权,在债务人迟延履行之前,债权人的债权能否得到满足尚不确定,代位权的行使也无现实可能,只有在债务人已陷入履行迟延但仍怠于行使其对次债务人的到期债权,自身又无力清偿债务,债权人的债权存在现实的无法实现的危险时,债权人的代位权才有行使的必要。债务定有履行期的,债务人届期不履行即构成迟延;债务未定履行期的,经债权人催告后,债务人仍不履行的,才构成迟延。然而债权人专为保存债务人权利的行为,如中断时效、申请登记、申报破产债权等,可以不必等债务人履行迟延时即可行使。

4. 债务人怠于行使其到期债权的行为对债权人造成损害,即有保全债权的必要

只有在债务人怠于行使其到期债权的行为给债权人造成损害,即如果债权人不行使代位权,债权人享有的债权确有无法获得满足的危险时,债权人才有行使代位权以保全自己债权实现的必要。如债务人的财产足以清偿其债务,债权人的债权不存在无法实现的危险,债权人在债务人不履行债务时,只需请求人民法院依法强制执行即可使其债权得以实现或满足,当然也就没有行使代位权的必要了。该必要不以债务人无资力为要件,对不特定债权及金钱债权,应以债务人陷入无资力为必要,而对特定债权及其他与债务人资力无关的债权,则不以债务人陷于无资力为必要。

债权人提起代位权诉讼,应当符合下列条件:

(1) 债权人对债务人的债权合法。

(2) 债务人怠于行使其到期债权,对债权人造成损害。即债务人不履行其对债权人的到期债务,又不以诉讼方式或者仲裁方式向其债务人主张其享有的具有金钱给付内容的到期债权,致使债权人的到期债权未能实现。

(3) 债务人的债权已到期。

(4) 债务人的债权不是专属于债务人自身的债权。所谓专属于债务人自身的债权,是指基于扶养关系、抚养关系、赡养关系、继承关系产生的给付请求权和劳动报酬、退休金、养老金、抚恤金、安置费、人寿保险、人身伤害赔偿请求权等权利。

(三) 债权人代位权的行使

债权人代位权的行使必须符合以下几点:

(1) 债权人代位权行使的主体是债权人,债权人以自己的名义行使代位权。多数人享有债权的,各债权人可独立行使代位权,也可共同行使代位权,如果其中一个债权人已就某项债权行使代位权而获得满足,则其他债权人不得再就该项债权行使代位权,然而这并不妨碍其就其他债权行使代位权或向债务人请求履行。债权人行使代位权,必须履行善良管理人的义务,否则因违反该项义务而给债务人造成损害的,由债权人予以赔偿。

(2) 债权人代位权必须通过诉讼程序行使。在我国,债权人代位权的行使,必须借助国家司法机关的公力救济手段,禁止债权人的私力救济。这主要是基于以下两点:第一,只有通过裁判方式才能保证某个债权人行使代位权所获得的利益能够在各个债权人之间合理分配;第二,只有通过裁判方式才能有效地防止债权人滥用代位权,如防止随意处分

债务人的权利或将债务人的权利用以冲抵自己的债权,同时也能够有效地防止债权人与其他未行使代位权的债权人、债务人以及次债务人之间因代位权的行使而发生的纠纷。

(3) 债权人代位权行使的范围,以保全债权的必要范围为限。在必要范围内,可以同时或顺位代位行使债务人的数个债权,对一项债权行使代位权已足以保全债权的,债权人不得再代位行使债务人的其他权利。

(4) 债权人行使代位权,原则上不得处分债务人的权利,擅自处分的,其行为无效。但其处分的行为可以使债务人的责任财产增加的,不在所限之列,如将不易保存的货物予以变卖处理。

### (四) 债权人代位权行使的效力

1. 对于债务人的效力

(1) 债权人向次债务人提起的代位权诉讼经人民法院审理后认定代位权成立的,由次债务人向债权人履行清偿义务,债权人与债务人、债务人与次债务人之间相应的债权债务关系即归于消灭。在代位权诉讼中,债务人处于第三人的诉讼地位,债权人未将债务人列为第三人的,人民法院可以追加债务人为第三人。

(2) 债务人对其债权的处分权因代位权的行使而受到限制,即不得再为妨害代位权行使的处分行为。在债权人已着手行使代位权且通知债务人后,债务人即不得为抛弃、免除、让与或其他足以使代位权的行使受到妨害的行为,债务人违反此限制而擅自处分的,债权人有权主张其处分无效。

2. 对次债务人的效力

(1) 次债务人在代位权诉讼中处于被告地位,可以向债权人主张自己对债务人的一切抗辩。但是,次债务人对债权人的抗辩,不得在债权人行使代位权时对抗债权人。

(2) 经人民法院审理后认定代位权成立的,由次债务人向债权人履行清偿义务。次债务人向债权人履行清偿义务后,债务人与次债务人之间的债权债务关系在清偿范围内归于消灭。

(3) 在代位权诉讼中,债权人胜诉的,诉讼费用由次债务人负担,从实现的债权中优先支付。

3. 对债权人的效力

(1) 债权人依照《民法典》规定提起代位权诉讼的,由被告住所地的人民法院管辖。债权人向人民法院起诉债务人以后,又向同一人民法院对次债务人提起诉讼,符合管辖和起诉条件的,应当立案受理;不符合管辖规定的,告知债权人向次债务人住所地人民法院另行起诉。在债权人起诉债务人的诉讼裁决发生法律效力以前,应当中止代位权诉讼。债权人以次债务人为被告向人民法院提起诉讼,未将债务人列为第三人的,人民法院可以追加债务人为第三人。两个或者两个以上债权人以同一次债务人为被告提起代位权诉讼的,人民法院可以合并审理。

(2) 债权人只能在本人债权额内提起代位权诉讼,也不得超出债务人权利的范围。在代位权诉讼中,债权人行使代位权的请求数额超过债务人所负债额或者超过次债务人对债务人所负的债额的,对超出部分人民法院不予支持。债务人在代位权诉讼中对债权人的债权提出异议,经审查异议成立的,人民法院应当裁定驳回债权人的起诉。

（3）经法院审理确认代位权成立并经次债务人向债权人履行清偿义务后，债权人与债务人之间的债权债务关系归于消灭。

**（五）撤销权**

债权人撤销权又称废罢诉权，是指债权人对债务人所为的危害债权的行为，可以申请法院予以撤销的权利。它与债权人代位权一样，突破了债的相对性原则以保全债权，体现了债的对外效力。

债权人撤销权的成立要件，包括客观要件和主观要件。

1. 客观要件

客观要件是指债务人实施了有害于债权的行为。对此可以从以下三个方面加以分析：

（1）须有债务人的处分行为。依《民法典》的规定，债务人的处分行为包括放弃其到期债权、无偿转让财产和以明显不合理的低价转让财产的行为。依最高人民法院的司法解释，债务人有下列情形之一的，债权人可以向人民法院提起撤销权诉讼：债务人放弃或者延展其到期债权，以致不能清偿其债务，对债权人造成损害的；债务人无偿转让财产，对债权人造成损害的；债务人放弃其到期债权，又无其他财产清偿到期债务，可能影响债权人实现其债权的；债务人以自己的财产设定担保，对债权人造成损害的；债务人以明显不合理的低价转让财产或者以明显不合理的高价收购他人财产，且受让人或者出让人明知或者应当知道该行为已经或者可能损害债权人的利益。对于债务人毁损、抛弃财产的行为，债权人没有撤销权行使的可能，当然无法行使其撤销权。

（2）债务人的行为必须以财产为标的。以财产为标的的行为是指财产上受其直接影响的行为。不以财产为标的的行为，因与债务人的责任财产无关，因此债权人不得撤销。不以财产为标的的行为主要包括：基于身份关系而为的行为，如结婚、收养或解除收养、继承的承认或抛弃；以不作为债务的发生为目的的法律行为；以提供劳务为目的的行为；财产上利益的拒绝行为；以不得扣押的财产权为标的的行为。

（3）债务人的行为须有害于债权人的债权。有害于债权人的债权是指债务人的行为减少了债务人的责任财产，致使债务人无足够的财产来清偿其对债权人的债务，而使债权人的债权无法得到满足，从而损害了债权人的利益。债务人有害于债权人债权的行为包括两种情况：一为债务人积极减少财产，如让与所有权，在自己财产上设定他物权，让与债权，免除他人债务等；二为债务人消极地增加债务，如债务承担，为他人提供保证，为他人的债权增设抵押权、提前清偿未到期债务等。债务人的行为使自己陷于资力不足，不能清偿所有债权或者发生清偿困难，且此种状态持续到撤销权行使时仍然存在的，即可认定为有害于债权。但在清偿到期债务及获取正常对价的买卖互易等情况，因其并不必然导致债务人责任财产的减少，不能认定该行为有害于债权。债权人于行为时虽有危害债权的故意，事实上并未对债权造成危害的，不发生撤销权。债务人是否陷于资力不足而不能履行或履行困难，致使自己的债权受损，应由主张撤销权的债权人负举证责任。

2. 主观要件

主观要件是指行为人行为时具有的主观恶意，即债务人与第三人为法律行为时，明知行为有害于债权而为之的心理状态。债务人为无偿行为而有害于债权时，只需具备客观要件,债权人即可请求法院予以撤销,因为对无偿行为的撤销,仅使受益人丧失无偿所得的利益,并未损害其固有利益,法律因而侧重于保护受损的债权人的利益。但债务人所为行为为有偿时,只有行为时明知有损于债权人的债权的,而且受益人受益时明知此情形的,债权人才可行使撤销权。所以,对于债务人的有偿行为,除需具备客观要件,还需具备债务人及受益人恶意的主观要件。其中,债务人行为时的恶意为撤销权成立要件,而受益人受益时的恶意为撤销权行使要件。如仅有债务人行为时的恶意,而受益人受益时为善意的,债权人不得行使撤销权。

(1) 债务人的恶意是指债务人明知其行为可能引起或增强债务清偿的资力不足的状态,且有害于债权人的利益的主观心理状态。债务人的恶意以行为时为标准,行为后产生恶意的,不成立债权人撤销权。至于其行为是否出于过失,则在所不问。债务人由他人代理实施行为的,应就其代理人的主观状态予以认定。债务人虽有主观恶意,但并未发生有害于债权人债权的结果时,不成立撤销权。债务人只要知道该行为有害于一般债权人的债权即可构成恶意,而无须针对某一具体债权人存在恶意。这是因为债务人的财产除对于特定债权人设有担保物权外,应为一切债务的总担保,债务人明知其财产不足以清偿全部债务而为处分财产或权利,即可推定其具有恶意。

(2) 受益人的恶意是指受益人在取得利益时明知债务人的行为将有害于债权人的心理状态。受益人对可能有害债权人的事实缺乏认识的,债权人不得行使撤销权,至于受益人自己是否具有危害债务人的债权人的恶意,受益人是否明知债务人具有危害债权的恶意,不在考虑之列。对于为第三人利益的合同,以该第三人具有恶意为撤销权的行使要件,至于债务人行为时的相对人是否具有恶意,在所不问。受益人的恶意,以受益时为标准,受益后始为恶意的,债权人不能行使撤销权。受益人受益时间与债务人行为时间不一致的,即使受益人行为时无恶意,但受益时为恶意,仍可行使撤销权。受益人的恶意,虽一般要求由债权人承担举证责任,但如债权人能够证明依当时的具体情况,债务人有害于债权的事实应为受益人所知的,可以推定受益人为恶意。

### (六) 债权人撤销权的行使

债权人撤销权的行使必须符合以下几点:

(1) 债权人撤销权由债权人以自己的名义通过诉讼方式行使。由于债权人撤销权关系到第三人的利益,应由法院审查债权人撤销权的各项成立要件,以避免债权人撤销权的滥用。

(2) 在债权为连带债权的情况下,各债权人可作为共同原告主张债权人撤销权,也可以由其中的一个债权人作为原告主张债权人撤销权,但在后一种情况下,其他共同债权人不得再就该撤销权的行使提起诉讼。

(3) 债权人依照《民法典》的规定提起撤销权诉讼时,只以债务人为被告,未将受益人或受让人列为第三人的,人民法院可以追加该受益人或受让人为第三人。两个或两个以上债权人以同一债务人为被告,就同一标的提起撤销权诉讼的,人民法院可以合并审理。

(4) 债权人撤销权的行使也受到一定限制。<u>在行使范围上,以债权人的债权为限;在行使期限上,撤销权应自债权人知道或者应当知道撤销事由之日起1年内行使,自债务人的行为发生之日起5年内没有行使撤销权的,该撤销权消灭。</u>

### (七) 债权人撤销权行使的效力

1. 对债务人和受益人的效力

债务人的行为被依法撤销后,自始失去法律效力。受益人已受领债务人财产的,负有返还的义务,原物不能返还的,应折价予以赔偿。受益人向债务人支付对价的,对债务人享有不当得利返还请求权。

2. 对行使撤销权的债权人的效力

行使撤销权的债权人有权请求受益人向自己返还所受利益,并有义务将所受利益加入债务人的一般财产,作为全体一般债权人的共同担保(无优先受偿权),债权人行使撤销权所支付的律师代理费、差旅费等必要费用,由债务人承担;第三人有过错的,应当适当分担。

## 第五节 合同的担保

### 一、合同的担保概述

#### (一) 合同担保的概念

合同的担保是指为确保债权得到清偿而设立的各种法律措施。合同的担保有一般担保与特别担保之分。合同的一般担保是指债务人必须以其全部财产作为履行债务的总担保。它不是特别针对某一项债务,而是面向债务人成立的全部债务。此种担保在保障债权实现方面有明显弱点,即在债务人没有责任财产或责任财产不足的情况下,债权人的债权便全部不能或不能全部实现。特别担保在现代法律中包括人的担保、物的担保和金钱担保。

#### (二) 合同担保的种类

1. 人的担保

人的担保是指在债务人的全部财产之外,又附加第三人的一般财产作为债权实现的总担保。保证是人的担保的典型。

2. 物的担保

物的担保是以债务人或第三人的特定财产作为抵偿债权的标的,在债务人不履行其债务时,债权人可以将财产变价,并从中优先受偿的制度,主要有抵押、质押、留置等。广义的物的担保,还包括所有权保留。所有权保留,是在分期付款买卖中,标的物的所有权不因交付而转移,而是随着买受人付清全部价款而转移,从而使买受人积极支付价款,保障出卖人获得全部价款的制度。

3. 金钱担保

金钱担保是债务人在约定给付以外交付一定数额的金钱,该金钱的返还与丧失与债务履行与否联系在一起,使当事人双方产生心理压力,从而促其积极履行债务,保障债权实现的制度。其主要方式有定金、押金。

4. 反担保

所谓反担保是指在商品贸易、工程承包和资金借贷等经济往来中,为了换取担保人提供保证、抵押或质押等担保方式而由债务人或第三人向该担保人提供担保,该新设担保相对于原担保而言被称为反担保。第三人为债务人向债权人提供担保时,可以要求债务人提供反担保。

关于反担保的范围,《民法典》规定,反担保人可以是债务人,也可以是债务人之外的第三人。

### (三) 担保合同的无效及其法律责任

1. 担保合同无效的情形

担保合同必须合法方才有效。根据有关法律和司法解释规定,下列担保合同无效:

(1) 国家机关和以公益为目的的事业单位、社会团体违法提供担保的,担保合同无效。

(2) 董事、高级管理人员违反《中华人民共和国公司法》第149条规定,即违反公司章程的规定,未经股东会、股东大会或者董事会同意,以公司财产为他人提供担保的,担保合同无效。

(3) 以法律、法规禁止流通的财产或者不可转让的财产设定担保的,担保合同无效。

2. 担保合同无效的法律责任

担保合同被确认无效时,债务人、担保人、债权人有过错的,应当根据其过错各自承担相应的民事责任,即承担《民法典》规定的缔约过失责任。

(1) 主合同有效而担保合同无效,债权人无过错的,担保人与债务人对主合同债权人的经济损失,承担连带赔偿责任;债权人、担保人有过错的,担保人承担民事责任的部分,不应超过债务人不能清偿部分的1/2。

(2) 主合同无效而导致担保合同无效,担保人无过错则不承担民事责任;担保人有过错的,应承担的民事责任不超过债务人不能清偿部分的1/3。

(3) 担保人因无效担保合同向债权人承担赔偿责任后,可以向债务人追偿,或者在承担赔偿责任的范围内,要求有过错的反担保人承担赔偿责任。

## 二、保证

### (一) 保证的概念

保证是指第三人和债权人约定,当债务人不履行其债务时,该第三人按照约定履行债务或者承担责任的担保方式。"第三人"被称作保证人,"债权人"既是主债的债权人,也是保证合同中的债权人。保证是保证人与债权人之间的合同关系。保证的方式有两种,即一般保证和连带责任保证。

### (二) 保证人

保证合同当事人为保证人和债权人。自然人、法人或者其他组织均可以为保证人,保证人也可以为两人以上。但法律对保证人仍有相应的限制,这些限制主要有:

(1) 国家机关原则上不得为保证人。但经国务院批准为使用外国政府或者国际经济组织贷款进行转贷的,国家机关可以为保证人。

(2) 学校、幼儿园、医院等以公益为目的的事业单位、社会团体不得作保证人。但从事经营活动的事业单位、社会团体,可以担任保证人。

(3) 企业法人的职能部门不得担任保证人。

(4) 企业法人的分支机构原则上不得担任保证人。但企业法人的分支机构有法人书面授权的,可以在授权范围内提供保证。

### (三) 保证方式

根据保证人承担责任方式的不同,可以将保证分为一般保证和连带责任保证。

1. 一般保证

一般保证是指当事人在保证合同中约定,债务人不能履行债务时,由保证人承担保证责任的保证。一般保证的保证人享有先诉抗辩权。先诉抗辩权是指在主合同纠纷未经审判或仲裁,并就债务人财产依法强制执行用于清偿债务前,对债权人可拒绝承担保证责任。

2. 连带责任保证

连带责任保证是指保证人与债权人在保证合同中约定,在债务人不履行债务时,由保证人对债务承担连带责任的保证。依据担保法的规定,如果当事人在保证合同中对保证方式没有约定或者约定不明确的,按照连带责任保证承担保证责任。

一般保证与连带责任保证之间最大的区别在于保证人是否享有先诉抗辩权,一般保证的保证人享有先诉抗辩权,连带责任保证的保证人则不享有。

### (四) 保证责任

1. 保证责任的范围

保证担保的责任范围包括主债权及利息、违约金、损害赔偿金和实现债权的费用。保证合同对责任范围另有约定的,按照约定执行。当事人对保证担保的范围没有约定或者约定不明确的,保证人应当对全部债务承担责任。

2. 主合同变更与保证责任承担

保证期间,债权人依法将主债权转让给第三人,保证债权同时转让,保证人在原保证担保的范围内对受让人承担保证责任。但是保证人与债权人事先约定仅对特定的债权人承担保证责任或者禁止债权转让的,保证人不再承担保证责任。

保证期间,债权人许可债务人转让债务的,应当取得保证人书面同意,保证人对未经其同意转让的债务部分,不再承担保证责任。

保证期间,债权人与债务人协议变更主合同的,应当取得保证人书面同意。未经保证人同意的主合同变更,如果减轻债务人的债务的,保证人仍应当对变更后的合同承担保证责任;如果加重债务人的债务的,保证人对加重的部分不承担保证责任。债权人与债务人对主合同履行期限作了变动,未经保证人书面同意的,保证期间为原合同约定的或者法律规定的期间。债权人与债务人协议变动主合同内容,但并未实际履行的,保证人仍应当承担保证责任。

3. 保证期间与保证的诉讼时效

保证期间为保证责任的存续期间,是债权人向保证人行使追索权的期间。保证期间性质上属于除斥期间,不发生诉讼时效的中止、中断和延长。债权人没有在保证期间主张权利的,保证人免除保证责任。当事人可以在合同中约定保证期间。如果没有约定的,保证期间为6个月。在连带责任保证的情况下,债权人有权自主债务履行期届满之日起6个月内要求保证人承担保证责任;在一般保证场合,债权人应自主债务履行期届满之日起

6个月内对债务人提起诉讼或者申请仲裁。保证合同约定的保证期间早于或者等于主债务履行期限的,视为没有约定。保证合同约定保证人承担保证责任,直至主债务本息还清时为止等类似内容的,视为约定不明,保证期间为主债务履行期届满之日起2年。如果主债务履行期限没有约定或者约定不明时,保证期间自债权人要求债务人履行债务的宽限期届满之日起计算。

4. 保证人的追偿权

保证人承担保证责任后,有权向债务人追偿其代为清偿的部分。保证人对债务人行使追偿权的诉讼时效,自保证人向债权人承担责任之日起开始计算。保证人自行履行保证责任时,其实际清偿额大于主债权范围的,保证人只能在主债权范围内对债务人行使追偿权。

### 三、定金

#### (一) 定金的概念和种类

定金是指合同当事人为了确保合同的履行,依据法律规定或者当事人双方的约定,由当事人一方在合同订立时或订立后、履行前,按合同标的额的一定比例,预先给付对方当事人的金钱或其他代替物。

定金属于金钱担保。定金是通过一方当事人向对方当事人交付一定数量的金钱或其他代替物,合同履行与否与该金钱或其他代替物的得失挂钩,使当事人心理产生压力,从而积极而适当地履行债务,以发挥担保作用。

实践中应注意将定金与其他形式的金钱担保(金钱质)加以区别。当事人交付留置金、担保金、保证金、订约金、押金或者订金等,但没有约定定金性质的,当事人主张定金权利的,人民法院不予支持。

定金的种类主要有以下几种:

(1) 违约定金。它是指交付定金的当事人若不履行债务,接受定金的当事人可以予以没收的定金。当事人可以约定一方向对方给付定金作为债权的担保。债务人履行债务后,定金应当抵作价款或者收回。给付定金的一方不履行约定的债务的,无权要求返还定金;收受定金的一方不履行约定的债务的,应当双倍返还定金。本条所规定的定金,符合违约定金的基本特征。

(2) 立约定金。它也称为订约定金,是指为担保合同订立而设立的定金。当事人约定以交付定金作为订立主合同担保的,给付定金的一方拒绝订立主合同的,无权要求返还定金;收受定金的一方拒绝订立合同的,应当双倍返还定金。

(3) 成约定金。它是指作为合同成立或生效要件的定金。当事人约定以交付定金作为主合同成立或者生效要件的,给付定金的一方未支付定金,但主合同已经履行或者已经履行主要部分的,不影响主合同的成立或者生效。

(4) 解约定金。它是指用以作为保留合同解除权的代价的定金,即交付定金的当事人可以抛弃定金以解除合同,而接受定金的当事人也可以双倍返还定金而解除合同。

#### (二) 定金的成立

根据《民法典》的规定,定金应当以书面形式约定,定金合同从实际交付定金之日起生效。关于定金交付的时间,立约定金应于合同成立前交付,成约定金于合同订立时交付,违约定金和解约定金既可以在主合同成立同时交付,也可以在主合同成立后、履行前交付。

定金的数额由当事人约定,但不得超过主合同标的额的20%,超过部分人民法院不予保护。实际交付的定金数额多于或者少于约定数额,视为变更定金合同。收受定金一方提出异议并拒绝接受定金的,定金合同不生效。

定金合同是从合同,其成立和有效以主合同的成立和有效为前提。主合同无效或被撤销时,定金合同不发生效力,主合同因解除或其他原因消灭时,定金合同也消灭。

### (三) 定金的效力

定金作为合同担保方式之一,其担保功能主要是通过定金处罚来实现的,定金的效力也与此相关。定金的效力因定金的种类不同而不同。

立约定金的处罚条件是当事人违背承诺拒绝订立合同。其效力表现在:给付定金的一方拒绝订立主合同的,无权要求返还定金;收受定金的一方拒绝订立合同的,应当双倍返还定金。成约定金是合同成立或生效的条件,其效力:交付定金的一方拒绝交付定金,合同即不成立或不生效。

解约定金以当事人一方解除合同为处罚条件,其效力为给付定金的一方解除合同的,无权要求返还定金;收受定金的一方解除合同的,应当双倍返还定金。

违约定金于当事人一方不履行债务时发生制裁效力,或者说定金罚则生效:给付定金的一方不履行规定的债务的,无权要求返还定金;收受定金的一方不履行约定的债务的,应当双倍返还定金。① 因当事人一方迟延履行或者其他违约行为,致使合同目的不能实现,可以适用定金罚则,但法律另有规定或者当事人另有约定的除外;② 当事人一方不完全履行合同的,应当按照未履行部分所占合同约定内容的比例,适用定金罚则;③ 因不可抗力、意外事件致使主合同不能履行的,不适用定金罚则;④ 因合同关系以外第三人的过错,致使主合同不能履行的,适用定金罚则,受定金处罚的一方当事人可以依法向第三人追偿。

## 第六节 合同的变更与转让

### 一、合同的变更

合同的变更有广义、狭义之分。广义的合同变更是指合同主体、客体和内容的变更,前者指合同债权或债务的转让,即由新的债权人或债务人替代原债权人或债务人,而合同内容并无变化;后者指合同当事人权利义务的变化。狭义的合同变更指合同内容的变更,合同主体的变更称为合同的转让。合同变更是合同关系的局部变化(如标的数量的增减、价款的变化、履行时间、地点、方式的变化),而不是合同性质的变化(如买卖变为赠与,合同关系失去了同一性,此为合同的更新或更改)。

(1) 原已存在有效的合同关系。合同的变更,是改变原合同关系,无原合同关系便无变更的对象,所以,合同变更以原已存在合同关系为前提。同时,原合同关系若非合法有效,如合同无效、合同被撤销、追认权人拒绝追认效力未定的合同,也无合同变更的余地。

(2) 合同内容发生局部变化。合同内容的变化包括:标的物数量的增减;标的物品质的改变;价款或者酬金的增减;履行期限的变更;履行地点的改变;履行方式的改变;结算方式的改变;所附条件的增添或除去;单纯债权变为选择债权;担保的设定或取消;违约金的变更;利息的变化。

(3) 经当事人协商一致,或通过司法裁判。当事人协商一致,可以变更合同。合同变更通常是当事人合意的结果。此外,合同也可能基于司法裁判而变更,如《民法典》规定,一方当事人可以请求人民法院或者仲裁机构对重大误解或显失公平的合同予以变更。

(4) 法律、行政法规规定变更合同应当办理批准、登记等手续的,应遵守其规定。合同变更的实质在于变更后的合同代替原合同。因此,合同变更后,当事人应按变更后的合同内容履行。合同变更原则上向将来发生效力,未变更的权利义务继续有效,已经履行的债务不因合同的变更而失去合法性。合同的变更不影响当事人要求赔偿的权利。原则上,提出变更的一方当事人对对方当事人因合同变更所受损失应负赔偿责任。

## 二、合同的转让

### (一) 债权让与

债权让与,是指不改变债的关系的内容,债权人将其债权移转于第三人的法律行为。其中的债权人称为转让人,第三人称为受让人。

我国《民法典》关于合同权利转让的有关规定,债权让与一般应具备以下条件。

1. 须存在有效的债权

有效债权的存在,是债权让与的根本前提。以不存在或者无效的"债权"让与他人,或者以已经消灭的债权让与他人,都将因标的不存在或者标的不能而导致债权让与无效,让与人对受让人因此而产生的损失,应负赔偿责任。

2. 被让与的债权须具有可让与性

由于债权转让本质上是一种交易行为,从鼓励交易、增加社会财富的角度出发,应当允许绝大多数债权能够被转让,只要不违反法律的强行性规定和社会公共道德。以下三类债权不得转让:

(1) 根据债权性质不得转让的债权。其主要包括:① 基于个人信任关系而发生的债权,如雇佣、委托、租赁等合同所生债权;② 专为特定债权人利益而存在的债权。例如,向特定人讲授外语的合同债权;③ 不作为债权,如竞业禁止约定;④ 属于从权利的债权,如保证债权不得单独让与。但从权利可与主权利分离而单独存在的,可以转让,如已经产生的利息债权可以与本金债权相分离而单独让与。

(2) 按照当事人的约定不得转让的债权。当事人在合同中可以特别约定禁止相对方转让债权,该约定同其他条款一样,作为合同的内容具有法律效力,因此此种债权不具有可让与性。

(3) 依照法律规定不得转让的债权。

3. 让与人与受让人须就债权的转让达成协议,并且不得违反法律的有关规定

当事人关于债权转让的意思表示,应在自愿的基础上达成一致。因一方当事人欺诈、

胁迫等行为致使对方当事人陷于意思表示不真实而为债权让与或受让行为时,债权让与合同的效力将会受到影响。债权让与合同为可撤销合同的,撤销权人可以行使撤销权。转让合同被撤销后,受让人已经受领的利益,应该向让与人返还。转让合同如果存在合同法规定的合同无效的原因时,该转让合同当然不发生法律效力。

4. 债权的让与须通知债务人

《民法典》规定,债权人转让权利的,应当通知债务人。未经通知,该转让对债务人不发生效力。关于通知的形式,《民法典》并未限制,因此,口头形式和书面形式都应当允许,但原则上书面合同的债权让与通知应采取书面形式;法律法规有特别规定的,应当遵照其规定。

### (二) 债务承担

债务承担是指在不改变债的内容的前提下,债务人通过与第三人订立转让债务的协议,将债务全部或部分移转给第三人的法律事实。

1. 须存在有效的债务

债务有效存在是债务承担的前提。债务自始无效或者承担时已经消灭的,即使当事人就此订有债务承担合同,也不发生效力。

2. 被移转的债务应具有可移转性

不具有可移转性的债务,不能成为债务承担合同的标的。以下债务不具有可移转性:

(1) 性质上不可移转的债务。这种债务一般是以特定债务人的特殊技能或者特别的人身信任关系为基础而产生的。前者如以某演员的表演为标的的合同义务,以某画家绘画为标的的合同义务等;后者如以对某人的特别信任为基础而成立的委托合同等。这种债务一般不能发生移转,否则会使债权人的预期目的落空。

(2) 当事人特别约定不能移转的债务。

(3) 不作为义务。

3. 第三人须与债权人或者债务人就债务的移转达成合意

债务承担要求第三人须就债务的移转与债权人或者债务人意思表示一致。该意思表示一致就是一个合同,名为债务承担合同。第三人设立债务承担合同的方式有以下两种:

(1) 第三人与债权人订立债务承担合同。《民法典》规定,债务人将合同的义务全部或者部分转移给第三人的,应当经债权人同意。从该法条的字面理解,似乎只有债务人才有移转的权利。但由于债权人拥有比债务人更为优越的地位,应当认为既然债务人可以移转债务,债权人当然也可以移转债务。

第三人代债务人履行债务,对债务人并无不利,债务人一般不会反对,即使债务人反对,而第三人自愿代其履行,债权人又愿意接受第三人履行的,自无使债务承担合同归于无效的必要,所以,第三人与债权人订立的债务承担合同,不必经债务人同意即可生效。但这一原则有以下例外:其一,有偿债务承担须经债务人同意;其二,债务人与债权人事先订有禁止债务移转条款的,须经债务人同意。虽然第三人与债权人订立债务承担合同一般不必经债务人同意即可成立,但应通知债务人,否则对债务人不产生效力,在通知之前债务人向债权人所为的履行有效。

(2) 第三人与债务人订立债务承担合同。第三人与债务人订立的债务承担合同,自债务人与第三人达成合意时成立。债务承担合同存在无效、可撤销、效力未定的原因,被确认为无效后,债务人不脱离债的关系,仍负有原债务。债务人与第三人订立的移转债务的合同因未经债权人同意属无效或被撤销,但经债权人同意后,依然发生债务承担的效果。因此,债务人或者第三人主张债务承担合同无效或撤销,或者不被法定代理人、被代理人追认,必须在债权人作出同意的表示之前为之。

4. 债务承担须经债权人同意

第三人与债权人订立债务承担合同本身即表明债权人同意,不需另作表示。在第三人与债务人订立债务承担合同时,则必须经债权人同意。我国《民法典》也作此规定,即债务人在移转合同义务于第三人时,应当征得债权人的同意。但这一规则仅适用于免责的债务承担。对于并存的债务承担,由于第三人加入债的关系,并未导致原债务人脱离债的关系,并且第三人加入债的关系,有利于加强对债权人利益的保护,增加了债权实现的可能性,所以,第三人与债务人订立并存的债务承担合同,不必征得债权人的同意,但应通知债权人,自通知之时起并存的债务承担对债权人生效。

债权人拒绝债务承担的,可以明示,亦可默示。在债权人同意之前,第三人与债务人的债务承担合同属于效力待定的民事行为,债务人或第三人为了避免债务承担合同的效力久悬不决,可以预定相当期限催告债权人于此期限内对同意与否进行答复,债权人逾期不答复的,即可推定为拒绝同意。

债务承担一般须具备上述条件。特殊情况下,根据《民法典》的规定,债务人转移合同义务,法律、行政法规规定应当办理批准、登记等手续的,自办理上述手续后方可生效。当事人之间约定须履行特定形式的,如公证,也须依法办理才能生效。

(三) 债权债务的概括承受

债权债务的概括承受是指债的一方主体将其债权债务一并移转于第三人。债权债务的概括承受,可为全部债权债务移转,也可为部分债权债务的移转。在后者,可因对方当事人的同意而确定原当事人和承受人的份额;如无明确约定,在原当事人和承受人之间发生连带关系。

债权债务的概括承受,可以是基于当事人之间的合同而产生的,称为意定概括承受;也可以是基于法律的直接规定而产生的,称为法定概括承受。《民法典》对上述两种情形分别作了规定,即合同承受和企业合并。

1. 合同承受

合同承受是指合同当事人一方与第三人订立合同,将其合同权利义务全部或者部分地移转给该第三人,经对方当事人同意后,由该第三人承受其地位,全部或部分地享受合同权利,承担合同义务。

合同承受一般是基于当事人与他人之间的合同而发生,也可以基于法律的直接规定而发生。例如,租赁物在租赁期间发生所有权变动的,不影响租赁合同的效力。据此可知,当买卖租赁物时,基于"买卖不破租赁"的原则,买受人除可取得物的所有权,还承受该租赁物上原已存在的租赁合同关系中出租人的权利义务。此种合同权利义务的概括移转并非基于当事人的意志,而是基于法律的直接规定,因而属于法定移转。

合同承受既转让合同权利,又转让合同义务,因而被移转的合同只能是双务合同。单务合同只能发生特定承受,即债权让与或债务承担,不能产生概括承受。

根据《民法典》的规定,合同承受必须经对方当事人的同意才能生效。因为合同承受不仅包括合同权利的移转,还包括合同义务的移转,所以,合同一方当事人通过合同将权利和义务进行概括移转时,必须取得对方的同意。在取得对方当事人同意后,合同承受生效,从而使承受人完全取代出让人的法律地位,成为合同关系的当事人,出让人则脱离合同关系。其后,如果承受人不履行合同义务,对方也不能诉请原当事人承担责任。

2. 企业合并

企业合并是指两个或两个以上的企业合并为一个企业。企业的合并不同于企业破产,为了保证相对人和合并企业的利益,根据主体的承继性原则,企业合并之前的债权和债务应由合并后的企业承担。企业法人分立、合并,它的权利和义务由变更后的法人享有和承担。

企业合并后,原企业的债权债务的移转,属于法定移转,因而无须征得相对人的同意,依通知或公告而发生效力。通知的方式可以是单独通知,也可以是公告通知。公告通知的,应当保证在一般情形下能为相对人所知悉。通知到达相对人或公告期满时,原债权债务即移转于合并的新企业,该企业成为债的关系的当事人,享有债权并承担债务。

## 第七节 合同的终止

### 一、合同终止的概念

合同的终止是指因发生法律规定或当事人约定的情况,使当事人之间的权利义务关系消灭,而使合同终止法律效力。合同消灭的效力,除当事人之间的权利义务终止外,从属于主债的权利义务,也随之消灭。

合同作为一种民事法律关系,必须因一定的法律事实才能终止,引起合同终止的法律事实,主要有:① 债务已经按照约定履行;② 合同解除;③ 债务相互抵销;④ 债务人依法将标的物提存;⑤ 债权人免除债务;⑥ 债权债务同归于一人,即混同;⑦ 法律规定或者当事人约定终止的其他情形。

### 二、清偿

清偿是指当事人(债务人)实现债权目的的行为。清偿为发生私法上效果的合法行为,并非必为民事法律行为,因而关于民事法律行为的规定不当然地适用于清偿,只是在其性质所允许的范围内准用关于法律行为的规定。例如,关于行为能力的规定,不当然适用于清偿,只有在必须以法律行为实行给付时,才适用行为能力规则。

#### (一) 代为清偿

代为清偿是指第三人基于为债务人清偿的意思而向债权人为清偿的行为。代为清偿的适用条件为:

(1) 依债的性质,可以由第三人代为清偿。如作为债的关系内容的债务具有专属性,则性质上不许代为清偿。一般认为,基于债务性质不得代为清偿的情况有:不作为债务;以债务人自身的特别技能、技术为内容的债务;因债权人与债务人之间的特别信任关系所生的债务等。

(2) 债权人与债务人之间无不得由第三人代为清偿的约定。但该约定必须在代为清偿前为之,否则无效。

(3) 债权人没有拒绝代为清偿的正当理由,债务人也无提出异议的正当理由。如果代为清偿违背社会公共利益或社会公德或诚实信用原则,对债权人、债务人或社会有不利的影响;或代为清偿违背其他强行性规范时,债权人就有权拒绝受领代为清偿,债务人也有权提出异议,使其不发生清偿的效力。

(4) 代为清偿的第三人必须有为债务人清偿的意思。在这点上,代为清偿与债务承担不同:第一,若为清偿人之错误,误信为自己债务而为清偿时,不成立代为清偿;第二,连带债务人、不可分债务人之清偿,不构成代为清偿。

代为清偿的效力表现在:

(1) 对债权人与债务人之间关系的影响。代为清偿是因第三人以为债务人清偿的意思而为清偿,所以,在债权人与债务人之间,债的关系归于消灭,债务人免除义务。但在双务合同中,须双方的债务均获清偿,合同关系才消灭。如果债权人无正当理由而拒绝受领代为清偿,应负受领迟延责任。

(2) 对债权人与第三人之间关系的影响。代为清偿的第三人如系就债务履行有利害关系的第三人,则依代位清偿制度,在其可得求偿的范围内,债权人所享有的权利当然移转于第三人;如果为其他第三人,也可依约定而在其求偿权的范围内代位债权人。

(3) 对第三人与债务人之间关系的影响。如果第三人与债务人之间有委托合同,则适用委托合同的规范,第三人有求偿权。如果第三人与债务人之间既无委托合同又无其他履行上的利害关系,第三人可依无因管理或不当得利的规定求偿。于此场合,第三人负有将其清偿事实及时通知债务人的义务。若怠于通知,导致债务人为二重清偿时,第三人应负损害赔偿责任。不过,该赔偿债务不妨与第三人(清偿人)的求偿权相抵销。但第三人以赠与的意思为清偿的,不发生求偿权。

第三人因代为清偿而有代位权。第三人在其求偿权的范围内,得对债务人行使债权人的一切权利。债务人对于债权人有可得抗辩的事由,有可供抵销的债权的,对于代位后的第三人也可主张。

## (二) 清偿费用

清偿费用是指债的清偿所必需的费用。例如,物品交付的费用、运送物品的费用、金钱邮汇的费用,但不包括合同标的物本身的价值。通常情况下,清偿费用有运送费、包装费、汇兑费、登记费、通知费等。

对于清偿费用,法律无明文规定、当事人又无约定时,由债务人负担。但因债权人变更住所或其他行为而致清偿费用增加时,增加的费用也由债权人负担。例如,债权人受领迟延而致清偿费用增加,债权人请求对物品特别包装而增加费用,债权人请求将物品送往清偿地以外的地点而增加费用,因债权移转增加费用的,均由债权人负担。

### 三、合同的解除

合同的解除是指合同有效成立后,在一定条件下通过当事人的单方行为或者双方合意终止合同效力或者溯及地消灭合同关系的行为。合同解除有以下法律特征:

(1) 合同解除是对有效合同的解除。合同解除以有效成立的合同为标的,其目的在于解决有效成立的合同提前消灭的问题。这是合同解除与合同无效、合同撤销及要约或承诺的撤回等制度的不同之处。

(2) 合同的解除必须具有解除事由。合同一经有效成立,即具有法律约束力,双方当事人必须信守,不得擅自变更或解除,这是《民法典》的重要原则。只有在主客观情况发生变化,使合同履行成为不必要或不可能的情况下,才允许解除合同。这不仅是合同解除制度的存在依据,也表明合同解除必须具备一定的条件,否则便构成违约。对合同解除的条件,我国《民法典》既有一般性规定,又有适用于个别合同的特殊规定。

(3) 合同解除必须通过解除行为实现。具备合同解除的条件,合同并不必然解除。要使合同解除,一般还需要解除行为。解除行为有两种类型:一是当事人双方协商同意;二是享有解除权一方的单方意思表示。

(4) 合同解除的效果是使合同关系消灭。合同解除的法律效果是使合同关系消灭。但其消灭是溯及既往,还是仅向将来发生,各国立法主张和学术见解不尽相同。在我国一般认为,合同解除无溯及力。

合同解除可作如下分类:① 单方解除与协议解除。单方解除是指依法享有解除权的一方当事人依单方意思表示解除合同关系,协议解除是指当事人双方通过协商同意将合同解除的行为。② 法定解除与约定解除。合同解除的条件由法律直接加以规定者,称为法定解除。在法定解除中,有的以适用于所有合同的条件为解除条件,有的则以仅适用于特定合同的条件为解除条件。前者称为一般法定解除,后者称为特别法定解除。约定解除是当事人以合同形式约定为一方或双方设定解除权的解除。其中,有关解除权的合意称为解约条款。解除权可以赋予当事人一方,也可以赋予当事人双方。设定解除权,可以在订立合同时约定,也可以在合同成立后另订设定解除权的合同。

#### (一) 合同的法定解除事由

《民法典》规定,有下列情形之一的,当事人可以解除合同:

(1) 因不可抗力致使不能实现合同目的。不可抗力致使合同目的不能实现,该合同失去意义,应归于消灭。在此情况下,我国《民法典》允许当事人通过行使解除权的方式消灭合同关系。

(2) 在履行期限届满之前,当事人一方明确表示或者以自己的行为表明不履行主要债务。此即债务人拒绝履行,也称毁约,包括明示毁约和默示毁约。作为合同解除条件,它一是要求债务人有过错;二是拒绝行为违法(无合法理由);三是有履行能力。

(3) 当事人一方迟延履行主要债务,经催告后在合理期限内仍未履行。此即债务人迟延履行。根据合同的性质和当事人的意思表示,履行期限在合同的内容中非属特别重要时,即使债务人在履行期届满后履行,也不致使合同目的落空。在此情况下,原则上不允许当事人立即解除合同,而应由债权人向债务人发出履行催告,给予一定的履行宽限期。

债务人在该履行宽限期届满时仍未履行的,债权人有权解除合同。

(4) 当事人一方迟延履行债务或者有其他违约行为致使不能实现合同目的。对某些合同而言,履行期限至为重要,如债务人不按期履行,合同目的即不能实现,于此情形,债权人有权解除合同。其他违约行为致使合同目的不能实现时,也应如此。

(5) 法律规定的其他情形。法律针对某些具体合同规定了特别法定解除条件的,从其规定。

### (二) 合同协议解除的条件

合同协议解除的条件是双方当事人协商一致解除原合同关系。其实质是在原合同当事人之间重新成立了一个合同,其主要内容为废弃双方原合同关系,使双方基于原合同发生的债权债务归于消灭。协议解除采取合同(即解除协议)方式,因此应具备合同的有效要件,即当事人具有相应的行为能力;意思表示真实;内容不违反强行法规范和社会公共利益;采取适当的形式。

### (三) 合同解除的程序

单方解除是指享有合同解除权的一方当事人通过行使解除权而解除合同。解除权属形成权,不需对方当事人同意,只需解除权人的单方意思表示,即可发生解除合同的法律效果。但解除权的行使并非毫无限制,《民法典》对其行使期限和行使方式均有明确规定。

关于解除权的行使期限,《民法典》规定：① 法律规定或当事人约定解除权行使期限的,期限届满当事人不行使的,该权利消灭;② 法律没有规定或当事人未约定解除权行使期限,经对方催告后在合理期限内不行使的,该权利消灭。

关于解除权的行使程序,《民法典》规定：① 一方行使解除权解除合同的,应当通知对方。合同自通知到达对方时解除。对方有异议的,可以请求人民法院或仲裁机构确认解除合同的效力。② 法律、行政法规规定解除合同应当办理批准、登记等手续的,应遵循其规定。

协议解除实质为原合同当事人之间重新成立一个以解除原合同为目的的合同,因此,应遵循由要约到承诺的一般缔约程序及其他相关要求,以实现当事人双方意思表示一致。法律、行政法规规定解除合同应当办理批准、登记等手续的,依照其规定。

### (四) 合同解除的效力

《民法典》规定,合同解除后,尚未履行的,终止履行;已经履行的,根据履行情况和合同性质,当事人可以请求恢复原状或者采取其他补救措施,并有权要求赔偿损失。该条规定,确立了合同解除的两方面效力：一是向将来发生效力,即终止履行;二是合同解除可以产生溯及力(即引起恢复原状的法律后果)。有些学者认为,非继续性合同的解除原则上有溯及力,继续性合同的解除原则上无溯及力。

合同解除与损害赔偿可以并存。但对于损害赔偿的范围,有不同观点。其一认为,无过错一方所遭受的一切损害均可请求赔偿,既包括债务不履行的损害赔偿,也包括因恢复原状所发生的损害赔偿;其二认为,对损害赔偿范围的确定应具体分析,在许多情况下,损害赔偿与合同解除是相互排斥的,选择了其一便足以使当事人利益得到充分的保护,没有必要同时采取两种方式,如协议解除、因不可抗力而解除。

### 四、抵销

#### （一）抵销的概念

抵销是指双方当事人互负债务时，各以其债权充当债务之清偿，而使其债务与对方的债务在对等额内相互消灭的制度。为抵销的债权，即债务人的债权，称为自动债权；被抵销的债权，即债权人的债权，叫作受动债权。

抵销依其产生的根据不同，可分为法定抵销与合意抵销两种。法定抵销由法律规定其构成要件，当要件具备时，依当事人一方的意思表示即可发生抵销的效力。依当事人一方的意思表示即可发生抵销效力的权利，称为抵销权，属于形成权。合意抵销是指按照当事人双方的合意所为的抵销。它尊重当事人的意思自由，可不受法律规定的抵销构成要件的限制。当事人为抵销而订立的合同叫作抵销合同，其成立应适用《民法典》关于合同订立的规定。

#### （二）法定抵销的要件

根据《民法典》的规定，法定抵销必须具备以下成立要件。

1. 双方当事人互负债务、互享债权

抵销以在对等额内使双方债权消灭为目的，故以双方债权的存在为必要前提。抵销权的产生，在于当事人对对方既负有债务，同时又享有债权。只有债务而无债权或者只有债权而无债务，均不发生抵销的问题。债务人的债权先于转让的债权到期或者同时到期的，债务人可以向受让人主张抵销。

当事人双方存在的两个债权债务，必须合法有效。任何一个债权债务的原因行为（合同）不成立或无效时，其债权不能有效存在，故不能发生抵销。

在附条件的债权中，如所附条件为停止条件，在条件成就前，债权尚不发生效力，不得为抵销。如其为解除条件，则条件成就前债权为有效存在，故得为抵销；且条件成就并无溯及力，因而行使抵销权后条件成就时，抵销仍为有效。

超过诉讼时效期间的债权，不得作为主动债权而主张抵销，否则无异于强迫对方履行自然债务。如果被动债权已过诉讼时效期间，则可用于抵销。对此，可认为债务人抛弃了时效利益。附有同时履行抗辩权的债权，不得以之为自动债权而主张抵销，否则即为剥夺对方的抗辩权。但如其作为被动债权，则可认为抵销权人已抛弃同时履行抗辩权，此时以之为抵销，当无不可。

第三人的债权，即使取得该第三人的同意，也不能以之为抵销。因为一方面，此时仅一方当事人能够主张抵销，而对方则无此权利，有失公平；另一方面，第三人的债权对其债权人关系甚大，如允许用作抵销，则可能害及第三人的债权人的利益。可作为例外的是，连带债务人以其他连带债务人对于债权人的债权，就其应分担部分为限，得主张抵销。债权让与时，债务人对原债权人享有债权的，得向债权受让人主张抵销。主债务人对债权人享有债权的保证人得主张抵销。

2. 双方互负的债务标的物的种类、品质相同

正因为要求标的物的种类、品质相同，故抵销通常在金钱债务及其他种类物债务适用较多。双方当事人的给付物的种类虽然相同，但品质不同时，原则上不允许抵销。以特定

物为给付物时,即使双方的给付物属于同一种类,也不允许抵销。但是,在双方当事人均以同一物为给付物时,仍属同一种类的给付,可以抵销。例如,甲有向乙请求交付某特定物的债权,同时对于丙负有交付该物的债务,嗣后在乙继承丙的遗产场合,就可发生这种抵销。

3. 自动债权已届清偿期

债权人通常仅在清偿期届至时,才可以现实地请求清偿。若债权未届清偿期也允许抵销,就等于在清偿期前强制债务人清偿,牺牲其期限利益,显属不合理。所以,自动债权已届清偿期才允许抵销。自动债权未定清偿期的,只要债权人给债务人以宽限期,宽限期满即可抵销。虽然《民法典》规定双方债权均应届履行期,但因债务人有权抛弃期限利益,在无相反的规定或约定时,债务人可以在清偿期前清偿。所以,受动债权即使未届清偿期,也应允许抵销。

在破产程序中,破产债权人对其享有的债权,无论是否已届清偿期,无论是否附有期限或解除条件,均可抵销。

4. 非依债的性质不能抵销

非依债的性质不能抵销是指依给付的性质,如果允许抵销,将不能达到合同目的。例如,以不作为债务抵销不作为债务,就达不到合同目的,故不允许抵销。

法律规定不可抵销的债务不得抵销。例如,法院决定扣留、提取劳动收入时,应保留被执行人及其所供养家属的生活必需品。查封、扣押、拍卖、变卖被执行人的财产,应当保留被执行人本人及其所供养家属的生活必需品。又如,故意实施侵权行为的债务人,不得主张抵销侵权损害赔偿之债。违约金债务不得自行以扣款等方式冲抵。

(三) 抵销的方法

抵销为单独行为,应适用法律关于民事法律行为及意思表示的规定。抵销为处分债权的行为,故抵销人应有行为能力,并且对债权有处分权。抵销应由抵销权人以意思表示向受动债权人为之,自受动债权人了解或通知到达受动债权人时发生效力。受动债权人为无行为能力人或限制行为能力人时,自通知到达其法定代理人时发生效力。

抵销的意思表示,不得附有条件或期限,因为若附有条件或期限,会使其效力不确定,这与抵销的本旨相悖。

(四) 抵销的效力

抵销使双方债权按照抵销数额消灭。抵销使双方债权溯及于得为抵销时消灭。所谓得为抵销时,是指抵销权发生之时。如果双方债权的抵销权发生时间不同,则应以为抵销人的抵销权发生时间为标准。被抵销人嗣后即使作出不抵销的意思表示,也不得溯及其抵销权发生时产生抵销效力。因为其抵销权已依对方的抵销意思表示归于消灭。抵销发生后,双方债权的担保及其他权利,均从得为抵销时消灭;双方债权的利息债权,也从得为抵销时消灭。

## 五、提存

(一) 提存的概念

提存是指由于债权人的原因而无法向其交付债的标的物时,债务人将该标的物交给提存部门而消灭债务的制度。

### （二）提存的事由

（1）债权人迟延受领。《民法典》规定，债权人无正当理由拒绝受领的，债务人可以提存。构成该提存原因，必须是债务人现实地提出了给付。

（2）债权人下落不明。债权人下落不明包括债权人不清、地址不详、债权人失踪又无代管人等情况。

（3）债权人死亡或者丧失行为能力，又未确定继承人或者监护人。

（4）法律规定的其他情形。《民法典》规定，抵押人转让抵押物所得的价款，应当向抵押权人提前清偿所担保的债权或者向与抵押权人约定的第三人提存。

### （三）提存的标的

提存的标的，为债务人依约定当交付的标的物。提存公证规则规定，提存标的物与合同标的物不符或者在提存时难以判明两者是否相符的，提存部门应告知提存人，如提存受领人因此拒绝受领提存标的物，则不能产生提存的效力。

提存的标的物，以适于提存者为限。标的物不适于提存或者提存费用过高的，债务人依法可以拍卖或者变卖标的物，提存所得的价款。适于提存的标的物包括：货币；有价证券、票据、提单、权利证书；贵重物品；担保物（金）或其替代物；其他适于提存的标的物。不适于提存的标的物包括：低值、易损、易耗物品；鲜活、易腐物品；需要专门技术养护物品；超大型机械设备、建设设施等。不适于提存的标的物，债务人可以委托中介机构拍卖或变卖，将所得价款提存。

### （四）提存的方法

提存人应在交付提存标的物的同时，提交提存书。提存书上应载明提存人姓名（名称）、提存物的名称、种类、数量以及债权人的姓名、住址等基本内容。此外，提存人应提交债务证据，以证明其所提存之物确系所负债务的标的物；提存人还应提交债权人受领迟延或不能确定以致自己无法向债权人清偿的证据。如有法院或仲裁机关的裁决书，也应一并提出。其目的在于证明其债务已符合提存要件，以便提存机关确定是否应予提存。

如果提存人的提存系对于债权人的对待给付而为，提存人应当在提存书中特别注明。

对提存人的提存请求经审查符合提存条件的，提存机关应接受提存标的物并妥善保管。因提存并非向债权人清偿，因此，标的物提存后，除债权人下落不明以外，债务人应及时通知债权人或债权人的继承人、监护人。债权人下落不明的，债务人不负通知义务，提存人可申请法院依有关规定公告送达。

### （五）提存的效力

提存的效力，包括提存在债务人与债权人之间、提存人与提存部门之间以及债权人与提存部门之间发生的效力三个方面。

（1）债务人与债权人之间的效力。自提存之日起，债务人的债务归于消灭。提存公证规则规定，提存之债从提存之日即告清偿。

提存物在提存期间所产生的孳息归提存受领人所有。提存的不动产或其他物品的收益，除用于维护费用，剩余部分应当存入提存账户。标的物提存使债权得到清偿，标的物所有权转移归于债权人，标的物毁损灭失的风险也转移归于债权人负担。但因提存部门过错造成毁损、灭失的,提存部门负有赔偿责任。

(2) 提存人与提存部门之间的效力。提存部门有保管提存标的物的权利和义务。提存部门应当采取适当的方法妥善保管提存标的物,以防毁损、变质或灭失。对不宜保存的,提存受领人到期不领取或超过保管期限的提存物品,提存部门可以拍卖,保存其价款。

提存的存款单、有价证券、奖券需要领息、承兑、领奖的,提存部门应当代为承兑或领取,所获得的本金和孳息在不改变用途的前提下,按不损害提存受领人利益的原则处理。无法按原用途使用的,应以货币形式存入提存账户,定期存款到期的,原则上按原来期限将本金和利息一并转存。股息红利除用于支付有关的费用,剩余部分应当存入提存专用账户。

提存人可以凭人民法院生效的判决、裁定或提存之债已经清偿的公证证明取回提存物。提存受领人以书面形式向公证处表示抛弃提存受领权的,提存人得取回提存物。提存人取回提存物的,视为未提存,因此产生的费用由提存人承担。提存人未支付提存费用前,提存部门有权留置价值相当的提存标的物。

(3) 债权人与提存部门之间的效力。债权人可以随时领取提存物,但债权人对债务人负有到期债务的,在债权人未履行债务或者提供担保之前,提存部门根据债务人的要求应当拒绝其领取提存物。债权人领取提存物的权利,自提存之日起 5 年内不行使而消灭,提存物扣除提存费用后归国家所有。

除当事人另有约定,提存费用由提存受领人承担。提存费用包括:提存公证费、公告费、邮电费、保管费、评估鉴定费、代办费、拍卖变卖费、保险费以及为保管、处理、运输提存标的物所支出的其他费用。提存受领人未支付提存费用前,提存部门有权留置价值相当的提存标的物。

提存部门未按法定或者当事人约定条件给付提存标的物给当事人造成损失的,提存部门负有连带赔偿责任。

符合法定或当事人约定的给付条件,提存部门拒绝给付的,由其主管机关责令限期给付,给当事人造成损失的,提存部门负有赔偿责任。

## 六、免除

### (一) 免除的概念

免除是指债权人抛弃债权,从而全部或部分消灭债的关系的单方行为。

免除仅依债权人表示免除债务的意思而发生效力,其原因如何,在所不问。所以,免除为无因行为。免除为债权人处分债权的行为,因而需要债权人对该债权有处分权。无行为能力人或限制行为能力人不得为免除行为。

### (二) 免除的方法

免除应由债权人向债务人以意思表示为之。向第三人为免除的意思表示的,不发生免除的法律效力。

免除的意思表示构成民事法律行为。因此,《民法典》关于民事法律行为的规定适用于免除。免除可以由债权人的代理人为之,也可以附条件或期限。

免除为单独行为,自向债务人或其代理人表示后,即产生债务消灭的效果。因而,一旦债权人作出免除的意思表示,即不得撤回。

### (三) 免除的效力

免除发生债务绝对消灭的效力。因免除使债权消灭,故债权的从权利,如利息债权、担保权等,也同时归于消灭。仅免除部分债务的,债的关系仅部分终止。

免除为处分行为,仅就各个债务成立免除。因合同所生的全部债务,如两个对立的债务,只有一一将它们免除时,才发生全部免除的效力,即合同关系消灭的结果。

免除不得损害第三人的合法权益。例如,已就债权设定质权的债权人不得免除债务人的债务,而以之对抗质权人。

保证债务的免除不影响被担保债务的存在,被担保债务的免除则使保证债务消灭。

## 七、混同

### (一) 混同的概念

混同是指债权和债务同归一人,致使债的关系消灭的事实。

### (二) 混同的成立

债权债务的混同,由债权或债务的承受而产生,债权债务的概括承受是发生混同的主要原因。例如,企业合并,合并前的两个企业之间有债权债务时,企业合并后,债权债务因同归一个企业而消灭。

### (三) 混同的效力

合同关系及其他债之关系,因混同而绝对地消灭。债权的消灭,也使从权利如利息债权、违约金债权、但保全等归于消灭。债权系他人权利的标的时,从保护第三人的合法权益出发,债权不消灭。例如,债权为他人质权的标的,为了保护质权人的利益,不使债权因混同而消灭。

# 第八节 违约责任

## 一、违约责任的概念和特征

### (一) 违约责任的概念

违约责任是违反合同的民事责任的简称,是指合同当事人一方不履行合同义务或履行合同义务不符合合同约定所应承担的民事责任。

### (二) 违约责任的特征

违约责任具有以下特征。

1. 违约责任是一种民事责任

法律责任有民事责任、行政责任、刑事责任等类型,民事责任是指民事主体在民事活动中,因实施民事违法行为或基于法律的特别规定,依据法律所应承担的民事法律后果。《民法典》规定了违约责任和侵权责任两种民事责任。违约责任作为一种民事责任,在目的、构成要件、责任形式等方面均有别于其他法律责任。

2. 违约责任是违约的当事人一方对另一方承担的责任

合同关系的相对性决定了违约责任的相对性,即违约责任是合同当事人之间的民事责任,合同当事人以外的第三人对当事人之间的合同不承担违约责任。具体而言:① 违约责任是合同当事人的责任,不是合同当事人的辅助人(如代理人)的责任;② 合同当事人对于因第三人的原因导致的违约承担责任。《民法典》规定,当事人一方因第三人的原因造成违约的,应当向对方承担违约责任。当事人一方和第三人之间的纠纷,依照法律规定或者按照约定解决。

3. 违约责任是当事人不履行或不完全履行合同的责任

(1) 违约责任是违反有效合同的责任。合同有效是承担违约责任的前提。这一特征使违约责任与合同法上的其他民事责任(如缔约过失责任、无效合同的责任)区别开来。

(2) 违约责任以当事人不履行或不完全履行合同为条件。能够产生违约责任的违约行为有两种情形:一是一方不履行合同义务,即未按合同约定提供给付;二是履行合同义务不符合约定条件,即其履行存在瑕疵。

4. 违约责任具有补偿性和一定的任意性

(1) 违约责任以补偿守约方因违约行为所受损失为主要目的,以损害赔偿为主要责任形式,故具有补偿性质。

(2) 违约责任可以由当事人在法律规定的范围内约定,具有一定的任意性。《民法典》规定:当事人可以约定一方违约时应当根据违约情况向对方支付一定数额的违约金,也可以约定因违约产生的损失赔偿额的计算方法。

## 二、违约责任的构成要件

违约责任的构成要件有二:① 有违约行为;② 无免责事由。前者称为违约责任的积极要件,后者称为违约责任的消极要件。此处仅讨论其积极要件,即违约行为。

### (一) 违约行为的概念与分类

违约行为是指当事人一方不履行合同义务或者履行合同义务不符合约定条件的行为。这一定义表明:① 违约行为的主体是合同当事人。合同具有相对性,违反合同的行为只能是合同当事人的行为。如果由于第三人的行为导致当事人一方违反合同,对于合同对方来说只能是违反合同的当事人实施了违约行为,第三人的行为不构成违约。② 违约行为是一种客观的违反合同的行为。违约行为的认定以当事人的行为是否在客观上与约定的行为或者合同义务相符合为标准,而不管行为人的主观状态如何。③ 违约行为侵害的客体是合同对方的债权。因违约行为的发生,使债权人的债权无法实现,从而侵害了债权。

根据不同标准,可对违约行为作以下分类:① 单方违约与双方违约。双方违约,是指双方当事人分别违反了自己的合同义务。《民法典》规定,当事人双方都违反合同的,应当各自承担相应的责任。可见,在双方违约情况下,双方的违约责任不能相互抵销。② 根本违约与非根本违约。以违约行为是否导致另一方订约目的不能实现为标准,违约行为可作此分类。其主要区别在于,根本违约可构成合同法定解除的理由。③ 不履行、不完全履行与迟延履行。④ 实际违约与预期违约。

### (二) 实际违约

实际违约,即实际发生的违约行为。实际违约的具体形态包括:① 不履行。不履行包括履行不能和拒绝履行。履行不能是指债务人在客观上已经没有履行能力。如在提供劳务的合同中,债务人丧失了劳动能力;在以特定物为标的的合同中,该特定物灭失。拒绝履行是指合同履行期到来后,一方当事人能够履行而故意不履行合同规定的全部义务。② 迟延履行。迟延履行是指合同债务已经到期,债务人能够履行而未履行。③ 不适当履行。不适当履行是指债务人虽然履行了债务,但其履行不符合合同的约定,包括瑕疵给付(即履行有瑕疵,侵害对方履行利益,如给付数量不完全、给付质量不符合约定、给付时间和地点不当等)和加害给付(即因不适当履行造成对方履行利益之外的其他损失,如出售不合格产品导致买受人的损害)。

### (三) 预期违约

1. 预期违约的概念和特点

预期违约也称先期违约,是指在合同履行期限到来之前,一方无正当理由但明确表示其在履行期到来后将不履行合同,或者其行为表明其在履行期到来后将不可能履行合同。其特点是:① 当事人在合同履行期到来之前的违约;② 侵害的是对方当事人期待的债权而不是现实的债权;③ 与实际违约后果不同(主要造成对方信赖利益的损害)。

2. 预期违约的形态

预期违约包括两种形态,即明示预期违约(明示毁约)和默示预期违约(默示毁约)。

明示毁约是指一方当事人无正当理由,明确地向对方表示将在履行期届至时不履行合同。其要件为:① 一方当事人明确肯定地向对方作出毁约的表示;② 须表明将不履行合同的主要义务;③ 无正当理由。

默示毁约是指在履行期到来之前,一方以自己的行为表明其将在履行期届至后不履行合同。其特点为:债务人虽然没有表示不履行合同,但其行为表明将不履行合同或不能履行合同。例如,特定物买卖合同的出卖人在合同履行期届至前将标的物转卖给第三人,或买受人在付款期到来之前转移财产和存款以逃避债务。

## 三、违约的免责事由

### (一) 免责事由的概念

免责事由也称免责条件,是指当事人对其违约行为免予承担违约责任的事由。《民法典》上的免责事由可分为两大类,即法定免责事由和约定免责事由。法定免责事由是指由法律直接规定、不需要当事人约定即可援用的免责事由,主要指不可抗力;约定免责事由是指当事人约定的免责条款。有人认为,抗辩权也可成为免责事由。其实,行使抗辩权并不构成违约,因而无责可免。

### (二) 不可抗力

1. 不可抗力的概念

根据我国法律的规定,不可抗力是指不能预见、不能避免并不能克服的客观情况。不可抗力的要件为:① 不能预见,即当事人无法知道事件是否发生、何时何地发生、发生的情况如何。对此应以一般人的预见能力为标准加以判断;② 不能避免,即无论当事人采取什么措施,或即使尽了最大努力,也不能防止或避免事件的发生;③ 不能克服,即以当事人自身的能力和条件无法战胜这种客观力量;④ 客观情况,即外在于当事人的行为的客观现象(包括第三人的行为)。

2. 不可抗力的范围

不可抗力主要包括以下几种情形：① 自然灾害，如台风、洪水、冰雹；② 政府行为，如征收、征用；③ 社会异常事件，如罢工、骚乱。

在不可抗力的适用上，有以下问题值得注意：① 合同中是否约定不可抗力条款，不影响直接援用法律规定；② 不可抗力条款是法定免责条款，约定不可抗力条款如小于法定范围，当事人仍可援用法律规定主张免责；如大于法定范围，超出部分应视为另外成立了免责条款，依其约定；③ 不可抗力作为免责条款具有强制性，当事人不得约定将不可抗力排除在免责事由之外。

3. 不可抗力的免责效力

因不可抗力不能履行合同的，根据不可抗力的影响，违约方可部分或全部免除责任。但有以下例外：① 金钱债务的迟延责任不得因不可抗力而免除；② 迟延履行期间发生的不可抗力不具有免责效力。

(三) 免责条款

免责条款是指当事人在合同中约定免除将来可能发生的违约责任的条款，其所规定的免责事由即约定免责事由。对此，《民法典》未作一般性规定(仅规定格式合同的免责条款)。值得注意的是：免责条款不能排除当事人的基本义务，也不能排除故意或重大过失的责任。

## 四、违约责任的形式

违约责任的形式，即承担违约责任的具体方式。《民法典》规定，当事人一方不履行合同义务或者履行合同义务不符合约定的，应当承担继续履行、采取补救措施或者赔偿损失等违约责任。据此，违约责任有三种基本形式，即继续履行、采取补救措施和赔偿损失。当然，除此之外，违约责任还有其他形式，如违约金和定金责任。

(一) 继续履行

1. 继续履行的概念和特征

继续履行也称强制实际履行，是指违约方根据对方当事人的请求继续履行合同规定的义务的违约责任形式。其特征如下：

(1) 继续履行是一种独立的违约责任形式，不同于一般意义上的合同履行。具体表现在：继续履行以违约为前提；继续履行体现了法的强制；继续履行不依附于其他责任形式。

(2) 继续履行的内容表现为按合同约定的标的履行义务，这一点与一般履行并无不同。

(3) 继续履行以对方当事人(守约方)请求为条件，法院不得直接判决。

2. 继续履行的适用

继续履行的适用因债务性质的不同而不同：

(1) 金钱债务：无条件适用继续履行。金钱债务只存在迟延履行，不存在履行不能，因此，应无条件适用继续履行的责任形式。

(2) 非金钱债务：有条件适用继续履行。对非金钱债务，原则上可以请求继续履行，但下列情形除外：① 法律上或者事实上不能履行(履行不能)；② 债务的标的不适用强制履行或者强制履行费用过高;③ 债权人在合理期限内未请求履行(如季节性物品之供应)。

### (二) 采取补救措施

1. 采取补救措施的含义

采取补救措施作为一种独立的违约责任形式,是指矫正合同不适当履行(质量不合格)、使履行缺陷得以消除的具体措施。这种责任形式,与继续履行(解决不履行问题)和赔偿损失具有互补性。

2. 采取补救措施的类型

关于采取补救措施的具体方式,我国相关法律作了如下规定:①《民法典》规定为修理、更换、重作、退货、减少价款或者报酬等;②《中华人民共和国消费者权益保护法》第44条规定为修理、重作、更换、退货、补足商品数量、退还货款和服务费用、赔偿损失;③《中华人民共和国产品质量法》第40条规定为修理、更换、退货、赔偿损失。

3. 采取补救措施的适用

在采取补救措施的适用上,应注意以下几点:

(1) 采取补救措施的适用以合同对质量不合格的违约责任没有约定或者约定不明确,而依《民法典》仍不能确定违约责任为前提。换言之,对于不适当履行的违约责任形式,当事人有约定者应依其约定;没有约定或约定不明者,首先应按照《民法典》规定确定违约责任;没有约定或约定不明又不能按照《民法典》规定确定违约责任的,才适用这些补救措施。

(2) 应以标的物的性质和损失大小为依据,确定与之相适应的补救方式。

(3) 受害方对补救措施享有选择权,但选定的方式应当合理。

### (三) 赔偿损失

1. 赔偿损失的概念、特点与确定方式

赔偿损失也称违约损害赔偿,是指违约方以支付金钱的方式弥补受害方因违约行为所减少的财产或者所丧失的利益的责任形式。赔偿损失具有如下特点:

(1) 赔偿损失是最重要的违约责任形式。赔偿损失具有根本救济功能,任何其他责任形式都可以转化为损害赔偿。

(2) 赔偿损失是以支付金钱的方式弥补损失。金钱为一般等价物,任何损失一般都可以转化为金钱,因此,赔偿损失主要指金钱赔偿。但在特殊情况下,也可以以其他物代替金钱作为赔偿。

(3) 赔偿损失是由违约方赔偿守约方因违约所遭受的损失。首先,赔偿损失是对违约行为所造成的损失的赔偿,与违约行为无关的损失不在赔偿之列。其次,赔偿损失是对守约方所遭受损失的一种补偿,而不是对违约行为的惩罚。

(4) 赔偿损失责任具有一定的任意性。违约赔偿的范围和数额,可由当事人约定。当事人既可以约定违约金的数额,也可以约定损害赔偿的计算方法。

赔偿损失的确定方式有两种:法定损害赔偿和约定损害赔偿。

2. 法定损害赔偿

法定损害赔偿是指由法律规定的,由违约方对守约方因其违约行为而对守约方遭受的损失承担的赔偿责任。根据合同法的规定,法定损害赔偿应遵循以下原则:

（1）完全赔偿原则。违约方对于守约方因违约所遭受的全部损失承担的赔偿责任。具体包括：直接损失与间接损失；积极损失与消极损失（可得利益损失）。《民法典》规定，损失"包括合同履行后可以获得的利益"，可见其赔偿范围包括现有财产损失和可得利益损失。前者主要表现为标的物灭失、为准备履行合同而支出的费用、停工损失、为减少违约损失而支出的费用、诉讼费用等。后者是指在合同适当履行后可以实现和取得的财产利益。

（2）合理预见规则。违约损害赔偿的范围以违约方在订立合同时预见到或者应当预见到的损失为限。合理预见规则是限制法定违约损害赔偿范围的一项重要规则，其理论基础是意思自治原则和公平原则。对此应把握以下几点：① 合理预见规则是限制包括现实财产损失和可得利益损失的损失赔偿总额的规则，不仅用以限制可得利益损失的赔偿；② 合理预见规则不适用于约定损害赔偿；③ 是否预见到或者应当预见到可能的损失，应当根据订立合同时的事实或者情况加以判断。

（3）减轻损失规则。一方违约后，另一方应当及时采取合理措施防止损失的扩大；否则，不得就扩大的损失要求赔偿。其特点是：一方违约导致了损失的发生；相对方未采取适当措施防止损失的扩大，造成了损失的扩大。

3. 约定损害赔偿

约定损害赔偿是指当事人在订立合同时，预先约定一方违约时应当向对方支付一定数额的赔偿金或约定损害赔偿额的计算方法。它具有预定性（缔约时确定）、从属性（以主合同的有效成立为前提）、附条件性（以损失的发生为条件）。

### （四）违约金

1. 违约金的概念、分类、法律特征和性质

违约金是指当事人一方违反合同时应当向对方支付的一定数量的金钱或财物。

依不同标准，违约金可分为：① 法定违约金和约定违约金；② 惩罚性违约金和补偿性（赔偿性）违约金。合同法施行之前，我国的违约金制度兼容以上各种形态，合同法则作了新的规定。

根据现行法律的规定，违约金具有以下法律特征：① 是在合同中预先约定的（合同条款之一）；② 是一方违约时向对方支付的一定数额的金钱（定额损害赔偿金）；③ 是对承担赔偿责任的一种约定（不同于一般合同义务）。

关于违约金的性质，一般认为，现行法律所确立的违约金制度是不具有惩罚性的违约金制度，而属于赔偿性违约金制度。即使约定的违约金数额高于实际损失，也不能改变这种基本属性。关于当事人是否可以约定单纯的惩罚性违约金，合同法未作明确规定。一般认为此种约定并非无效，但其性质仍属违约的损害赔偿。

2. 违约金的增加或减少

违约金是对损害赔偿额的预先约定，既可能高于实际损失，也可能低于实际损失，畸高和畸低均会导致不公平结果。为此，各国法律规定法官对违约金具有变更权，我国《民法典》也作了规定。其特点是：① 以约定违约金"低于造成的损失"或"过分高于造成的损失"为条件；② 经当事人请求；③ 由法院或仲裁机构裁量；④ "予以增加"或"予以适当减少"。

### （五）定金责任

定金是指合同当事人为了确保合同的履行，根据双方约定，由一方按合同标的额的一定比例预先给付对方的金钱或其他替代物。《民法典》规定，当事人可以依照担保法约定一方向对方给付定金作为债权的担保。债务人履行债务后，定金应当抵作价款或者收回。给付定金的一方不履行约定的债务的，无权要求返还定金；收受定金的一方不履行约定的债务的，应当双倍返还定金。据此，在当事人约定了定金担保的情况下，如一方违约，定金罚则即成为一种违约责任形式。

## 本 章 小 结

本章主要学习了合同的相关内容。依法成立的合同，受法律保护，当事人应当履行。在履行合同的过程中，当事人可根据实际情形依法采取包括合同保全和担保措施在内的各种方法防范可能产生的风险。无正当理由不履行已生效合同，当事人应承担相应的违约责任。

## 本章重要概念

合同　要约　承诺　合同的效力　抗辩权　合同变更　违约责任

# 第七章 证券法

- 内容简介
- 重点难点
- 学习目标
- 知识框架
- 思政育人
- 第一节 证券法律制度概述
- 第二节 证券发行
- 第三节 持续信息公开
- 第四节 上市公司收购
- 第五节 证券市场的主体
- 本章小结
- 本章重要概念

**内容简介**

本章主要讲解了证券的基本概述;股票、公司债券的发行的有关规定;持续信息公开制度;上市公司收购以及证券市场的主体等法律的基本规定。

**重点难点**

本章的重点为证券的发行的条件、上市公司的收购;难点为证券发行的程序、要约收购与协议收购之间的区别与联系。

**学习目标**

通过本章学习,学生应掌握证券发行、上市公司收购等的法律规定;熟悉证券交易所、证券公司等中介机构在证券市场的地位与作用;了解证券监督机构、证券协会等内容。

**知识框架**

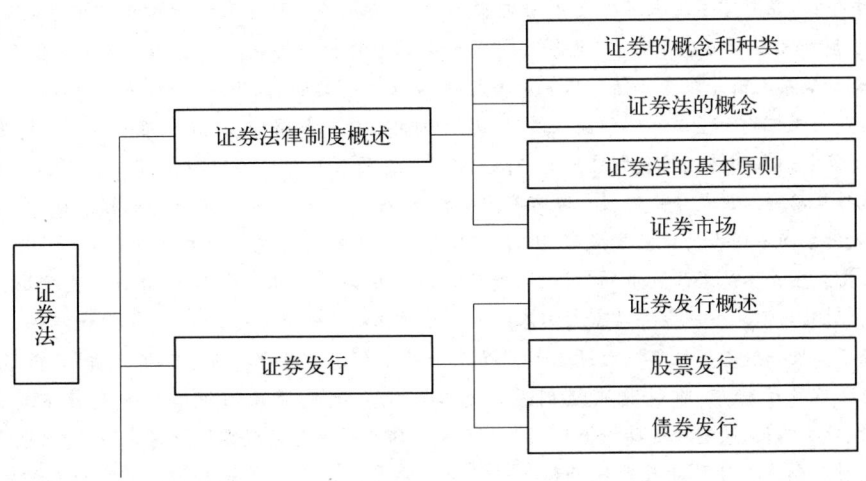

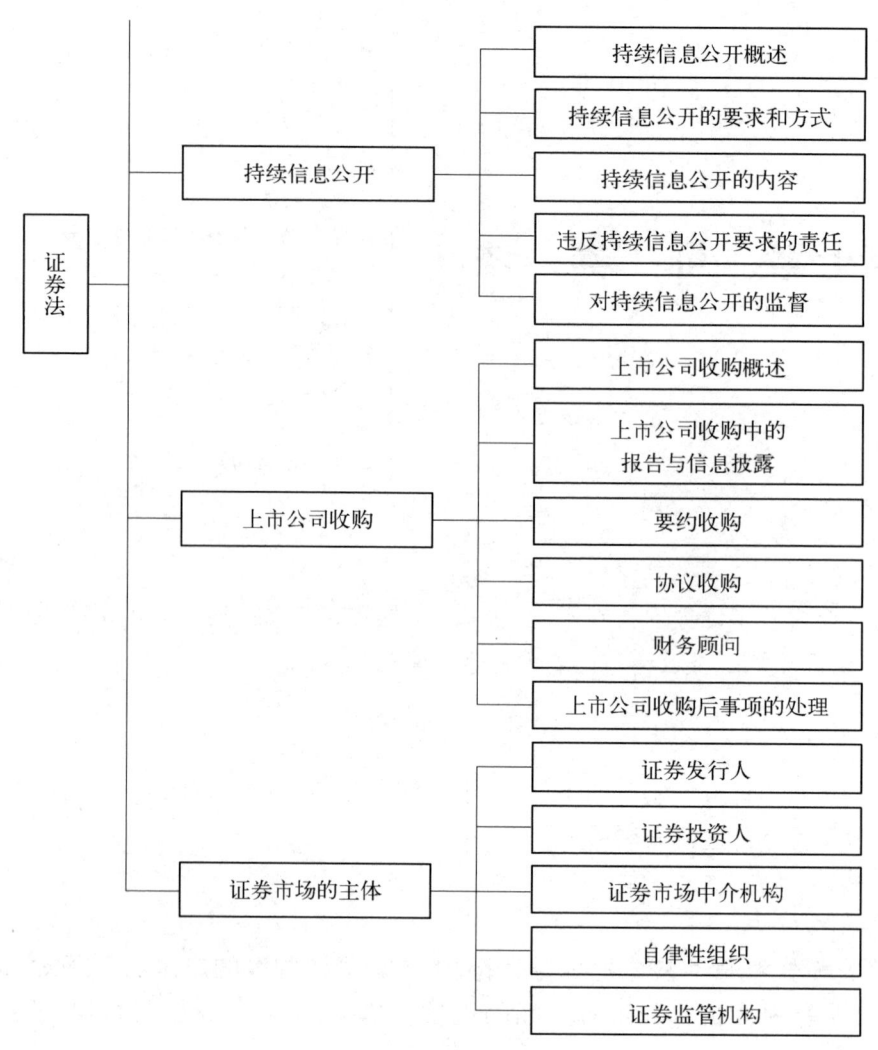

### 思政育人　　　　股市能创造财富吗

　　2001年年初,经济学家吴敬琏接受中央电视台《经济半小时》节目采访时指出:"中国的股市从一开始就很不规范,如果这样发展下去,它就不可能成为投资者的一个良好的投资场所……股价畸形的高,所以,相当一部分股票没有了投资价值。从深层次看,股市上盛行的违规、违法活动,使投资者得不到回报,股市已变成了一个投机的天堂。有的外国人说,中国的股市很像一个赌场,而且很不规范。赌场里面也有规矩,比如你不能看别人的牌。而我们这里呢,有些人可以看别人的牌,可以作弊,可以搞诈骗。坐庄、炒作、操纵股价这种活动可以说是登峰造极。股市有这个特点,即如果光靠炒作,不是靠回报的话,它是一种零和博弈,就是说钞票在不同人的口袋里搬家,并没有创造出新的财富。"这就是吴先生著名的"中国股市赌场论"。当然,吴先生并不是否认股市的"投机"(赌场)性,他批评的着眼点是这个赌场太没规矩了。该论一出,在全社会引起热议。另一经济学家萧灼基的观点针锋相对:"股市不是赌场,不是零和游戏,是创造财富的重要途径。如果一般老百姓那样说还可理解,但严肃的经济学家那样说就不够严肃,有损形象,令人遗憾。如果把股市当成赌市,难道赌市能创造财富吗? 能给股民带来回报吗? 如果股市就是赌市,那5 800万股民就是赌徒,政府就是赌场老板,1 200多家上市公司发行的股票就是筹码,这怎么也说不过去。"

　　股市的作用何在? 法律对股票发行和上市有什么要求? 股票与债券有何不同? 信息披露制度为什

么重要？证券交易中哪些行为要被禁止？本章的主题是证券市场。

资料来源：张晓燕. 中国散户行为研究[EB/OL]. (2021-11-09)[2023-06-30]. https://xueqiu.com/5163944585/202553153.

# 第一节 证券法律制度概述

## 一、证券的概念和种类

### （一）证券的概念

《中华人民共和国证券法》（以下简称《证券法》）对"证券"没有明确定义，但该法第2条第1款规定："在中华人民共和国境内，股票、公司债券、存托凭证和国务院依法认定的其他证券的发行和交易，适用本法；本法未规定的，适用《中华人民共和国公司法》和其他法律、行政法规的规定。"可见，在我国，股票、公司债券以及存托凭证是最主要的证券形式，国务院还可以依法认定其他类型的证券。

《证券法》第2条第2款规定："政府债券、证券投资基金份额的上市交易，适用本法；其他法律、行政法规另有规定的，适用其规定。"目前，我国中央政府债券的发行适用《中华人民共和国国库券条例》，地方政府债券的发行适用《地方政府债券发行管理办法》，证券投资基金份额的募集适用《证券投资基金法》；只有当政府债券、证券投资基金份额在证券交易所上市交易时，才适用《证券法》。

二维码：
视频7-1
证券的概念
及种类

《证券法》第2条第3款同时还规定："资产支持证券、资产管理产品发行、交易的管理办法，由国务院依照本法的原则规定。"这意味着，资产支持证券和资产管理产品目前虽然不属于《证券法》意义上的"证券"，但其发行和交易规则应由国务院依照证券法的原则予以制定，可以看成是类证券产品或"准证券"。

### （二）证券的种类

证券主要可以分为股票、公司债券、可转换公司债券和存托凭证。

#### 1. 股票

股票是股份的纸面形式，是公司签发的证明股东所持股份的凭证。股东据此有价证券以取得股息，行使管理权，取得清盘资产，或在证券市场上转让。股票具有收益性、流通性、非返还性和风险性等特点。

股份按不同标准可以分为若干种类，股票也因此不同。按股东承担风险程度和享有权利的不同，股份可分为普通股和优先股。

按投资对象及定价币种的不同，股票可分为人民币普通股（A股或内资股）、境内上市外资股（B股）和境外上市外资股。

人民币普通股又称A股或内资股，是由我国境内的公司发行，供境内机构、组织或个人（不含港、澳、台投资者）以人民币认购和交易的普通股股票。本章讨论的主要就是A股。

境内上市外资股又称为B股，它是以人民币标明面值，以外币认购和买卖，在境内证券交易所上市交易的股票。

境外上市外资股是指股份有限公司向境外投资者发行、以人民币标明面值、以外币认购、在境公开的证券交易场所流通转让的股票。

2. 公司债券

公司债券是指发行人依照法定程序发行的、约定在一定期限还本付息的有价证券。和公司股票相比,公司债券的特点是:第一,债券是债权凭证,债券持有人享有的是要求公司还本付息的权利;股票是股东权凭证,股东享有参与公司的经营管理权和利润分配权。第二,债券有偿还期限,股票没有偿还期限。第三,债券通常有固定的利率,与公司的绩效没有直接联系,收益比较稳定,风险比股票小。第四,在公司破产时,债券持有人享有优先于股东对公司剩余资产的索取权。

3. 可转换公司债券

可转换公司债券是指发行人依照法定程序发行、在一定期间内依据约定的条件可以转换成股份的公司债券。可转换公司债券是一种无担保、无追索权、信用级别较低的、兼有债权性和股权性的中长期混合型融资和投资工具。

可转换公司债券兼有债券和股票的双重法律特点。从其债券的法律性质来看,可转换公司债券是公司债券的一种,具有公司债券所有的特点。例如,它同样需要定期支付利息,到期偿还本金,同样具有债券面值、期限以及付息方式等基本要素。从其股票性质来看,一旦持有人选择将可转换债券转换为股票,则这部分债务便转换为资本的构成部分,债权也转变成股东权。

可转换公司债券是一种混合性的金融品种,它是公司债券与认股权(买入期权)的组合体。其期权属性赋予投资人可以在一定期限内,依据本身的自由意志,选择是否可以约定的条件将持有的债券转换为发行公司的股票。具体而言,投资人可以选择持有债券至债券到期,要求公司还本付息;也可选择在约定时间内换股,享受股利分配或资本增值。这是可转换债券区别于其他一般性债券的根本性特征。

4. 存托凭证

存托凭证是指由存托人签发、以境外证券为基础在中国境内发行、代表境外基础证券权益的证券。

2018年3月22日,国务院办公厅发布的《国务院办公厅转发证监会关于开展创新企业境内发行股票或存托凭证试点若干意见的通知》(国办发〔2018〕21号,以下简称《发行股票或存托凭证试点意见》)规定:"试点企业可根据相关规定和自身实际,选择申请发行股票或存托凭证上市。允许试点红筹企业按程序在境内资本市场发行存托凭证上市;具备股票发行上市条件的试点红筹企业可申请在境内发行股票上市;境内注册的试点企业可申请在境内发行股票上市。"存托凭证的发行和交易,适用《证券法》《发行股票或存托凭证试点意见》《存托凭证发行与交易管理办法(试行)》以及中国证券监督管理委员会(以下简称"中国证监会")的其他规定。

存托凭证发行法律关系中的主体包括基础证券发行人、存托人和存托凭证持有人。基础证券发行人在境外发行的基础证券由存托人持有,并由存托人在境内签发存托凭证。基础证券发行人应符合证券法关于股票等证券发行的基本条件,参与存托凭证发行,依法履行信息披露等义务,并按规定接受证监会及证券交易所监督管理。

存托人应按照存托协议约定,根据存托凭证持有人意愿行使境外基础证券相应权利,办理存托凭证分红、派息等业务。存托人资质应符合证监会有关规定。

存托凭证持有人依法享有存托凭证代表的境外基础证券权益,并按照存托协议约定,通过存托人行使其权利。

基础证券发行人、存托人及存托凭证持有人通过存托协议明确存托凭证所代表权益及各方权利义务。投资者持有存托凭证即成为存托协议当事人,视为其同意并遵守存托协议约定。存托协议应约定因存托凭证发生的纠纷适用中国法律法规规定,由境内法院管辖。

存托凭证基础财产包括境外基础证券及其衍生权益。存托人可在境外委托金融机构担任托管人。托管人负责托管存托凭证基础财产,并负责办理与托管相关的其他业务。存托人和托管人应为存托凭证基础财产单独立户,将存托凭证基础财产与其自有财产有效隔离、分别管理、分别记账,不得将存托凭证基础财产归入其自有财产,不得违背受托义务侵占存托凭证基础财产。

存托凭证与基础证券之间转换的具体要求和方式由中国证监会规定。

## 二、证券法的概念

证券法是调整证券活动关系的法律规范的总称。证券活动关系包括在证券发行、交易活动中形成的各种社会关系。

广义的证券法还包括调整证券活动的其他法律、行政法规、部门规章、地方性法规和规章,如《公司法》《企业债券管理条例》《关于股份有限公司境内上市外资股的规定》等。本章所述的证券法是指广义的证券法。

## 三、证券法的基本原则

### (一) 公开、公平、公正的原则

该原则要求:① 证券发行和交易中的一切制度和规则必须公开;② 证券发行和交易的活动都必须公开进行,不得暗箱操作;③ 证券发行和交易过程中影响投资者决策或者影响证券市场价格的信息必须公开。公平就是在证券发行和交易中,发行人、投资人、证券经营机构和证券服务机构的法律地位平等,他们之间所产生的权利义务应当对等。公正就是证券监管机关在履行职责过程中,必须依法进行,给予所有的主体以同等的对待。

### (二) 自愿、有偿、诚实信用的原则

自愿就是当事人根据自己的意愿来参与证券的发行和交易活动。所谓有偿,就是在证券发行、交易活动中,一方当事人取得另一方当事人的利益必须付出代价。所谓诚实信用,就是证券发行、交易活动中,必须诚实守信,不得欺骗他人,当事人之间、当事人与社会之间必须保持利益的平衡。

### (三) 分业经营管理的原则

我国《证券法》规定,证券业和银行业、信托业、保险业实行分业经营、分业管理,证券公司与银行、信托、保险业务机构分别设立。国家另有规定的除外。《证券法》在规定分业经营、分业管理原则的同时,规定"国家另有规定的除外",这为混业经营留下了一定的法律空间,也为银行资金间接进入证券市场准备了条件。

### (四) 政府统一监管与行业自律原则

国务院证券监督管理机构依法对全国证券市场实行集中统一监督管理。国务院证

监督管理机构根据需要可以设立派出机构,按照授权履行监督管理职责。在国家对证券发行、交易活动实行集中统一监督管理的前提下,依法设立证券业协会,实行自律性管理。

### 四、证券市场

#### (一) 证券市场的基本功能

证券市场是指证券发行与交易的场所。证券市场是市场经济发展到一定阶段的产物,是为解决资本供求矛盾和流动性而产生的市场。证券市场以证券发行与交易的方式实现了筹资与投资的对接,有效地化解了资本的供求矛盾和资本结构调整的难题。

证券市场的基本功能如下。

1. 筹资、投资功能

证券市场的筹资、投资功能是指证券市场一方面为资金需求者提供了通过发行证券筹集资金的机会,另一方面为资金供给者提供了投资对象。在证券市场上,交易的任何证券都是筹资和投资的工具。在经济运行过程中,既有资金盈余者,又有资金短缺者。资金盈余者为使自己的资金价值增值,必须寻找投资对象;而资金短缺者为了发展自己的业务,就要向社会寻找资金。为了筹集资金,资金短缺者可以通过发行各种证券来达到筹资的目的,资金盈余者则可以通过买入证券而实现投资。

2. 定价功能

证券市场的第二个基本功能就是为资本决定价格。证券是资本的表现形式,所以证券的价格实际上是证券所代表的资本的价格。证券的价格是证券市场上证券供求双方共同作用的结果。证券市场的运行形成了证券需求者和证券供给者的竞争关系,这种竞争的结果是:能产生高投资回报的资本,市场的需求就大,相应的证券价格就高;反之,证券的价格就低。因此,证券市场提供了资本的合理定价机制。

3. 资本配置功能

证券市场的资本配置功能是指通过证券价格引导资本的流动从而实现资本的合理配置的功能。在证券市场上,证券价格的高低是由该证券所能提供的预期报酬率的高低来决定的。证券价格的高低实际上是该证券筹资能力的反映。能提供高报酬率的证券一般来自那些经营好、发展潜力巨大的企业,或者是来自新兴行业的企业。由于这些证券的预期报酬率高,其市场价格相应就高,从而筹资能力就强。这样证券市场就引导资本流向能产生高报酬的企业或行业,从而使资本产生尽可能高的效率,进而实现资本的合理配置。

#### (二) 证券市场的分类

按市场行为和功能来划分,证券市场可以分为一级市场和二级市场。

1. 一级市场

一级市场又称证券发行市场,是指证券从发行人销售给投资者所形成的市场。在这个市场上,投资者可以认购企业发行的股票,通过一级市场发行人筹措企业所需资金。因此,发行市场的主要功能在于为企业提供融资渠道。

2. 二级市场

二级市场又称证券交易市场,是指已发行证券在投资者之间转让所形成的市场。二级市场为股票持有者提供了随时变现的机会,也为投资者提供了新的投资机会。因此,交易市场的主要功能在于实现资产的流动性,从而让企业实现证券流通价值的最大化。

(三) 我国证券市场层次

根据《证券法》第37条的规定,公开发行的证券,应当在依法设立的证券交易所上市交易或者在国务院批准的其他全国性证券交易场所交易。非公开发行的证券,可以在证券交易所、国务院批准的其他全国性证券交易场所、按照国务院规定设立的区域性股权市场转让。证券市场经过较长时间的发展,我国的证券市场体现出多层次的特点,具体可以细分为如下两方面。

1. 按照证券交易场所的组织形式划分

证券交易市场可以分为场内交易市场和场外交易市场。资本市场由场内市场和场外市场两部分构成。场内市场的主板(含中小板)、创业板(二板)和场外市场的全国中小企业股份转让系统(新三板)、区域性股权交易市场、证券公司主导的柜台市场共同组成了我国多层次资本市场体系。

(1) 股票的场内市场是指上海证券交易所和深圳证券交易所。沪深主板(包括中小板)、科创板、创业板属于场内股票交易市场。对于其他资产而言,上海期货交易所、中国金融期货交易所、郑州商品交易所、大连商品交易所及上海黄金交易所等都算场内交易市场。

(2) 我国的场外交易市场主要由银行间交易市场、全国中小企业股份转让系统(俗称"新三板")、区域性股权交易市场、券商柜台市场、私募基金市场、机构间私募产品报价与服务系统等几个部分构成。这些市场因为没有集中的统一交易制度和场所,因而把它们统称为场外交易市场,又称柜台交易或店头交易市场,是指在交易所外由证券买卖双方当面议价成交的市场。它没有固定的场所,其交易主要利用电话、电报、传真及计算机网络进行,交易的证券以不在交易所上市的证券为主。

《证券法》第98条明确了区域性股权市场的法律地位,按照国务院规定设立的区域性股权市场为非公开发行证券的发行、转让提供场所和设施,具体管理办法由国务院规定。"非公开证券的发行、转让"的功能定位,意味着区域性股权市场是私募市场。《国务院办公厅关于规范发展区域性股权市场的通知》(国办发〔2017〕11号)即将区域性股权市场明确为"主要服务于所在省级行政区域内中小微企业的私募股权市场"。作为私募股权市场,区域性股权市场的募集、转让行为主要由《公司法》、合同法律制度及相关法律规范调整,只有在构成公开发行或变相公开发行的情形下才适用《证券法》中的相关制度。我国区域性股权市场主要表现为各地的产权交易所。区域性股权市场主要由所在地省级人民政府按规定实施监管,并承担相应风险处置责任。中国证监会要依法依规履职尽责,加强对省级人民政府开展区域性股权市场监管工作的指导、协调和监督。区域性股权市场的运营机构负责组织区域性股权市场的活动,对市场参与者进行自律管理,保障市场规范稳定运行。运营机构名单由省级人民政府实施管理并予以公告,同时向中国证监会备案。区域性股权市场的各项活动应遵守法律法规和中国证监会制定的业务及监管规则。

全国股转系统是经国务院批准,依据《证券法》设立的全国性证券交易场所。全国股转系统于2012年9月正式注册成立,俗称"新三板",是我国继上海证券交易所、深圳证券交易所之后的第三家全国性证券交易场所。在场所定位和法律性质上,全国股转系统服务于中小微企业,市场定位为三板市场,属于前文提到的集中交易的公开型场外市场,是我国多层次资本市场体系的重要组成部分。换言之,全国股转系统与我国上海、深圳、北京三大证券交易所市场一起构成了我国的公开证券市场;在全国股转系统的公开发行和公开交易,适用《证券法》。

2. 按照交易所市场的门槛和面向企业不同划分

《证券法》第97条规定,证券交易所、国务院批准的其他全国性证券交易场所可以根据证券品种、行业特点、公司规模等因素设立不同的市场层次。目前我国大陆地区的交易所主要有上海、深圳、北京三大证券交易所。交易所市场根据上市的门槛和面向的企业不同,又可以分为主板市场、创业板市场、科创板市场。

1) 主板市场

主板市场是指传统意义上的证券市场(通常指股票市场),是一个国家或地区证券发行、上市及交易的主要场所。主板市场对发行人的营业期限、股本大小、盈利水平、最低市值等方面的要求标准较高,上市企业多为大型成熟企业,具有较大的资本规模以及稳定的盈利能力。主板市场是资本市场中最重要的组成部分,很大程度上能够反映经济发展状况,有"国民经济晴雨表"之称。

主板市场包括上海证券交易所和深圳证券交易所。主板市场主要为行业龙头、大型和骨干型企业提供上市服务。

2) 创业板市场

创业板设立在深圳证券交易所。创业板是不同于主板的场内市场板块,俗称"二板市场"。交易所主板市场的上市条件比较高,不利于中小企业特别是高新技术企业上市融资,因此,为中小企业能够顺利获得资金,有必要特别开设专门的股票交易市场,即二板市场。

二板市场是不同于主板市场的独特的资本市场,其功能主要表现在两个方面:

(1) 在风险投资机制中的作用,即承担风险资本的退出窗口作用。

(2) 作为资本市场所固有的功能,包括优化资源配置、促进产业升级等作用。

创业板的发展历程如下:2009年9月21日,第一批创业板公司公开发行,同年10月30日,第一批28家公司的股票在创业板上市交易。创业板采用了与主板市场不同的上市标准,主要表现为在具体盈利要求等方面有所放松。但创业板市场仍然属于交易所市场,在创业板挂牌交易属于证券上市,因此,仍然必须符合证券交易所对于上市条件的规定。2020年6月12日,中国证监会发布了《创业板首次公开发行股票注册管理办法(试行)》《创业板上市公司证券发行注册管理办法(试行)》和《创业板上市公司持续监管办法(试行)》等部门规章,创业板开始试行注册制。创业板的公开发行申请报深圳证券交易所审核并经中国证监会注册。

3) 科创板市场

科创板是独立于现有主板市场的新设板块,并在该板块内进行注册制试点。就上市标准而言,科创板更加注重企业科技创新能力,允许符合科创板定位、尚未盈利或存在累计未弥补亏损的企业在科创板上市。其综合考虑预计市值、收入、净利润、研发投入、现金流等因素,设置多元包容的上市条件。因此,相比主板的上市条件,科创板的上市条件更加精简优化。同时,对于现行发行条件中可以由投资者判断的事项,则逐步转化为更加严格,更加全面、深入、精准的信息披露要求制度体系。由于科创板的上市标准和条件尤其适用于高新技术产业和战略性新兴产业,其通常被归为二板市场的范畴。

科创板能够提升企业的科技创新能力,增强市场包容性,强化市场功能。发行、交易、退市、投资者适当性、证券公司资本约束等新制度和引入中长期资金等配套措施,增量试点、循序渐进,新增资金与试点进展同步匹配,力争在科创板实现投融资平衡、一二级市场平衡、公司的新老股东利益平衡,促进现有市场形成良好预期市场。

根据中国证监会2019年1月28日发布的《关于在上海证券交易所设立科创板并试点注册制的实施意见》,我国上海证券交易所设立科创板并首次试点注册制,2019年6月13日,科创板正式开板,2019年7月22日,科创板首批公司上市;2019年8月8日,第二批科创板公司挂牌上市。2019年8月,为落实科创板上市公司(以下简称"科创公司")并购重组注册制试点改革要求,建立高效的并购重组制度,规范科创公司并购重组行为,中国证监会发布《科创板上市公司重大资产重组特别规定》。

**(四)北京证券交易所**

1. 设立北京证券交易所的目的

北京证券交易所明确、深入贯彻创新驱动发展战略,聚焦实体经济,主要服务于创新型中小企业,重点支持先进制造业和现代服务业等领域的企业,推动传统产业转型升级,培育经济发展新动能,促进经济高质量发展。

2. 北京证券交易所发展历程

北京证券交易所于2021年9月3日注册成立,是经国务院批准设立的中国第一家公司制证券交易所,受中国证监会监督管理。2021年10月30日,中国证监会发布《北京证券交易所向不特定合格投资者公开发行股票注册管理办法(试行)》《北京证券交易所上市公司证券发行注册管理办法(试行)》和《北京证券交易所上市公司持续监管办法(试行)》等部门规章。北京证券交易所适用注册制,公开发行申请报北京证券交易所审核并经证监会注册。

3. 北京证券交易所的特点

北京证券交易所的发行人必须是在全国股转系统连续挂牌满12个月的创新层挂牌公司。注意不是"在创新层挂牌满12个月的新三板公司",而是只要在新三板挂牌满1年以上,哪怕刚刚进入创新层,就具备了向北京证券交易所申报上市的基础条件。其具体特点表现为:

第一,发行人范围有法定限制。存量发行人为全国股转系统原精选层的挂牌公司,(新增)发行人应当为在全国股转系统连续挂牌满12个月的创新层挂牌公司。

发行人申请在北京证券交易所公开发行股票,应当符合下列规定:

(1) 具备健全且运行良好的组织机构。
(2) 具有持续经营能力,财务状况良好。
(3) 最近3年财务会计报告无虚假记载,被出具无保留意见审计报告。
(4) 依法规范经营。

发行人及其控股股东、实际控制人存在下列情形之一的,发行人不得公开发行股票:

（1）最近3年内存在贪污、贿赂、侵占财产、挪用财产或者破坏社会主义市场经济秩序的刑事犯罪。

（2）最近3年内存在欺诈发行、重大信息披露违法或者其他涉及国家安全、公共安全、生态安全、生产安全、公众健康安全等领域的重大违法行为。

（3）最近1年内受到中国证监会行政处罚。

第二，投资者范围有法定限制。发行人仅得向不特定的合格投资者进行公开发行，即参与申购和交易的投资者应符合中国证监会和北京证券交易所关于投资者适当性的管理规定。在北京证券交易所市场从事证券交易及相关业务的证券经营机构履行投资者适当性管理职责。

## 第二节 证券发行

二维码：
视频7-2
证券法-证券的发行

### 一、证券发行概述

**（一）证券发行的概念和特征**

证券发行是指发行人以筹集资金为直接目的，依照法定程序和条件向投资人销售证券的一系列行为的总称。证券发行具有如下特征：第一，证券发行以筹集资金为目的；第二，证券的发行必须符合法律所设定的条件和程序；第三，证券的发行在实质上表现为一种证券的销售行为。

**（二）证券发行的分类**

1. 直接发行和间接发行

按有无发行中介，证券发行可以分为直接发行和间接发行。直接发行是指发行人直接向投资者出售证券，自己承担发行证券的责任和风险。间接发行是指发行人把证券发行委托给一家或几家证券发行中介机构，由其代理发行，中介机构赚取差价收益或手续费。发行人公开发行证券时，一般采取间接发行方式，委托承销机构承销。

2. 公开发行和非公开发行

按证券发行对象和发行方式，证券发行可以分为公开发行和非公开发行。公开发行又称公募发行，是指发行人以公开的方式向不特定的对象和特定的多数对象出售证券的行为。按照《证券法》第9条的界定，有两种情况可能构成公开发行：

（1）向不特定对象发行证券的。不特定对象是指对于证券的购买人没有任何资质要求，例如通过随机打电话的方式确定投资者。

（2）向特定对象发行证券累计超过200人，但依法实施员工持股计划的员工人数不计算在内。特定对象主要是指符合一定资质条件要求的投资者，主要是指那些具有获取发行人信息的能力、具有风险识别能力的投资者，即所谓的合格投资者。另外，对于特定对象还有人数限制，在证券为股票的情况下，表现为对公司股东人数的限制，即公司的股东人数如果超过200人，即使都是合格投资者，也构成了公开发行。

非公开发行又称私募发行，是指发行人发行证券仅面向特定的少数投资者。非公开发行的对象，一般包括三类：一是专业投资机构，如投资基金、保险公司等；二是与公司有密切关联的公司、金融机构;三是公司内部人员和与公司有业务联系的人员,如股东、职员、公司顾问等。《证券法》规定,非公开发行证券,不得采用广告、公开劝诱和变相公开方式。

3. 设立发行和新股发行

依发行目的不同,证券发行可以分为设立发行和新股发行。设立发行是指在公司设立时发行股份。《公司法》第77条规定,股份有限公司的设立,可以采取发起设立或者募集设立的方式。发起设立是指由发起人认购公司应发行的全部股份而设立公司。募集设立,是指由发起人认购公司应发行股份的一部分,其余股份向社会公开募集或者向特定对象募集而设立公司。已经成立的公司因生产经营需要追加资本而发行股份为新股发行。

4. 议价发行和招标发行

依发行条件不同,证券发行可以分为议价发行和招标发行。议价发行是由发行人与承销商通过协商发行条件而发行证券。招标发行是证券发行人与承销商之间通过公开招标的方式确定发行条件而发行证券,常见于国债的发行。

5. 平价发行、溢价发行和折价发行

依发行价格不同,证券发行可以分为平价发行、溢价发行和折价发行。平价发行又称为面值发行或者等价发行,是指证券发行价格与票面金额相同。溢价发行是指证券发行价格高于票面金额。折价发行是指发行价格低于票面金额。我国法律允许平价发行和溢价发行,但不允许折价发行。《证券法》规定,股票发行采取溢价发行的,其发行价格由发行人与承销的证券公司协商确定。

6. 股票发行、债券发行和基金证券发行

按照发行证券的种类,证券发行可以分为股票发行、债券发行和基金证券发行。股票发行是股份有限公司(或设立中的股份有限公司)以筹集资金为目的依照法定条件和程序,向投资人出售代表一定股东权利的股票的行为。债券发行是指符合发行条件的政府组织、金融机构或者企业组织以筹集资金为目的依照法律规定的条件和程序向投资人出售代表一定债权的债券的行为。基金证券发行是指发行人以筹集受托资金为目的,依照法定条件和程序向投资人发售代表信托受益权的证券的行为。

### (三) 证券发行的注册

根据《证券法》第9条的规定,公开发行证券,必须符合法律、行政法规规定的条件,并依法报经国务院证券监督管理机构或者国务院授权的部门注册。未经依法注册,任何单位和个人不得公开发行证券。证券发行注册制的具体范围、实施步骤,由国务院规定。

根据《证券法》第21条的规定,国务院证券监督管理机构或者国务院授权的部门依照法定条件负责证券发行申请的注册。证券公开发行注册的具体办法由国务院规定。

按照国务院的规定,证券交易所等可以审核公开发行证券申请,判断发行人是否符合发行条件、信息披露要求,督促发行人完善信息披露内容。依照上述规定参与证券发行申请注册的人员,不得与发行申请人有利害关系,不得直接或者间接接受发行申请人的馈赠,不得持有所注册的发行申请的证券,不得私下与发行申请人进行接触。

目前上海证券交易所科创板、深圳证券交易所创业板和北京证券交易所都已陆续适用注册制。按照《证券法》的规定,我国证券公开发行审核制度为注册制,这意味着在我国证券交易所的现有市场板块,以及证券交易所根据证券品种、行业特点、公司规模等因素所设立的其他层次的市场板块的公开发行,都将最终适用注册制。

### (四) 证券的承销

证券承销是指证券公司与证券的发行人订立合同,由证券公司帮助证券的发行人发行证券,而发行人向证券公司支付费用的一种法律行为。根据《证券法》的规定,证券发行必须由证券公司承销,而且只有综合类的证券公司才可以为发行人承销证券,同时这些证券公司应当依照法律、行政法规的规定承销证券。

1. 承销方式

《证券法》规定,证券承销业务采取代销或者包销的方式。证券代销是指证券公司代发行人发售证券,在承销期结束时,将未售出的证券全部退还给发行人的承销方式。证券包销是指证券公司将发行人的证券按照协议全部购入或者在承销期结束时将售后剩余证券全部自行购入的承销方式。

2. 承销协议

证券公司承销证券,应当同发行人签订代销或者包销协议。承销协议应当载明下列事项:① 当事人的名称、住所及法定代表人姓名;② 代销或者包销证券的种类、数量、金额及发行价格;③ 代销或者包销的期限及起止日期;④ 代销或者包销的付款方式及日期;⑤ 代销或者包销的费用和结算办法;⑥ 违约责任;⑦ 国务院证券监督管理机构规定的其他事项。

3. 承销团

承销团是指为发售一只证券而由若干家证券经营机构组成的证券联合体。因此,承销团承销则是指有两家或两家以上的证券承销商组成承销团承销所发行的证券的承销方式。是否组成承销团,主要由证券的发行数量和发行难度决定。在承销团中,通常由一家承销商担任主承销商,负责承销的全面事务和协调承销团成员的关系,并对发行人负责。承销团成员一般不对发行人直接负责,它们只对主承销商负责,并按照自己分担的承销份额承担发售责任和获取承销报酬。《证券法》规定,向不特定对象发行的证券票面总值超过人民币5 000万元的,应当由承销团承销。承销团应当由主承销和参与承销的证券公司组成。

4. 证券承销商的义务

(1) 核查义务。承销商的核查义务又称"尽职调查"义务或"细节调查"义务,是指承销商在证券承销时,应当依照本行业公认的业务标准和道德规范,对证券发行人及市场的有关情况,对有关文件的真实性、准确性和完整性进行核查、验证等专业调查。

(2) 尽力销售义务。无论是代销还是包销,承销商均处于代为销售的角色,其目的是要将所承销的证券销售给社会公众投资者。因而,承销商在承销活动中,应尽力销售其所承销的证券。

(3) 股款返还义务。《证券法》规定,股票发行采用代销方式,代销期限届满,向投资者出售的股票数量未达到拟公开发行股票数量70%的,为发行失败。发行人应当按照发行价并加算银行同期存款利息返还股票认购人。

(4) 上报备案的义务。承销商应当在证券承销期满后的法定期限内将承销情况上报国务院证券监督管理机构备案。法律对上报备案的要求因包销和代销的不同而有所不同。

### (五) 证券的保荐

为规范证券发行上市行为,提高上市公司质量和证券经营机构执业水平,保护投资者的合法权益,促进证券市场健康发展,在我国,证券的公开发行与上市实行保荐制度。保荐人为依法登记注册的证券经营机构,其职责是推荐发行人证券发行上市,持续督导发行人履行规范运作、信守承诺、信息披露等义务。保荐人在推荐发行人首次公开发行股票前,应当按照中国证监会的规定对发行人进行辅导。发行人经辅导符合法定要求的,保荐人方可推荐其股票发行上市。保荐人应保证其所出具文件的真实性、准确性和完整性,如果发现其所保荐的上市公司存在着虚假陈述或者其他不符合法定条件的,可能导致其与发行人承担连带责任。

《证券法》规定,发行人申请公开发行股票、可转换为股票的公司债券,依法采取承销方式的,或者公开发行法律、行政法规规定实行保荐制度的其他证券的,应当聘请具有保荐资格的机构担任保荐人。

保荐人应当遵守业务规则和行业规范,诚实守信,勤勉尽责,对发行人的申请文件和信息披露资料进行审慎核查,督导发行人规范运作。

保荐人的资格及其管理办法由国务院证券监督管理机构规定。

《证券法》规定,申请股票、可转换为股票的公司债券或者法律、行政法规规定实行保荐制度的其他证券上市交易,应当聘请具有保荐资格的机构担任保荐人。

## 二、股票发行

股票发行是指发行人以筹资或实施股利分配为目的,依照法定程序向投资者或原股东发行股份或无偿提供股份的行为。股票发行一般包括股票首次公开发行、增发新股、配股和无偿提供股份。无偿提供股份包括公积金转增股份和可分配利润转增股份两种情形,这不是典型意义的股票发行形式,本节不涉及该项内容。

### (一) 首次公开发行股票

1. 首次公开发行股票的条件

根据《证券法》《公司法》和中国证监会于 2006 年 5 月 17 日公布的《首次公开发行股票并上市管理办法》(以下简称《首发管理办法》,该办法于 2006 年 5 月 18 日实施)的有关规定,公司首次公开发行股票除应当符合《公司法》第 76 条的规定,作为拟上市公司,还应当符合如下条件:

(1) 发行人应当是依法设立且合法存续一定期限的股份有限公司。① 股份有限公司应自成立后,持续经营时间在 3 年以上;② 有限责任公司按原账面净资产值折股整体变更为股份有限公司的,持续经营时间可以从有限责任公司成立之日起计算,并达 3 年以上(有限责任公司依法变更为股份有限公司时,可以采取募集设立方式公开发行股票);③ 经国务院批准,可以不受上述时间的限制。

### 相关思考 7-1

某有限责任公司于 2×17 年依法设立,以截至 2×20 年 12 月 31 日经评估的净资产折股整体变更为股份有限公司。如果该股份有限公司于 2×22 年下半年申请首次公开发行股票并上市,可以认定其符合持续经营时间已达 3 年以上的首次公开发行股票的条件。请问:上述说法是否正确?

(2) 发行人已合法并真实取得注册资本项下载明的资产。

(3) 发行人的生产经营符合法律、行政法规和公司章程的规定,符合国家产业政策。

(4) 发行人最近 3 年内主营业务和董事、高级管理人员没有发生重大变化,实际控制人没有发生变更。

(5) 发行人的股权清晰,控股股东和受控股股东、实际控制人支配的股东持有的发行人股份不存在重大权属纠纷。

(6) 发行人的资产完整,人员、财务、机构和业务独立:① 发行人的总经理、副总经理、财务负责人和董事会秘书等高级管理人员不得在控股股东、实际控制人及其控制的其他企业中担任除董事、监事以外的其他职务;② 发行人的总经理、副总经理、财务负责人和董事会秘书等高级管理人员不得在控股股东、实际控制人及其控制的其他企业领薪;③ 发行人的财务人员不得在控股股东、实际控制人及其控制的其他企业中兼职。

(7) 发行人具备健全且运行良好的组织机构:① 发行人的董事、监事和高级管理人员符合法律、行政法规和规章规定的任职资格,而且不得有:被中国证监会采取证券市场禁入措施尚在禁入期的;最近 36 个月内受到中国证监会行政处罚,或者最近 12 个月内受到证券交易所公开谴责;因涉嫌犯罪被司法机关立案侦查或者涉嫌违法违规被中国证监会立案调查,尚未有明确结论意见。② 发行人的公司章程中已明确对外担保的审批权限和审议程序,不存在为控股股东、实际控制人及其控制的其他企业进行违规担保的情形。③ 发行人有严格的资金管理制度,不得有资金被控股股东、实际控制人及其控制的其他企业以借款、代偿债务、代垫款项或者其他方式占用的情形。

(8) 发行人具有持续盈利能力。发行人不得有下列影响持续盈利能力的情形:① 发行人的经营模式、产品或服务的品种结构已经或者将发生重大变化,并对发行人的持续盈利能力构成重大不利影响;② 发行人的行业地位或发行人所处行业的经营环境已经或者将发生重大变化,并对发行人的持续盈利能力构成重大不利影响;③ 发行人最近 1 个会计年度的营业收入或净利润对关联方或者存在重大不确定性的客户存在重大依赖;④ 发行人最近 1 个会计年度的净利润主要来自合并财务报表范围以外的投资收益;⑤ 发行人在用的商标、专利、专有技术以及特许经营权等重要资产或技术的取得或者使用存在重大不利变化的风险。

(9) 发行人的财务指标要求。发行人发行股票并上市的财务指标主要包括以下的要求:① 最近 3 个会计年度净利润均为正数且累计超过人民币 3 000 万元,净利润以扣除非经常性损益前后较低者为计算依据;② 最近 3 个会计年度经营活动产生的现金流量净额累计超过人民币 5 000 万元;"或者"最近 3 个会计年度营业收入累计超过人民币 3 亿元;③ 发行前股本总额不少于人民币 3 000 万元;④ 最近一期期末无形资产(扣除土地使用权、水面养殖权和采矿权等后)占净资产的比例不高于 20%;⑤ 最近一期期末不存在未弥补亏损。

> **延伸阅读 7-1**
>
> 甲上市公司 2×22 年的净利润为 2 500 万元,当年发生的非经常性损失为 500 万元,扣除非经常损失后的净利润为 3 000 万元[2 500—(—500)]。此时就应该以未扣除非经常损益前的净利润 2 500 万元作为计算依据;假设当年发生了非经常性收益,扣除非经常性收益后的净利润为 2 000 万元(2 500—500),此时就应该以扣除后的净利润 2 000 万元作为计算依据。总之,扣除非经常损益后的净利润,可能比扣除前大,也可能比扣除前小,在计算时取其较低值计算。

(10) 发行人募集资金用途符合规定:① 发行人募集资金原则上应当用于主营业务;② 除金融类企业,募集资金使用项目不得为持有交易性金融资产和可供出售的金融资产、借予他人、委托理财等财务性投资,不得直接或者间接投资于以买卖有价证券为主要业务的公司;③ 发行人应当建立募集资产专项存储制度,募集资金应当存放于董事会决定的专项账户。

(11) 构成首次发行股票并上市的法定障碍的情形:① 最近 36 个月内未经法定机关核准,擅自公开或者变相公开发行过证券;或者有关违法行为虽然发生在 36 个月前,但目前仍处于持续状态;② 最近 36 个月内违反工商、税收、土地、环保、海关以及其他法律、行政法规,受到行政处罚,且情节严重;③ 最近 36 个月内曾向中国证监会提出发行申请,但报送的发行申请文件有虚假记载、误导性陈述或重大遗漏;或者不符合发行条件以欺骗手段骗取发行核准;或者以不正当手段干扰中国证监会及其发行审核委员会审核工作;或者伪造、变造发行人或其董事、监事、高级管理人员的签字、盖章;④ 本次报送的发行申请文件有虚假记载、误导性陈述或者重大遗漏;⑤ 涉嫌犯罪被司法机关立案侦查,尚未有明确结论意见;⑥ 严重损害投资者合法权益和社会公共利益的其他情形。

2. 首次公开发行股票的程序

(1) 发行人董事会应当依法就本次股票发行的具体方案、本次募集资金使用的可行性及其他必须明确的事项作出决议,并提请股东大会批准。发行人股东大会应就本次发行股票作出决议。

(2) 发行人应当按照中国证监会的有关规定制作申请文件,由保荐人保荐并向中国证监会申报。特定行业的发行人应当提供管理部门的相关意见。依照《证券法》规定聘请保荐人的,应当报送保荐人出具的发行保荐书。

(3) 中国证监会收到申请文件后,应在 5 个工作日内作出是否受理的决定。中国证监会如果决定受理,应在受理申请文件后,由相关职能部门对发行人的申请文件进行初审,并由发行审核委员会审核。中国证监会在初审过程中,将征求发行人注册地省级人民政府是否同意发行人发行股票的意见,并就发行人的募集资金投资项目是否符合国家产业政策和投资管理的规定征求国家发展和改革委员会的意见。中国证监会依照法定条件对发行人的发行申请作出予以核准或者不予核准的决定,并出具相关文件。

(4) 股票发行申请经核准后,发行人应自中国证监会核准发行之日起 6 个月内发行股票;超过 6 个月未发行的,核准文件失效,须重新经中国证监会核准后方可发行。股票发行申请未获核准的,自中国证监会作出不予核准决定之日起 6 个月后,发行人可再次提出股票发行申请。

(5) 发行申请核准后、股票发行结束前,发行人发生重大事项的,应当暂缓或者暂停发行,并及时报告中国证监会,同时履行信息披露义务。影响发行条件的,应当重新履行核准程序。

(6) 中国证监会或者国务院授权的部门对已作出的核准证券发行的决定,发现不符合法定条件或者法定程序,尚未发行证券的,应当予以撤销,停止发行。已经发行尚未上市的,撤销发行核准决定,发行人应当按照发行价并加算银行同期存款利息返还证券持有人;保荐人应当与发行人承担连带责任,但是能够证明自己没有过错的除外;发行人的控股股东、实际控制人有过错的,应当与发行人承担连带责任。

(7) 发行股票。发行人股票发行申请经核准同意后,发行的股票一般由证券公司承销。

### 相关思考7-2

某上市公司决定通过发行新股募集资金,用以扩大生产规模。在董事会草拟的方案中有以下主要内容:本次发行面值人民币7 000万元的新股,全部向社会募集;委托某证券公司独家代销,代销期为96天;为保证发行工作能够得以顺利开展,准备向证券管理机构、证券交易所的有关人员每人送1 000股。

请问:该方案的错误之处在哪里?

#### (二) 上市公司增发股票

我国《证券法》和《公司法》以及中国证监会于2006年5月7日公布并于次日实施的《上市公司证券发行管理办法》(以下简称《发行管理办法》)对上市公司增发股票作了相应规定。上市公司增发股票,可以公开发行,也可非公开发行。上市公司公开增发股票的,可以分为向原股东配售股份(即"配股")和向不特定对象公开募集股份(一般称"增发",以示与配股之别。由于配股是增发股票的一种形式,这里的"增发"不是"增发股票"的简称,下同)。

1. 上市公司增发股票的一般条件

上市公司增发股票的一般条件是指上市公司采用不同增发股票方式都应当具备的条件,这些条件包括以下几项:

(1) 组织机构健全,运行良好。上市公司现任董事、监事和高级管理人员:① 具备任职资格;② 不存在违反《公司法》中关于董事、高级管理人员限制规定的行为,且最近36个月内未受到过中国证监会的行政处罚、最近12个月内未受到过证券交易所的公开谴责;③ 最近12个月内不存在违规对外提供担保的行为。

(2) 盈利能力应具有可持续性:① 上市公司最近3个会计年度连续盈利。扣除非经常性损益后的净利润与扣除前的净利润相比,以低者作为计算依据;② 最近24个月内曾公开发行证券的,不存在发行当年营业利润比上年下降50%以上的情形。

(3) 财务状况良好:① 上市公司最近3年及一期财务报表未被注册会计师出具保留意见、否定意见或无法表示意见的审计报告;被注册会计师出具带强调事项段的无保留意见审计报告的,所涉及的事项对发行人无重大不利影响或者在发行前重大不利影响已经消除。② 最近3年以现金或股票方式累计分配的利润不少于最近3年实现的年均可分配利润的20%。

(4) 财务会计文件无虚假记载。

(5) 募集资金的数额和使用符合规定。除金融类企业,本次募集资金使用项目不得为持有交易性金融资产和可供出售的金融资产、借予他人、委托理财等财务性投资,不得直接或间接投资于以买卖有价证券为主要业务的公司。

(6) 上市公司不存在下列行为:① 本次发行申请文件有虚假记载、误导性陈述或重大遗漏;② 擅自改变前次公开发行证券募集资金的用途而未作纠正;③ 上市公司最近12个月内受到过证券交易所的公开谴责;④ 上市公司及其控股股东或实际控制人最近12个月内存在未履行向投资者作出的公开承诺的行为;⑤ 上市公司或其现任董事、高级管理人员因涉嫌犯罪被司法机关立案侦查或涉嫌违法违规被中国证监会立案调查;⑥ 严重损害投资者合法权益和社会公共利益的其他情形。

2. 上市公司向原股东配售股份(配股)的条件

配股除了应当符合前述一般条件,还应当符合以下条件:

(1) 拟配售股份数量不超过本次配售股份前股本总额的30%。

(2) 控股股东应当在股东大会召开前公开承诺认配股份的数量。

(3) 采用证券法规定的代销方式发行。控股股东不履行认配股份的承诺,或者代销期限届满,原股东认购股票的数量未达到"拟配售数量70%"的,发行人应当按照发行价并加算银行同期存款利息返还已经认购的股东。

3. 上市公司向不特定对象公开募集股份(增发)的条件

增发除了符合前述一般条件,还应当符合下列条件:

(1) 最近3个会计年度加权平均净资产收益率平均不低于6%。扣除非经常性损益后的净利润与扣除前的净利润相比,以低者作为加权平均净资产收益率的计算依据。

(2) 除金融类企业,最近一期期末不存在持有金额较大的交易性金融资产和可供出售的金融资产、借予他人款项、委托理财等财务性投资的情形。

(3) 发行价格应不低于"公告招股意向书前20个交易日"公司股票均价或前一个交易日的均价。

4. 上市公司非公开发行股票的条件

非公开发行股票是指上市公司采用非公开方式,向特定对象发行股票的行为。非公开发行股票不必满足上市公司增发股票的一般条件。中国证监会根据《发行管理办法》于2007年9月17日发布了《上市公司非公开发行股票实施细则》(以下简称《非公开发行细则》),对非公开发行股票作了进一步的规定。

(1) 发行对象和认购条件:① 特定发行对象不超过10名;② 本次发行的股份自发行结束之日起,12个月内不得转让;控股股东、实际控制人及其控制的企业认购的股份,36个月内不得转让;③ 发行价格不低于定价基准日前20个交易日公司股票均价的90%;④ 本次发行导致上市公司控制权发生变化的,还应当符合中国证监会的其他规定。

(2) 上市公司存在下列情形之一的,不得非公开发行股票:① 本次发行申请文件有虚假记载、误导性陈述或重大遗漏;② 上市公司的权益被控股股东或实际控制人严重损害且尚未消除;③ 上市公司及其附属公司违规对外提供担保且尚未解除;④ 现任董事、高级管理人员最近36个月内受到过中国证监会的行政处罚,或者最近12个月内受到证券交易所公开谴责;⑤ 上市公司或其现任董事、高级管理人员因涉嫌犯罪正被司法机关立案侦查或涉嫌违法违规正被中国证监会立案调查;⑥ 最近1年及一期财务报表被注册会计师出具保留意见、否定意见或无法表示意见的审计报告。保留意见、否定意见或无法表示意见所涉及事项的重大影响已经消除或者本次发行涉及重大重组的除外;⑦ 严重损害投资者合法权益和社会公共利益的其他情形。

**延伸阅读7-2**

首发与增发股票的比较如表7-1所示。

表7-1　　　　　　　　　　　首发与增发股票的比较

| 首发<br>(发行人是股份有限公司) | 应当符合的条件有11项 | | |
|---|---|---|---|
| 增发<br>(发行人是上市公司) | 应当符合的<br>一般条件有6项 | 配股(限于原股东) | 特殊条件3项 |
| | | 增发(不特定对象,不限于原股东) | 特殊条件3项 |
| | 非公开发行(针对特定对象)特殊条件有4项 | | |

5. 上市公司增发股票的程序

(1) 一般程序(这是指上市公司增发股票普遍适用的程序)包括:① 董事会作出决议。② 提请股东大会作出批准。股东大会就发行事项作出决议,必须经出席会议的股东所持表决权的2/3以上通过。向本公司特定的股东及其关联人发行的,股东大会就发行方案进行表决时,关联股东应当回避。③ 保荐人保荐。④ 中国证监会审核。⑤ 发行股票。自中国证监会核准发行之日起,上市公司应在6个月内发行股票;超过6个月未发行的,核准文件失效,须重新经中国证监会核准后方可发行。⑥ 证券公司承销。增发股票,应当由证券公司承销。

(2) 非公开发行股票的程序包括:① 董事会作出决议。② 提请股东大会作出批准。涉及关联股东的,应当回避表决。③ 向证监会提交发行申请并核准。④ 发行股票。非公开发行股票,发行对象均属于原前10名股东的,可以由上市公司自行销售。⑤ 备案。验资完成后的次一交易日,上市公司和保荐人应当向中国证监会提交有关备案材料。

### 三、债券发行

公司债券发行是债券发行的一种。债券发行是指发行人以借贷资金为目的,依照法定程序向投资者发行代表一定债权和兑付条件债券的行为。债券发行有政府债券发行、企业债券发行和公司债券发行。本教材主要介绍的是公司债券发行。公司可以通过发行公司债券筹集资金,这是债权融资的一种形式。它与股权融资方式相比,具有融资成本低、发行程序简单、不稀释公司股权(可转换公司债除外)等特点。但是这种融资形式在一定期限内需要还本付息,对公司现金流的要求较高,发行人存在一定的现金支付风险。

根据公司发行的债券种类不同,可分为一般的公司债券发行和可转换公司债券发行。一般公司债券发行也称为公司债券发行,这是指发行人依照法定程序,向投资者发行的约定在 1 年以上期限内还本付息有价证券的行为。可转换公司债发行是指发行人依照法定程序,向投资者发行的在一定期间内依据约定的条件可以转换成股份的公司债券的行为。以下有关部分将会分别对两者加以说明。

**(一) 公司债券的发行**

1. 公司发行债券的条件

发行公司债券,应当符合下列规定:

(1) 股份有限公司的净资产不低于人民币 3 000 万元,有限责任公司的净资产不低于人民币 6 000 万元。

(2) 本次发行后累计公司债券余额不超过最近一期期末净资产额的 40%;金融类公司的累计公司债券余额按金融企业的有关规定计算。

(3) 公司的生产经营符合法律、行政法规和公司章程的规定,募集的资金投向符合国家产业政策。

(4) 最近 3 个会计年度实现的年均可分配利润不少于公司债券 1 年的利息。

(5) 债券的利率不超过国务院限定的利率水平。

(6) 公司内部控制制度健全,内部控制制度的完整性、合理性、有效性不存在重大缺陷。

(7) 经资信评级机构评级,债券信用级别良好。

2. 公司发行债券的限制

存在下列情形之一的,不得发行公司债券:

(1) 前一次公开发行的公司债券尚未募足。

(2) 对已发行的公司债券或者其他债务有违约或者迟延支付本息的事实,仍处于继续状态。

(3) 违反规定,改变公开发行公司债券所募集资金的用途。

(4) 最近 36 月内公司财务会计文件存在虚假记载或公司存在其他重大违法行为。

(5) 本次发行申请文件存在虚假记载、误导性陈述或者重大遗漏。

(6) 严重损害投资者合法权益和社会公共利益的其他情形。

公开发行公司债券筹集的资金,必须用于核准的用途,不得用于弥补亏损和非生产性支出。

3. 公司债券的期限、面值和发行价格

公司债券的期限为 1 年以上,公司债券每张面值 100 元,发行价格由发行人与保荐人通过市场询价确定。

4. 公司债券的发行程序

公司债券的发行必须依照下列程序进行: ① 由股东会或股东大会作出决议;② 保荐人保荐;③ 制作申请文件;④ 报证监会核准;⑤ 发行。发行公司债券应报经中国证券监督管理委员会核准。发行公司债券,可以申请一次核准,分期发行。自中国证监会核准发行之日起,公司应在 6 个月内首期发行,剩余数量应当在 24 个月内发行完毕。超过核准文件限定的时效未发行的,须重新经中国证监会核准后方可发行。首期发行数量应当不少于总发行数量的 50%,剩余各期发行的数量由公司自行确定,每期发行完毕后 5 个工作日内报中国证监会备案。

**相关思考 7-3**

某上市公司 2×22 年度拟发行公司债券,发行总额为 1.5 亿元,2 月 1 日经过中国证监会核准,采取分期发行的方式,那么该公司应在 8 月 1 日之前进行首期发行,剩余数量在 2×23 年 2 月 1 日之前发行完毕。请问:该公司债券的发行是否正确?

5. 公司债券持有人的权益保护

(1) 信用评级。上市公司发行公司债券应当委托经中国证监会认定、具有从事证券服务业务资格的资信评级机构进行信用评级。公司与资信评级机构应当约定,在债券有效存续期间,资信评级机构每年至少公告一次跟踪评级报告。

(2) 公司债券的受托管理。上市公司应当为债券持有人聘请债券受托管理人,并订立债券受托管理协议;在债券存续期限内,由债券受托管理人依照协议的约定维护债券持有人的利益。

债券受托管理人由本次发行的保荐人或者其他经中国证监会认可的机构担任。为本次发行提供担保的机构不得担任本次债券发行的受托管理人。债券受托管理人应当为债券持有人的最大利益行事,不得与债券持有人存在利益冲突。

(3) 债券持有人会议。有下列情况的,应当召开债券持有人会议:① 拟变更债券募集说明书的约定;② 拟变更债券受托管理人;③ 公司不能按期支付本息;④ 公司减资、合并、分立、解散或者申请破产;⑤ 保证人或者担保物发生重大变化;⑥ 发生对债券持有人权益有重大影响的事项。

(4) 公司债券的担保。为公司债券提供担保的,应当符合《民法典》和其他有关法律、法规的具体规定:① 担保范围包括债券的本金及利息、违约金、损害赔偿金和实现债权的费用;② 以保证方式提供担保的,应当为连带责任保证,且保证人资产质量良好;③ 设定担保的,担保财产权属应当清晰。尚未被设定担保或者采取保全措施,且担保财产的价值经有资格的资产评估机构评估不低于担保金额。

### (二) 可转换公司债券的发行

可转换公司债券是指发行公司依法发行、在一定期间内依据约定的条件可以转换成股份的公司债券。

1. 公开发行可转换债券的条件

(1) 一般的可转换债券。上市公司发行可转换债券,除了应当符合增发股票的一般条件,还应当符合以下条件:① 最近 3 个会计年度加权平均净资产收益率平均不低于 6%。扣除非经常性损益后的净利润与扣除前的净利润相比,以低者作为加权平均净资产收益率的计算依据。② 本次发行后累计公司债券余额不超过最近一期末净资产额的 40%。③ 最近 3 个会计年度实现的年均可分配利润不少于公司债券 1 年的利息。

**相关思考 7-4**

2×23 年 2 月,甲上市公司拟发行可转换公司债券,公司最近 3 年经审计的财务情况如表 7-2 所示。

表 7-2　　　　　　　　　甲公司最近 3 年经审计的财务情况　　　　　　　单位：万元

| 项目 | 2×20 年 | 2×21 年 | 2×22 年 |
|---|---|---|---|
| 扣除非经常损益前的净利润 | 2 000 | 1 800 | 1 300 |
| 扣除非经常损益后的净利润 | 1 300 | 2 500 | 2 000 |
| 可供分配利润 | 1 200 | 1 600 | 1 000 |
| 加权平均净资产 | 20 000 | 20 000 | 15 000 |

请问：甲公司的加权平均净资产收益率是否符合发行可转换公司债券的条件？

(2) 分离交易的可转换公司债券。上市公司可以公开发行认股权和债券分离交易的可转换公司债券(简称"分离交易的可转换公司债券")。发行分离交易的可转换公司债券，除符合公开增发股票的一般条件外，还应当符合下列条件：① 公司最近一期未经审计的净资产不低于人民币 15 亿元；② 最近 3 个会计年度实现的年均可分配利润不少于公司债券 1 年的利息；③ 最近 3 个会计年度经营活动产生的现金流量净额平均不少于公司债券 1 年的利息，但最近 3 个会计年度加权平均净资产收益率平均不低于 6%(扣除非经常性损益后的净利润与扣除前的净利润相比，以低者作为加权平均净资产收益率的计算依据)除外；④ 本次发行后累计公司债券余额不超过最近一期末净资产额的 40%，预计所附认股权全部行权后募集的资金总量不超过拟发行公司债券金额。

2. 可转换债券的期限、面值和利率

可转换公司债券的期限最短为 1 年，最长为 6 年。可转换公司债券每张面值 100 元。可转换公司债券的利率由发行公司与主承销商确定，但必须符合国家的有关规定。

3. 可转换债券持有人的权利保护

公开发行可转换公司债券，应当提供担保，但最近一期未经审计的净资产不低于人民币 15 亿元的公司除外。提供担保的，应当为全额担保。以保证方式提供担保的，应当为连带责任担保，且保证人最近一期经审计的净资产额应不低于其累计对外担保的金额。证券公司或上市公司不得作为可转债的担保人，但上市商业银行除外。设定抵押或质押的，抵押或质押财产的估值应不低于担保金额。

4. 可转换公司债券转为股份

(1) 转股期限。可转换公司债券自"发行结束之日起 6 个月"后方可转换为公司股票。对于分离交易的可转换公司债券，认股权证自发行结束至少已满 6 个月起方可行权。

(2) 转股价格。转股价格应不低于募集说明书公告日前 20 个交易日该公司股票交易均价和前一交易日的均价。

可转换债权持有人不转换为股票的，上市公司应当在可转换公司债券期满后 5 个工作日内办理完毕偿还债券余额本息的事项。

5. 公开发行可转换公司债券的信息披露

公开发行可转换公司债券的信息披露的内容与公开增发股票的信息披露的内容基本相同。所不同的是募集说明书的相关内容，公开发行可转换公司债券的募集说明书应当载明：

(1) 转股价格调整的原则和方式。发行可转换公司债券后，因配股、增发、送股、派息、分立及其他原因引起上市公司股份变动的,应当同时调整转股价格。

(2) 募集说明书约定转股价格向下修正条款的,应当同时约定:① 转股价格修正方案须提交公司股东大会表决,且须经出席会议的股东所持表决权的2/3以上同意。股东大会进行表决时,持有公司可转换债券的股东应当回避。② 修正后的转股价格不低于前项规定的股东大会召开日前20个交易日该公司股票交易均价和前一交易日的均价。

### 延伸阅读7-3

**股票发行方式**

(一) 传统方式

中国证监会于1996年12月发布了《股票发行与认购方式的暂行规定》,根据该规定,我国股票发行有"上网定价""全额预缴款"和"储蓄挂钩"三种方式。其中,上网定价是指承销商或主承销商利用证券交易所的交易系统,以自己作为唯一的卖方,投资者在指定的时间内,按现行委托买入股票的方式申购股票,申购额超过发行额的以摇号抽签而定。全额预缴款包括全额预缴、比例配售、余款即退方式,以及全额预缴款比例配售、余款转存方式。储蓄挂钩是指在规定的期间内,无限量发售专项定期定额存单,根据存单发售数量和发行股票数量和每张中签存单可认购股票数量的多少决定中签率,再通过摇号抽签决定中签者。

1999年7月,中国证监会发布《关于进一步完善股票发行方式的通知》(以下简称《通知》),根据这一《通知》,发行总额在4亿元人民币以上的公司,可采用对一般投资者上网发行和对法人配售相结合的方式发行股票。为进一步扩大对一般投资者上网发行和对法人配售相结合发行方式的适用范围,使发行股票公司能够根据市场情况和自身条件选择适当的发行方式,中国证监会于2000年4月对《通知》中的有关规定作了如下修改:

(1) 取消《通知》中发行后总股本在4亿元以上的公司方可采用对一般投资者上网发行和对法人配售相结合的方式发行股票的限制。发行后总股本在4亿元以下的公司亦可采用上述方式发行股票。

(2) 取消《通知》中用于法人配售部分的股票不得少于公开发行量的25%、不得多于公开发行量的75%的限制。发行人和主承销商在充分考虑上市后该股票流动性等因素的基础上,自主确定对法人配售和对一般投资者上网发行的比例。中国证监会于2004年发布《关于首次公开发行股票试行询价制度若干问题的通知》对上述规范进行了修改。2006年9月17日,中国证监会审议通过《证券发行与承销管理办法》,形成现行的股票发行方式(上述规范同时废止)。

(二) 现行方式

现行主要采用战略配售、网下配售与网上发行相结合的方式发售股票,并且网下配售与网上发行同时进行。

1. 战略配售

我国有关证券法律规定:首次公开发行股票数量在4亿元以上的,可以向战略投资者配售股票。战略投资者不得参与首次公开发行股票的初步询价和累计投标询价,并应当承诺获得本次配售的股票持有期限不得少于12个月,持有期自本次公开发行的股票上市之日起算。对于首次公开发行股票超过一定规模时引入战略投资者,向其配售一部分股票,并锁定持股期限,既有利于吸引长期增量资金进入证券市场,改善投资者的结构,同时也有利于缓解市场资金压力、稳定投资者预期,对该股票实现平稳发行上市具有重要作用。

在引入战略投资者的同时,为稳定该股票上市后的股价走势,防止股价大起大落,保护投资者的利益,还建立了"超额配售选择权(绿鞋)"这一稳定价格机制。首次公开发行在4亿股以上的,发行人可以在发行中授予主承销商超额配售选择权。

2. 网下配售

网下配售是由发行人及其主承销商对参与初步询价,并且进行了有效报价的询价对象进行的配售。

网下配售有比例限制,目的在于保障公众投资者获得较高的获配比例。公开发行股票数量少于4亿股的,配售数量不得超过本次发行总量的20%;公开发行股票数量在4亿股以上的,配售数量不超过向战略投资者配售后剩余发行数量的50%。询价对象应当承诺获得网下配售股票持有期限不少于3个月,持有期自本次公开发行的股票上市之日起计算。本次发行向战略投资者配售的,发行完毕后无持有期限限制的股票数量不得低于本次发行股票数量的25%。

股票配售对象限于以下类别:① 经批准募集的证券投资基金;② 全国社会保障基金;③ 证券投资公司证券自营账户;④ 经批准设立的证券公司集合资产管理计划;⑤ 信托投资公司证券自营账户;⑥ 信托投资公司设立并已向相关监管部门履行报告程序的集合信托计划;⑦ 财务公司证券自营账户;⑧ 经批准的保险公司和保险资产管理公司证券投资账户;⑨ 合格境外机构投资者管理的证券投资账户;⑩ 在相关监管部门备案的企业年金基金;⑪ 经证券监督管理部门认可的其他证券投资产品。询价对象应当为其管理的股票配售对象分别指定资金账户和证券账户,专门用于累计投标询价和网下配售。股票配售对象参与累计投标询价和网下配售应当全额缴付申购资金,单一指定证券账户的累计申购数量不得超过本次向询价对象配售的股票总量。发行人及其主承销商通过累计投标询价确定发行价格的,当发行价以上的有效申购总量大于网下配售数量时,应进行比例配售。初步询价后定价发行的,当网下有效申购总量大于网下配售数量时,应按比例配售。

对有下列情形之一的询价对象不得配售股票:① 未参与初步询价的;② 参与初步询价未进行有效报价的;③ 询价对象或者配售股票对象的名称、账户资料与证券业协会登记不一致的;④ 未在规定时间内报价或者足额划拨申购资金的;⑤ 有证据表明在询价过程中有违法违规或者有违诚信原则的情形的。另外,主承销商的证券自营账户不得参与初步询价与网下配售,但不影响其资产管理账户参与初步询价与网下配售;与发行人或其主承销商具有实际控制关系的询价对象不得参与初步询价与网下配售。

上市公司向不特定对象公开募股的,主承销商可以对参与网下配售的机构投资者进行分类,对不同的机构投资者设定不同的配售比例,对同一类别的机构投资者应按相同的比例配售。

3. 网上发行

网上发行是对公众投资者进行的发售,在指定的时间内当网上申购额超过网上发行额时以摇号抽签而定。网上发行是与网下配售同步进行的,网上发行时发行价格尚未确定的,公众投资者按照初步询价确定的价格区间上限进行缴款申购,通过累计投标询价确定的发行价格低于价格区间上限的,差价部分款项再退还给网上申购的公众投资者。

首次公开发行达到一定规模的,发行人及其主承销商应在网下配售与网上发行之间建立回拨机制,依据申购的情况来调整网下配售与网上发行的比例。上市公司向不特定对象公开募股的,如果主承销商未对机构投资者进行分类,也应当在网下配售与网上发行之间建立回拨机制,使得回拨之后两者的获配比例一致。回拨机制建立的目的是提高公众投资者的中签率。

## 第三节 持续信息公开

### 一、持续信息公开概述

信息公开就是证券发行人或上市公司按照法定要求将自身财务、经营等情况向证券管理部门报告,并向社会公众投资者公告的活动,又叫作信息披露。信息公开制度就是规定信息公开的内容、时间、方式、程序等事项的法律制度。

从证券发行、证券上市到证券交易期间,信息公开必须一直进行,因此整个过程的信息公开称为持续信息公开或继续信息公开。持续信息公开的义务人通常是指发行证券的公司。因此,本节介绍的持续信息公开制度,是指在发行股票或公司债券时的信息公开,股票、公司债券上市时的信息公开,以及股票、公司债券上市后的信息公开。

## 二、持续信息公开的要求和方式

### (一)持续信息公开的要求

持续信息公开是证券法"三公"原则,即"公开、公平、公正"原则的具体体现。《证券法》第78条规定,发行人及法律、行政法规和国务院证券监督管理机构规定的其他信息披露义务人,应当及时依法履行信息披露义务。信息披露义务人披露的信息,应当真实、准确、完整,简明清晰,通俗易懂,不得有虚假记载、误导性陈述或者重大遗漏。证券同时在境内境外公开发行、交易的,其信息披露义务人在境外披露的信息,应当在境内同时披露。由此可见,持续信息公开应遵守以下基本要求:

(1) 真实性要求,即公开的数据、资料必须真实可靠,不得有虚假或误导性陈述。

(2) 准确性要求,即会计方式应统一,不能随意改动,内容表述应通俗易懂,不得故弄玄虚,或故意语义不详,引起歧义。

(3) 完整性要求,即公开的信息必须全面,不得故意隐瞒或有重大遗漏。但法律、行政法规予以保护并允许不披露的商业秘密,证券主管机关在调查违法行为过程中获得的非公开信息及依法可以不披露的其他信息除外。

(4) 及时性要求,即与证券发行、上市或交易有关的信息应主动向证券监督管理机构报告,并依照规定时间及时公告,确保重要信息利用的平等性,防止内幕交易。

### (二)持续信息公开的方式

信息披露义务人公开有关信息,应符合法律、行政规章对信息公开的时间、方式和程序的要求。其一般程序是:

(1) 股票或公司债券上市交易的公司依规定制作信息公开文件,并依法报告或者公告报告。

(2) 将信息公开文件摘要或概要刊登在指定报刊上,即在国家有关部门规定的专门性报刊中自行选择至少一家披露信息(含证券交易所报刊),但指定报刊不能晚于非指定报刊披露,在不同报刊上披露同一信息的文字应一致。

(3) 将信息公开文件及备查文件置于规定地点供公众查阅。《证券法》第86条规定,依法必须披露的信息,应当在国务院证券监督管理机构指定的媒体发布,同时将其置备于公司住所、证券交易所,供社会公众查阅。

## 三、持续信息公开的内容

《证券法》第85条规定,信息披露义务人未按照规定披露信息,或者公告的证券发行文件、定期报告、临时报告及其他信息披露资料存在虚假记载、误导性陈述或者重大遗漏,致使投资者在证券交易中遭受损失的,信息披露义务人应当承担赔偿责任;发行人的控股股东、实际控制人、董事、监事、高级管理人员和其他直接责任人员以及保荐人、承销的证券公司及其直接责任人员,应当与发行人承担连带赔偿责任,但是能够证明自己没有过错的除外。由此可见,持续信息公开的内容包括招股说明书、公司债券募集办法、财务会计报告。此外,应当披露信息的法律文件还有定期报告和临时报告,其中,定期报告包括年度报告和中期报告。

### (一) 招股说明书

招股说明书又称招股章程,是股份有限公司以公开募集方式设立时,由发起人制定、证券监督管理机构核准、记载公司主要事项及招股情况的公开文件。《公司法》第85条和第86条要求发起人向社会公开募集股份时,应制作并公告招股说明书,并依法记载相关内容,包括发起人认购的股份数、每股的票面金额和发行价格、无记名股票的发行总数、募集资金的用途、认股人的权利义务,以及本次募股的起止期限及逾期未募足时认股人可撤回认购股份的说明。《证券法》第11条同时要求发行人向国务院证券监督管理机构报送的文件中必须包括招股说明书。

发行人在股票发行申请文件受理后,发行审核委员会审核前,发行人应当将招股说明书(申报稿)在中国证监会的网站预先披露。

招股说明书中引用的财务报表在其最近一期截止日后6个月内有效。特别情况下发行人可申请适当延长,但至多不超过1个月。财务报表应当以年度末、半年度末或季度末为截止日。招股说明书的有效期为6个月,自中国证监会核准发行申请前招股说明书最后一次签署之日起计算。

发行人及其全体董事、监事和高级管理人员应当在招股说明书上签署书面确认意见,保证招股说明书的内容真实、准确、完整。招股说明书应当加盖发行人公章。保荐人及其保荐代表人应当对招股说明书的真实性、准确性、完整性进行核查,并在核查意见上签字、盖章。

保荐人出具的发行保荐书、证券服务机构出具的有关文件应当作为招股说明书的备查文件,在中国证监会指定的网站上披露,并置备于发行人住所、拟上市证券交易所、保荐人、主承销商和其他承销机构的住所,以备公众查阅。

### (二) 公司债券募集办法

公司债券募集办法又称公司债券募集章程,是指由公司制定、证券监督管理机构核准、记载公司主要事项及发行公司债有关情况的文件。它相对招股说明书而言要简单得多。《公司法》第154条规定发行公司债券的申请经国务院授权部门核准后,应当公告公司债券募集办法。公司债券募集办法的内容包括公司名称、债券募集资金的用途、债券总额和债券的票面金额、债券利率的确定方式、还本付息的期限和方式、债券担保情况、债券的发行价格、发行的起止日期、公司净资产额、已发行尚未到期的公司债券总额、公司债券的承销机构。《证券法》第16条同时规定发行人为申请公开发行公司债券而向国务院授权的部门或者证券监督管理机构报送的文件中必须包括公司债券募集办法。

### (三) 中期报告

《证券法》第79条规定,上市公司和公司债券上市交易的公司,应当在每一会计年度的上半年结束之日起2个月内,向国务院证券监督管理机构和证券交易所报送中期报告,并予公告。中期报告的内容包括：① 公司财务会计报告和经营情况；② 涉及公司的重大诉讼事项；③ 已发行的股票、公司债券变动情况；④ 提交股东大会审议的重要事项；⑤ 国务院证券监督管理机构规定的其他事项。

### （四）年度报告

《证券法》第 79 条规定，上市公司和公司债券上市交易的公司，应当在每一会计年度结束之日起 4 个月内，向国务院证券监督管理机构和证券交易所报送年度报告，并予公告。年度报告的内容包括：① 公司概况；② 公司财务会计报告和经营情况；③ 董事、监事、高级管理人员简介及其持股情况；④ 已发行的股票、公司债券情况，包括持有公司股份最多的前 10 名股东名单和持股数额；⑤ 公司的实际控制人；⑥ 国务院证券监督管理机构规定的其他事项。

### （五）临时报告

《证券法》第 80 条规定，发生可能对上市公司股票交易价格产生较大影响的重大事件，投资者尚未得知时，上市公司应当立即将有关该重大事件的情况向国务院证券监督管理机构和证券交易所报送临时报告，并予公告，说明事件的起因、目前的状态和可能产生的法律后果。

下列情况为前款所称重大事件：

(1) 公司的经营方针和经营范围的重大变化。

(2) 公司的重大投资行为和重大的购置财产的决定。

(3) 公司订立重要合同，可能对公司的资产、负债、权益和经营成果产生重要影响。

(4) 公司发生重大债务和未能清偿到期重大债务的违约情况。

(5) 公司发生重大亏损或者重大损失。

(6) 公司生产经营的外部条件发生重大变化。

(7) 公司的董事、1/3 以上监事或者经理发生变动。

(8) 持有公司 5% 以上股份的股东或者实际控制人，其持有股份或者控制公司的情况发生较大变化。

(9) 公司减资、合并、分立、解散及申请破产的决定。

(10) 涉及公司的重大诉讼，股东大会、董事会决议被依法撤销或者宣告无效。

(11) 公司涉嫌犯罪被司法机关立案调查，公司董事、监事、高级管理人员涉嫌犯罪被司法机关采取强制措施。

(12) 新公布的法律、法规、规章、行业政策可能对公司产生重大影响。

(13) 董事会就发行新股或者其他再融资方案、股权激励方案形成相关决议。

(14) 法院裁决禁止控股股东转让其所持股份；任一股东所持公司 5% 以上股份被质押、冻结、司法拍卖、托管、设定信托或者被依法限制表决权。

(15) 主要资产被查封、扣押、冻结或者被抵押、质押。

(16) 主要或者全部业务陷入停顿。

(17) 对外提供重大担保。

(18) 获得大额政府补贴等可能对公司资产、负债、权益或者经营成果产生重大影响的额外收益。

(19) 变更会计政策、会计估计。

(20) 因前期已披露的信息存在差错、未按规定披露或者虚假记载,被有关机关责令改正或者经董事会决定进行更正。

(21) 中国证监会规定的其他情形。

### 四、违反持续信息公开要求的责任

《证券法》第 82 条规定,上市公司董事、高级管理人员应当对公司定期报告签署书面确认意见。上市公司监事会应当对董事会编制的公司定期报告进行审核并提出书面审核意见。上市公司董事、监事、高级管理人员应当保证上市公司所披露的信息真实、准确、完整。

《证券法》第 85 条规定,发行人、上市公司公告的招股说明书、公司债券募集办法、财务会计报告、上市报告文件、年度报告、中期报告、临时报告以及其他信息披露资料,有虚假记载、误导性陈述或者重大遗漏,致使投资者在证券交易中遭受损失的,发行人、上市公司应当承担赔偿责任;发行人、上市公司的董事、监事、高级管理人员和其他直接责任人员以及保荐人、承销的证券公司,应当与发行人、上市公司承担连带赔偿责任,但是能够证明自己没有过错的除外;发行人、上市公司的控股股东、实际控制人有过错的,应当与发行人、上市公司承担连带赔偿责任。

### 五、对持续信息公开的监督

《证券法》第 79 条规定,国务院证券监督管理机构对上市公司年度报告、中期报告、临时报告以及公告的情况进行监督,对上市公司分派或者配售新股的情况进行监督,对上市公司控股股东及其他信息披露义务人的行为进行监督。

证券监督管理机构、证券交易所、保荐人、承销的证券公司及有关人员,对公司依照法律、行政法规规定必须作出的公告,在公告前不得泄露其内容。

另外,《证券法》第 48 条规定,证券交易所决定终止证券上市交易的,应当及时公告,并报国务院证券监督管理机构备案。

## 第四节 上市公司收购

### 一、上市公司收购概述

#### (一) 上市公司收购的概念

上市公司收购是指收购人通过在证券交易所的股份转让活动持有一个上市公司的股份达到一定比例或通过证券交易所股份转让活动以外的其他合法方式控制一个上市公司的股份达到一定程度,导致其获得或者可能获得对该公司的实际控制权的行为。

上市公司收购的投资者的目的在于获得对上市公司的实际控制权,不以达到对上市公司实际控制权而受让上市公司股票的行为,不能称之为收购。这里所指的实际控制主要包括以下几点:

(1) 投资者为上市公司持股 50% 以上的控股股东。

(2) 投资者可以实际支配上市公司股份表决权超过30%。

(3) 投资者通过实际支配上市公司股份表决权能够决定公司董事会半数以上成员选任。

(4) 投资者依其可实际支配的上市公司股份表决权足以对公司股东大会的决议产生重大影响。

(5) 中国证监会认定的其他情形。

收购人可以通过取得股份的方式成为一个上市公司的控股股东,可以通过投资关系、协议、其他安排的途径成为一个上市公司的实际控制人,也可以同时采取上述方式和途径取得上市公司控制权。

## (二) 上市公司收购人

上市公司收购人是指意图通过取得股份的方式成为一个上市公司的控股股东,或者通过投资关系、协议、其他安排的途径成为一个上市公司的实际控制人的投资者及其一致行动人。收购人包括投资者及与其一致行动的他人。一致行动是指投资者通过协议、其他安排,与其他投资者共同扩大其所能够支配的一个上市公司股份表决权数量的行为或者事实。在上市公司的收购及相关股份权益变动活动中有一致行动情形的投资者,互为一致行动人。如无相反证据,投资者有下列情形之一的,为一致行动人:

(1) 投资者之间有股权控制关系。

(2) 投资者受同一主体控制。

(3) 投资者的董事、监事或者高级管理人员中的主要成员,同时在另一个投资者担任董事、监事或者高级管理人员。

(4) 投资者参股另一投资者,可以对参股公司的重大决策产生重大影响。

(5) 银行以外的其他法人、其他组织和自然人为投资者取得相关股份提供融资安排。

(6) 投资者之间存在合伙、合作、联营等其他经济利益关系。

(7) 持有投资者30%以上股份的自然人,与投资者持有同一上市公司股份。

(8) 在投资者任职的董事、监事及高级管理人员,与投资者持有同一上市公司股份。

(9) 持有投资者30%以上股份的自然人和在投资者任职的董事、监事及高级管理人员,其父母、配偶、子女及其配偶、配偶的父母、兄弟姐妹及其配偶、配偶的兄弟姐妹及其配偶等亲属,与投资者持有同一上市公司股份。

### 相关思考7-5

甲欲收购乙上市公司,如果张某持有甲公司35%的股份,李某是甲公司的董事。另外,A是张某的法定直系亲属,B是李某的法定直系亲属。在这种情况下,如果A和B持有乙上市公司的股份,那么A和甲、B和甲构成一致行动人。请问:该说法是否正确?

(10) 在上市公司任职的董事、监事、高级管理人员及其前项所述亲属同时持有本公司股份的,或者与其自己或者其前项所述亲属直接或者间接控制的企业同时持有本公司股份。

(11) 上市公司董事、监事、高级管理人员和员工与其所控制或者委托的法人或者其他组织持有本公司股份。

（12）投资者之间具有其他关联关系。一致行动人应当合并计算其所持有的股份。投资者计算其所持有的股份，应当包括登记在其名下的股份，也包括登记在其一致行动人名下的股份。投资者认为其与他人不应被视为一致行动人的，可以向中国证监会提供相反证据。

上市公司收购人应当具备一定实力，具有良好的信誉。为了防止收购人虚假收购或恶意收购，利用上市公司的收购损害被收购公司及其股东的合法权益。中国证监会颁布的《上市公司收购管理办法》第6条规定，有下列情形之一的，不得收购上市公司：

（1）收购人负有数额较大债务，到期未清偿，且处于持续状态。
（2）收购人最近3年有重大违法行为或者涉嫌有重大违法行为。
（3）收购人最近3年有严重的证券市场失信行为。
（4）收购人为自然人的，存在《公司法》第147条规定情形。
（5）法律、行政法规规定以及中国证监会认定的不得收购上市公司的其他情形。

同时，上市公司的收购及相关股份权益变动活动涉及国家产业政策、行业准入、国有股份转让等事项，需要取得国家相关部门批准的，应当在取得批准后进行。外国投资者进行上市公司的收购及相关股份权益变动活动的，应当取得国家相关部门的批准，适用中国法律，服从中国的司法、仲裁管辖。

**（三）上市公司收购中有关当事人的义务**

1. 收购人的义务

（1）报告义务。实施要约收购的收购人必须事先向中国证监会报送上市公司收购报告书。在收购过程中要约收购完成后，收购人应当在15日内将收购情况报告中国证监会和证券交易所。

（2）禁售义务。收购人在要约收购期内，不得卖出被收购公司的股票。

（3）锁定义务。收购人持有的被收购的上市公司的股票，在收购行为完成后的12个月内不得转让。

此外，收购人还应当履行守约义务、平等对待被收购公司所有股东的义务等。

2. 被收购公司的控股股东或者实际控制人的义务

被收购公司的控股股东、实际控制人及其关联方有损害被收购公司及其他股东合法权益的，上述控股股东、实际控制人在转让被收购公司控制权之前，应当主动消除损害；未能消除损害的，应当就其出让相关股份所得收入用于消除全部损害作出安排，对不足以消除损害的部分应当提供充分有效的履约担保或安排，并依照公司章程取得被收购公司股东大会的批准。

3. 被收购公司的董事、监事、高级管理人员的义务

被收购公司的董事、监事、高级管理人员对公司负有忠实义务和勤勉义务，应当公平对待收购本公司的所有收购人。被收购公司董事会针对收购所作出的决策及采取的措施，应当有利于维护公司及其股东的利益，不得滥用职权对收购设置不适当的障碍，不得利用公司资源向收购人提供任何形式的财务资助，不得损害公司及其股东的合法权益。

**（四）上市公司收购的支付方式**

上市公司收购可以采用现金、依法可以转让的证券及法律、行政法规规定的其他支付方式进行。

## 二、上市公司收购中的报告与信息披露

根据《证券法》和《上市公司收购管理办法》的有关规定，投资者通过证券交易行为或协议以及其他行为，使得其在上市公司中的权益发生变化，并达到一定限度时，应当及时对拥有上市公司的权益进行报告与披露。这里的权益是指投资者在一个上市公司中拥有的权益，包括登记在其名下的股份和虽未登记在其名下但该投资者可以实际支配表决权的股份。投资者及其一致行动人在一个上市公司中拥有的权益应当合并计算。

**（一）证券交易所的证券交易使得权益发生变化的报告与信息披露**

通过证券交易所的证券交易，投资者及其一致行动人拥有权益的股份达到一个上市公司已发行股份的5%时，应当在该事实发生之日起3日内编制权益变动报告书，向中国证监会、证券交易所提交书面报告，抄报该上市公司所在地的中国证监会派出机构，通知该上市公司，并予公告；在上述期限内，不得再行买卖该上市公司的股票。投资者及其一致行动人拥有权益的股份达到一个上市公司已发行股份的5%后，通过证券交易所的证券交易，其拥有权益的股份占该上市公司已发行股份的比例每增加或者减少5%，应当依照前述规定进行报告和公告。在报告期限内和作出报告、公告后2日内，不得再行买卖该上市公司的股票。

**（二）协议转让使得权益发生变化的报告与信息披露**

通过协议转让方式，投资者及其一致行动人在一个上市公司中拥有权益的股份拟达到或者超过一个上市公司已发行股份的5%时，应当在该事实发生之日起3日内编制权益变动报告书，向中国证监会、证券交易所提交书面报告，通知该上市公司，并予公告。

投资者及其一致行动人拥有权益的股份已达到一个上市公司已发行股份的5%后，其拥有权益的股份占该上市公司已发行股份的比例每增加或者减少达到或者超过5%的，应当依照前述规定履行报告、公告义务。

投资者及其一致行动人在作出报告、公告前，不得再行买卖该上市公司的股票。投资者及其一致行动人通过行政划转或者变更、执行法院裁定、继承、赠与等方式拥有权益的股份变动达到前条规定比例的，应当按照前条规定履行报告、公告义务，并参照前条规定办理股份过户登记手续。

**? 相关思考7-6**

A投资公司通过证券交易所的交易于2×23年5月8日持有B上市公司已发行股份的5%，A投资公司在3日内应当编制权益变动报告书，并履行法定的报告、通知和公告的义务，同时，在该期限内，不得再行买卖B上市公司的股票。此后，A投资公司于2×23年5月20日又通过证券交易所的证券交易合计持有B上市公司已发行股份的10%，A投资公司在3日内应当编制权益变动报告书，并履行法定的报告、通知和公告的义务，同时，在该期限内和作出报告、公告后2日内，不得再行买卖B上市公司的股票。如果A投资公司于5月20日履行了前述法定义务，则A投资公司在5月20日至5月22日期间的3日内不得再行买卖B上市公司的股票；如果A投资公司于5月22日履行了前述法定义务，则A投资公司在5月20日至5月24日期间的5日内不得再行买卖B上市公司的股票。请问：上述说法是否正确？

### (三) 权益变动的披露方式

**1. 简式权益变动报告书**

投资者及其一致行动人不是上市公司的第一大股东或者实际控制人,其拥有权益的股份达到或者超过该公司已发行股份的5%但未达到20%的,应当编制简式权益变动报告书。简式权益变动报告书应包括下列内容:① 投资者及其一致行动人的姓名、住所;投资者及其一致行动人为法人的,其名称、注册地及法定代表人;② 持股目的,是否有意在未来12个月内继续增加其在上市公司中拥有的权益;③ 上市公司的名称、股票的种类、数量、比例;④ 在上市公司中拥有权益的股份达到或者超过上市公司已发行股份的5%或者拥有权益的股份增减变化达到5%的时间及方式;⑤ 权益变动事实发生之日前6个月内通过证券交易所的证券交易买卖该公司股票的简要情况;⑥ 中国证监会、证券交易所要求披露的其他内容。

**2. 详式权益变动报告书**

投资者及其一致行动人为上市公司第一大股东或者实际控制人,其拥有权益的股份达到或者超过一个上市公司已发行股份的5%但未达到20%的,投资者及其一致行动人拥有权益的股份达到或者超过一个上市公司已发行股份的20%但未超过30%的,应当编制详式权益变动报告书。

投资者及其一致行动人为上市公司第一大股东或者实际控制人的,还应当聘请财务顾问对上述权益变动报告书所披露的内容出具核查意见,但国有股行政划转或者变更、股份转让在同一实际控制人控制的不同主体之间进行、因继承取得股份的除外。投资者及其一致行动人承诺至少3年放弃行使相关股份表决权的,可免于聘请财务顾问和提供前述《上市公司收购管理办法》第50条规定的文件。

> **延伸阅读7-4**
>
> 权益报告披露书的类型如表7-3所示。

表7-3　　　　　　　　权益报告披露书的类型

| 收购比例 | 收购主体 | 报告书类型 | 是否需要聘请财务顾问 |
|---|---|---|---|
| 5%~20% | 不是上市公司的第一大股东或实际控制人 | 简式权益变动报告书 | 否 |
| | 上市公司第一大股东或实际控制人 | 详式权益变动报告书 | 否 |
| 20%~30% | 不是上市公司的第一大股东或实际控制人 | 详式权益变动报告书 | 否 |
| | 上市公司第一大股东或实际控制人 | 详式权益变动报告书 | 是 |

### (四) 权益变动的持续披露和披露义务的免除

(1) 已披露权益变动报告书的投资者及其一致行动人在披露之日起6个月内,因拥有权益的股份变动需要,再次报告、公告权益变动报告书的,可以仅就与前次报告书不同的部分作出报告、公告;自前次披露之日起超过6个月的,投资者及其一致行动人应当按照规定编制权益变动报告书,履行报告、公告义务。

(2) 因上市公司减少股本导致投资者及其一致行动人拥有权益的股份变动,出现法定情形,投资者及其一致行动人免于履行报告和公告义务。上市公司应当自完成减少股本的变更登记之日起2个工作日内,就因此导致的公司股东拥有权益的股份变动情况作出公告;因公司减少股本可能导致投资者及其一致行动人成为公司第一大股东或者实际控制人的,该投资者及其一致行动人应当自公司董事会公告有关减少公司股本决议之日起3个工作日内,按照前述有关要求履行报告、公告义务。

### (五)权益变动前股票交易异常的信息披露

上市公司的收购及相关股份权益变动活动中的信息披露义务人依法披露前,相关信息已在媒体上传播或者公司股票交易出现异常的,上市公司应当立即向当事人进行查询,当事人应当及时予以书面答复,上市公司应当及时作出公告。

### (六)权益变动信息披露的媒体和责任承担

上市公司的收购及相关股份权益变动活动中的信息披露义务人应当在至少一家中国证监会指定媒体上依法披露信息;在其他媒体上进行披露的,披露内容应当一致,披露时间不得早于指定媒体的披露时间。

上市公司的收购及相关股份权益变动活动中的信息披露义务人采取一致行动的,可以以书面形式约定由其中一人作为指定代表负责统一编制信息披露文件,并同意授权指定代表在信息披露文件上签字、盖章。各信息披露义务人应当对信息披露文件中涉及其自身的信息承担责任;对信息披露文件中涉及的与多个信息披露义务人相关的信息,各信息披露义务人对相关部分承担连带责任。

## 三、要约收购

### (一)要约收购的概念

要约收购是指收购人通过证券交易所的证券交易,投资者持有或通过协议、其他安排与他人共同持有一个上市公司的股份达到该公司已发行股份的30%时,继续增持股份的,应当采取向被收购公司的股东发出收购要约的方式进行收购的行为。收购人可以发出收购全部股份的全面要约,也可以发出收购部分股份的部分要约。

要约收购是一种公开收购行为,即向被收购公司的全体股东发出公开要约,并披露有关信息,而竞价收购是不公开的。与此同时,要约收购的要约是收购人的单方意思表示,被收购公司的股东是否出售所持股票,由其自己决定,可以出售,也可不出售。这与协议收购不同。要约收购的相对人是被收购公司的全体股东,而不是部分股东,即使发出的是部分要约收购,也不能仅向部分股东发出要约。协议收购的相对人则是部分股东,除非协议收购的股份超过了30%,不申请豁免或未获得中国证监会豁免且拟继续履行其收购协议,应当向全体股东发出要约收购外,不需要向被收购公司的全体股东发出要约。

### (二)要约收购的适用条件

根据《证券法》和《上市公司收购管理办法》的规定,要约收购的适用条件为:

(1) 持股比例达到30%。投资者通过证券交易所的证券交易,或者协议、其他安排持有或与他人共同持有一个上市公司已发行的股份达到30%(含直接持有和间接持有)。

(2) 继续增持股份。在前一个条件下,投资者继续增持股份时,即触发依法向上市公司所有股东发出收购上市公司全部或者部分股份的要约的义务。

只有在上述两个条件同时具备时,才适用要约收购。

要约收购是投资者的自愿行为,但是,如果投资者通过要约收购所持有的上市公司的股份达到75%以上,导致上市公司的股票终止上市时,《证券法》以及有关规定强制收购人以同等的条件,收购被收购公司其余股东剩余的股票。这主要是为了保护中小股东最后选择的权利。此外,以要约方式收购一个上市公司股份的,其预定收购的股份比例不得低于该上市公司已发行股份的5%。收购人应当公平对待被收购公司的所有股东。持有同一种类股份的股东应当得到同等对待。

### (三) 要约收购的程序

1. 编制并报送上市公司收购报告书

以要约方式收购上市公司股份的,收购人应当编制要约收购报告书,并应当聘请财务顾问向中国证监会、证券交易所提交书面报告,抄报派出机构,通知被收购公司,同时对要约收购报告书摘要作出提示性公告。在15日内,中国证监会对要约收购报告书披露的内容表示无异议的,收购人可以进行公告;中国证监会发现要约收购报告书不符合法律、行政法规及相关规定的,及时告知收购人,收购人不得公告其收购要约。

收购人向中国证监会报送要约收购报告书后,在公告要约收购报告书之前,拟自行取消收购计划的,应当向中国证监会提出取消收购计划的申请及原因说明,并予公告;自公告之日起12个月内,该收购人不得再次对同一上市公司进行收购。

收购人发出全面要约的,应当在要约收购报告书中充分披露终止上市的风险、终止上市后收购行为完成的时间及仍持有上市公司股份的剩余股东出售其股票的其他后续安排。

2. 公告收购要约

收购人依法报送上市公司收购报告书之日起15日后,中国证监会没有表示异议的,公告其收购要约。收购要约的期限不得少于30日,并不得超过60日,但是出现竞争要约的除外。在收购要约约定的承诺期限内,收购人不得撤销其收购要约。收购人作出公告后至收购期限届满前,不得卖出被收购公司的股票,也不得采取要约规定以外的形式和超出要约的条件买入被收购公司的股票。

3. 被收购公司董事会调查

被收购公司董事会应当对收购人的主体资格、资信情况及收购意图进行调查,对要约条件进行分析,对股东是否接受要约提出建议,并聘请独立财务顾问提出专业意见。在收购人公告要约收购报告书后20日内,被收购公司董事会应当将被收购公司董事会报告书与独立财务顾问的专业意见报送中国证监会,抄送证券交易所,并予以公告。

4. 预受与收购

这里所说的预受是指被收购公司股东同意接受要约的初步意思表示,在要约收购期限内不可撤回之前不构成承诺。同意接受收购要约的股东(以下简称"预受股东"),应当委托证券公司办理预受要约的相关手续。收购人应当委托证券公司向证券登记结算机构申请办理预受要约股票的临时保管。证券登记结算机构临时保管的预受要约的股票,在要约收购期间不得转让。在要约收购期限届满3个交易日前,预受股东可以委托证券公司办理撤回预受要约的手续,证券登记结算机构根据预受要约股东的撤回申请解除对预受要约股票的临时保管。在要约收购期限届满前3个交易日内,预受股东不得撤回其对要约的接受。

在要约收购期限内,收购人应当每日在证券交易所网站上公告已预受收购要约的股份数量。出现竞争要约时,接受初始要约的预受股东撤回全部或者部分预受的股份,并将撤回的股份售予竞争要约人的,应当委托证券公司办理撤回预受初始要约的手续和预受竞争要约的相关手续。

收购期限届满,发出部分要约的收购人应当按照收购要约约定的条件购买被收购公司股东预受的股份,预受要约股份的数量超过预定收购数量时,收购人应当按照同等比例收购预受要约的股份;以终止被收购公司上市地位为目的的,收购人应当按照收购要约约定的条件购买被收购公司股东预受的全部股份;未取得中国证监会豁免而发出全面要约的收购人应当购买被收购公司股东预受的全部股份。

收购期限届满,被收购公司股权分布不符合上市条件,该上市公司的股票由证券交易所依法终止上市交易。

收购期限届满后3个交易日内,接受委托的证券公司应当向证券登记结算机构申请办理股份转让结算、过户登记手续,解除对超过预定收购比例的股票的临时保管。

5. 收购结束报告与公告

收购期限届满后15日内,收购人应当向中国证监会报送关于收购情况的书面报告,抄送证券交易所,通知被收购公司,并予以公告。

(四) 要约价格和价款支付方式

1. 要约价格

收购人按照规定进行要约收购的,对同一种类股票的要约价格,不得低于要约收购提示性公告日前6个月内收购人取得该种股票所支付的最高价格。要约价格低于提示性公告日前30个交易日该种股票的每日加权平均价格的算术平均值的,收购人聘请的财务顾问应当就该种股票前6个月的交易情况进行分析,说明是否存在股价被操纵、收购人是否有未披露的一致行动人、收购人前6个月取得公司股份是否存在其他支付安排、要约价格的合理性等。

2. 价款支付方式

(1) 现金支付收购价款。收购人用现金支付收购价款的,应当在作出要约收购提示性公告的同时,将不少于收购价款总额的20%作为履约保证金存入证券登记结算机构指定的银行。

(2) 证券支付收购价款。收购人用证券支付收购价款的,应当提供该证券的发行人最近3年经审计的财务会计报告、证券估值报告,并配合被收购公司聘请的独立财务顾问的尽职调查工作。

(3) 以在证券交易所上市交易的证券支付收购价款。收购人用在证券交易所上市交易的证券支付收购价款的,应当符合下列规定:① 收购人应当在作出要约收购提示性公告的同时,将用于支付的全部证券交由证券登记结算机构保管,但上市公司发行新股的除外;② 收购人以在证券交易所上市的债券支付收购价款的,该债券的可上市交易时间应当不少于1个月；③收购人以未在证券交易所上市交易的证券支付收购价款的，必须同时提供现金方式供被收购公司的股东选择，并详细披露相关证券的保管、送达被收购公司股东的方式和程序安排。

在收购要约约定的承诺期限内，收购人不得撤销其收购要约。采取要约收购方式的，收购人作出公告后至收购期限届满前，不得卖出被收购公司的股票，也不得采取要约规定以外的形式和超出要约的条件买入被收购公司的股票。

### （五）收购要约的效力

收购人需要变更收购要约的，必须事先向中国证监会提出书面报告，同时抄报派出机构，抄送证券交易所和证券登记结算机构，通知被收购公司；经中国证监会批准后，予以公告。

收购要约期限届满前15日内，收购人不得变更收购要约，但是出现竞争要约的除外。出现竞争要约时，发出初始要约的收购人变更收购要约距初始要约收购期限届满不足15日的，应当延长收购期限，延长后的要约期应当不少于15日，不得超过最后一个竞争要约的期满日，并按规定比例追加履约保证金；以证券支付收购价款的，应当追加相应数量的证券，交由证券登记结算机构保管。发出竞争要约的收购人最迟不得晚于初始要约收购期限届满前15日发出要约收购的提示性公告，并应当根据有关规定履行报告、公告义务。要约收购报告书所披露的基本事实发生重大变化的，收购人应当在该重大变化发生之日起2个工作日内，向中国证监会作出书面报告，抄送证券交易所，通知被收购公司，并予以公告。

收购人对收购要约条件作出重大变更的，被收购公司董事会应当在3个工作日内提交董事会及独立财务顾问就要约条件的变更情况所出具的补充意见，并予以报告、公告。

收购人作出提示性公告后至要约收购完成前，被收购公司除继续从事正常的经营活动或者执行股东大会已经作出的决议外，未经股东大会批准，被收购公司董事会不得通过处置公司资产、对外投资、调整公司主要业务、担保、贷款等方式，对公司的资产、负债、权益或者经营成果造成重大影响。

在要约收购期间，被收购公司董事不得辞职。

## 四、协议收购

### （一）协议收购的概念

协议收购是指收购人在证券交易所之外，通过与被收购公司的股东协商一致达成协议，受让其持有的上市公司的股份而进行的收购。协议收购的股份转让方是特定的股东，而以要约方式收购和以竞价方式收购的股份转让方是不特定的。协议收购具有场外交易的性质，只是在采取协议收购方式时，收购人收购或者通过协议、其他安排与他人共同收购一个上市公司已发行的股份达到30%时，继续进行收购的，应当向该上市公司所有股东发出收购上市公司全部或者部分股份的要约，转化为要约收购，但是经国务院证券监督管理机构免除发出要约的除外。对于要约收购而言，协议收购的成本较低、交易快捷、程序简单。

### （二）协议收购的程序

（1）拟订收购协议。采取协议方式收购上市公司的，收购人可以依照法律、行政法规的规定同被收购公司的股东就收购的系列问题进行磋商，达成一致意见，并签订收购协议草案。

(2) 获得批准。收购协议的各方应当获得相应的内部批准[如股东(大)会、董事会等],收购协议达成后,收购人必须在3日内将该收购协议向国务院证券监督管理机构及证券交易所作出书面报告,并予以公告。在公告前不得履行收购协议。

(3) 委托中介机构保存股票与存放资金。协议收购的双方可以临时委托证券登记结算机构保管协议转让的股票,并将用于支付的现金存放于证券登记结算机构指定的银行账户。

(4) 过户。收购报告公告后,协议收购相关当事人应当按照相关规定和程序,办理股票过户登记手续。

如果收购人依照上述规定触发以要约方式收购上市公司股份,应当遵守前述有关要约收购的规定。

### 五、财务顾问

根据有关规定,收购人进行上市公司的收购,应当聘请在中国注册的具有从事财务顾问业务资格的专业机构担任财务顾问。收购人未按照规定聘请财务顾问的,不得收购上市公司。财务顾问应当勤勉尽责,遵守行业规范和职业道德,保持独立性,保证其所制作、出具文件的真实性、准确性和完整性。财务顾问认为收购人利用上市公司的收购损害被收购公司及其股东合法权益的,应当拒绝为收购人提供财务顾问服务。财务顾问为履行职责,可以聘请其他专业机构协助其对收购人进行核查,但应当对收购人提供的资料和披露的信息进行独立判断。

### 六、上市公司收购后事项的处理

收购期限届满,被收购公司股权分布不符合上市条件的,该上市公司的股票应当由证券交易所依法终止上市交易;其余仍持有被收购公司股票的股东,有权向收购人以收购要约的同等条件出售其股票,收购人应当收购。收购行为完成后,被收购公司不再具备股份有限公司条件的,应当依法变更企业形式。

在上市公司收购中,收购人持有的被收购的上市公司的股票,在收购行为完成后的12个月内不得转让。收购行为完成后,收购人与被收购公司合并,并将该公司解散的,被解散公司的原有股票由收购人依法更换。

收购行为完成后,收购人应当在15日内将收购情况报告国务院证券监督管理机构和证券交易所,并予以公告。

## 第五节 证券市场的主体

### 一、证券发行人

证券发行人是指为筹措资金而发行债券、股票等证券的发行主体。

### (一) 公司(企业)

企业的组织形式可分为独资制、合伙制和公司制。现代股份制公司主要采取股份有限公司和有限责任公司两种形式,其中,只有股份有限公司才能发行股票。公司发行股票所筹集的资本属于自有资本,而通过发行债券所筹集的资本属于借入资本,发行股票和公司(企业)债券是公司(企业)筹措长期资本的主要途径。随着科学技术的进步和资本有机构成的不断提高,公司(企业)对长期资本的需求将越来越大,所以,公司(企业)作为证券发行主体的地位有不断上升的趋势。

### (二) 政府和政府机构

随着国家干预经济理论的兴起,政府(中央政府和地方政府)和中央政府直属机构已成为证券发行的重要主体之一,但政府发行证券的品种仅限于债券。

政府发行债券所筹集的资金既可以用于协调财政资金短期周转、弥补财政赤字、兴建政府投资的大型基础性的建设项目,也可以用于实施某种特殊的政策,在战争期间还可以用于弥补战争费用的开支。

### (三) 金融机构

金融机构作为证券市场的发行主体,既发行债券,也发行股票。欧美等西方国家能够发行证券的金融机构,一般都是股份公司,所以将金融机构发行的证券归入了公司证券。而我国和日本则把金融机构发行的债券定义为金融债券,从而突出了金融机构作为证券市场发行主体的地位。但股份制的金融机构发行的股票并没有定义为金融证券,而是归类于一般的公司股票。

## 二、证券投资人

证券投资人是指通过证券而进行投资的各类机构法人和自然人,相应地,证券投资人可分为机构投资者和个人投资者两大类。

### (一) 机构投资者

机构投资者主要有政府机构、金融机构、企业和事业法人及各类基金等。

1. 政府机构

政府机构参与证券投资的目的主要是调剂资金余缺和进行宏观调控。各级政府及政府机构出现资金剩余时,可通过购买政府债券、金融债券投资于证券市场。

中央银行以公开市场操作作为政策手段,通过买卖政府债券或金融债券,影响货币供应量进行宏观调控。

我国国有资产管理部门或其授权部门持有国有股,履行国有资产的保值增值和通过国家控股、参股来支配更多社会资源的职责。

从各国的具体实践看,出于维护金融稳定的需要,政府还可成立或指定专门机构参与证券市场交易,减少非理性的市场震荡。

2. 金融机构

参与证券投资的金融机构包括证券经营机构、银行业金融机构、保险公司等。

(1) 证券经营机构。证券经营机构是证券市场上最活跃的投资者,以其自有资本、营运资金和受托投资资金进行证券投资。

(2) 银行业金融机构。银行业金融机构包括商业银行、城市信用合作社、农村信用合作社等吸收公众存款的金融机构以及政策性银行。受自身业务特点和政府法令的制约，银行业金融机构一般仅限于政府债券和地方政府债券，而且通常以短期国债作为其超额储备的持有形式。

(3) 保险公司。目前保险公司已经超过共同基金成为全球最大的机构投资者，除了大量投资于各类政府债券、高等级公司债券，其还广泛涉足基金和股票投资。

我国现行法规规定，包括银行、财务公司、信用合作社等在内的金融机构可用自有资金及银监会规定的可用于投资的资金进行证券投资，但仅限投资于国债。对于因处置贷款质押资产而被动持有的股票，只能单向卖出。信托投资公司可以受托经营资金信托业务和投资基金业务；而保险公司除了投资国债，还可以在规定的比例内投资证券投资基金和股权性证券。

3. 企业和事业法人

企业可以用自己的积累资金或暂时不用的闲置资金进行证券投资。企业可以通过股票投资实现对其他企业的控股或参股，也可以将暂时闲置的资金通过自营或委托专业机构进行证券投资以获取收益。

我国现行的规定是，国有企业、国有资产控股企业、上市公司可参与股票配售，也可投资于股票二级市场；事业法人可用自有资金和有权自行支配的预算外资金进行证券投资。

4. 各类基金

基金性质的机构投资者包括证券投资基金、社保基金、企业年金和社会公益基金。

(1) 证券投资基金。证券投资基金是指通过公开发售基金份额筹集资金，由基金管理人管理，基金托管人托管，为基金份额持有人的利益，以资产组合方式进行证券投资活动的基金。《中华人民共和国证券投资基金法》(以下简称《证券投资基金法》) 规定我国的证券投资基金可投资于股票、债券和国务院证券监督管理机构规定的其他证券品种。

(2) 社保基金。在我国，社保基金主要由两部分组成：一部分是社会保障基金。其运作依据是 2001 年年底颁布的《全国社会保障基金投资管理暂行办法》，其资金来源包括国有股减持划入的资金和股权资产、中央财政拨入资金、经国务院批准以其他方式筹集的资金及其投资收益；同时，确定从 2001 年起新增发行彩票公益金的 80% 上缴社保基金。其投资范围包括银行存款、国债、证券投资基金、股票、信用等级在投资级以上的企业债、金融债等有价证券，其中银行存款和国债投资的比例不低于 50%，企业债、金融债不高于 10%，证券投资基金、股票投资的比例不高于 40%。风险小的投资 (约占 60%) 由社保基金理事会直接运作，风险较高的投资 (约占 40%) 则委托专业性投资管理机构进行投资运作。另一部分是社会保险基金。它是指社会保险制度确定的用于支付劳动者或公民在患病、年老伤残、生育、死亡、失业等情况下所享受的各项保险待遇的基金，一般由企业等用人单位 (或雇主) 和劳动者 (或雇员) 或公民个人缴纳的社会保险费以及国家财政给予的一定补贴组成。社会保险基金一般由养老、医疗、失业、工伤、生育五项保险基金组成。在现阶段，我国社会保险基金的部分积累项目主要是养老保险基金，其运作依据是劳动部的各相关条例和地方的规章。

(3) 企业年金。企业年金是指企业及其职工在依法参加基本养老保险的基础上，自愿建立的补充养老保险基金。按照我国现行法规，企业年金可由年金受托人或受托人指定的专业投资机构进行证券投资。

(4) 社会公益基金。社会公益基金是指将收益用于指定的社会公益事业的基金，如福利基金、科技发展基金、教育发展基金、文学奖励基金等。我国有关政策规定，各种社会公益基金可用于证券投资，以求保值增值。

### (二) 个人投资者

个人投资者是指从事证券投资的社会自然人，他们是证券市场最广泛的投资者。

个人进行证券投资应具备一些基本条件，这些条件包括国家有关法律、法规关于个人投资者投资资格的规定和个人投资者必须具备一定的经济实力。

## 三、证券市场中介机构

证券市场中介机构是指为证券的发行与交易提供服务的各类机构。在证券市场起中介作用的机构是证券公司和其他证券服务机构，通常把两者合称为证券中介机构。

### (一) 证券公司

证券公司是指依照《公司法》和《证券法》的规定并经国务院证券监督管理机构批准从事证券经营业务的有限责任公司或股份有限公司。证券公司的注册资本应当是实缴资本。

根据《证券法》的规定，经国务院证券监督管理机构批准，证券公司可以经营下列部分或者全部业务：

(1) 证券经纪。

(2) 证券投资咨询。

(3) 与证券交易、证券投资活动有关的财务顾问。

(4) 证券承销与保荐。

(5) 证券自营。

(6) 证券资产管理。

(7) 其他证券业务。

证券公司经营上述第(1)项至第(3)项业务的，注册资本最低限额为人民币5 000万元；经营第(4)项至第(7)项业务之一的，注册资本最低限额为人民币1亿元；经营第(4)项至第(7)项业务中两项以上的，注册资本最低限额为人民币5亿元。

另外，依照《证券法》的相关规定，证券公司的经营管理需要满足下列要求：

(1) 证券公司不得为其股东或者股东的关联人提供融资或者担保。

(2) 证券公司的董事、监事、高级管理人员，在任职前取得国务院证券监督管理机构核准的任职资格。

(3) 证券公司必须将其证券经纪业务、证券承销业务、证券自营业务和证券资产管理业务分开办理，不得混合操作。

(4) 证券公司客户的交易结算资金应当存放在商业银行，以每个客户的名义单独立户管理。

(5) 证券公司破产或者清算时，客户的交易结算资金和证券不属于其破产财产或者清算财产。

(6) 客户的证券买卖委托,不论是否成交,其委托记录应当按照规定的期限,保存于证券公司。

(7) 证券公司办理经纪业务,不得接受客户的全权委托而决定证券买卖、选择证券种类、决定买卖数量或者买卖价格。证券公司不得以任何方式对客户证券买卖的收益或者赔偿证券买卖的损失作出承诺。

## (二) 证券服务机构

证券服务机构是指依法设立的从事证券服务业务的法人机构,主要包括证券登记结算公司、证券投资咨询公司、会计师事务所、资产评估机构、律师事务所和证券信用评级机构等。

## 四、自律性组织

自律性组织包括证券交易所和证券业协会。

### (一) 证券交易所

1. 证券交易所的概念和设立

证券交易所是提供证券集中竞价交易场所的不以营利为目的的法人。目前,我国有3家证券交易所,即1990年12月设立的上海证券交易所、1991年7月设立的深圳证券交易所和2021年9月设立的北京证券交易所。

根据《证券法》的规定,证券交易所的设立和解散,由国务院决定。设立证券交易所必须制定章程,该章程的制定和修改,必须经国务院证券监督管理机构批准。另外,证券交易所必须在其名称中标明证券交易所字样。

2. 证券交易所的机构设置和人员管理

根据《证券法》和《证券交易所管理办法》的规定,证券交易所设会员大会、理事会、总经理和监察委员会四种机构。其中,会员大会由全体会员组成,是证券交易所的最高权力机构,决定重大问题;理事会是证券交易所的执行机构,执行会员大会决议,处理日常工作;总经理是协助理事会工作的机构,向理事会负责,总经理由国务院证券监督管理机构任免;监察委员会是证券交易所的监督机构,对理事、总经理活动的合法性进行监督。

《证券法》规定,有下列情形之一的,不得担任证券交易所的负责人:

(1)《公司法》第146条规定的情形。

(2) 因违法行为或者违纪行为被解除职务的证券交易所、证券登记结算机构的负责人或者证券公司的董事、监事、经理,自被解除职务之日起未逾5年的。

(3) 因违法行为或者违纪行为被撤销资格的律师、注册会计师或者法定资产评估机构、验证机构的专业人员,自被撤销资格之日起未逾5年的。

《证券法》还规定,因违法行为或者违纪行为被开除的证券交易所、证券登记结算机构、证券公司的从业人员和被开除的国家机关工作人员,不得招聘为证券交易所的从业人员。

3. 证券交易所的竞价交易规则

(1) 进场交易的主体。进入证券交易所参与集中竞价交易的,必须是具有证券交易所会员资格的证券公司。

（2）投资者委托交易。投资者应当在证券公司开立证券交易账户，以书面、电话以及其他方式，委托为其开户的证券公司代其买卖证券。委托方式包括市价委托和限价委托。

（3）交易申报的规则。证券公司根据投资者的委托，按照时间优先的规则提出交易申报，参与集中竞价交易。

（4）进行清算交割。证券登记结算机构根据成交结果，按照清算交割规则进行证券和资金的清算交割，办理证券的登记过户手续。

（二）证券业协会

证券业协会是证券业的自律性组织，是社会团体法人。证券业协会的权力机构为全体会员组成的会员大会。根据《证券法》的规定，证券公司应当加入证券业协会。证券业协会应当履行协助证券监督管理机构组织会员执行有关法律，维护会员的合法权益，为会员提供信息服务，制定规则，组织培训和开展业务交流，调解纠纷，就证券业的发展开展研究，监督、检查会员行为及证券监督管理机构赋予的其他职责。

### 五、证券监管机构

在我国，证券监管机构是指中国证券监督管理委员会及其派出机构。中国证监会是国务院直属的证券监督管理机构，按照国务院授权和依照相关法律法规对证券市场进行集中、统一监管。它的主要职责是：依法制定有关证券市场监督管理的规章、规则，负责监督有关法律法规的执行，负责保护投资者的合法权益，对全国的证券发行、证券交易、中介机构的行为等依法实行监管。

## 本 章 小 结

本章主要讲解了证券的基本概念，包括证券的发行、证券的上市交易；还讲解了持续信息公开、上市公司收购及证券市场的主体等内容。

## 本章重要概念

公司债券　股票　要约收购　协议收购　证券交易所　证券公司　管理层收购　权益披露

# 第八章　金融法律制度

- 内容简介
- 重点难点
- 学习目标
- 知识框架
- 思政育人
- 第一节　商业银行法律制度
- 第二节　保险法律制度
- 第三节　票据法律制度
- 本章小结
- 本章重要概念

## 内容简介

本章主要介绍了金融法律制度中的商业银行法律制度、保险法律制度、票据法律制度的相关内容,主要涉及商业银行的经营原则与经营业务、保险关系人的权利与义务及票据的权利与行为等的法律规定。

## 重点难点

本章的重点为商业银行的业务范围、保险理赔的原则以及票据的法律特征;难点为票据的权利与抗辩。

## 学习目标

通过本章学习,学生应理解并掌握商业银行的法律规定、保险合同涉及的主体、票据流通的法律关系。

## 知识框架

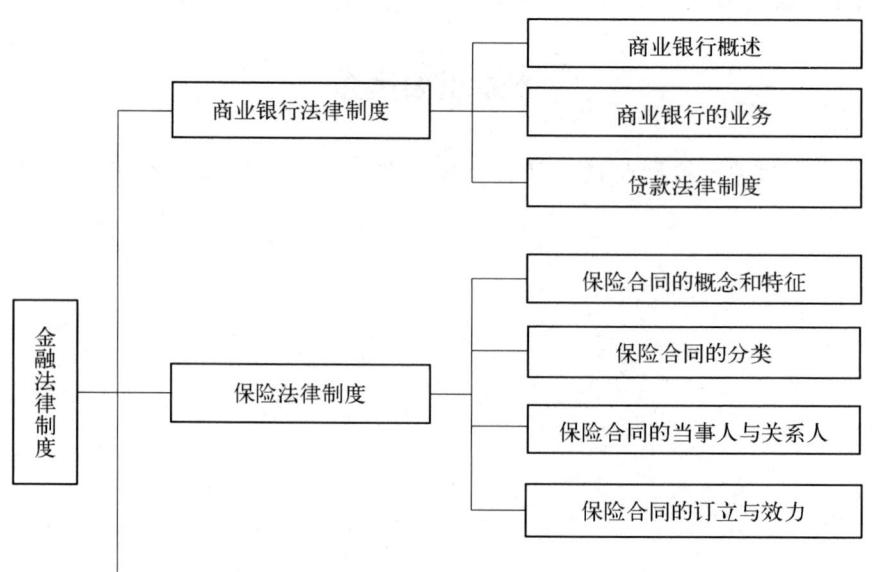

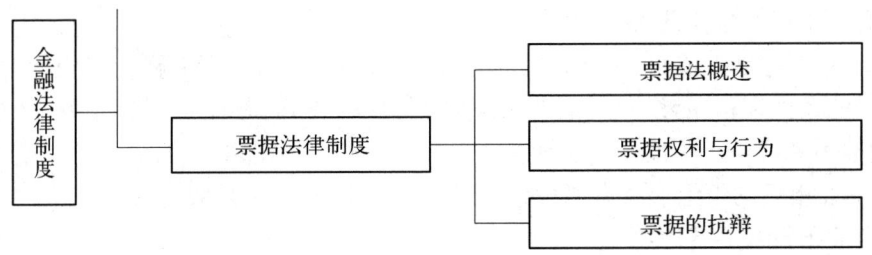

## 思政育人　　美国第16大银行硅谷银行宣布破产

美国联邦存款保险公司(FDIC)于2023年3月8日表示,硅谷银行因资不抵债已被加利福尼亚州监管部门关闭,由该公司接管。当天,硅谷银行母公司硅谷金融集团的股票在盘前交易中暴跌,随后进入停牌状态。

联邦存款保险公司在公告中称,硅谷银行10日已被加州金融保护和创新局(DFPI)关闭,该局指定联邦存款保险公司作为接管人。在硅谷银行关闭期间,联邦存款保险公司会将所有受保存款转移至新创建的圣克拉拉存款保险国家银行(DINB)。最晚于13日上午,所有受保储户都将可以完全使用其受保存款。

作为由美国国会创建的独立机构,联邦存款保险公司对每个账户的最高承保额为25万美元。该机构表示,硅谷银行截至去年年底的总资产约为2 090亿美元,存款总额约为1 754亿美元,目前尚不清楚这些存款中有多少属于高于保险上限的部分。资金超过保险上限的存款人将获得未保险余额的接管证书。

据美国消费者新闻与商业频道报道,硅谷银行由于流动性不足,曾于2023年3月9日宣布计划通过出售普通股和优先股筹集超过20亿美元的额外资金。该消息一出,其母公司硅谷金融集团的股票在一个交易日内暴跌逾60%。在10日的盘前交易中,硅谷金融集团的股票再次暴跌,跌幅达到68%,随后进入停牌状态。

《华尔街日报》表示,专注于科技领域的硅谷银行是美国第16大银行,它是2008年金融危机后倒闭最大的美国银行。该银行自美联储去年启动加息以来遭受重创。当前,硅谷银行的倒闭正拖累整个银行业。在股市方面,美国银行股指数2023年3月9日在经历了近3年来最糟糕的单日表现后,10日继续下跌,多家银行股因波动过大被停牌。

**资料来源:** 中新网.美国第16大银行硅谷银行宣布破产[EB/OL].(2023-03-11)[2023-07-31]. https://www.360kuai.com/pc/90b76c39b2aeceb21?cota=3&kuai_so=1&sign=360_57c3bbd1&refer_scene=so_1.

## 第一节　商业银行法律制度

### 一、商业银行概述

#### (一) 商业银行基本法律制度

1. 商业银行法的调整对象

境内的所有商业银行的成立、变更、接管和清算等活动均由商业银行法所管辖,邮政企业办理商业银行的有关业务,以及外资商业银行、中外合资商业银行、外国商业银行分行适用商业银行法的规定,法律、行政法规另有规定的,依照其规定。

二维码:
视频8-1
金融法-商业银行

2. 商业银行的法律地位和组织形式

（1）商业银行是指依照《中华人民共和国商业银行法》（以下简称《商业银行法》）和《公司法》规定的条件和程序，设立的吸收公众存款、发放贷款、办理结算等业务，具有独立的民事权利能力和民事行为能力的企业法人。

（2）商业银行的组织形式有两种：一是有限责任公司，二是股份有限公司。

3. 商业银行的经营原则

（1）安全性、流动性和效益性原则。这是商业银行经营中必须遵循的最重要的原则。其中，安全性原则要求银行所有的资产负债业务以安全性为首要条件，不能开展缺乏有效风险管理的业务；流动性要求银行的资产负债项目保持一定比例的变现能力。

（2）自主经营、自担风险、自负盈亏和自我约束的原则。

（3）按照国家的产业政策和发展政策的要求开展信贷业务，业务往来遵循平等、自愿、公平和诚实信用的原则。

（4）保障存款人利益的原则。

（5）独立经营原则。

（6）公平竞争原则。

### （二）商业银行的职能

1. 信用中介职能

信用中介职能是商业银行最基本的职能。商业银行通过负债业务（主要是吸收存款）把社会上的各种闲散货币集中起来，再通过资产业务（主要是贷款和投资）投向各经济部门。在这一过程中，商业银行作为资金的贷出者与借入者的中介人，实现着资金的融通，并从吸收资金的成本与发放贷款利息收入或者投资收益的差额中获取利润。

2. 支付中介职能

支付中介职能即货币经营的职能，是指将债务人客户账上的存款式货币转到债权人客户账上，帮助交易当事人实现支付与转移。商业银行的中介职能主要表现在中间业务上，包括汇兑业务、代收代付业务和代理融资业务等。

3. 信用创造职能

信用创造是商业银行区别于其他金融机构最显著的特征，商业银行在吸收存款的基础上发放贷款，在票据流通和转账结算的基础上，贷款又转化为存款，在此存款不提取的情况下，就增加了商业银行的资金来源，可再次转为贷款，最后整个银行体系形成了超过原始存款的派生存款，这就是商业银行的信用创造功能。

4. 创造金融工具的职能

商业银行在其负债业务和中间业务中不断地创造着各种金融工具，如可转让大额定期存单、各种金融债券、银行支票、本票、银行承兑汇票、信用证、银行保函等能够代表一定货币的法律文件。

5. 金融服务职能

商业银行除了资产负债业务和汇兑、结算业务，还有一些基本上无经营风险的业务，因为这些业务不列入资产负债表内，而且不影响银行资产与负债总额的经营活动，所以被称为表外业务。表外业务种类主要有：现金管理、代理保管、代理租赁、代客资信调查、信息咨询业务、商业信用证、银行承兑汇票、备用信用证、贷款销售与资产证券化发行等业务。

延伸阅读8-1

不同国家商业银行公司治理结构比较如表8-1所示。

**表8-1　　　　　　　　不同国家商业银行公司治理结构比较**

| 特征 | 英国 | 美国 | 德国 | 日本 |
|---|---|---|---|---|
| 股权结构 | 分散,基本没有控股 | 很分散,基本没有控股 | 相对比较集中,有许多法人大股东 | 相对比较集中,有许多法人大股东,同一产业集团中法人也持有股份 |
| 控制权转移 | 可能性大 | 可能性大 | 可能性小 | 可能性小 |
| 证券市场在银行治理中的作用 | 股东通过股票市场银行股票的变化确定持有情况 | 股东通过股票市场银行股票的变化确定持有情况 | 较弱 | 较弱 |
| 股东监督程度 | 股权分散,直接监督程度低 | 股权分散,直接监督程度较低 | 股权相对集中,直接控制程度较高 | 股东直接控制程度较高 |
| 董事会的作用 | 因外部董事的存在,董事会对管理层的监督作用较强 | 由于外部董事的存在,董事会对管理层的监督作用比较强 | 由于监事会有来自股东、员工的代表,对管理层监督作用较强 | 董事会成员主要来自股东、许多董事在银行的管理层就职,监督作用较弱 |
| 银行家市场 | 内外部银行家市场 | 内外部银行家市场 | 内部银行家市场 | 内部银行家市场 |
| 业绩和收入的相关性 | 非常大 | 非常大 | 不大 | 不大 |
| 员工的作用 | 不大 | 不大 | 相对有一些 | 不大 |
| 信息披露透明度 | 高 | 高 | 较高 | 不高 |

## 二、商业银行的业务

### (一) 商业银行的资产业务

1. 现金资产业务

(1) 现金资产是指商业银行随时可以用来应付现金需要的资产,由库存现金和在中国人民银行的存款两部分组成。

(2) 库存现金是指银行金库中的纸币和硬币,用于日常业务支付的需要,这是不产生利润的资产,如果超过了一定的比例,就意味着商业银行应赢利资产的相应减少,对银行的经营不利。

(3) 在中央银行的存款是指商业银行在中国人民银行的法定存款准备金,商业银行系统内资金调度,联行汇差的计算,与中国人民银行往来资金的清算等,大部分要通过在中国人民银行的存款实缴实拨,实收实付。

2. 信贷业务

(1) 信贷业务是商业银行最重要的资产业务,通过放款收回本金和利息,扣除成本后获得利润,所以信贷是商业银行的主要赢利手段。

(2) 信贷程序的主要内容是：建立贷款关系，贷款申请，贷前调查，贷款审批及发放，贷后检查，贷款收回与展期，信贷制裁等制度。

1) 贷款种类

(1) 根据贷款主体的不同，贷款可分为自营贷款、委托贷款和特定贷款三种。其中，自营贷款是指贷款人以合法方式筹集的资金自主发放的贷款，其风险由贷款人承担。委托贷款是指委托人提供资金，银行按委托人指定的对象、用途、金额、期限和利率等条件办理贷款的手续，只收取手续费，不承担贷款的风险。特定贷款是指经国务院批准并对贷款可能造成的损失采取相应的补救措施后，责成国有独资银行发放的贷款。

(2) 根据借款人信用的不同，贷款可分为信用贷款、担保贷款(保证贷款、抵押贷款、质押贷款)、票据贴现等种类。

(3) 根据贷款用途的不同，可分为流动资金贷款、固定资产贷款、工业贷款、农业贷款和商业贷款等种类。无论何种贷款，除了经贷款人审查、评估、确认借款人资信良好、确能偿还贷款的，可以不提供担保，其他的借款人均应提供担保。

2) 贷款期限

商业银行的贷款期限分为三种：第一，短期贷款，期限在1年以内；第二，中期贷款，期限在1年以上5年以内；第三，长期贷款，指期限超过5年的贷款。

3) 借款合同

合同是明确各方权利义务关系的协议，借款合同是银行和借款人订立的约定借款的条件提供资金给借款方使用，借款方按约定的用途使用该资金，并按时偿还本息的协议。借款合同是确定银行和借款人权利义务的法律依据，其主要内容包括：贷款种类、借款用途、金额、利息、期限、还款资金来源及还款方式、保证条款、违约责任以及双方当事人商定的其他条款。借款合同的内容相当于当事人之间的法律，任何一方违反任何一款都构成违约，都应承担相应的违约责任。

3. 银行承兑汇票业务

银行承兑汇票是指商业银行为支持在本行开户的资信良好的客户开出的商业汇票的信用，在票据的正面加盖承兑章，承诺自己作为票据的主债务人，在票据到期时向持票人无条件付款的一种资产业务。

4. 商票贴现业务

商票贴现是指企业为了取得资金，以未到期的银行承兑汇票和商业承兑汇票向商业银行融通资金，申请贴现，银行按规定的贴现率，扣除自贴现日至到期日的利息后，将票面余额付给申请贴现者，票据到期时，银行持票向最初签发票据的债务人收回款项的一种特殊形式的贷款。

5. 再贴现和转贴现业务

贴现的票据期限一般较短，银行可以很快地回收资金，在贴现的票据未到期发生资金周转困难时，商业银行还可以将该票据向中国人民银行申请再贴现，也可以向其他的商业银行转贴现，以实现票据的变现。因为票据是由付款人、出票人、背书人、保证人和承兑人承担连带清偿责任，所以当银行贴现的票据不能兑现时，持票人可以向上述主体中的任何一个或全部行使追索权，以维护自己的合法权利。

6. 拆借业务

拆借业务是指金融机构的头寸不足时,向同业融通资金。根据《商业银行法》的规定,拆借资金只能用于弥补付款不足、补足准备金额等银行急需,不得用于放款等业务。拆借资金由人民银行制定基准利率,拆出方有一定的利率浮动权,拆借资金的期限为1天至4个月。

7. 透支业务

透支主要是指信用卡业务中,持卡人在受信额度内使用银行的资金,相当于自动获取发卡行的贷款,持卡人在信用卡章程规定的期限内还款则免付利息,逾期则以发生透支时的资金额为贷款额计算利息。

8. 担保业务

商业银行的担保业务包括保理、担保、贷款承诺、开立信用证等业务。其中,保理业务是指银行收购某一公司指定范围内的票据,并保证全额付款的担保;担保业务包括保函担保和保证担保,当被保证人不履行债务时,由银行代为履行债务;贷款承诺是指银行对某一规划或者进行中的工程或者项目,承诺按照约定的时间或者阶段发放约定金额的贷款,如果不按时发放贷款则应承担违约责任;开立信用证业务主要是指在国际贸易中,应买方的请求,给卖方开立信用证以保证买方的付款能力,届时无论买方是否付款,卖方都能得到信用证上的款项。

(二) 商业银行的负债业务

1. 对存款人的保护制度

存款人通过与商业银行订立存款合同将货币借给银行,银行按合同约定的利率按时还本付息,不得拖延。存款合同的利率不变,除了可以遵照中国人民银行对活期存款利率所作的调整,定期储蓄(合同)约定的利率不变,借款人和银行都不得在期间单方面进行调整。

商业银行办理个人储蓄存款业务,应当遵循存款自愿、取款自由、存款有息、为存款人保密的原则。对个人储蓄存款,商业银行有权拒绝任何单位和个人的查询、冻结、扣划,但是法律另有规定的除外。

2. 存款业务

商业银行的存款业务主要是指本行承接的各项存款,包括活期存款、定期存款、定活两便存款、零存整取存款、同业存款等存款业务。

3. 其他负债业务

商业银行可以通过以下负债方式从外部筹措资金:

(1) 向中国人民银行借款。其主要有直接借款和票据再贴现两种形式。

(2) 发行金融债券。金融债券是银行为了筹集社会闲散资金所发行的一种有价证券,持券人有权按期取得固定利息和到期收回本金。发行金融债券的资金只能用于发放特种贷款,不可挪用作一般的工商企业贷款。

(3) 同业拆借。这是指商业银行因临时资金不足向其他银行及金融机构的临时借款。同业拆借一般都是短期的,尽管时间较短,但可维持资金的正常周转,避免或减少出售资产而发生的损失。因此,同业拆借是各金融机构彼此间共荣共济的一种资金调剂活动,其利率水准一般较低。《商业银行法》第 46 条规定,同业拆借,应当遵守中国人民银行规定。禁止利用拆入资金发放固定资产贷款或者用于投资。拆出资金限于缴足存款准备金、留足备付金和归还中国人民银行到期贷款之后的闲置资金。拆入资金用于弥补票据结算、联行汇差头寸的不足和解决临时性周转资金的需要。

(4) 发行短期融资债券。在国家计划债券发行额度内,中国银保监会可以批准企业发行用于弥补临时性、季节性流动资金不足的期限为 3 个月、6 个月和 9 个月的短期融资债券。

(5) 发行大额可转让定期存单,经中国银保监会批准,商业银行可发行大额可转让定期存单。该存单的期限最长不得超过 12 个月。非银行业金融机构不得发行大额可转让定期存单。

**(三) 商业银行的中间业务**

1. 结算性中间业务

这是指商业银行利用汇票、支票、本票和其他信用工具清算债权人和债务人之间的债权债务关系的银行业务。具体包括以下种类:

(1) 银行汇票结算。这是指汇款人将款项交存当地银行,由银行签发给汇款人持往异地办理转账结算或提取现金的票据,可以在全国任何地点签发和结付,参加全国联行往来的银行均可办理。银行跨系统签发汇票时,要通过同城票据交换将银行汇票和有关凭证提交有关银行审核支付后抵用。

(2) 商业汇票结算。商业汇票经承兑后,到期时承兑人须无条件地支付票款,它体现了较强的信用,可在市场上背书转让、申请贴现或质押,较一般支付工具的信用能力更加突出。

(3) 银行本票结算。银行本票是指客户将款项交存银行,银行签发给客户凭以转账或提取现金的票据,在指定城市的同城范围内使用。由于该票据是由银行签发,保证兑付,其信用可靠,为收款方所乐意接受。

(4) 支票结算。我国目前流通的支票有两类,一类是城市使用的普通支票,包括普通支票、现金支票和转账支票三种,签发支票须以存款金额为限,不得签发空头支票;另一类是收购农副产品专用的定额支票,指收购单位将款项交存银行,由银行交付的用于向农户收购农副产品的款项的票据。

(5) 汇兑结算。这是指汇款人委托银行将款项汇给异地收款人的一种结算方式,分电汇和信汇两种。此种方式无兑现问题,信用可靠。商业银行办理结算,须注意两个重点问题:第一,保障客户使用存款自主权,除了按照法律规定可以冻结和扣款的情况,银行不得代任何单位和个人冻结款项和扣款,不能限制客户使用银行存款;第二,银行不得为客户结算提供垫款。

2. 担保性中间业务

担保性中间业务是指银行为商业汇票提供承兑服务,一般做法是由持票人请求银行承兑未到期的票据,银行审查该票据具有足够的给付能力后,同意为其承兑,在票据到期前 10 日,如果出票人的存款金额不足时,银行通知出票人补足存款,以供持票人兑现,出票人不能存足款项致使持票人不能兑现时,银行应无条件地向持票人支付,然后再向有关票据当事人追索。

3. 其他中间业务

其他中间业务包括以下几种:

(1) 担保业务。这是指为客户提供信用证和担保。

(2) 融资性中间业务。这是指银行为客户资金融通提供的服务,如委托贷款和代理发行、代理兑付、承销政府债券等。

(3) 管理性中间业务。这是指银行利用其管理职能为企业和个人提供服务,如代理保管、代理验资、代理会计事务、提供保管箱、执行遗嘱、代理收付款项、代理保险等业务。随着经济技术发展新产生的信息咨询业务、信用卡业务、电子银行等中间业务。

### 三、贷款法律制度

#### (一) 贷款概述

贷款是商业银行最基本的资产业务,是指经银保监会批准的金融机构,以社会公众为借款对象,以还本付息为条件出借的货币资金。中国人民银行于1996年8月1日颁布和施行的《贷款通则》,对所有的金融机构贷款行为均有规范意义。

1. 《贷款通则》的调整对象

(1) 贷款人。这是指在我国境内依法成立的经营贷款业务的中资金融机构,不包括中外合资经营的金融机构和外商独资经营的金融机构。自我国加入世界贸易组织后,对外资银行逐步开放人民币存贷业务,外资金融机构在我国境内的贷款业务将归另外的专门的法律调整,不属于《贷款通则》的调整对象。非金融机构的公司和个人无权经营贷款业务。

(2) 借款人。这是指从经营贷款业务的中资金融机构取得贷款的法人、其他经济组织、个体工商户和自然人。不包括向境外金融机构借款的借款人,也不包括向境内外资金融机构借款的借款人。

(3) 贷款。这是指贷款人对借款人提供的并按约定的利率和期限还本付息的货币资金,包括人民币和外币两类货币,不包括其他有价证券,如股票、债券、提单、仓单和未到期的票据等有价证券,也不包括向借款人提供的任何有形或无形资产。

(4) 管理监督机构。根据《中华人民共和国中国人民银行法》《中华人民共和国银行业监督管理法》的规定,所有的金融机构的业务活动均由中国人民银行和中国银保监会及其在各省市设置的分支机构监管。中国人民银行和中国银保监会对金融机构的贷款是否违反平等、自愿、公平和诚实信用的原则,是否有不正当竞争行为作出认定,对金融机构的贷款活动拥有一定程度的监控权。

2. 贷款方式

贷款方式,包括自营贷款、委托贷款和特定贷款三种方式,前面介绍商业银行的业务时已经介绍,此处从略。贷款担保方式,包括信用贷款、担保贷款和票据贴现三种贷款担保方式,在商业银行业务中已经有所介绍。

3. 贷款的期限与利率

(1) 贷款期限分为短期、中期和长期,其中自营贷款的期限最长不能超过10年,贷款用途有必要超过10年的,应当报中国人民银行和中国银保监会备案。票据贴现的期限最长不得超过 6 个月,贴现期限为从贴现之日起至票据到期之日止。

(2) 贷款展期,借款人不能按期归还贷款的,应当在期满之日前,向贷款人申请贷款展期。借款人的贷款属于保证贷款、抵押贷款或质押贷款的,应当由保证人、抵押人和质押人出具同意贷款展期的书面证明,在原借款合同中对此情况已有约定的,按照约定执行。短期贷款的展期期限累计不得超过原贷款期限;中期贷款展期期限累计不得超过原贷款期限的一半;长期贷款的展期期限累计不得超过 3 年,但国家对某些重大项目另有规定的除外。

(3) 不能展期的情况,如借款人未申请展期或展期申请未被批准的,其贷款从到期日次日起,转入逾期贷款账户。

(4) 贷款的利率及利息的计收,贷款人应当按照中国人民银行规定的贷款利率的上下限,确定每笔贷款的利率,并在借款合同中记载清楚。

4. 贷款管理的特别规定

(1) 建立贷款主办行制度,借款人应按规定与其基本账户行建立贷款主办行的关系,借款人发生企业分立、股份制改造、重大项目建设等涉及信贷资金使用和安全的重大经济活动,事先应当征求主办行的意见。

(2) 主办行不包资金,但应当按规定有计划地对借款人提供贷款,为借款人提供必要的信息咨询,以及各种金融代理服务。

(3) 银团贷款应当确定一个贷款牵头行并签订银团贷款协议,明确各贷款人的权利义务,共同评审贷款项目,牵头行应当按照协议确定的比例监督贷款的偿还。

(4) 各级行政部门和企业、事业单位、供销合作社等合作经济组织,农村合作基金会和其他基金会,不得经营存贷款等金融业务;企业之间不得违反国家金融法律、法规的规定,办理借贷或者变相借贷融资业务。

(5) 贷款人发放异地贷款或者接受异地存款,应当报中国人民银行和中国银监会当地分支机构备案,以利于国家对宏观资金流向的掌握和监控。

(二) 借款人制度

借款人是经市场监督管理局核准登记的企业、事业法人、其他经济组织、个体工商户或者是具有我国国籍的具有完全民事行为能力的自然人。

借款人申请贷款,应当具备产品有市场、生产经营有效益、不挤占挪用信贷资金、恪守信用等基本条件。

1. 借款人的主要权利

(1) 借款人可以自主向主办银行或其他银行的经办机构申请贷款,并依前述条件取得贷款。

(2) 借款人有权按照借款合同的规定取得全部贷款,并在合同规定的使用范围内自主地使用贷款,银行不得以任何理由要求借款人留存一部分贷款资金在本行,也不得提前扣除利息。

(3) 借款人有权向贷款人的上级行、中国人民银行和中国银保监会反映、举报有关情况。

(4) 借款人有权拒绝借款合同以外的附加条件,如贷款行或贷款具体经办人向借款人索取金钱、财物或免费服务等好处、回扣,以及其他任何形式的回报等。

(5) 借款人在征得贷款人的同意后,有权向第三人转让返还贷款的债务。

2. 借款人的主要义务

(1) 借款人应当如实提供贷款人要求的各种资料,包括自己的生产经营情况和资产情况的财务报告,其中年度报告须经适格的注册会计师事务所审计,本单位或本人在所有银行的开户账号及存款余额情况,就涉及贷款的运用和资金的安全情况,积极地配合银行调查、审查和检查。借款人是自然人的须提供有效身份证明和有关资信证明。

(2) 借款人在尚未还清贷款前,应当接受银行对其使用信贷资金的情况和有关生产经营、财务活动的审查。

(3) 借款人应当按照借款合同规定的用途使用贷款,不经贷款人的书面批准,不得擅自改变贷款的用途。

(4) 借款人应当按照借款合同约定的时间和条件及时足额偿还贷款本息。

(5) 借款人将偿还贷款义务的一部分或全部转让给第三人前,应当取得贷款人的书面同意。

(6) 借款人遇到有危及贷款人债权安全的不正常情况时,应当及时通知贷款人,同时采取各种必要的措施保全受到危险或威胁的财产。

3. 对借款人的限制

(1) 借款人不得同时向同一辖区的贷款人的不同分支机构分别借款。

(2) 借款人的告知义务,借款人不得向贷款人提供虚假的或者隐瞒重要事实的资产负债表、损益表等有关生产经营的情况,以防止借款人利用虚假的生产经营资料借得与自己的偿还能力不相称的借款,影响金融机构的资金安全。

(3) 借款人不得利用贷款从事股本权益性的投资,除了国家另有规定的少数情况,我国《公司法》和其他有关的企业法规和企业登记制度都明确规定,当事人成立公司或其他企业(包括作为公司企业的股东),必须要有法定最低限额的注册资金,在登记时,这些资金须附上有关银行及注册会计师事务所的验资证明。

(4) 借款人不得利用贷款在有价证券、期货方面进行投机性的经营活动。

(5) 除了依法取得经营房地产资格的借款人,其他任何单位和个人均不得用贷款从事房地产业务;依法取得房地产经营业务资格的借款人,不得用贷款从事房地产投机。

(6) 借款人不得套取贷款用于借贷谋取非法收入,《贷款通则》规定借款人不得作为中间商在原贷款价格(利率)上再加价转让,抬高融资市场利率,影响金融市场的稳定。

(7) 借款人不得违反国家外汇管理的规定,使用外汇贷款,在我国的人民币尚未完全实现可自由兑换前,国家仍然要对外汇资金实行监管及对从业(外汇)机构进行资格限制,用来保证国家外汇资金流向有序和安全。

**(三) 贷款人制度**

1. 贷款人的资格

《贷款通则》第21条规定,贷款人必须经中国银保监会批准经营贷款业务,持有中国银保监会颁发的《金融机构法人许可证》或《金融机构营业许可证》,并经工商行政管理部门核准登记。

2. 贷款人的主要权利

(1) 贷款人要求借款申请人提供与借款有关的资信资料,供判断贷款风险之用;根据借款人的条件,决定贷与不贷,以及贷款的金额、期限和利率等。

(2) 贷款人在贷款前和贷款期限里了解借款人的生产经营情况和财务活动,按照借款合同约定的条件从借款人的账户中划收贷款本金和利息,无须在划收款项前与借款人协商和办理其他配合还款的手续。

(3) 当借款人未能履行借款合同规定的义务时,贷款人有权依照合同的约定,要求借款人提前归还贷款,或停止支付借款人尚未使用的贷款。在贷款将受到或已经受到损失时,可依照借款合同的约定,采取适当的措施以使贷款免受损失,包括要求提前收回贷款、冻结尚未使用的贷款、冻结借款人的账户,直至提出财产保全和返还贷款的民事诉讼。

3. 贷款人的主要义务

(1) 金融机构应当公布经营贷款的种类、期限和利率,公开贷款审查的资信条件的内容和发放贷款的具体条件,并向借款人提供各种咨询。

(2) 贷款人应当及时审议借款人的贷款申请,明确答复申请人是否同意贷款。贷款人对申请短期贷款的审议答复时间不得超过 1 个月,对中期、长期贷款申请的答复时间不得超过 6 个月,国家另有规定的除外。

(3) 贷款人对借款人的债务、财务及有关的生产经营情况应当予以保密,这些情况属于商业秘密,但是对有关机构的合法调查则应配合,告以有关情况。

4. 对贷款人的限制

(1) 贷款的发放必须严格遵循《商业银行法》第 39 条关于资产负债比例的规定,即贷款人的资本充足率不得低于 8%,贷款余额与存款余额的比例不得超过 75%,流动性资产余额与流动性负债余额的比例不得低于 25%,对同一借款人的贷款余额与贷款人资本余额的比例不得超过 10%。

(2) 不得发放人情贷款,《商业银行法》第 40 条规定,不得向关系人发放信用贷款,向关系人发放担保贷款的条件不得优于其他借款人同类贷款的条件,以维护公平交易和自身的资金安全。

(3) 禁止发放贷款的情形:不具备借款人的资格和条件的,借款人生产经营的产品和投资项目是国家明文规定禁止的,借款人违反国家外汇管理规定的,借款人的建设项目应当报经国家有关部门批准而未取得批准文件的,借款人的生产经营或投资项目未取得环保部门许可的,借款人在实行承包、租赁、联营、合并(兼并)、合作、分立、产权有偿转让、股份制改造等体制变更过程中,未清偿原有贷款债务、落实原有贷款债务或提供相应担保的,以及借款人有严重违法行为的。

(4) 未经中国银监会批准,不得对自然人发放外币币种的贷款。

(5) 金融机构的自营贷款和特定贷款,除按中国人民银行的规定计收利息,不得收取其他任何费用;委托贷款,除了按照中国人民银行规定收取手续费,不得收取其他任何费用。

(6) 贷款人不得给借款人垫付资金,在贷前贷后都不能以贷款人的自有资金充填贷款资产,但是国家另有规定的除外。

### (四) 贷款流程

1. 贷款申请及审批

(1) 贷款申请,拟借款人应向主办银行或其他银行的经办机构直接提出申请,申请书中应当包括借款金额、借款用途、偿还能力及还款方式等基本内容。

(2) 信用评估,贷款人应当根据借款人的领导者的素质、经济实力、资金结构、履约情况、经济效益和发展前景等评估项目,评定借款人的信用等级。

(3) 贷款调查及审批,贷款人受理借款人的申请后,应当对借款人的信用等级以及借款的合法性、安全性、效益性等情况进行调查,核实抵押物、质物、保证人的情况,测定贷款的风险度。在经过上述的调查之后,贷款人根据审贷分离、分级审批的贷款管理制度,对调查人员提供的资料进行核实、评定,复测贷款风险度,提出审查意见,按规定的程序和权限批准贷款申请。

2. 借款合同的履行

(1) 借款合同。贷款人所有贷出的款项均应签订借款合同,合同中至少应当包括借款种类、借款用途、借款金额、利率、还款期限、还款方式等基本内容,还应当详细列出借款人和借款人的权利义务,违约责任和双方认为需要约定的其他事项。

(2) 担保合同。保证贷款应当由保证人与贷款人签订保证合同,或保证人在借款合同上载明与贷款人协商一致的保证条款,加盖保证人的公章(私章),并由保证人或其法定代表人、授权代理人签署姓名。抵押贷款、质押贷款应当由抵押人、出质人与贷款人签订抵押合同或质押合同,依法需要办理登记的,不得省略登记程序。

3. 贷款运营

贷款人应当按照借款合同的约定,按时及按批发放贷款。无论因何原因,贷款人不按合同约定按期发放贷款的,应偿付违约金;借款人不按合同约定的条件使用贷款的,也应偿付违约金。

4. 贷后检查及收回贷款

金融机构在发放贷款后,应当对借款人执行借款合同的情况及借款人的经营状况进行追踪调查和检查。在期限届满时,及时收回贷款本金和利息。借款人应当按照借款合同规定的时间足额归还贷款本金和利息。

5. 对不良贷款的监管

(1) 不良贷款是指呆账贷款、呆滞贷款和逾期贷款。其中,呆账贷款是指按财政部有关规定确认为无法偿还,而列为呆账的贷款;呆滞贷款是指按财政部有关规定,逾期(含展期后到期)超过2年仍未归还的贷款,或虽未逾期或逾期不满规定年限但生产经营已经终止、项目已经停建的贷款(不含呆账贷款);逾期贷款是指借款合同约定到期(含展期后到期)未归还的贷款(不含呆滞贷款和呆账贷款)。

(2) 贷款质量等级。按照《巴塞尔协议》关于商业银行贷款分类等级和中国人民银行法信贷资产分类的规定,信贷资产分为正常、关注、次级、可疑和损失五类,后三级次级、可疑和损失资产为不良资产。

(3) 不良贷款的登记。由会计、信贷部门提供数据,由稽核部门负责审核并按规定的权限认定,贷款人应当按季度填报不良贷款情况表,在报送上级部门的同时,报送中国银保监会和中国人民银行当地的分支机构。

（4）对商业银行不良贷款的考核。金融机构的呆账贷款、呆滞贷款、逾期贷款不得超过中国银保监会和中国人民银行规定的比例，金融机构应结对所属的分支机构下达考核呆账贷款、呆滞贷款和逾期贷款的具体指标，以督促各部门防范贷款风险。

（5）不良贷款的催收和呆账贷款的冲销。金融机构的信贷部门负责对不良贷款的催收，稽核部门负责对催收情况的检查。金融机构必须按照有关金融法规规定提取呆账准备金，并按照呆账冲销的条件和程序冲销呆账贷款。未经国务院批准，金融机构不得豁免借款人偿还贷款的义务；未经国务院批准，任何单位和个人不得强令贷款人豁免借款人偿还贷款的义务。

6. 贷款债权保全和清偿的管理

（1）贷款债权不因借款人单方面行为消灭，借款人不得违反法律规定，借兼并、破产或者股份制改造等机会和方法逃避贷款债务，不得借承包、租赁等方法逃避贷款人的信贷监管和偿还贷款本息的义务。

（2）债权重组，当借款人尚未偿还贷款前，贷款人有权参与处于兼并、破产或股份制改造过程中的有关借款人的债务重组活动，参加借款人的清算或债权人会议，中心围绕如何要求借款人偿还贷款本息，落实有关偿还债务的具体事项并达成书面协议。

## 第二节 保险法律制度

### 一、保险合同的概念和特征

**（一）保险合同的概念**

《中华人民共和国保险法》（以下简称《保险法》）第 10 条规定，保险合同是投保人与保险人约定保险权利义务关系的协议。这一概念有以下含义：其一，保险合同的当事人只能是投保人和保险人；其二，保险合同当事人之间的关系是关于保险权利与义务的关系，即依照保险合同，投保人向保险人支付保险费，保险人则在约定的保险事故发生或者约定的保险事件出现或者期限届满时，履行赔偿或者给付保险金的义务；其三，保险合同是当事人意思表示一致的结果。

**（二）保险合同的特征**

1. 保险合同是射幸合同

这是由保险的射幸性决定的。射幸合同是指合同当事人一方支付的代价所获得的只是一个机会，对投保人而言，他有可能获得远远大于所支付的保险费的效益，但也可能没有利益可获；对保险人而言，他所赔付的保险金可能远远大于其所收取的保险费，但也可能只收取保险费而不承担支付保险金的责任。保险合同的这种射幸性则是由保险事故的发生具有偶然性的特点决定的，即保险人承保的危险或者保险合同约定的给付保险金的条件发生与否，均为不确定。

2. 保险合同是最大诚信合同

如前所述，保险法的基本原则之一是最大诚信原则，同理，保险合同也是最大诚信合同。保险人的危险补偿责任在很大程度上依赖于当事人的诚实信用,尤其是投保人和被保险人的诚实信用。这一方面是因为保险合同效力取决于投保人或者被保险人的信息披露程度;另一方面,保险标的一般情况下由被保险人控制,被保险人的任何非善意的行为将可能构成保险标的危险程度的增加或者促成保险危险的发生。所以,法律对于保险当事人尤其是投保人和被保险人的诚实信用程度的要求远远高于对一般人的要求。诚实信用原则在保险法中具体运用很广泛。例如,保险法中关于投保人的如实告知义务、危险增加的通知义务等方面的规定,关于保险人的说明义务等方面的规定,以及道德危险不保的规定等,均是诚实信用义务的具体体现。

3. 保险合同是附和合同

附和合同也称格式合同、标准合同或定式合同,是指由一方预先拟定合同的条款,对方只能表示接受或不接受,即订立或不订立合同,而不能就合同的条款内容与拟定方进行协商的合同。保险合同的条款是由保险人单方面预先制定而成立的标准化合同。其特征是:在订立保险合同时,投保人只能被动地服从、接受或者拒绝保险方所提出的条件,所以,其具有较强的附和性。保险合同的附和性显然是对合同自由的一种极大限制,它使投保人处于极为不利的地位。为了对这种情形加以平衡,在对保险合同的文义进行解释时,通常采取不利于保险人的解释原则。《保险法》第30条规定,对于保险合同的条款,保险人与投保人、被保险人或者受益人有争议的,应当按照通常理解予以解释。对合同条款有两种以上解释的,人民法院或者仲裁机构应当作有利于被保险人和受益人的解释。这样规定的目的显然在于对处于优势地位的保险人的对抗和对处于弱势地位的被保险人或者受益人的保护。

4. 保险合同是双务、有偿合同

保险合同是双方当事人互享权利、互负义务的合同,属于双务合同,即在保险合同中,投保人负有依照合同的约定缴纳保险费的义务,而保险人则负有按约定的条件支付保险金的义务。保险合同的有偿性,是指被保险人或者受益人所获得的保险赔偿或者给付是以投保人缴纳保险费为对价的;相应地,保险人所收取的保险费则是以今后可能赔偿或者给付保险金为对价的。

5. 保险合同是非要式合同

要式合同是指法律要求合同的成立必须采用特定的方式的合同,非要式合同则是指不要求采用特定方式的合同。根据《保险法》第13条的规定,投保人提出保险要求,经保险人同意承保,保险合同成立。保险人应当及时向投保人签发保险单或者其他保险凭证。根据这一规定,保险合同的成立取决于投保人与保险人之间的合意,而无须采用或履行特定方式,所以,保险合同属于非要式合同。保险人签发保单或其他保险凭证的行为是履行合同的行为,而非合同成立的要件。

6. 保险合同是诺成性合同

诺成性合同是指仅依双方意思表示一致而成立,在意思表示之外不需践行物之交付或为其他给付的合同。根据《保险法》第13条的规定,投保人提出保险要求,经保险人同意承保,保险合同成立。根据《保险法》第14条的规定,保险合同成立后,投保人按照约定交付保险费。据此,保险合同的成立不以保险费的交付为条件,故保险合同为诺成合同。

但是，需要注意的是，如果当事人在订立保险合同时对合同的生效附加了条件或者期限，则保险合同自条件成就时或者期限届满时生效。

## 二、保险合同的分类

根据不同的标准，可对保险合同作如下分类。

### （一）人身保险合同与财产保险合同

这是依据保险合同标的的不同进行的分类。

1. 人身保险合同

人身保险合同是指以人的生命或身体为保险标的的保险合同，如人寿保险、健康保险、老年保险、伤残保险。我国目前开办的人身保险有简易人身保险、团体人身意外伤害保险、团体人身保险、养老金保险、医疗保险、学生平安保险以及涉外人身保险等。

2. 财产保险合同

财产保险合同是指以物或者其他财产利益为保险标的的保险合同。财产保险有广义和狭义之分。狭义财产保险，其标的是有形的，是处于静态中的财产，如企业的厂房、设备等。广义的财产保险，其标的还包括无形的财产权利和责任，是处于运动中的财产，如运输中的货物、行驶中的车辆、航行中的船舶、飞行中的飞机以及生长中的种植物和养殖物。我国目前开办的财产保险主要有国内财产保险、农业保险和涉外保险三种类型。

### （二）强制保险合同与自愿保险合同

这是依据保险合同实施形式的不同进行的分类。

1. 强制保险合同

强制保险合同又称为法定保险合同，是指依据法律的规定而强制实施的保险合同，如铁路、飞机、轮船旅客意外伤害强制保险及机动车第三者责任强制保险。强制保险多基于国家社会经济政策需要而举办，主要适用于诸如交通工具责任、产品责任、公共责任、雇工责任、职业责任等领域。

2. 自愿保险合同

自愿保险合同是指基于投保人自己的意思而订立的保险合同。投保人与保险人订立保险合同，应当遵循公平互利、协商一致、自愿订立的原则，除了法律、行政法规规定必须保险的，保险公司和其他单位不得强制他人订立保险合同。我国《保险法》第 11 条第 2 款明确规定，法律、行政法规规定必须保险的除外，保险合同自愿订立。

### （三）原保险合同与再保险合同

这是依据保险人责任次序的不同进行的分类。

1. 原保险合同

原保险合同又称第一次保险，是指保险人对被保险人承担直接责任的原始保险合同。

2. 再保险合同

再保险合同又称分保合同或第二次保险合同。保险人将其承担的保险业务，以承保的形式，部分转移给其他保险人的，即为再保险。保险人为了避免自己承保的业务遭受巨额损失，可以将其承保的保险业务分给其他保险人一部分，使数家保险公司对同一保险事故承担责任,增加了保险的可靠性。再保险制度的建立不仅有利于保险人赔偿损失责任的分担,而且有利于保护被保险人的利益。

原保险是保险人与投保人之间的保险合同关系,而再保险则是原保险人与再保险人之间的保险合同关系,是原保险人对其所承担的风险责任进行转移的法律行为。原保险是再保险的基础,再保险人的保险责任以原保险人的责任为前提。但是,再保险合同又是独立的合同,再保险合同的当事人是分出人与分入人,原保险合同的投保人、被保险人、受益人是再保险合同的利害关系人。因而,再保险人与原保险合同的投保人不发生任何直接的权利义务关系。据此,再保险接受人不得向原保险的投保人要求支付保险费。原保险的被保险人或者受益人,不得向再保险接受人提出赔偿或者给付保险金的请求。再保险的分出人不得以再保险接受人未履行再保险责任为由,拒绝履行或者迟延履行其原保险责任。

### (四) 单保险合同与复保险合同

这是依据保险人人数的不同进行的分类。

1. 单保险合同

单保险合同是指投保人以一个保险标的、一个保险利益、一个保险事故同一个保险人订立保险合同的保险。

2. 复保险合同

复保险合同又称重复保险合同,是指投保人以同一保险标的、同一保险利益、同一保险事故分别向两个以上的保险人订立的保险合同。根据《保险法》的规定,复保险的保险金额总和超过保险价值的,各保险人的赔偿金额的总和不得超过保险价值。

### (五) 足额保险合同与不足额保险合同

这是以保险金额与保险价值之间的关系为标准进行的分类。

1. 足额保险合同

足额保险合同是指保险金额等于保险价值的保险合同。保险事故发生时,若保险标的全部损失,保险人按保险金额全部赔偿;若部分损失,保险人按实际损失额赔偿。

2. 不足额保险合同

不足额保险合同是指保险金额低于保险价值的合同。在这种合同中,保险人对被保险人损失的赔偿责任仅以保险金额为限,超出保险金额以外的部分损失,保险人不承担赔偿责任。

实务中还有超额保险合同的情形,即保险金额大于保险价值。根据我国《保险法》的规定,保险金额不得超过保险价值,超过保险价值的,超过部分无效。

## 三、保险合同的当事人与关系人

### (一) 保险合同当事人

保险合同的当事人是指订立保险合同并享有和承担保险合同所确定的权利义务的人,包括保险人和投保人。

1. 保险人

保险人又称承保人,是指与投保人订立保险合同,并承担赔偿或者给付保险金责任的保险公司。经营商业保险业务,必须是依照保险法设立的保险公司,其他单位和个人不得经营商业保险业务。

2. 投保人

投保人又称要保人,是指与保险人订立保险合同,并按照保险合同负有支付保险费义务的人。投保人可以是被保险人本人,也可以是被保险人以外的第三人。但无论属于何种情形,作为保险合同当事人一方的投保人必须具备民事权利能力和民事行为能力,并对保险标的具有保险利益。

(二) 保险合同关系人

保险关系人是指在保险事故或者保险合同约定的条件满足时,对保险人享有保险金给付请求权的人,包括被保险人和受益人。

1. 被保险人

被保险人是指约定的保险事故可能在其财产或人身上发生的人。根据《保险法》第12条第5款的规定,被保险人是指其财产或者人身受保险合同保障,享有保险金请求权的人。无论财产保险合同,还是人身保险合同,投保人与被保险人既可为同一人,也可为不同的人,但前者只限于为自己的利益而订立的保险合同。在财产保险中,被保险人必须是保险标的的所有人或其他权利人,而人身保险则直接以被保险人的生命或身体作为保险标的,因此被保险人作为保险合同的关系人,也是事故损失的承受人。被保险人一般也是享有赔偿请求权的人,但在财产保险和人身保险中并不相同。在财产保险中,由于只是财产上的毁损灭失,被保险人可自己行使赔偿请求权,但在人身保险尤其是人寿保险的死亡保险中,一旦保险事故发生,被保险人无法行使赔偿请求权,故法律规定可由受益人享有赔偿请求权。我国《保险法》第33条规定,投保人不得为无民事行为能力人投保以死亡为给付保险金条件的人身保险,保险人也不得承保。父母为其未成年子女投保的人身保险,不受前款规定限制,但是死亡给付保险金额总和不得超过保险监督管理机构规定的限额。

2. 受益人

受益人又称保险金受领人,是指由投保人或被保险人在保险合同中指定的,于保险事故发生时,享有赔偿请求权的人。受益人必须具备两个条件:首先,必须是享有赔偿请求权的人。受益人是保险合同的关系人,而非保险合同的当事人,故不负交付保险费的义务,保险人不得请求其交付保险费。受益人的赔偿请求权属于固有权,并非继受而来,因而受益人所应领取的保险金不能作为被保险人的遗产。其次,必须是由投保人或被保险人在保险合同中指定的人。受益人既可以为自然人,也可以为法人。但如果受益人是未成年人或其他无行为能力人或限制行为能力人,则他所受领的保险金应由其监护人或法定代理人代为保管。

我国《保险法》第39条规定,人身保险的受益人由被保险人或者投保人指定。投保人指定受益人时须经被保险人同意。被保险人为无民事行为能力人或者限制民事行为能力人的,可以由其监护人指定受益人。投保人为与其有劳动关系的劳动者投保人身保险,不得指定被保险人及其近亲属以外的人为受益人。人身保险合同成立时没有指定受益人的,合同成立后,被保险人也可以指定受益人;人身保险合同订立时已经指定受益人的,合同成立后,被保险人还可以追加指定受益人;被保险人或投保人经被保险人同意,可以变更受益人,但非经书面通知不得对抗保险人,即保险人在获得书面通知前对原先所指定的受益人给付保险金后,对于新的受益人不再负有义务。《保险法》第 40 条、第 42 条和第 43 条规定,被保险人或者投保人可以指定一人或者数人为受益人。受益人为数人的,被保险人或者投保人可以确定受益顺序和受益份额;未确定受益份额的,受益人按照相等份额享有受益权。受益人故意造成被保险人死亡、伤残、疾病的,或者故意杀害被保险人未遂的,该受益人丧失受益权。受益人先于被保险人死亡、依法丧失受益权或者放弃受益权,而又无其他受益人的,保险金作为被保险人的遗产,由保险人向被保险人的继承人履行给付保险金的义务。

受益人所享有的受益权是一种期待权,只有在保险事故发生后才能具体实现,转变为现实的财产权。这种期待权在保险事故发生前,往往会因投保人或被保险人随时撤回或变更受益人而取消。

综上所述,受益人具有以下特点:第一,受益人由被保险人或投保人指定产生;第二,受益人享有保险金的请求权;第三,投保人、被保险人或者第三人均可以为受益人;第四,受益人不受有无行为能力及保险利益的限制;其五,受益人只存在于人身保险合同中;其六,受益人的资格可能被取消,也可能会依法丧失。

### 四、保险合同的订立、形式与效力

#### (一) 保险合同的订立

订立保险合同,须经投保和承保两个阶段:投保是投保人向保险人提出保险请求的单方意思表示,属于订立保险合同的要约阶段;承保是保险人承诺投保人的保险要约的意思表示,是保险人的单方法律行为,属于订立保险合同的承诺阶段。订立保险合同,由投保人提出保险要求,经保险人同意承保,并就保险合同的条款达成协议,保险合同成立。

#### (二) 保险合同的形式

尽管保险合同是非要式合同,但实务中保险合同多采用书面形式。保险合同一般由投保单、保险单、保险凭证、暂保单或者其他书面文件构成。

1. 投保单

投保单又称要保单,是指投保人向保险人提出的、订立保险合同的书面要约。投保单一般是由保险人准备的统一格式书据,由投保人依其所列项目逐项填写。保险合同成立后,保险人应当及时向投保人签发保险单或者其他保险凭证,并在保险单或者其他保险凭证中载明当事人双方约定的合同内容。

2. 保险单

保险单简称保单,是指保险人与投保人订立保险合同的正式书面形式。保险单必须明确完整地记载保险双方的权利义务内容,它是保险合同双方当事人履行合同的依据。

3. 保险凭证

保险凭证又称小保单,实际上是简化了的保险单,与保险单具有同等效力。

4. 暂保单

暂保单是一种临时保险单,是正式保险单发出前的一种临时保险合同。从法律效力上看,暂保单与保险单具有相同的效力,但暂保单的期限较短,正式保险单一经交付,暂保单自动失效。

经投保人和保险人协商同意,也可以采取其他书面形式订立保险合同。

(三) 订立保险合同的说明和告知义务

保险合同是最大诚信合同,当事人在订立保险合同中,须履行相应的说明和告知义务。这实际上是保险合同当事人的一种先合同义务。

1. 保险人的说明义务

保险人方面,订立保险合同,保险人应当向投保人说明保险合同的条款内容。说明义务是诚实信用原则的具体体现。由于保险合同条款由保险人事先拟定,投保人没有机会参与合同条款的拟定和协商,加之保险合同条款具有较强的专业性,投保人不容易了解其真实含义,容易对保险条款发生误解,所以有必要要求保险人对保险合同条款加以说明。对于保险合同中规定的保险人责任免除的条款,如果保险人在订立保险合同时未向投保人明确说明的,该条款不产生效力。

2. 投保人的告知义务

在订立保险合同时,投保人应当将与保险标的有关的重要事实如实地告知保险人。这同样是诚实信用原则的要求,如果投保人没有履行如实告知义务,将会发生以下法律后果:第一,投保人故意隐瞒事实,或者因过失未履行如实告知义务,足以影响保险人决定是否同意承保或者提高保险费率的,保险人有权解除保险合同;第二,投保人故意不履行如实告知义务的,保险人对于保险合同解除前发生的保险事故,不承担赔偿或者给付保险金的责任,并不退还保险费;第三,投保人因过失未履行如实告知义务的,对保险事故的发生有严重影响的,保险人对于保险合同解除前发生的保险事故,不承担赔偿或者给付保险金的责任,但可以退还保险费。

(四) 保险合同的生效

《保险法》规定,保险合同成立后,投保人按照约定交付保险费;保险人按照约定的时间开始承担保险责任。这说明,通常情况下保险合同的成立时间就是保险合同的生效时间。具体地说,法律对保险合同的生效有规定的,依其规定;没有规定的,依照当事人之间的约定;法律既无规定,保险合同亦无特别约定的,保险合同生效于保险合同成立之时。

根据《保险法》第13条第3款的规定,投保人和保险人可以对保险合同的效力约定附条件或者附期限。如果当事人对保险合同的生效附加了条件,使合同成为附延缓条件的合同,则当该条件成就时合同才生效;如果是约定附期限,则当期限届至时合同才生效。

(五) 保险合同的无效

保险合同可因法律规定或者当事人约定的原因而发生全部或者部分无效。引起保险合同无效的主要原因有以下几种:

(1) 基于民法上的原因,如保险合同的内容违反法律和行政法规,有欺诈和胁迫、无权代理、双方代理、恶意串通以及违反国家利益和社会公共利益等行为。

(2) 基于保险法上的原因:① 超额保险;② 投保人对保险标的无保险利益;③ 未经

被保险人书面同意的以死亡为给付保险金条件的保险(法律另有规定的除外);④ 保险人未对投保人作出说明的免责条款等。

保险合同无效,自始不发生法律效力,在发生保险合同约定的保险事故时,保险人不承担保险责任。当事人因无效保险合同取得的利益应当依照民法上对无效合同处理的原则,予以返还或者予以收缴。

## 第三节 票据法律制度

### 一、票据法概述

#### (一)票据法的概念

广义的票据法是指涉及票据关系调整的各种法律规范,既包括专门的票据法律、法规,也包括其他法律、法规中有关票据的规范。一般意义上所说的票据法是指狭义的票据法,即专门的票据法规范,它是规定票据的种类、形式和内容,明确票据当事人之间的权利义务,调整因票据而发生的各种社会关系的法律规范。票据法的性质属于私法,是传统商法的重要组成部分。

二维码:
视频8-2
票据法概述

#### (二)票据关系与非票据关系

1. 票据关系

票据关系是指票据当事人基于票据行为而发生的债权债务关系。其中,票据的持有人(持票人)享有票据权利,对于在票据上签名的人可以主张行使票据法规定的一切权利;在票据上签名的票据债务人负担票据义务,即依自己在票据上的签名按照票据上记载的文义,承担相应的义务。

2. 非票据关系

非票据关系是指由票据法直接规定的、不是基于票据行为而发生的法律关系。它与票据关系的不同之处在于:第一,票据关系是由当事人的票据行为而发生的;非票据关系是直接由法律的规定而发生的。第二,票据关系的内容是票据权利义务关系,它与票据紧密相连,权利人行使权利以持有票据为必要;而非票据关系则不需要。非票据关系也称票据基础关系,包括以下三种类型:

(1)原因关系。它是指票据当事人之间授受票据的理由,如出票人与收款人之间签发和接受票据的理由、背书人和被背书人之间转让票据的理由。依照《中华人民共和国票据法》(以下简称《票据法》)的规定,原因关系只存在于授受票据的直接当事人之间,票据一经转让,其原因关系对票据效力的影响力即被切断。

(2)票据预约关系。它是指票据当事人在授受票据之前,就票据的种类、金额、到期日、付款地等事项达成协议而产生的法律关系,即当事人之间授受票据的合同所产生的法律关系。它实际上是沟通票据原因和票据行为的桥梁。但该合同仅为民事合同,当事人不履行票据预约合同所产生的权利义务仅构成民法上的债务不履行,不属于票据法规范的对象。

(3)资金关系。它是指汇票出票人和付款人、支票出票人与付款银行或其他资金义务人所发生的法律关系,即出票人之所以委托付款人进行付款的原因。一般说来,资金关系的存在或有效与否,均不影响票据的效力。出票人不得以已向付款人提供资金为由拒绝履行其追索义务;付款人也不因得到资金而当然地成为票据债务人。作为汇票来说,付款人的承兑行为才是其承担票据债务的法定条件。

## 二、票据权利与行为

### (一) 票据权利

票据权利是指持票人向票据债务人请求支付票据金额的权利,包括付款请求权和追索权。

1. 票据权利的种类

(1) 付款请求权。这是指持票人对主债务人所享有的、依票据而请求支付票据所载金额的权利。付款请求权是第一次请求权,具有主票据权利的性质,持票人必须首先向主债务人行使第一次请求权,而不能越过他直接行使追索权。

(2) 追索权。这是指在付款请求权未能实现时发生的、持票人对从债务人所享有的、请求偿还票据所载金额及其他有关金额的权利。追索权的行使以持票人第一次请求权未能实现为前提,相对于付款请求权来说,是第二次请求的权利。

2. 票据权利的原始取得

(1) 概念。票据权利的原始取得是指持票人不经其他任何前手权利人,而最初取得票据,包括发行取得和善意取得。

(2) 发行取得。这是指权利人依出票人的出票行为,原始取得票据的权利。它是票据权利最主要的原始取得方式,也是其他取得方式的基础;没有票据权利的发行取得,其他取得方式就无从谈起。

(3) 善意取得。这是指票据受让人依票据法规定的转让方法,善意地从无处分权人处取得票据,从而取得票据权利。票据权利的善意取得必须符合以下构成要件:① 必须是从无权利人处取得票据。因为如果其前手为有权利人,受让人当然取得票据权利,无适用善意取得的必要。② 必须是依票据法规定的票据转让方式取得票据。根据我国《票据法》的规定,受让人必须依背书方式取得票据,并且能够以背书连续证明自己为合法持票人。③ 受让人必须是善意。善意是指无恶意或重大过失。恶意就是明知让与人无让与权利;重大过失就是欠缺一般人应有的注意,没有发现让与人无让与权。对于受让人善意的判断,应以受让人取得票据时的情况为判断标准,且其注意义务也仅限于其直接前手。受让人就其善意与否,不负举证责任。

3. 票据权利的继受取得

(1) 概念。票据权利的继受取得,是指受让人从有处分权的前手权利人处取得票据,从而取得票据权利。

(2) 票据法上的继受取得。这是指依票据法规定的转让方式,从有票据处分权的前手权利人处取得票据,从而取得票据权利。票据的背书转让,是最主要的票据权利继受取得方式。

此外,保证人履行保证义务或追索义务人偿还追索金额后取得票据,也是票据法上的继受取得。

(3) 非票据法上的继受取得。这是指非依票据法规定的转让方式而是依民事权利的转让方式取得票据权利,如依赠与而取得。非票据法上的继受取得,既包括依普通债权的转让方式取得票据权利,也包括依继承、公司合并、营业受让等方式取得票据权利。此种继受取得,通常只能得到一般法律的保护,而不能得到票据法对合法持票人权利的特别保护,不能主张抗辩切断和善意取得等。

4. 票据权利的保全

票据权利的保全是指票据权利人为防止票据权利丧失所进行的行为。票据权利的保全方式包括进行票据提示、做成拒绝证书、中断时效。

(1) 按期提示票据。持票人在法定期间内提示票据行使票据权利,就是保全票据权利的方式之一。我国《票据法》明确规定持票人只有在法定期间内提示票据请求付款被拒绝的,方可行使追索权;期前追索的进行也以按期提示请求承兑被拒绝为条件之一。

(2) 做成拒绝证书。我国《票据法》规定,持票人行使追索权时,应当提供被拒绝承兑或被拒绝付款的有关证明。而在持票人提示承兑或者提示付款被拒绝时,承兑人或者付款人必须出具证明。证明应记载被拒绝承兑或被拒绝付款的票据种类、主要记载事项;拒绝承兑、拒绝付款的事实依据和法律依据;拒绝承兑、拒绝付款的时间;拒绝承兑人、拒绝付款人的签章。在持票人通过票据交换所进行提示,并由承兑人或者付款人的代理银行代理承兑或代理付款时,应由相应的代理付款银行出具退票理由书,退票理由书与拒绝证书具有同一法律效力;此外,由有关机关出具的合法证明,包括医院或有关单位出具的承兑人、付款人死亡证明,司法机关出具的承兑人、付款人逃匿证明,公证机关出具的具有拒绝证明效力的文书,有关的司法文书和处罚决定,包括承兑人或付款人被人民法院依法宣告破产时的有关司法文书,有关行政主管部门的处罚决定等,都具有拒绝证书的效力。

(3) 中断时效。一般来说,与普通民事债权相同,诉讼可以中断时效,保全票据权利。

我国《票据法》第16条规定,持票人对票据债务人行使票据权利,或者保全票据权利,应当在票据当事人的营业场所和营业时间内进行。无营业场所的,在其住所进行。关于营业时间,如果期限的最后一日为非营业日,则以非营业日之后的第一个营业日为最后一日。持票人应根据票据债务人或票据当事人具体的营业时间,行使或保全票据权利。

**(二) 票据行为**

1. 票据行为的概念

票据行为是以行为人在票据上进行必备事项的记载、完成签名并予以交付为要件,以发生或转移票据上权利、负担票据上债务为目的的要式法律行为。

2. 票据行为的特征

票据行为除其有上述票据所具有的无因性、形式性(要式性和文义性)特征,还具有独立性特征。票据行为的独立性是指就同一票据所为的若干票据行为互不牵连,都分别依各行为人在票据上记载的内容,独立地发生效力。票据行为的独立性要求在先票据行为无效,不影响后续票据行为的效力;某一票据行为无效,不影响其他票据行为的效力。

3. 票据行为的种类

在我国《票据法》中,就票据行为来说,汇票包括出票、背书、承兑、保证;本票包括出票、背书和保证;支票包括出票和背书。

(1)出票。出票是指出票人签发票据并将其交付收款人的票据行为。它是最基本的票据行为,其他票据行为必须在出票行为的基础上才能进行。

(2)背书。背书是指持票人将票据权利转让给他人或者将一定的票据权利授予他人行使的票据行为。根据我国《票据法》第31条的规定,持票人依背书连续证明自己的合法持票人身份。

(3)承兑。承兑是指汇票付款人承诺在汇票到期日支付汇票金额的票据行为。汇票上的付款人一经承兑,就必须承担无条件的、绝对的付款责任。

(4)保证。保证是指行为人对特定票据债务人的票据债务承担连带责任的票据行为。

### 三、票据的抗辩

**(一)票据抗辩概述**

1. 票据抗辩的概念

票据抗辩是票据债务人根据《票据法》的规定对票据债权人拒绝履行义务的行为。

2. 票据抗辩的种类

票据抗辩可以根据不同的标准进行分类。通常根据抗辩事由和抗辩效力的不同,将票据抗辩分为对物的抗辩和对人的抗辩。

(1)对物的抗辩。对物的抗辩是指因票据本身所存在的事由而发生的抗辩。对物的抗辩其抗辩事由来自票据这一"物"本身,基于票据的无因性、文义性,它对任何持票人都可以主张,并且与票据当事人之间的关系无关,又称为绝对的抗辩和客观的抗辩。

对物抗辩发生的具体原因也是多种多样的,具体来说包括以下几种:

第一,票据欠缺法定必要记载事项,或者有法定禁止记载事项,因而导致票据无效时,票据债务人可以提出抗辩。

第二,背书不连续的情况下,持票人不能从形式上证明自己的合法持票人身份,票据债务人可以提出抗辩。

第三,票据变造的情况下,在变造前签章的票据债务人,可以对变造后的票据记载事项主张抗辩;而在变造后签章的票据债务人,可以对变造前的票据记载事项主张抗辩。

第四,票据尚未到期,票据债务人可以主张抗辩。但这种抗辩只是延缓权利主张的抗辩,并非否定权利主张的抗辩。

第五,票据上记载票据债权消灭的,如票据上明确记载票据金额已清偿或者已抵销、免除或提存的,票据债务人可以提出抗辩。

第六,票据遗失后,法院依票据权利人的公示催告请求,作出除权判决后,票据就丧失了效力,任何人都不得依此票据主张权利,票据债务人可以提出抗辩。

第七,票据伪造的情况下,被伪造的签章人可以提出抗辩。

第八，根据我国《票据法》第6条的规定，无民事行为能力或限制民事行为能力人在票据上所为的签章无效。此时，无民事行为能力或限制民事行为能力人的监护人，可以主张无民事行为能力人或限制民事行为能力人所为的票据行为无效，据此提出抗辩。

第九，在无权代理或越权代理的情况下，本人可以提出非本人所为或非完全本人所为的抗辩。

第十，票据在因时效完成而消灭或因欠缺保全手续而消灭的情况下，票据债务人可以对时效完成或欠缺保全手续的票据权利人提出抗辩。

(2) 对人的抗辩。对人的抗辩是指因票据义务人与特定的票据权利人之间存在一定关系而发生的抗辩。这种抗辩来源于票据当事人之间存在的一定个人因素的关系，而非票据本身，所以仅能对特定的票据权利人主张，又称为主观的抗辩和相对的抗辩。

对人抗辩的发生原因也是多种多样的，具体来说包括以下几种：

第一，虽然票据是无因证券，但在原因关系无效、不存在或消灭的情况下，票据债务人可以对有直接原因关系的票据权利人提出抗辩。

第二，在直接当事人之间，如果存在票据义务人未受领对价或已经进行了相当于票据金额的给付时，票据债务人可以提出抗辩。

第三，在当事人就空白票据的补充、票据的支付条件等有特别约定的情况下，有关当事人违反相应的约定而要求票据债务人履行票据义务，票据债务人可以提出抗辩。

第四，在票据行为人因欺诈或胁迫而为票据行为的情况下，受欺诈或胁迫的票据债务人可以向因欺诈或胁迫行为而持有票据的人或就欺诈胁迫行为有恶意或重大过失的持票人，提出抗辩。

第五，在持票人所持有的票据是因盗窃、捡拾等非正当途径取得时，全体票据债务人可以向该持票人提出抗辩。

**(二) 票据抗辩的限制**

票据抗辩和一般民事抗辩的最大区别就在于票据法对票据抗辩规定了一些限制，即所谓的抗辩切断制度。对于对物的抗辩来说，由于是因为"物"即票据本身的原因发生的，可以对所有的票据权利人主张，因而不存在抗辩的限制问题；而对于对人的抗辩来说，则仅能够对存在抗辩事由的直接当事人主张，对非直接当事人不得主张，存在一定的限制。抗辩切断要切断的就是对人的抗辩。只有在作为非直接当事人的持票人取得票据有恶意或重大过失的情况下，票据债务人才可以向其主张抗辩。

我国《票据法》第13条第1款明确规定了抗辩切断的两种情形：一是对出票人抗辩切断，即票据债务人不得以自己与出票人之间的抗辩事由，对抗持票人。一般情况下，这种抗辩只存在于汇票关系中。二是对持票人前手抗辩切断，票据债务人不得以自己与持票人前手之间的抗辩事由，对抗持票人。这里的前手不限于持票人的直接前手，包括持票人的任何前手。

# 本 章 小 结

本章主要讲解了商业银行法律制度、保险法律制度、票据法律制度的相关法律内容，通过讲授要求学生了解商业银行的业务范围、保险合同的法律规定、票据权利等内容,掌握商业银行的贷款业务、保险合同的效力、票据的抗辩等法律规定。

## 本章重要概念

商业银行　银行承兑　中间业务　保险合同　票据权利　票据抗辩　票据取得

# 第九章　知识产权法

- 内容简介
- 重点难点
- 学习目标
- 知识框架
- 思政育人
- 第一节　知识产权概述
- 第二节　著作权
- 第三节　专利权
- 第四节　商标权
- 本章小结
- 本章重要概念

## 内容简介

本章主要讲解了著作权、专利权、商标权三个知识产权的主体、客体相关概念及内容，对其的保护与限制规定，侵权行为的认定等相关内容。

## 重点难点

本章的重点为是著作权这一兼具人身和财产属性权利的相关知识；难点为侵犯著作权、专利权、商标权行为的法律处理。

## 学习目标

通过本章的学习，学生应理解知识产权的主要特征，著作权、专利权和商标权的主体、客体和内容；掌握著作权的保护与限制，专利权和商标权的期限、终止和无效，侵权行为的认定等相关内容。

## 知识框架

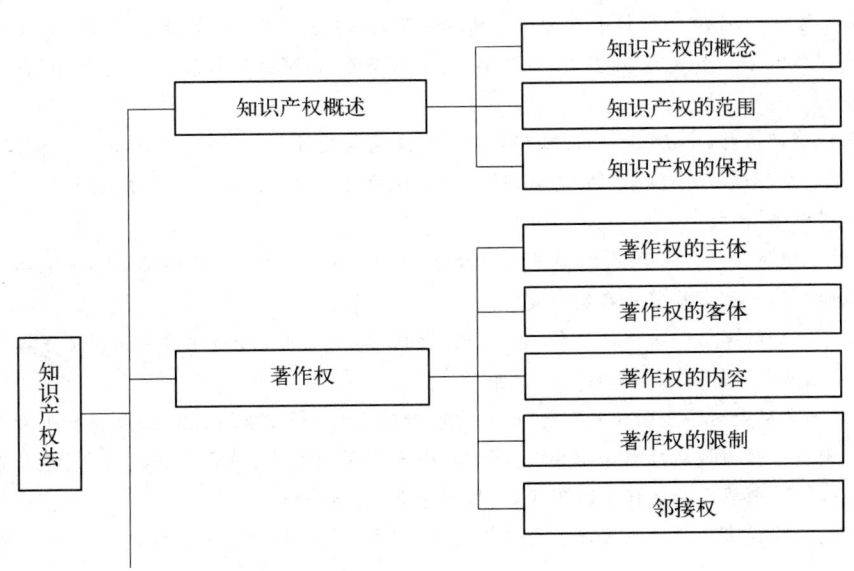

# 经济法

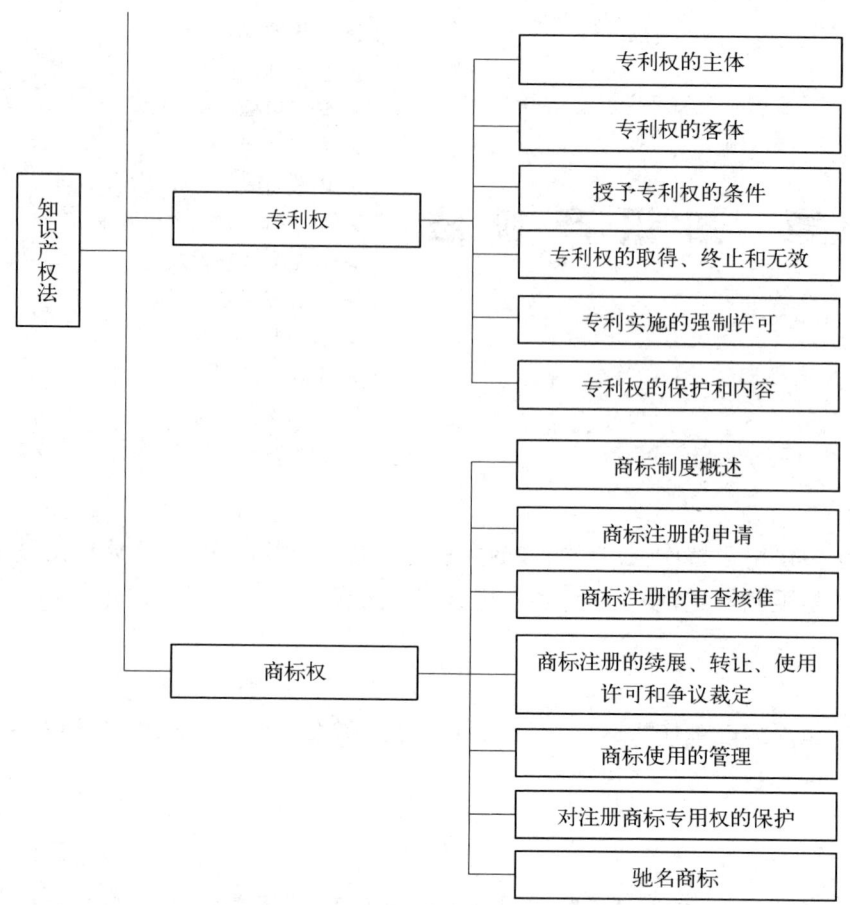

## 思政育人　　"老红书"商标被驳，小红书过度保护

近日，"小红书注册老红书商标被驳回"这一话题冲上热搜，引发了大量关注和讨论，有网友调侃道"是方便等老了以后改名吗？"。

2021年6月8日，小红书科技有限公司申请注册了两件"老红书"商标，国际分类涉及第9类科学仪器和第38类通信服务。而目前第38类"老红书"商标状态为"初审公告"，第9类"老红书"商标状态则为"驳回复审中"。

对此，小红书回应称，申请"老红书"商标是为了防止恶意抢注行为，日前法务部在商标检测过程中发现有第三方试图抢注模仿"小红书"的"老红书"商标。故对抢注商标提出异议申请的同时，也及时补充申请了自身的"老红书"商标。

早在小红书申请"老红书"商标前，就有人提交了"红书"商标，因此导致商标近似被驳回。针对此次"老红书"商标被驳，小红书目前正在发起复审。

其实，这不是小红书第一次申请这种"奇奇怪怪"的商标了。早年小红书就申请注册了各式各样的防御商标，如"小蓝书""小绿书""小红伞""小红薯"等。

小红书这一举动是为了全面保护商标，防止他人抢注商标"蹭热度"。现在，很多企业为了避免品牌被山寨，会注册多个防御性商标来保护品牌。例如，小米公司把红米、蓝米、黑米、橙米、绿米等多种颜色的"米"全都注册了；阿里巴巴注册了阿里妈妈、阿里爸爸、阿里爷爷等。

近年来，商标抢注事件层出不穷，连"杨倩""全红婵"等多位奥运健儿的名字也遭抢注，企业更应未雨绸缪。及时布局注册保护商标,才能有效地降低商标侵权的风险,并防止商标被"山寨"。

对于这种抢注商标的行为,你怎么看?

资料来源:一个柚子."老红书"商标被驳,小红书过度保护?[EB/OL].(2021-11-12)[2023-07-31]. https://news.ename.cn/trademark_20211112_122912_1.html.

# 第一节 知识产权概述

## 一、知识产权的概念和特征

知识产权是指民事主体对特定智力劳动成果依法享有的专有权利。在知识经济时代,加强对知识产权的保护显得尤为重要和迫切。世界贸易组织的《与贸易有关的知识产权协定》(以下简称"TRIPs协定")明确规定:知识产权属于私权。

知识产权具有如下特征:

(1) 知识产权的客体是不具有物质形态的智力成果。这是知识产权的本质属性,是知识产权区别于物权、债权、人身权和财产继承权等民事权利的首要特征。智力成果是指人们通过智力劳动创造的精神财富或精神产品,本身凝结了人类的一般劳动,具有财产价值,可以成为权利标的,是与法律意义上的"物"相并存的一种民事权利客体,也有学者称之为"知识产品"或"知识财产和相关精神权益"。

(2) 专有性,即知识产权的权利主体依法享有独占使用智力成果的权利,他人不得侵犯。从本质上讲,知识产权是一种垄断权。这种垄断权必须符合法律规定并受到一定限制。正是由于知识产权权利主体能获得法定垄断利益,才使知识产权制度具有激励功能,促使人们不断开发和创造新的智力成果,推动技术的进步和社会的发展。知识产权和物权都是一种绝对权和对世权,从而有别于债权。

(3) 地域性,即知识产权只在特定国家或地区的地域范围内有效,不具有域外效力。各国的知识产权立法基于主权原则必然呈现出独立性,各国的政治、经济、文化和社会制度的差异,也会使知识产权保护的规定有所不同。一国的知识产权要获得他国的法律保护,必须依照有关国际条约、双边协议或按互惠原则办理。

二维码:
视频9-1
知识产权法
概念与特征

(4) 期限性,即依法产生的知识产权一般只在法律规定的期限内有效。超出知识产权的法定保护期后,该知识产权权利消灭,有关智力成果进入公有领域,人们可以自由使用。需注意的是,商标权的期限届满后可通过续展依法延长保护期;少数知识产权没有时间限制,只要符合有关条件,法律可长期予以保护,如商业秘密权、地理标志权、商号权等。

## 二、知识产权的范围

知识产权是不断扩张的开放体系。科学技术的发展和社会的进步,不仅使知识产权传统权利类型的内涵不断丰富,而且使知识产权的外延不断拓展。根据TRIPs协定、《成立世界知识产权组织公约》等国际公约和我国《民法典》《中华人民共和国反不正当竞争法》(以下简称《反不正当竞争法》)等国内立法,知识产权的范围主要包括以下内容:

(1) 著作权和邻接权。著作权又称版权,是指文学、艺术和科学作品的作者及其相主体依法对作品所享有的人身权利和财产权利。邻接权在著作权法中被称为"与著作权有关的权益"。

（2）专利权是指自然人、法人或其他组织依法对发明、实用新型和外观设计在一定期限内享有的独占实施权。

（3）商标权是指商标注册人或权利继受人在法定期限内对注册商标依法享有的各种权利。

（4）商业秘密权是指民事主体对属于商业秘密的技术信息或经营信息依法享有的专有权利。

（5）植物新品种权是指完成育种的单位或个人对其经授权的品种依法享有的排他使用权。

（6）集成电路布图设计权，即自然人、法人或其他组织依法对集成电路布图设计享有的专有权。

（7）商号权是指商事主体对商号在一定地域范围内依法享有的独占使用权。

对于科技成果奖励权、地理标志权、域名权、反不正当竞争权、数据库特别权利、商品化权等能否成为独立的知识产权，在理论界存在较大分歧。

## 三、知识产权的保护

### （一）侵犯知识产权的民事责任

侵犯知识产权行为应承担的民事责任形式主要有停止侵害、消除影响、赔礼道歉和赔偿损失等。停止侵害是保护知识产权的重要救济措施，不管行为人主观上是否存在过错，也不管是否造成损害后果，只要侵权行为正在发生或有证据表明即将发生，权利人均可请求法院裁判行为人停止侵权行为。

对于侵犯知识产权的损害赔偿责任构成要件，是否要求主观上有过错，在理论界有一定分歧，一般认为仍实行过错责任原则。对于侵权作品制作者、传播者或侵权商品销售者的损害赔偿责任，则通常实行过错推定原则，如《中华人民共和国著作权法》（以下简称《著作权法》）第53条规定：复制品的出版者、制作者不能证明其出版、制作有合法授权的，复制品的发行者或者电影作品或者以类似摄制电影的方法创作的作品、计算机软件、录音录像制品的复制品的出租者不能证明其发行、出租的复制品有合法来源的，应当承担法律责任。《中华人民共和国商标法》（以下简称《商标法》）第56条第3款规定：销售不知道是侵犯注册商标专用权的商品，能证明该商品是自己合法取得的并说明提供者的，不承担赔偿责任。《中华人民共和国专利法》（以下简称《专利法》）第70条也有类似规定。

侵犯知识产权损害赔偿数额的确定主要有以下计算方法：

（1）按权利人因侵权遭受的实际损失确定。

（2）按侵权人因侵权获得的利益确定。

（3）根据情节参照专利许可使用费的1～3倍合理确定（适用于侵犯专利权的诉讼）。

（4）按前述方法都难以确定时，在侵犯著作权或商标权民事诉讼中，由法院根据当事人的请求或依职权在50万元以下酌情判决。在侵犯专利权民事诉讼中，权利人的损失、侵权人获得的利益和专利许可使用费均难以确定的，人民法院可以根据专利权的类型、侵权行为的性质和情节等因素,确定给予1万元以上100万元以下的赔偿。确定我国《反不正当竞争法》第10条规定的侵犯商业秘密行为的损害赔偿额,可以参照确定侵犯专利权的损害赔偿额的方法进行。

赔偿数额还应当包括权利人为制止侵权行为所支付的合理开支,包括权利人或者委托代理人对侵权行为进行调查、取证的合理费用;法院还可以根据当事人的诉讼请求和案件具体情况,将符合国家有关部门规定的律师费用计算在赔偿范围内。

（二）知识产权诉讼时效

侵犯知识产权的诉讼时效为2年,自权利人知道或应当知道之日起计算。专利权、商标权或著作权的权利人超过2年起诉的,如果该知识产权仍在保护期内,人民法院应当判决责令被告停止侵权行为;侵权损害赔偿数额应当自权利人向人民法院起诉之日起向前推算2年计算。

（三）知识产权民事诉讼特殊程序

1. 管辖

专利纠纷第一审案件,由省、自治区、直辖市人民政府所在地的中级人民法院和最高人民法院指定的中级人民法院管辖。著作权民事纠纷案件,由中级以上人民法院管辖;各高级人民法院根据本地区的实际情况,可以确定若干基层人民法院管辖第一审民事纠纷案件。商标权民事纠纷案件,由中级以上人民法院管辖;各高级人民法院根据本地区的实际情况,经最高人民法院批准,可以在较大城市确定1～2个基层人民法院受理第一审民事纠纷案件。侵犯商业秘密的不正当竞争民事第一审案件,一般由中级人民法院管辖;各高级人民法院根据本辖区的实际情况,经最高人民法院批准,可以确定若干基层人民法院受理不正当竞争民事第一审案件。

2. 举证责任

专利侵权纠纷涉及新产品制造方法的发明专利的,制造同样产品的单位或者个人应当提供其产品制造方法不同于专利方法的证明。这里的"新产品"是指产品或者产品的技术方案在专利申请日以前不为国内外公众所知。

3. 知识产权被许可人的诉讼地位

对侵犯知识产权的民事诉讼,知识产权权利人或者利害关系人可以作为原告提起诉讼。知识产权的权利人是指著作权人、专利权人、商标权人等,利害关系人是指知识产权许可合同中的被许可人、知识产权财产权的合法继承人等。根据合同约定的权利义务不同,知识产权许可合同主要有三种类型:一是独占许可合同,即在合同约定的时间和地域范围内,知识产权权利人(许可人)只授权一家被许可人使用其智力成果,许可人和任何第三人均不享有使用权;二是排他许可合同,即在合同约定的时间和地域范围内,知识产权权利人(许可人)只授权一家被许可人使用其智力成果,许可人保留对该智力成果的使用权,但任何第三人均不享有使用权;三是普通许可合同,即在合同约定的时间和地域范围内,知识产权权利人(许可人)可以授权多家被许可人使用其智力成果,许可人保留对该智力成果的使用权。在不同类型的知识产权许可合同中,被许可人在知识产权侵权诉讼中享有不同的诉讼地位:独占许可合同中的被许可人,可以单独起诉侵犯知识产权行为;排他许可合同中的被许可人在知识产权权利人不起诉的情况下,可以起诉;普通许可中的被许可人通常不享有起诉权。但是,如果普通使用许可合同的被许可人和权利人在许可合同中明确约定被许可人可以单独起诉,或者经权利人书面授权单独提起诉讼的,人民法院应当受理。在侵犯著作权的民事诉讼中,对于被许可人的诉讼地位问题,法律或有关司法解释没有进行明确规定。

4. 诉前责令停止有关行为

知识产权权利人或者利害关系人有证据证明他人已在实施或者即将实施侵犯其著作权、商标权或专利权的行为,如不及时制止,将会使其合法权益受到难以弥补的损害,可以在起诉前向人民法院申请责令停止有关行为的措施。"临时禁令"在各国制止知识产权侵权行为方面得到非常广泛的应用,最早起源于英美法系国家的司法判例,是 TRIPs 协定要求各成员必须遵守的最低要求。申请诉前责令停止有关行为的,必须提交相关证据和担保。

### (四)知识产权的国际保护

知识产权国际条约主要规定了知识产权保护的基本原则、范围以及最低保护标准等内容。其中,关于基本原则的规定,是知识产权保护国际公约中最基本、最重要的内容。

1. 国民待遇原则

这是在保护工业产权巴黎公约中首先提出的,在 TRIPs 协定中再次强调,各个知识产权国际公约和成员都必须共同遵守的基本原则。该原则是指在知识产权的保护上,成员法律必须给予其他成员的国民以本国或地区国民所享有的同样待遇。如果是非成员的国民,在符合一定条件后也可享受国民待遇。如在著作权保护方面,某公民的作品只要在某成员国首先发表,就可在该成员国享受国民待遇。

2. 最惠国待遇原则

该原则最早仅适用于国际有形商品贸易,后被 TRIPs 协定延伸到知识产权保护领域。其含义是指缔约方在知识产权保护方面给予某缔约方或非缔约方的利益、优待、特权或豁免,应立即无条件地给予其他缔约方。国民待遇原则解决的是本国人和外国人之间的平等保护问题,而最惠国待遇原则则是解决外国人彼此之间的平等保护问题,其共同点是禁止在知识产权保护方面实行歧视或差别待遇。

3. 透明度原则

透明度原则是指各成员颁布实施的知识产权保护法律、法规以及普遍适用的终审司法判决和终局行政裁决,均应以该国文字颁布或以其他方式使各成员政府及权利持有人知悉。

4. 独立保护原则

该原则是指某成员国民就同一智力成果在其他缔约国(或地区)所获得的法律保护是互相独立的。知识产权在某成员产生、被宣告无效或终止,并不必然导致该知识产权在其他成员也产生、被宣告无效或终止。

5. 自动保护原则

这是仅适用于保护著作权的一项基本原则。其含义是作者在享有及行使该成员国国民所享有的著作权时,不需要履行任何手续,注册登记、交纳样本及作版权标记等手续均不能作为著作权产生的条件。我国原《著作权法》第 4 条中有关依法禁止出版和传播的作品不受著作权法保护的规定被认为违反该原则,因而 2010 年 2 月修订的《著作权法》第 4 条修改为：著作权人行使著作权，不得违反宪法和法律，不得损害公共利益。国家对作品的出版、传播依法进行监督管理。

6. 优先权原则

优先权是保护工业产权巴黎公约授予缔约国国民最重要的权利之一，TRIPs协定予以了肯定，解决了外国人在申请专利权、商标权方面因各种原因产生的不公平竞争问题。其含义是指，在一个缔约成员提出发明专利、实用新型、外观设计或商标注册申请的申请人，又在规定期限内就同样的注册申请再向其他成员提出同样内容的申请的，可以享有申请日期优先的权利。即可以把向某成员第一次申请的日期，视为向其他成员实际申请的日期。享有优先权的期限限制视不同的工业产权而定，发明和实用新型为向某成员第一次申请之日起12个月，外观设计和商标为6个月。

## 第二节 著 作 权

### 一、著作权的主体

二维码：
视频9-2
著作权法概述

**（一）一般意义上的著作权主体**

1. 作者

创作作品的公民是作者。创作是指产生文学、艺术和科学作品的智力活动。为他人创作进行组织工作，提供咨询意见、物质条件，或者进行了其他辅助工作，均不视为创作。创作是一种事实行为，而非法律行为，不受自然人行为能力状况的限制，但创作成果必须符合作品的条件，创作主体才能取得作者身份。

创作本来只能是具有直接思维能力的自然人特有的活动，但单位也可在特定情形下通过其特定机构或自然人行使或表达其自由意志，因而单位也可被拟制为作者。《著作权法》第11条第3款规定，由法人或者其他组织主持，代表法人或者其他组织意志创作，并由法人或者其他组织承担责任的作品，法人或者其他组织视为作者。单位被视为作者时，可以成为完整的著作权主体，享有作者权利，承担作者义务。

如无相反证明，在作品上署名的公民、法人或者其他组织为作者。当事人提供的涉及著作权的底稿、原件、合法出版物、著作权登记证书、认证机构出具的证明、取得权利的合同等，都可作为认定作者的证据。

2. 继受人

继受人是指因发生继承、赠与、遗赠或受让等法律事实而取得著作财产权的人。继受著作权人包括继承人、受赠人、受遗赠人、受让人、作品原件的合法持有人和国家。继受著作权人只能成为著作财产权的继受主体，而不能成为著作人身权的继受主体，因著作人身权具有不可转让性。

3. 外国人和无国籍人

只要符合下列条件之一，外国人、无国籍人的作品即受我国著作权法保护：

（1）外国人、无国籍人的作品根据其作者所属国或者经常居住地国同中国签订的协议或者共同参加的国际条约享有著作权的。

(2) 其作品首先在中国境内出版的。在中国境外首先出版,30日内又在中国境内出版的,视为该作品同时在中国境内出版。

(3) 未与中国签订协议或者共同参加国际条约的国家的作者以及无国籍人的作品首次在中国参加的国际条约的成员国出版的,或者在成员国和非成员国同时出版的。

### (二) 特殊意义上的著作权主体

1. 演绎作品

演绎作品又称派生作品,是指在已有作品的基础上,经过改编、翻译、注释、整理等创造性劳动而产生的作品。改编是指改变作品,创作出具有独创性的新作品;翻译是指将作品从一种语言文字转换成为另一种语言文字;注释是指对文字作品中的字、词、句进行解释;整理是指对内容零散、层次不清的已有文字作品或者材料进行条理化、系统化的加工。

演绎行为是演绎者的创造性劳动,是一种重要的创作方式。演绎创作所产生的作品,其著作权由演绎者享有,但行使著作权时不得侵犯原作品的著作权。

2. 合作作品

合作作品是指两人以上合作创作的作品。其构成要件是:① 作者为两人或两人以上;② 作者之间有共同创作的主观合意。合意是指作者之间有共同创作的意图,既可表现为"明示约定",也可表现为"默示推定"。有共同创作作品的行为,即各方都为作品的完成作出了直接的、实质性的贡献。

合作作品的著作权由合作作者共同享有。如果合作作品不可以分割使用,如共同创作的小说、绘画等,其著作权由各合作作者通过协商一致行使;不能协商一致,又无正当理由的,任何一方不得阻止他人行使除转让以外的其他权利,但是所得收益应当合理分配给所有合作作者。如果合作作品可以分割使用,如歌曲,作者对各自创作的部分可以单独享有著作权,但行使著作权时,不得侵犯合作作品整体的著作权。

3. 汇编作品

汇编若干作品、作品的片段或者不构成作品的数据或者其他材料,对其内容的选择或者编排体现独创性的作品,称为汇编作品。汇编作品的构成成分既可以是受著作权法保护的作品及片段,如论文、词条、诗词、图片等,也可以是不受著作权法保护的数据或者其他材料,如法律法规、股市信息、商品报价单等。汇编作品受著作权法保护的根本原因不在于汇编材料本身是否受著作权法保护,而在于汇编人对汇编材料内容的选择或编排付出了创造性劳动。在材料的选择或编排上体现独创性的数据库,可作为汇编作品受著作权法保护。

汇编作品的著作权由汇编人享有,但行使著作权时,不得侵犯原作品的著作权。汇编权是作者的专有权利,因而汇编他人受著作权法保护的作品或作品的片段时,应征得他人的同意,并不得侵犯他人对作品享有的发表权、署名权、保护作品完整权和获得报酬权等著作权。

4. 影视作品

影视作品是指电影作品和以类似摄制电影的方法创作的作品。影视作品是比较复杂、系统的智力创作工程,需要制片者、编剧、导演、摄影、演员等方面的通力合作。影视作品的著作权由制片者享有,但编剧、导演、摄影、作词、作曲等作者享有署名权,并有权按照与制片者签订的合同获得报酬。影视作品中的剧本、音乐等可以单独使用的,其作者有权单独行使其著作权。

5. 职务作品

职务作品是指公民为完成法人或者其他组织的工作任务所创作的作品。其特征是：① 创作作品的公民与所在法人或其他组织之间存在劳动或聘用关系；② 创作完成作品是公民的工作任务，即属于公民在该单位中应当履行的职责。工作任务有时是具体的，明确指示公民创作一部作品；有时是笼统的，由劳动合同、岗位责任制、聘用手续等作概括性规定。职务作品的认定与公民创作作品是否利用上班时间没有必然联系。

根据《著作权法》第11条第3款的规定，由单位主持，代表单位意志创作并由单位承担责任的作品，单位被视为作者，行使完整的著作权。

职务作品包括以下两种：

(1) 一般职务作品。除单位作品，公民为完成单位工作任务而又未主要利用单位物质技术条件创作的作品，称为一般职务作品。其著作权由作者享有，但法人或者其他组织有权在业务范围内优先使用。作品完成2年内，未经单位同意，作者不得许可第三人或者其他组织以与单位相同的方式使用该作品。作品完成2年内，经单位同意，作者许可第三人以与单位使用的相同方式使用作品所获报酬，由作者与单位按约定的比例分配。作品完成两年的期限，自作者向单位交付作品之日起计算。

(2) 特殊职务作品。根据《著作权法》第16条第2款的规定，特殊职务作品主要是利用法人或其他组织的物质技术条件制作，并由法人或其他组织承担责任的工程设计图、产品设计图、地图、计算机软件等职务作品，或法律、行政法规规定以及合同约定著作权由法人或者其他组织享有的职务作品。特殊职务作品的作者享有署名权，著作权的其他权利由法人或者其他组织享有，法人或者其他组织可以给予作者奖励。

6. 委托作品

委托作品是指作者接受他人委托而创作的作品。委托作品的创作基础是委托合同，既可以是口头的，也可以是书面的；既可以是有偿的，也可以是无偿的。委托作品应体现委托人的意志，实现委托人使用作品的目的。

委托作品的著作权归属由委托人和受托人通过合同约定。合同未作明确约定或者没有订立合同的，著作权属于受托人，但委托人在约定的使用范围内享有使用作品的权利；双方没有约定使用作品范围的，委托人可以在委托创作的特定目的范围内免费使用该作品。

须注意的是，以下两种作品不同于委托作品，其著作权归属有自己特定的规则：

(1) 除《著作权法》第11条第3款，由他人执笔、本人审阅定稿并以本人名义发表的报告、讲话等作品，其著作权归报告人或讲话人享有，著作权人可以支付执笔人适当的报酬。

(2) 当事人合意以特定人物经历为题材完成的自传体作品，当事人对著作权权属有约定的，从其约定；没有约定的，著作权归该特定人物享有，执笔人或整理人对作品完成付出劳动的，著作权人可以向其支付适当的报酬。

7. 原件所有权转移的作品的著作权归属

绘画、书法、雕塑等美术作品的原件所有权转移，不视为作品著作权的转移，但美术作品原件的展览权由原件所有人享有。作品原件购买人可以对美术作品欣赏、展览或再出售，但不得从事修改、复制等侵犯作品版权的行为。

除了美术作品,对载体所有权可能转移的其他作品,都要注意载体所有权变动并不必然引起著作权的变动。《民法典》规定,出卖具有知识产权的计算机软件等标的物的,除法律另有规定或者当事人另有约定的,该标的物的知识产权不属于买受人。

8. 作者身份不明的作品的著作权归属

作者身份不明的作品,是指从通常途径不能了解作者身份的作品。如果一件作品未署名,或署了鲜为人知的笔名,但作品原件持有人或收稿单位确知作者的真实身份,不属于作者身份不明的作品。

作者身份不明的作品,由作品原件的所有人行使除署名权以外的著作权。作者身份确定后,由作者或者其继承人行使著作权。

## 二、著作权的客体

著作权的客体是指著作权法保护的对象,即文学、艺术和科学领域中的作品。作品是指文学、艺术和科学领域内具有独创性并能以某种有形形式复制的智力成果。其构成要件如下:

(1) 属于文学、艺术和自然科学、社会科学、工程技术等科学领域中的智力成果。

(2) 具有独创性。其含义有两个方面:一是作品系独立创作完成,而非剽窃之作;二是作品必须体现作者的个性特征,属于作者智力劳动创作结果,即具有创作性。独创性存在于作品的表达之中,作品中所包含的思想并不要求必须具有独创性。著作权法保护作品的表达,不保护作品所包含的思想或主题。由不同作者就同一题材创作的作品,只要作品的表达系独立完成并且具有创作性,应当认定作者各自享有独立的著作权。作品的表达是作品形式和作品内容的有机整体。

(3) 可复制性,即作品必须可以通过某种有形形式复制,从而被他人所感知。

### (一) 作品的种类

(1) 文字作品。它是指小说、诗词、散文、论文等以文字形式表现的作品。

(2) 口述作品。它是指即兴的演说、授课、法庭辩论等以口头语言形式表现的作品。

(3) 音乐、戏剧、曲艺、舞蹈、杂技艺术作品。音乐作品是指歌曲、交响乐等能够演唱或演奏的带词或者不带词的作品;戏剧作品是指话剧、歌剧、地方戏等供舞台演出的作品;曲艺作品是指相声、快板、大鼓、评书等以说唱为主要形式表演的作品;舞蹈作品是指通过连续的动作、姿势、表情等表现思想情感的作品;杂技作品是指杂技、魔术、马戏等通过形体动作和技巧表现的作品。

(4) 美术、建筑作品。美术作品是指绘画、书法、雕塑等以线条、色彩或者其他方式构成的有审美意义的平面或立体造型艺术作品;建筑作品是指以建筑物或者构筑物形式表现的有审美意义的作品。

(5) 摄影作品。它是指借助器械在感光材料或者其他介质上记录客观物体形象的艺术作品。

(6) 电影作品和以类似摄制电影的方法创作的作品。它们是指摄制在一定介质上,由一系列有伴音或者无伴音的画面组成,并且借助适当装置放映或者以其他方式传播的作品。

(7) 图形作品和模型作品。图形作品是指为施工、生产绘制的工程设计图、产品设计图,以及反映地理现象、说明事物原理或者结构的地图、示意图等作品;模型作品,是指为展示、试验或者观测等用途,根据物体的形状和结构,按照一定比例制成的立体作品。

(8) 计算机软件。它是指计算机程序及其文档。

(9) 法律、行政法规规定的其他作品,如民间文学艺术作品等。

### (二) 不予保护的对象

(1) 官方文件是指法律、法规、国家机关的决议、决定、命令和其他具有立法、行政、司法性质的文件及其官方正式译文。官方文件具有独创性,属于作品范畴,不通过著作权法保护的根本原因在于方便人们自由复制和传播。

(2) 时事新闻是指通过报纸、期刊、广播电台、电视台等媒体报道的单纯事实消息。时事新闻虽从总体上不受著作权法保护,但传播报道他人采编的时事新闻,应当注明出处。

(3) 历法、数表、通用表格和公式。这类成果表现形式单一,应成为人类共同财富,不宜被垄断使用。

## 三、著作权的内容

### (一) 著作人身权

著作人身权是指著作权人基于作品的创作依法享有的以人格利益为内容的权利。它与作者的人身不可分离,一般不能继承、转让,也不能被非法剥夺或成为强制执行中的执行标的。

1. 发表权

发表权是指决定作品是否公之于众的权利。其具体内容包括:决定作品是否公之于众;决定作品在何时何地公之于众;决定作品以何种方式公之于众。"公之于众"是指著作权人自行或者经著作权人许可将作品向不特定的人公开,但不以公众知晓为条件。

发表权是一次性权利。作品一旦发表,发表权即行消灭,以后再次使用作品与发表权无关,而是行使使用权的体现;发表权与财产权关系密切,须通过出版、上网、朗诵等使用作品的方式来行使。

2. 署名权

署名权是指表明作者身份,在作品上署名的权利。其具体内容包括:决定是否在作品上署名;决定署名的方式,如署真名、笔名;决定署名的顺序;禁止未参加创作的人在作品上署名;禁止他人假冒署名,即有权禁止他人盗用自己的姓名或笔名在他人作品上署名。

3. 修改权

修改权是指修改或授权他人修改作品的权利。作品表达了作者的思想、情感和观点,公之于众后会直接影响社会公众对作者人格的评价,因而法律赋予作者修改权是对作者人格的尊重。修改通常是指内容的修改,报社、杂志社进行的不影响作品内容的文字性删节不属修改权控制的范围,可以不经作者同意。但对内容的修改,必须征得作者同意。修改既可针对未发表的作品,也可针对已发表的作品。

4. 保护作品完整权

保护作品完整权是指保护作品不受歪曲、篡改的权利。作品是作者思想的反映,也是作者人格的延伸。歪曲、篡改作品不仅损害作品的价值,而且直接影响作者的声誉,因而法律禁止任何人以任何方式歪曲和篡改作品。

#### (二) 著作财产权

著作财产权是指著作权人依法享有的控制作品的使用并获得财产利益的权利。

1. 使用权

使用权是指以复制、发行、出租、展览、放映、广播、网络传播、摄制、改编、翻译、汇编等方式使用作品的权利。

2. 许可使用权

许可使用权是指著作权人依法享有的许可他人使用作品并获得报酬的权利。使用他人作品,应当同著作权人订立许可使用合同,但属于法定使用许可情形的除外。许可使用合同包括下列主要内容:许可使用的权利种类,如复制权、翻译权等;许可使用的权利是专有使用权或者非专有使用权;许可使用的地域范围、期间;付酬标准和方法;违约责任;双方认为需要约定的其他内容。使用许可合同未明确许可的权利,未经著作权人同意,另一当事人不得行使。

3. 转让权

转让权是指著作权人依法享有的转让使用权中一项或多项权利并获得报酬的权利。转让的标的不能是著作人身权,只能是著作财产权中的使用权,可以转让使用权中的一项或多项或全部权利。转让权是新修订著作权法增加的著作财产权内容,符合国际通行做法。转让作品使用权的,应当订立书面合同。合同的主要内容有:作品的名称;转让的权利种类、地域范围;转让价金;交付转让价金的日期和方式;违约责任;双方认为需要约定的其他内容。转让合同中未明确约定转让的权利,未经著作权人同意,另一方当事人不得行使。

4. 获得报酬权

获得报酬权是指著作权人依法享有的因作品的使用或转让而获得报酬的权利。获得报酬权通常是从使用权、许可使用权或转让权中派生出来的财产权,是使用权、许可使用权或转让权必然包含的内容。但获得报酬权有时又具有独立存在的价值,并非完全属于使用权、许可使用权或转让权的附属权利。如在法定许可使用的情况下,他人使用作品可以不经著作权人同意,但必须按规定支付报酬。此时著作权人享有的获得报酬权就是独立存在的,与使用权、许可使用权或转让权没有直接联系。使用作品的付酬标准可以由当事人约定,也可以按照国务院著作权行政管理部门会同有关部门制定的付酬标准支付报酬。当事人没有约定或者约定不明确的,按照国家规定的付酬标准支付报酬。

### 四、著作权的限制

#### (一) 合理使用

合理使用是指根据法律的明文规定,不必征得著作权人同意而无偿使用他人已发表作品的行为。

合理使用的情形包括:

(1) 为个人学习、研究或者欣赏,使用他人已经发表的作品。

(2) 为介绍、评论某一作品或者说明某一问题,在作品中适当引用他人已经发表的作品。

（3）为报道时事新闻，在报纸、期刊、广播电台、电视台等媒体中不可避免地再现或者引用已经发表的作品。

（4）报纸、期刊、广播电台、电视台等媒体刊登或者播放其他报纸、期刊、广播电台、电视台等媒体已经发表的关于政治、经济、宗教问题的时事性文章，但作者声明不许刊登、播放的除外。

（5）报纸、期刊、广播电台、电视台等媒体刊登或者播放在公众集会上发表的讲话，但作者声明不许刊登、播放的除外。

（6）为学校课堂教学或者科学研究，翻译或者少量复制已经发表的作品，供教学或者科研人员使用，但不得出版发行。

（7）国家机关为执行公务在合理范围内使用已经发表的作品。

（8）图书馆、档案馆、纪念馆、博物馆、美术馆等为陈列或者保存版本的需要，复制本馆收藏的作品。

（9）免费表演已经发表的作品，该表演未向公众收取费用，也未向表演者支付报酬。

（10）对设置或者陈列在室外公共场所的艺术作品进行临摹、绘画、摄影、录像。

（11）将中国公民、法人或者其他组织已经发表的以汉语言文字创作的作品翻译成少数民族语言文字作品在国内出版发行。

（12）将已经发表的作品改成盲文出版。

**（二）法定许可使用**

法定许可使用是指依照法律的明文规定，不经著作权人同意有偿使用他人已经发表作品的行为。它与合理使用的共同之处在于：都是基于法律的明文规定；都只能针对已经发表的作品；都不必征得著作权人的同意；都应当指明作者姓名、作品名称，并不得侵犯著作权人依法享有的其他权利。两者的区别在于：第一，法定许可使用主要是作品传播者的使用行为，而合理使用不受此限；第二，著作权人事先声明不许使用的，一般不适用法定许可制度，但合理使用一般不受此限；第三，法定许可使用是有偿使用，使用人必须按规定支付报酬，而合理使用是无偿使用。

根据有关规定，法定许可使用包括以下情形：

（1）为实施九年制义务教育和国家教育规划而编写出版教科书，除作者事先声明不许使用外，可以不经著作权人许可，在教科书中汇编已经发表的作品片段或者短小的文字作品、音乐作品或者单幅的美术作品、摄影作品。

（2）作品被报社、期刊社刊登后，除著作权人声明不得转载、摘编的外，其他报刊可以转载或者作为文摘、资料刊登。

（3）已在报刊上刊登或者网络上传播的作品，除著作权人声明或者上载该作品的网络服务提供者受著作权人的委托声明不得转载、摘编的以外，网站可以转载、摘编。

（4）录音制作者使用他人已经合法录制为录音制品的音乐作品制作录音制品，著作权人声明不许使用的除外。

（5）广播电台、电视台播放他人已经发表的作品。

（6）广播电台、电视台播放已经出版的录音制品。

### 五、邻接权

邻接权是指作品传播者对在作品传播过程中产生的劳动成果依法享有的专有权利，又称为作品传播者权或与著作权有关的权益。广义的著作权可以包括邻接权。狭义的著作权与邻接权的关系极为密切。没有作品，就谈不上作品的传播，因而邻接权以著作权为基础；对于著作权合理使用的限制，同样适用于对邻接权的限制；邻接权的保护期也为50年。邻接权与著作权的主要区别是：邻接权的主体多为法人或其他组织，著作权的主体多为自然人；邻接权的客体是作品传播过程中产生的成果，而著作权的客体是作品本身；邻接权中除表演者权外一般不涉及人身权，而著作权包括人身权和财产权两方面的内容。

**（一）出版者的权利**

1. 版式设计专有权

版式设计是指出版者对其出版的图书、期刊的版面和外观装饰所作的设计。版式设计是出版者，包括图书出版者（如出版社）和期刊出版者（如杂志社、报社）的创造性智力成果，出版者依法享有专有使用权，即有权许可或者禁止他人使用其出版的图书、期刊的版式设计。

2. 专有出版权

图书出版者对著作权人交付出版的作品，按照双方订立的出版合同的约定享有专有出版权。其他出版者未经许可不得出版同一作品，著作权人也不得将出版者享有专有出版权的作品一稿多投。图书出版合同中约定图书出版者享有专有出版权但没有明确具体内容的，视为图书出版者享有在合同有效期内和在合同约定的地域范围内以同种文字的原版、修订版出版图书的专有权利。专有出版权是依出版合同而产生的权利而非法定权利，因而严格意义上讲它不属于邻接权范畴。

报社、杂志社对著作权人的投稿作品在一定期限内享有先载权。但著作权人自稿件发出之日起15日内未收到报社通知决定刊登的，或者自稿件发出之日起在30日内未收到期刊社通知决定刊登的，可以将同一作品向其他报社、期刊社投稿。双方另有约定的除外。

**（二）表演者权的权利**

表演者权的主体是指表演者，包括演员、演出单位或者其他表演文学、艺术作品的人。表演者权的客体是指表演活动，即通过演员的声音、表情、动作公开再现作品或演奏作品。

表演者对其表演享有下列权利：① 表明表演者身份；② 保护表演形象不受歪曲；③ 许可他人从现场直播和公开传送其现场表演，并获得报酬；④ 许可他人录音录像，并获得报酬；⑤ 许可他人复制、发行录有其表演的录音录像制品，并获得报酬；⑥ 许可他人通过信息网络向公众传播其表演，并获得报酬。

**（三）录制者的权利**

录制者权的主体是录制者，包括录音制作者和录像制作者。录制者权的客体是录制品，包括录音制品和录像制品。录音制品是指任何声音的原始录制品；录像制品是指电影作品和以类似摄制电影的方法创作的作品以外的任何有伴音或无伴音的连续相关形象的原始录制品,包括表演的原始录制品和非表演的原始录制品。

录制者对其制作的录音录像制品,享有许可他人复制、发行、出租、通过信息网络向公众传播并获得报酬的权利。

录制者使用他人作品制作录音录像制品,应当取得著作权人许可,并支付报酬;使用演绎作品制作录制品的,应当征得演绎作品著作权人和原作品著作权人的许可,并支付报酬;录制表演活动的,应当同表演者订立合同,并支付报酬。

**(四)播放者的权利**

播放者权的主体是广播电视组织,包括广播电台和电视台。播放者权的客体是播放的广播或电视而非广播、电视节目。广播、电视是指广播电台、电视台通过载有声音、图像的信号播放的集成品、制品或其他材料在一起的合成品。

播放者有权禁止未经许可的下列行为:将其播放的广播、电视转播;将其播放的广播、电视录制在音像载体上以及复制音像载体。

播放者应当履行下列义务:播放他人未发表的作品,应当取得著作权人的许可,并支付报酬;播放已发表的作品或已出版的录音录像制品,可以不经著作权人许可,但应按规定支付报酬。

## 第三节 专 利 权

### 一、专利权的主体

专利权的主体是指具体参加特定的专利权法律关系并享有专利权的人。根据《专利法》的规定,发明人或者设计人、职务发明创造的单位、外国人和外国企业或者外国其他组织都可以成为专利权的主体。

**(一)发明人或者设计人**

《专利法》所称的发明人或者设计人,是指对发明创造的实质性特点作出创造性贡献的人。在完成发明创造过程中,只负责组织工作的人、为物质技术条件的利用提供方便的人或者从事其他辅助工作的人,不是发明人或者设计人。发明人或者设计人一般具有以下特征:

(1)发明人或者设计人为自然人。

(2)发明人或者设计人的认定不受其民事行为能力的限制。由于发明创造行为是一种事实行为,不是法律行为,因此,不论从事发明创造的人作为法律上的主体是否具备完全行为能力,只要其完成了发明创造,都可以被认定为发明人或者设计人。

(3)发明人或者设计人必须是对发明创造的实质性特点作出创造性贡献的人。在完成发明创造过程中,只负责组织工作的人、为物质技术条件的利用提供方便的人或者从事其他辅助工作的人,都不应认定为发明人或者设计人。

**(二)职务发明创造的单位**

职务发明创造是指发明人或者设计人执行本单位的任务,或者主要是利用本单位的物质技术条件所完成的发明创造。

凡符合下列条件之一的,均属于职务发明创造:

(1) 在本职工作中作出的发明创造。

(2) 履行本单位交付的本职工作之外的任务所作出的发明创造。

(3) 退职、退休或者调动工作后1年内作出的与其在原单位承担的本职工作或者原单位分配的任务有关的发明创造。

(4) 主要利用本单位的物质技术条件完成的发明创造。

对于职务发明创造,申请专利的权利属于该单位,申请被批准后,该单位为专利权人。对于非职务发明创造,申请专利的权利属于发明人或者设计人,申请被批准后,该发明人或者设计人为专利权人。利用本单位的物质技术条件所完成的发明创造,单位与发明人或者设计人订有合同,对申请专利的权利和专利权的归属作出约定的,从其约定。

2个以上单位或者个人合作完成的发明创造、1个单位或者个人接受其他单位或者个人委托所完成的发明创造,除另有协议的以外,申请专利的权利属于完成或者共同完成的单位或者个人;申请被批准后,申请的单位或者个人为专利权人。

(三) 外国人、外国企业或者外国其他组织

外国人、外国企业或者外国其他组织在我国申请和取得专利权,依照有关规定,应按照以下情况办理:

(1) 在中国有经常居所或者营业所的外国人、外国企业或者外国其他组织在中国申请专利的,根据《保护工业产权巴黎公约》的规定和国际惯例,享有与我国国民同等的待遇。

(2) 在中国没有经常居所或者营业所的外国人、外国企业或者外国其他组织在中国申请专利的,依照其所属国同中国签订的协议或者共同参加的国际条约,或者依照互惠原则,根据《专利法》的规定处理。

(3) 在中国没有经常居所或者营业所的外国人、外国企业或者外国其他组织在中国申请专利和办理其他专利事务的,应当委托依法设立的专利代理机构办理。

## 二、专利权的客体

专利权的客体也称专利法保护的对象,是指可以获得专利法保护的发明创造。我国《专利法》规定的发明创造是指发明、实用新型和外观设计。

(一) 发明

1. 发明的概念和特征

发明是指对产品、方法或者其改进所提出的新的技术方案。

发明具有如下两个特征:

(1) 发明是利用自然规律而进行的创造。自然规律是脱离人的思维而独立存在的客观事物,发明则是在利用自然规律的基础上进行的一种创造。发明与发现不同,发现是对自然规律本身的新的认识,并不是利用,因此发现不能称之为发明。

(2) 发明是具体的技术方案。发明应能够解决特定的技术难题,必须产生一定的技术效果,具有一定的实用性。

2. 发明的分类

发明一般分为产品发明和方法发明两类。产品发明是指人们通过研究开发出来的关于各种新产品、新材料、新物质等的技术方案,如电子计算机、超导材料等。方法发明是指人们为制造产品或者解决某个技术课题而研究开发出来的操作方法、制造方法以及工艺流程等技术方案,如汉字输入方法、无铅汽油的提炼方法等。

### (二) 实用新型

1. 实用新型的概念和特征

实用新型是指对产品的形状、构造或者其结合所提出的适于实用的新的技术方案。

实用新型具有如下特征:

(1) 实用新型是一种新的技术方案。实用新型实质上是一种技术方案,也是发明的一部分。

(2) 实用新型仅限于产品,不包括方法。

(3) 实用新型要求产品必须是具有固定的形状、构造的产品。气态、液态、凝胶状或颗粒粉末状的物质或者材料,不属于实用新型的范围。

2. 实用新型与发明的区别

实用新型与发明虽然同属于专利法保护的发明创造,两者又都是一种新的技术方案,但两者也存在许多区别:

(1) 两者保护的范围不同。发明专利保护的范围宽于实用新型专利。发明既可以是产品,也可以是方法;而实用新型仅限于产品,不包括方法。发明的产品没有任何特殊要求;而实用新型的产品要求具有固定的形状或构造。

(2) 两者对创造性要求不同。发明专利要求的创造性高于实用新型专利。《专利法》规定,发明专利的创造性是指与现有技术相比,具有实质性特点和进步。

(3) 两者的审查程序不同。发明专利既要对发明专利申请进行形式审查,还要对发明专利的内容进行实质审查;而实用新型专利采用形式审查制度,即只审查形式内容而不审查实质内容。

(4) 两者的保护期限不同。《专利法》规定,发明专利权的保护期限为 20 年;而实用新型专利的保护期限为 10 年。

### (三) 外观设计

外观设计是指对产品的形状、图案或者其结合以及色彩与形状、图案的结合所作出的富有美感并适于工业应用的新设计。

外观设计具有如下特征:

(1) 外观设计必须与产品相结合。外观设计是产品的外观设计,外观设计必须以产品的外表为依托,构成产品与设计的组合。

(2) 外观设计必须能在产业上应用。外观设计必须能够用于生产经营目的的制造或生产。如果设计不能用工业的方法复制出来,或者达不到批量生产的要求,就不是专利法意义上的外观设计。

(3) 外观设计富有美感。外观设计包含的是美术思想,即解决产品的视觉效果问题,而不是技术思想。这一点与实用新型相区别。

## 三、授予专利权的条件

### (一) 授予专利权的发明和实用新型应当符合的条件

《专利法》规定,授予专利权的发明和实用新型,应当具备新颖性、创造性和实用性。

1. 新颖性

(1) 新颖性的概念。新颖性是指该发明或者实用新型不属于现有技术;也没有任何单位或者个人就同样的发明或者实用新型在申请日以前向国务院专利行政部门提出过申请,并记载在申请日以后公布的专利申请文件或者公告的专利文件中。

(2) 新颖性的判断标准:① 现有技术。现有技术是指申请日以前在国内外为公众所知的技术。② 公开。它包括公开的方式、公开的地域标准、公开的时间标准。

第一,公开的方式。公开的方式有三种:一是出版物公开或书面公开,即把发明创造的内容在出版物上予以描述。这里的出版物是指以书面形式描述并公开出版和发行的有形物,它可以是印刷品、胶片、磁带、电子出版物等。二是使用公开。使用公开是指由于使用,将发明或实用新型的技术内容公开,公众可以从技术的应用中得知其技术内容。使用公开包括产品的制造、使用、销售、公开演示、展览等。三是其他方式的公开。它包括口头公开、广播公开等。但如果是以其他方式公开,要求公开的内容完整、清楚,公众能够根据其公开的内容实现发明或实用新型。

第二,公开的地域标准。关于公开的地域标准,目前有三种标准:一是世界性标准,即凡是在世界任何一个地方公开过的技术,都不具备新颖性。二是本国标准,即凡是在本国公开过的技术,都不具备新颖性。三是混合标准,即关于出版物的公开采用世界性的标准,而其他方式的公开,采用本国标准。从我国《专利法》的规定看,我国采用的是世界性标准。

第三,公开的时间标准。关于公开的时间标准,目前有两种标准:一是以发明日为标准,即只要在发明创造完成时该发明创造是新的,就具有新颖性。二是以申请日为标准,即发明创造在申请日时是新的便具有新颖性。从我国《专利法》的规定看,我国采取的是申请日的时间标准,即以国务院专利行政部门收到专利申请文件之日为申请日。

关于抵触申请。抵触申请是指由于在先申请的存在,使在后申请的同一发明创造不具备新颖性。如果出现抵触申请,必须把后申请的发明创造的技术内容与先申请的发明创造的技术内容进行比较,只要后申请的内容在先申请的内容中已经有所披露,则后申请不能获得专利权。需要指出的是,如果先申请在被公布以前撤回、放弃或者被视为撤回或者被驳回,则不能构成抵触申请。

(3) 丧失新颖性的例外。丧失新颖性的例外是指在某些特殊情况下,尽管申请专利的发明或者实用新型在申请日或者优先权日前公开,但在一定期限内提出专利申请的,则不丧失新颖性。

《专利法》规定,申请专利的发明创造在申请日以前 6 个月内,有下列情形之一的,不丧失新颖性:① 在中国政府主办或者承认的国际展览会上首次展出的;② 在规定的学术会议或者技术会议上首次发表的;③ 他人未经申请人同意泄露其内容的。

2. 创造性

创造性是指与现有技术相比,该发明具有突出的实质性特点和显著的进步,该实用新型具有实质性特点和进步。

创造性的衡量标准可以从该发明或者实用新型是否存在"实质性特点"和"进步"而得到判断。

实质性特点是指发明创造具有一个或几个技术特征,与现有技术相比有本质的区别。因此,凡是发明创造所属技术领域的普通技术人员都不能直接从现有技术中得出构成该发明创造的全部必要技术特征的,都应认为具有实质性特点。在评定一项发明创造是否具有实质性特点时,不仅要考虑技术方案本身的内容,还要考虑它的目的和效果,并把它们作为一个整体来理解。

所谓进步是指与现有技术相比有所发展和前进,如克服了现有技术存在的缺点和不足,或者具有新的优点或效果,或者代表了某种新的技术趋势。

3. 实用性

实用性是指该发明或者实用新型能够制造或者使用,并且能够产生积极效果。

实用性一般具备三个条件:① 具有可实施性,即发明创造必须能够解决技术问题,并且能够在产业中应用,能够制造或者使用;② 具有再现性,即所属技术领域的技术人员根据公开的技术内容,能够重复实施专利申请中为解决技术问题所采用的技术方案;③ 具有有益性,即发明创造能够在经济、技术和社会等领域产生积极和有益的效果。

(二) 授予专利权的外观设计应当符合的条件

《专利法》规定,授予专利权的外观设计,应当不属于现有设计;也没有任何单位或者个人就同样的外观设计在申请日以前向国务院专利行政部门提出过申请,并记载在申请日以后公告的专利文件中。授予专利权的外观设计与现有设计或者现有设计特征的组合相比,应当具有明显区别。授予专利权的外观设计不得与他人在申请日以前已经取得的合法权利相冲突。上述所称现有设计,是指申请日以前在国内外为公众所知的设计。

由于外观设计是产品的一种新设计,是产品外在的东西,其本身并不涉及技术上的创造,对于外观设计授予专利权的条件更多地体现在与同类产品比较是否具有新颖性。根据我国法律规定,外观设计的新颖性在判断标准上与发明、实用新型的新颖性基本相同。

(三) 不授予专利权的项目

《专利法》规定,对下列各项,不授予专利权:

(1) 科学发现。科学发现是指人们通过自己的智力活动对客观世界已经存在的但未被揭示出来的规律、性质和现象等的认识。

(2) 智力活动的规则和方法。智力活动的规则和方法是指人们进行推理、分析、判断、记忆等思维活动的规则和方法,如体育竞赛规则、游戏规则、计算方法、生产管理方法等。但进行智力活动的设备、装置或者根据智力活动的规则和方法而设计制造的仪器、用具等,如果具备专利条件,可以被授予专利权。

(3) 疾病的诊断和治疗方法。疾病的诊断和治疗方法不能用工业的方法制造和使用,因此不适用于专利法保护。但是对于血液、毛发、尿样等脱离了人体的物质的化验方法则不属于疾病的诊断和治疗方法,因此如果具备专利条件,可以授予专利权。另外,对于用于诊断或者治疗疾病的仪器、设备或者器械等,如果具备专利条件,可以被授予专利权。

(4) 动物和植物品种,不包括动物和植物品种的生产方法。动物和植物品种分为天然生长和人工培养两种。天然生长的动植物品种不是人类智力活动的发明创造,因此不能被授予专利权。人类培养的动植物品种,虽然是人类智力活动的成果,但其不是用工业的方法进行制造、生产出来的,而是通过动植物母体培养出来的,有其自身的发生和成长规律,套用产品发明的模式保护不太合适,因此我国专利法明确对动植物品种不授予专利权。但是对动植物品种的生产方法,可以依照专利法的规定授予专利权。

(5) 用原子核变换方法获得的物质。用原子核变换方法获得的物质,关系国防和国家重大利益,也涉及科研和公共生活的各个方面,不宜为人垄断,因此不授予专利权。

(6) 对平面印刷品的图案、色彩或者两者的结合作出的主要起标识作用的设计。

此外,我国《专利法》还规定,对违反法律、社会公德或者妨害公共利益的发明创造,不授予专利权。对违反法律、行政法规的规定获取或者利用遗传资源,并依赖该遗传资源完成的发明创造,不授予专利权。如对专用于伪造货币的方法或者工具的发明创造不得授予专利权等。若发明创造本身的目的并不违法,但其实施可能破坏社会公德或者妨害公共利益,如万能钥匙等,这样的发明创造也不能被授予专利权。

## 四、专利权的取得、终止和无效

### (一) 专利权的取得

1. 专利的申请

1) 专利申请的原则

(1) 先申请原则。先申请原则是指在两个以上的申请人分别就同样的发明创造申请专利的情况下,对先提出申请的申请人授予专利权。《专利法》规定,两个以上的申请人分别就同样的发明创造申请专利的,专利权授予最先申请的人。先申请的判断标准是专利申请日。如果两个以上申请人在同一日分别就同样的发明创造申请专利的,应当在收到专利行政管理部门的通知后自行协商确定申请人。

(2) 单一性原则。单一性原则是指一份专利申请文件只能就一项发明创造提出专利申请,即"一申请一发明"原则。专利申请应当符合专利法有关单一性的规定。就发明或者实用新型的专利申请而言,一件发明或者实用新型专利申请应当限于一项发明或者实用新型。属于一个总的发明构思的两项以上的发明或者实用新型,可以作为一件申请提出。

《专利法》规定,同样的发明创造只能授予一项专利权。但是,同一申请人同日对同样的发明创造既申请实用新型专利又申请发明专利,先获得的实用新型专利权尚未终止,且申请人声明放弃该实用新型专利权的,可以授予发明专利权。

(3) 优先权原则。优先权原则是指将专利申请人首次提出专利申请的日期,视为后来一定期限内专利申请人就相同主题在他国或本国提出专利申请的日期。专利申请人依法享有的这种权利称为优先权,享有优先权的首次申请日称为优先权日。

优先权包括外国优先权和本国优先权。外国优先权是指申请人自发明或者实用新型在外国第一次提出专利申请之日起12个月内,或者自外观设计在外国第一次提出专利申请之日起6个月内,又在中国就相同主题提出专利申请的,依照该外国同中国签订的协议或者共同参加的国际条约,或者依照相互承认优先权的原则,可以享有优先权。本国优先权是指申请人自发明或者实用新型在中国第一次提出专利申请之日起12个月内,又向国务院专利行政部门就相同主题提出专利申请的,可以享有优先权。申请人要求优先权的,应当在申请的时候提出书面声明,并且在3个月内提交第一次提出的专利申请文件的副本;未提出书面声明或者逾期未提交专利申请文件副本的,视为未要求优先权。

2)专利申请的提出、修改和撤回

(1)专利申请的提出。专利权不能自动取得,申请人必须履行《专利法》规定的专利申请手续,向国务院专利行政部门提交必要的申请文件。

根据《专利法》的规定,申请发明或者实用新型专利的,应当提交请求书、说明书及其摘要和权利要求书等文件。请求书应当写明发明或者实用新型的名称,发明人的姓名,申请人姓名或者名称、地址,以及其他事项。说明书应当对发明或者实用新型作出清楚、完整的说明,以所属技术领域的技术人员能够实现为准;必要的时候,应当有附图。摘要应当简要说明发明或者实用新型的技术要点。权利要求书应当以说明书为依据,清楚、简要地限定要求专利保护的范围。依赖遗传资源完成的发明创造,申请人应当在专利申请文件中说明该遗传资源的直接来源和原始来源;申请人无法说明原始来源的,应当陈述理由。申请外观设计专利的,应当提交请求书、该外观设计的图片或者照片以及对该外观设计的简要说明等文件。申请人提交的有关图片或者照片应当清楚地显示要求专利保护的产品的外观设计。

国务院专利行政部门收到专利申请文件之日为申请日。如果申请文件是邮寄的,以寄出的邮戳日为申请日。

(2)专利申请的修改。专利申请的修改,可以由申请人自己主动提出修改,也可以根据国务院专利行政部门的要求进行修改。对于申请人自己主动提出修改的,由申请人自行修改,但修改时要遵守以下规定:对发明和实用新型专利申请文件的修改不得超出原说明书和权利要求书记载的范围;对外观设计专利申请文件的修改不得超出原图片或者照片表示的范围。对于根据国务院专利行政部门的要求进行修改的,申请人应当在指定的期限内修改申请,逾期不修改的,应视为撤回;经修改后仍不符合《专利法》规定的,国务院专利行政部门应当予以驳回。

(3)专利申请的撤回。申请人可以在被授予专利权之前随时撤回其专利申请。申请人撤回其专利申请的,应当向国务院专利行政部门提出书面的撤回申请,写明发明创造的名称、申请号和申请日。专利申请被撤回后,该申请视为自始即不存在。如果专利申请的撤回是在专利公开以前提出的,在撤回之后,申请人可以重新提出申请,其他人也可以就相同的发明创造提出专利申请。如果撤回是在专利公开以后提出的,则该发明创造已丧失新颖性,任何人就此发明创造提出申请都会被驳回。

2. 专利申请的审查批准

1)发明专利申请的审查批准

(1)初步审查。国务院专利行政部门收到发明专利申请后,应当进行初步审查。初步审查主要包括以下内容：专利申请是否具备专利法规定的申请文件和其他必要的文件，以及这些文件是否符合规定的格式；发明专利申请是否明显属于违反国家法律、社会公德或者妨害公共利益的发明创造；发明专利申请是否明显属于不授予专利权的项目；专利申请人是否符合申请人主体资格；专利申请是否明显不符合申请主题单一性原则；专利申请文件的修改是否符合要求；申请发明专利是否合适；专利申请文件尤其是说明书和权利要求书的撰写是否符合《专利法》规定的格式和内容，等等。

（2）申请公开。国务院专利行政部门对发明专利申请经初步审查认为符合《专利法》规定要求的，自申请日起满 18 个月，即行公布。国务院专利行政部门还可以根据申请人的请求早日公布其申请。

（3）实质审查。实质审查是国务院专利行政部门根据申请人的请求，对发明的新颖性、创造性、实用性等实质性条件进行的审查。

发明专利申请自申请日起 3 年内，国务院专利行政部门可以根据申请人随时提出的请求，对其申请进行实质审查；申请人无正当理由逾期不请求实质审查的，该申请即被视为撤回。国务院专利行政部门认为必要时，可以自行对发明专利申请进行实质审查。发明专利的申请人请求实质审查的时候，应当提交在申请日前与其发明有关的参考资料。发明专利已经在外国提出过申请的，国务院专利行政部门可以要求申请人在指定的期限内提交该国为审查其申请进行检索的资料或者审查结果的资料；无正当理由逾期不提交的，该申请即被视为撤回。

（4）授权决定。国务院专利行政部门对发明专利申请进行实质审查后，认为不符合《专利法》规定的，应当通知申请人，要求其在指定的期限内陈述意见，或者对其申请进行修改；无正当理由逾期不答复的，该申请即被视为撤回。发明专利申请经申请人陈述意见或者进行修改后，国务院专利行政部门仍然认为不符合《专利法》规定的，应当予以驳回。发明专利申请经实质审查没有发现驳回理由的，由国务院专利行政部门作出授予发明专利权的决定，发给发明专利证书，同时予以登记和公告。发明专利权自公告之日起生效。

2）实用新型和外观设计专利申请的审查批准

国务院专利行政部门受理实用新型和外观设计专利申请后，只进行初步审查，不进行申请公开和实质审查程序。

实用新型和外观设计专利申请经初步审查没有发现驳回理由的，由国务院专利行政部门作出授予实用新型专利权或者外观设计专利权的决定，发给相应的专利证书，同时予以登记和公告。实用新型专利权和外观设计专利权自公告之日起生效。

3）专利的复审

国务院专利行政部门设立专利复审委员会。专利申请人对国务院专利行政部门驳回申请的决定不服的，可以自收到通知之日起 3 个月内向专利复审委员会请求复审。专利复审委员会复审后，作出复审决定，并通知专利申请人。专利申请人对专利复审委员会的复审决定不服的，可以自收到通知之日起 3 个月内向人民法院起诉。

（二）专利权的终止

专利权的终止是指专利权因期限届满或者其他原因在期限届满前失去法律效力。专利权终止后，被授予专利权的发明创造成为人类的共同财富，任何单位和个人都可以无偿使用。

根据《专利法》的规定,有下列情形之一的,专利权终止:① 专利权的期限届满;② 没有按照规定缴纳年费的;③ 专利权人以书面声明放弃其专利的;④ 专利权人死亡,无继承人或受遗赠人的。

专利权在期限届满前终止的,由国务院专利行政部门登记和公告。

**(三) 专利权的无效**

1. 专利权无效的概念和理由

专利权无效是指已经取得的专利权因不符合《专利法》的规定,根据有关单位或个人的请求,经专利复审委员会审核后被宣告无效。

宣告专利权无效的理由,具体包括:授予专利权的发明创造不符合《专利法》规定的授予专利权的实质性条件;授予专利权的发明创造不符合《专利法》规定的关于专利申请文件的撰写要求或专利申请文件修改范围的规定;授予专利权的发明创造不属于《专利法》规定的发明、实用新型和外观设计;授予专利权的发明创造不符合先申请原则和单一性原则;授予专利权的发明创造属于《专利法》规定的不授予专利权的项目,或者属于依照《专利法》关于申请在先取得专利权的规定而不能取得专利权的项目,等等。

2. 专利权宣告无效的程序

请求宣告专利权无效的单位或个人,应当向专利复审委员会提出请求书,并说明理由。专利复审委员会收到请求宣告专利权无效的请求书后,应当及时审查和作出决定,并通知请求人和专利权人。宣告专利权无效的决定,由国务院专利行政部门登记和公告。对专利复审委员会宣告专利权无效或者维持专利权的决定不服的,可以自收到通知之日起3个月内向人民法院起诉。人民法院应当通知无效宣告请求程序的对方当事人作为第三人参加诉讼。

3. 专利权宣告无效的法律效力

根据《专利法》的规定,专利权宣告无效的法律效力具体体现以下几点:

(1) 宣告无效的专利权视为自始即不存在。

(2) 宣告专利权无效的决定,对在宣告专利权无效前人民法院作出并已执行的专利侵权的判决、调解书,已经履行或者强制执行的专利侵权纠纷处理决定以及已经履行专利实施许可合同和专利权转让合同,不具有追溯力。但是因专利权人的恶意给他人造成的损失,应当给予赔偿。

(3) 依照上述规定不返还专利侵权赔偿金、专利使用费。专利权转让费,明显违反公平原则,应当全部或者部分返还。

### 五、专利实施的强制许可

强制许可又称为非自愿许可,是指国务院专利行政部门依照法律规定,不经专利权人的同意,直接许可具备实施条件的申请者实施发明或实用新型专利的一种行政措施。其目的是为了促进获得专利的发明创造得以实施,防止专利权人滥用专利权,维护国家利益和社会公共利益。我国专利法将强制许可分为以下三类:

1. 滥用专利权的强制许可

有下列情形之一的,国务院专利行政部门根据具备实施条件的单位或者个人的申请,可以给予实施发明专利或者实用新型专利的强制许可:

(1) 专利权人自专利权被授予之日起满3年,且自提出专利申请之日起满4年,无正当理由未实施或者未充分实施其专利的。申请强制许可的单位或者个人应当提供证据,证明其以合理的条件请求专利权人许可其实施专利,但未能在合理的时间内获得许可。

(2) 专利权人行使专利权的行为被依法认定为垄断行为,为消除或者减少该行为对竞争产生的不利影响的。

2. 根据公共利益需要的强制许可

在国家出现紧急状态或者非常情况时,或者为了公共利益的目的,国务院专利行政部门可以给予实施发明专利或者实用新型专利的强制许可。为了公共健康目的,对取得专利权的药品,国务院专利行政部门可以给予制造并将其出口到符合中华人民共和国参加的有关国际条约规定的国家或者地区的强制许可。

3. 从属专利的强制许可

一项取得专利权的发明或者实用新型比前一已经取得专利权的发明或者实用新型具有显著经济意义的重大技术进步,其实施又有赖于前一发明或者实用新型的实施的,国务院专利行政部门根据后一专利权人的申请,可以给予实施前一发明或者实用新型的强制许可。在依照前述规定给予实施强制许可的情形下,国务院专利行政部门根据前一专利权人的申请,也可以给予实施后一发明或者实用新型的强制许可。

强制许可涉及的发明创造为半导体技术的,其实施限于公共利益的目的和专利权人行使专利权的行为被依法认定为垄断行为后为消除或者减少该行为对竞争产生的不利影响的情形。

除了专利权人行使专利权的行为被依法认定为垄断行为后为消除或者减少该行为对竞争产生的不利影响,以及为了公共健康目的的强制许可,强制许可的实施应当主要为了供应国内市场。

取得实施强制许可的单位或者个人应当付给专利权人合理的使用费,或者依照中华人民共和国参加的有关国际条约的规定处理使用费问题。付给使用费的,其数额由双方协商;双方不能达成协议的,由国务院专利行政部门裁决。

另外,国有企业事业单位的发明专利,对国家利益或者公共利益具有重大意义的,国务院有关主管部门和省、自治区、直辖市人民政府报经国务院批准,可以决定在批准的范围内推广应用,允许指定的单位实施,由实施单位按照国家规定向专利权人支付使用费。

不视为侵犯专利权的情形如下:

(1) 专利产品或者依照专利方法直接获得的产品,由专利权人或者经其许可的单位、个人售出后,使用、许诺销售、销售、进口该产品的。

(2) 在专利申请日前已经制造相同产品、使用相同方法或者已经作好制造、使用的必要准备,并且仅在原有范围内继续制造、使用的。

(3) 临时通过中国领陆、领水、领空的外国运输工具,依照其所属国同中国签订的协议或者共同参加的国际条约,或者依照互惠原则,为运输工具自身需要而在其装置和设备中使用有关专利的。

(4) 专为科学研究和实验而使用有关专利的。

(5) 为提供行政审批所需要的信息,制造、使用、进口专利药品或者专利医疗器械的,以及专门为其制造、进口专利药品或者专利医疗器械的。

## 六、专利权的期限、保护范围和内容

### (一) 专利权的期限

专利权的期限又称专利保护期。根据《专利法》的规定,发明专利权的期限为20年,实用新型专利权和外观设计专利权的期限为10年,均自申请日起计算。

### (二) 专利权的保护范围

专利权的保护范围是指专利权效力所及的发明创造的技术特征和技术幅度。因此,专利权的范围即是专利权的保护范围。

根据《专利法》的规定,发明或者实用新型专利权的保护范围以其权利要求的内容为准,说明书及附图可以用于解释权利要求的内容。外观设计专利权的保护范围以表示在图片或者照片中的该产品的外观设计为准,简要说明可以用于解释图片或者照片所表示的该产品的外观设计。

根据2001年6月19日最高人民法院审判委员会通过的《关于审理专利纠纷案件适用法律问题的若干规定》的规定,专利权的保护范围应当以权利要求书中明确记载的必要技术特征所确定的范围为准,也包括与该必要技术特征相等同的特征所确定的范围。等同特征是指与所记载的技术特征以基本相同的手段,实现基本相同的功能,达到基本相同的效果,并且本领域的普通技术人员无须经过创造性劳动就能够联想到的特征。

### (三) 专利权的内容

专利权人可以依自己的意志独立行使其专利权。专利权的共有人对权利的行使有约定的,从其约定。没有约定的,共有人可以单独实施或者以普通许可方式许可他人实施该专利;许可他人实施该专利的,收取的使用费应当在共有人之间分配。除前述情形外,行使共有的专利权应当取得全体共有人的同意。

1. 独占实施权

发明和实用新型专利权被授予后,除《专利法》另有规定的,任何单位或者个人未经专利权人许可,都不得实施其专利,即不得为生产经营目的制造、使用、许诺销售、销售、进口其专利产品,或者使用其专利方法以及使用、许诺销售、销售、进口依照该专利方法直接获得的产品。

外观设计专利权被授予后,任何单位或者个人未经专利权人许可,都不得实施其专利,即不得为生产经营目的制造、许诺销售、销售、进口其外观设计专利产品。

2. 实施许可权

它是指专利权人可以许可他人实施其专利技术并收取专利使用费。任何单位或者个人实施他人专利的,应当与专利权人订立实施许可合同,向专利权人支付专利使用费。被许可人无权允许合同规定以外的任何单位或者个人实施该专利。

3. 转让权

专利权可以转让。我国单位或者个人向外国人、外国企业或者外国其他组织转让专利权的,应当依照有关法律、行政法规的规定办理手续。

当事人转让专利权的,应当订立书面合同,并向国务院专利行政部门登记,由国务院专利行政部门予以公告。专利申请权或者专利权的转让自登记之日起生效。

4. 标示权

它是指专利权人享有在其专利产品或者该产品的包装上标明专利标记和专利号的权利。

专利权人的义务主要是缴纳专利年费。《专利法》第43条规定,专利权人应当自被授予专利权的当年开始缴纳年费。未按规定缴纳年费的,可能导致专利权终止。

此外,职务发明创造专利的单位,在授予专利权后,应当按照规定对发明人或设计人进行奖励;专利实施后,根据其推广应用所取得的经济效益,应按规定对发明人或者设计人发给合理的报酬。

## 第四节 商 标 权

### 一、商标概述

商标法是调整商标的组成、注册、使用、管理和商标专用权的保护等的法律规范的总称。其核心是确认和保护注册商标专用权。现行的《商标法》是1982年通过,经过1993年第1次修订、2001年第2次修订、2013年第3次修订并于2014年5月1日起施行的。

(一)商标的概念

商标是指由文字、图形、字母、数字、三维标志、颜色组合和声音等,以及上述要素的组合,使用于一定的商品或者服务项目,用以区别商标使用者与同类商品的生产经营者或者同类服务业经营者的显著标记。

(二)禁止作为商标使用和商标注册的标志

根据《商标法》的规定,下列标志不得作为商标使用:① 同中华人民共和国的国家名称、国旗、国徽、国歌、军旗、军徽、军歌、勋章等相同或者近似的,以及同中央国家机关的名称、标志、所在地特定地点的名称或者标志性建筑物的名称、图形相同的;② 同外国的国家名称、国旗、国徽、军旗等相同或者近似的,但经该国政府同意的除外;③ 同政府间国际组织的名称、旗帜、徽记等相同或者近似的,但经该组织同意或者不易误导公众的除外;④ 与表明实施控制、予以保证的官方标志、检验印记相同或者近似的,但经授权的除外;⑤ 同"红十字""红新月"的名称、标志相同或者近似的;⑥ 带有民族歧视性的;⑦ 带有欺骗性,容易使公众对商品的质量等特点或者产地产生误认的;⑧ 有害于社会主义道德风尚或者有其他不良影响的;⑨ 县级以上行政区划的地名或者公众知晓的外国地名,不得作为商标。但是,地名具有其他含义或者作为集体商标、证明商标组成部分的除外;已经注册的使用地名的商标继续有效。

下列标志不得作为商标注册：① 仅有本商品的通用名称、图形、型号的；② 仅仅直接表示商品的质量、主要原料、功能、用途、重量、数量及其他特点的；③ 缺乏显著特征的。上述所列标志经过使用取得显著特征，并便于识别的，可以作为商标注册。此外，以三维标志申请注册商标的，仅由商品自身的性质产生的形状、为获得技术效果而需有的商品形状或者使商品具有实质性价值的形状，不得注册。

### （三）商标的分类

根据不同的划分标准，可以将商标分成不同的种类：

（1）根据商标的结构，可将商标分为文字商标、图形商标、数字商标、三维商标、声音商标以及组合商标。文字商标是以文字为主组成的商标，如"白玉"牙膏等。图形商标是指用图形构成的商标，如上海老城隍庙工艺品商店就是以城隍庙的图形作为商标。数字商标是以阿拉伯数字组成的商标，如"555"等。三维商标即立体商标，如某酒瓶的包装等。声音商标又叫音响商标、听觉商标，是生产经营者使用在商品或服务上以音乐或以某种特殊声音构成的能够识别商品或服务来源的标记。声音商标在2006年世界知识产权组织缔结的《商标法新加坡条约》中得到了明确的认可，目前，全球有38个国家的商标主管机关表示接受音乐声音作为商标。组合商标是以文字、图形、数字等组合起来的商标，它可以是上述要素的组合，也可以是其中两个或几个要素的组合。

（2）根据商标的用途，可将商标分为商品商标和服务商标。商品商标是用于生产销售的商品上的标记。服务商标是用于服务行业，以便与其他服务行业相区别的标记。

（3）根据商标的作用和功能，可将商标分为证明商标、集体商标、防御商标和联合商标。证明商标是指由对某种商品或者服务具有监督能力的组织所控制，而由该组织以外的单位或者个人使用于其商品或者服务，用以证明该商品或者服务的原产地、原料、制造方法、质量或者其他特定品质的标志。集体商标是指以团体、协会或者其他组织名义注册，供该组织成员在商事活动中使用，以表明使用者在该组织中的成员资格的标志。防御商标是将同一商标注册于不同的商品或服务上，构成一个防御体系，以防止他人在不同商品或服务上使用该商标可能给消费者造成的混淆。联合商标是指在相同或类似商品或服务上注册的与已注册商标相近似的商标。

（4）根据商标在相关市场上的知名度，可将商标分为驰名商标、著名商标和知名商标。驰名商标是指由商标局认定的在市场上享有较高声誉并为相关公众所熟知的商标。著名商标是指由省级工商行政管理部门认可的，在该行政区划范围内具有较高声誉和市场知名度的商标。知名商标是指由市一级工商行政管理部门认可的，在该行政区划范围内具有较高声誉和市场知名度的商标。

### （四）商标权的概念

商标权是指商标所有人对其商标拥有的独占的、排他的权利。由于我国在商标权的取得方面实行的是注册原则，因此商标权实际上是因商标所有人申请，经政府主管部门确认的专有权利，即因商标注册而产生的权利。

商标权的主体是指通过法定程序，在生产经营活动中，对其商品或者服务需要取得商标专用权的人。根据我国《商标法》的规定，商标权的主体范围包括自然人、法人或者其他组织。

商标权的客体是指经商标局核准注册的商标,即注册商标。注册商标包括商品商标、服务商标和集体商标、证明商标。

## 二、商标注册的申请

### (一) 商标注册申请的主体

我国《商标法》第4条规定,商标注册申请人包括自然人、法人和其他组织。自然人不限国籍,多个主体可以共同申请,并共同享有和行使该商标权。

### (二) 申请注册商标的条件

申请注册的商标应当具备以下条件:① 商标应当具备显著性。《商标法》规定,申请注册的商标,应当有显著特征,便于识别,并不得与他人在先取得的合法权利相冲突。商标具备的这种显著性,可以通过两种方式产生,一是商标本身具有显著性;二是通过长期的使用获得商标的显著性。② 商标应当符合可视或可听性要求。《商标法》规定,任何能够将自然人、法人或者其他组织的商品与他人的商品区别开的标志,包括文字、图形、字母、数字、三维标志、颜色组合和声音等,以及上述要素的组合,均可以作为商标申请注册。由此可见,气味标志不能成为注册商标。

### (三) 商标注册原则

商标注册原则是商标注册程序中注册申请人、注册管理机关等主体应当遵循的法律准则。

1. 申请在先原则

2个或者2个以上申请人,先后在同一或类似商品或者服务上,以相同或类似的商标申请注册的,商标权授予申请在先的人。申请先后的确定以申请日为准。两个或者两个以上的申请人,在同一或类似商品或者服务上,以相同或类似的商标在同一天申请注册的,商标权授予使用在先的人。对于使用在先的认定,由申请人自己在接到商标局通知后30日内提交第一次使用该商标的日期的证明,同日使用或均未使用的,由各申请人进行协商,协商不成的,由商标局裁定。

2. 优先权原则

优先权原则是商标权取得程序中一项重要原则。根据《商标法》的规定,商标注册申请程序中优先权表现在两个方面:一是商标注册申请人自商标在外国第一次提出商标注册申请之日起6个月内,又在中国就相同商品以同一商标提出商标注册申请的,依照该外国同中国签订的协议或者共同参加的国际条约,或者按照互相承认优先权原则,可以享有优先权。申请人依照上述情形要求优先权的,应当在提出商标注册申请的时候提出书面声明,并且在3个月内提交第一次提出的商标注册申请文件的副本;未提出书面声明或者和逾期未提交商标注册申请文件副本的,视为未要求优先权。二是商标在中国政府主办的或者和承认的国际展览会展出的商品上首次使用的,自该商品展出之日起6个月内,该商标的注册申请人可以享有优先权。申请人依照上述情形要求优先权的,应当在提出商标注册申请的时候提出书面声明,并且在3个月内提交展出其商品的展览会名称、在展出商品上使用该商标的证据、展出日期等证明文件;未提出书面声明或者逾期未提交证明文件的,视为未要求优先权。

**(四) 商标注册申请的方法**

(1) 按规定的商品分类表填报使用商标的商品类别和商品名称。商品分类表是划分商品或服务类别和进行商标注册管理的重要依据。我国1988年11月1日开始采用《商标注册商品和服务国际分类尼斯协定》的商品分类表申请商标注册,1994年加入尼斯同盟。该协定将商品和服务分为45类,其中有34类商品、11类服务项目,覆盖了1万多个商品和服务项目。

(2) 商标注册申请人可以通过一份申请就多个类别的商品申请注册同一商标。商标注册申请等有关文件,可以以书面方式或者数据电文方式提出。

(3) 注册商标需要在核定使用范围之外的商品上取得商标专用权的,应当另行提出注册申请。

(4) 注册商标需要改变其标志的,应当重新提出注册申请。

(5) 注册商标需要变更注册人的名义、地址或者其他注册事项的,应当提出变更申请。

**(五) 商标注册申请的期限**

除法律、法规另有规定的,当事人向商标局或者商标评审委员会提交文件或者材料的日期,直接递交的,以递交日为准,邮寄的,以寄出的邮戳日为准;邮戳日不清晰或者没有邮戳的,以商标局或者商标评审委员会实际收到日为准,但是当事人能够提出实际邮戳日证据的除外。

商标注册的申请日期,以商标局收到申请文件的日期为准。申请手续齐备并按照规定填写申请文件的,商标局予以受理并书面通知申请人;申请手续不齐备或者未按照规定填写申请文件的,商标局不予受理,书面通知申请人并说明理由。申请手续基本齐备或者申请文件基本符合规定,但是需要补正的,商标局通知申请人予以补正,限其自收到通知之日起30日内,按照指定内容补正并交回商标局。在规定期限内补正并交回商标局的,保留申请日期;期满未补正的,视为放弃申请,商标局应当书面通知申请人。

两个或者两个以上的申请人,在同一种商品或者类似商品上,分别以相同或者近似的商标在同一天申请注册的,各申请人应当自收到商标局通知之日起30日内提交其申请注册前已先使用该商标的证据。同日使用或者均未使用的,各申请人可以自收到商标局通知之日起30日内自行协商,并将书面协议报送商标局;不愿协商或者协商不成的,商标局通知各申请人以抽签的方式确定一个申请人,驳回其他人的注册申请。商标局已经通知但申请人未参加抽签的,视为放弃申请,商标局应当书面通知未参加抽签的申请人。

### 三、商标注册的审查核准

**(一) 商标注册的审查核准程序**

商标注册的审查是商标主管机关就申请注册的商标是否符合商标法的规定所进行的一系列活动。其主要包括形式审查、实质审查、公告核准阶段。对于有争议的商标,还可能发生复审或者裁定。《商标法》规定,对申请注册的商标,商标局应当自收到商标注册申请文件之日起9个月内审查完毕,符合该法有关规定的,予以初步审定公告。在审查过程中,商标局认为商标注册申请内容需要说明或者修正的,可以要求申请人作出说明或者修正。申请人未作出说明或者修正的,不影响商标局作出审查决定。

1. 形式审查

商标局收到商标注册申请文件后,应当首先进行形式审查。形式审查的内容主要包括:申请手续是否齐备;申请人是否具备申请资格;申请文件是否齐全,填写是否正确;是否按规定缴纳了申请注册费等。经过形式审查,凡符合规定的,商标局予以受理,编定申请号,发给受理通知书。对于申请手续不齐备或者未按规定填写申请文件的,予以退回,申请日期不予保留。对于申请手续和申请文件基本符合规定,但需要补正的,通知予以补正,在规定期限内补正的,保留申请日期;未在规定期限内补正的,予以退回,申请日期不予保留。

2. 实质审查

商标局对受理的申请,依照《商标法》的规定进行实质审查。实质审查的内容主要包括:申请注册的商标是否具有显著特征,便于识别;申请注册的商标是否与已注册在相同或类似商品或服务上的商标相同或近似;申请注册的商标是否违背《商标法》的禁止规定,等等。

3. 公告核准

申请注册的商标,凡符合《商标法》规定的,由商标局初步审定,予以公告。对于两个或者两个以上的商标注册申请人在同一种商品或者类似商品上以相同或者近似的商标申请注册的,初步审定并公告申请在先的商标;同一天申请的,初步审定并公告使用在先的商标,驳回其他人的申请,不予公告。申请注册的商标,凡不符合《商标法》规定的,由商标局驳回申请,不予公告。对初步审定公告的商标,自公告之日起3个月内,在先权利人、利害关系人认为违反《商标法》第13条第2款和第3款、第15条、第16条第1款、第30条、第31条和第32条规定的,或者任何人认为违反《商标法》第10条、第11条和第12条规定的,可以向商标局提出异议。公告期满无异议的,予以核准注册,发给商标注册证,并予公告。此外,商标局认为商标注册申请内容应当修正的,发给审查意见书,限其在收到通知之日起15日内予以修正,未作修正的,超过期限修正或者修正后仍不符合《商标法》规定的,驳回申请,发给申请人驳回通知书。

(二) 商标的异议

对驳回申请、不予公告的商标,商标局应当书面通知商标注册申请人。商标注册申请人不服的,可以自收到通知之日起15日内向商标评审委员会申请复审。商标评审委员会应当自收到申请之日起9个月内作出决定,并书面通知申请人。有特殊情况需要延长的,经国务院工商行政管理部门批准,可以延长3个月。当事人对商标评审委员会的决定不服的,可以自收到通知之日起30日内向人民法院起诉。

对初步审定公告的商标提出异议的,商标局应当听取异议人和被异议人陈述事实和理由,经调查核实后,自公告期满之日起12个月内作出是否准予注册的决定,并书面通知异议人和被异议人。有特殊情况需要延长的,经国务院工商行政管理部门批准,可以延长6个月。商标局作出准予注册决定的,发给商标注册证,并予公告。异议人不服的,可以依照《商标法》第44条、第45条的规定向商标评审委员会请求宣告该注册商标无效。商标局作出不予注册决定,被异议人不服的,可以自收到通知之日起15日内向商标评审委员会申请复审。商标评审委员会应当自收到申请之日起12个月内作出复审决定,并书面通知异议人和被异议人。有特殊情况需要延长的,经国务院工商行政管理部门批准,可以延长

6个月。被异议人对商标评审委员会的决定不服的,可以自收到通知之日起30日内向人民法院起诉。人民法院应当通知异议人作为第三人参加诉讼。商标评审委员会在依照前款规定进行复审的过程中,所涉及的在先权利的确定必须以人民法院正在审理或者行政机关正在处理的另一案件的结果为依据的,可以中止审查。中止原因消除后,应当恢复审查程序。法定期限届满,当事人对商标局作出的驳回申请决定、不予注册决定不申请复审或者对商标评审委员会作出的复审决定不向人民法院起诉的,驳回申请决定、不予注册决定或者复审决定生效。经审查异议不成立而准予注册的商标,商标注册申请人取得商标专用权的时间自初步审定公告3个月期满之日起计算。自该商标公告期满之日起至准予注册决定作出前,对他人在同一种或者类似商品上使用与该商标相同或者近似的标志的行为不具有追溯力;但是,因该使用人的恶意给商标注册人造成的损失,应当给予赔偿。

### 四、注册商标的续展、转让、使用许可和争议裁定

#### (一) 注册商标的续展

注册商标的续展是指注册商标所有人在商标注册有效期届满前后的一定时间内,依法办理一定手续延长其注册商标有效期的制度。

根据《商标法》的规定,注册商标的有效期为10年,自核准注册之日起计算。注册商标有效期满,需要继续使用的,应当在期满前12个月内按照规定办理续展手续;在此期间未能办理的,可以给予6个月的宽展期。宽展期满仍未提出申请的,注销其注册商标。续展注册可以无限制地重复进行,每次续展注册的有效期为10年,自该商标上一次有效期满次日起计算。

申请商标续展注册的,每一次申请都应当向商标局交送商标续展注册申请书,商标局应当对续展注册申请进行审查。续展注册符合《商标法》规定的,经核准后,发给相应证明,并予以公告。不符合《商标法》规定的,不予核准,予以驳回。

#### (二) 注册商标的转让

注册商标的转让是指注册商标所有人依法将因注册商标产生的商标权转让给他人的行为。注册商标转让后,原注册商标所有人不再享有该注册商标的专用权,受让人成为该注册商标的所有人,享有商标专用权。

根据《商标法》的规定,转让注册商标的,转让人和受让人应当签订转让协议,并共同向商标局提出申请。受让人应当保证使用该注册商标的商品质量。转让注册商标的,商标注册人对其在同一种商品上注册的近似的商标,或者在类似商品上注册的相同或者近似的商标,应当一并转让。对容易导致混淆或者有其他不良影响的转让,商标局不予核准,书面通知申请人并说明理由。转让注册商标经商标局核准后,并予以公告。受让人自公告之日起享有商标专用权。

#### (三) 注册商标的使用许可

注册商标的使用许可是指注册商标所有人通过签订商标使用许可合同,许可他人使用其注册商标,同时收取一定的许可使用费。

注册商标的使用许可应当符合下列条件:① 许可人是被许可的注册商标的所有人或有充分处置权人;② 被许可人有生产使用许可的商品的资格;③ 使用许可的商标在法律

保护的期限内,且使用许可期限不得超过该注册商标的有效期限;④ 使用许可的商品在该注册商标核定使用的商品范围内;⑤ 使用许可的商标与注册商标一致。

根据《商标法》的规定,商标注册人可以通过签订商标使用许可合同,许可他人使用其注册商标。许可人应当监督被许可人使用其注册商标的商品质量。被许可人应当保证使用该注册商标的商品质量。经许可使用他人注册商标的,必须在使用该注册商标的商品上标明被许可人的名称和商品产地。许可他人使用其注册商标的,许可人应当将其商标使用许可报商标局备案,由商标局公告。商标使用许可未经备案不得对抗善意第三人。

### (四) 注册商标的争议裁定

注册商标的争议裁定是指商标评审委员会对已经注册的商标发生的争议进行裁定的活动。

根据《商标法》的规定,除以下两种情形,对已经注册的商标有争议的,可以自该商标经核准注册之日起5年内,向商标评审委员会申请裁定:

(1) 已经注册的商标,违反《商标法》不得作为商标使用的标志的规定、不得作为商标注册的标志的规定、不得以三维标志申请注册商标情形的规定的,或者是以欺骗手段或者其他不正当手段取得注册的,由商标局宣告该注册商标无效;其他单位或者个人可以请求商标评审委员会宣告该注册商标无效。

(2) 已经注册的商标,违反《商标法》有关不予注册并禁止使用的规定的,或者违反《商标法》有关申请商标注册不得损害他人现有的在先权利、不得以不正当手段抢先注册他人已经使用并有一定影响的商标的规定的,自商标注册之日起5年内,在先权利人或者利害关系人可以请求商标评审委员会宣告该注册商标无效。对恶意注册的,驰名商标所有人不受5年的时间限制。

商标评审委员会收到宣告注册商标无效的申请后,应当书面通知有关当事人,并限期提出答辩。商标评审委员会应当自收到申请之日起12个月内作出维持注册商标或者宣告注册商标无效的裁定,并书面通知当事人。有特殊情况需要延长的,经国务院工商行政管理部门批准,可以延长6个月。当事人对商标评审委员会的裁定不服的,可以自收到通知之日起30日内向人民法院起诉。人民法院应当通知商标裁定程序的对方当事人作为第三人参加诉讼。

## 五、商标使用的管理

商标使用的管理是指商标局对注册商标、未注册商标的使用进行监督管理,并对违反《商标法》规定的侵权行为予以制裁的活动。

### (一) 对注册商标使用的管理

经商标局核准注册的商标为注册商标,商标注册人依法享有商标专用权,受法律保护。根据《商标法》的规定,商标行政管理部门对注册商标的使用依法实行管理。具体管理工作包括以下内容:

(1) 商标注册人在使用注册商标的过程中,自行改变注册商标、注册人名义、地址或者其他注册事项的,由地方工商行政管理部门责令限期改正;期满不改正的,由商标局撤销其注册商标。

（2）注册商标成为其核定使用的商品的通用名称或者没有正当理由连续3年不使用的，任何单位或者个人可以向商标局申请撤销该注册商标。商标局应当自收到申请之日起9个月内作出决定。有特殊情况需要延长的，经国务院工商行政管理部门批准，可以延长3个月。

（3）注册商标被撤销、被宣告无效或者期满不再续展的，自撤销、宣告无效或者注销之日起1年内，商标局对与该商标相同或者近似的商标注册申请，不予核准。

（4）对必须使用注册商标的商品的管理。对按照法律、行政法规规定必须使用注册商标的商品，未申请注册而在市场销售的，由地方工商行政管理部门责令限期申请注册，可以处非法经营额20%以下的罚款。

### （二）对未注册商标使用的管理

未注册的商标不享有商标专用权，但由于我国对商标注册采取自愿原则，除法律、法规规定必须使用注册商标的商品外，允许商品生产者、经营者或者服务提供者合法使用未注册商标。未注册商标的使用同样涉及商标专用权的保护、商品或者服务质量的保证和消费者利益的保障，因而商标管理工作也包括对未注册商标使用的管理。

根据《商标法》的规定，将未注册商标冒充注册商标使用的，或者使用未注册商标违反商标法第十条规定的，由地方工商行政管理部门予以制止，限期改正，并可以予以通报，违法经营额5万元以上的，可以处违法经营额20%以下的罚款，没有违法经营额或者违法经营额不足5万元的，可以处1万元以下的罚款。

## 六、对注册商标专用权的保护

根据《商标法》的规定，注册商标的专用权，以核准注册的商标和核定使用的商品为限。根据这一规定，注册商标专用权的保护范围主要限定在三个方面：核准注册的商标、核定使用的商品或者服务的注册商标在有效期限内。注册商标的有效期限为10年，可无限续展。

根据《商标法》的规定，有下列行为之一的，均属侵犯注册商标专用权：① 未经商标注册人的许可，在同一种商品上使用与其注册商标相同的商标的；② 未经商标注册人的许可，在同一种商品上使用与其注册商标近似的商标，或者在类似商品上使用与其注册商标相同或者近似的商标，容易导致混淆的；这里所称类似商品，是指在功能、用途、生产部门、销售渠道、消费对象等方面相同，或者相关公众一般认为其存在特定联系、容易造成混淆的商品；③ 销售侵犯注册商标专用权的商品的；④ 伪造、擅自制造他人注册商标标识或者销售伪造、擅自制造的注册商标标识的；⑤ 未经商标注册人同意，更换其注册商标并将该更换商标的商品又投入市场的；⑥ 故意为侵犯他人商标专用权行为提供便利条件，帮助他人实施侵犯商标专用权行为的；⑦ 给他人的注册商标专用权造成其他损害的。

根据《商标法》的规定，对侵犯注册商标专用权的案件，首先由当事人协商解决。当事人不愿协商或者协商不成的，可以有两种处理方式：一是由商标注册人或者利害关系人请求工商行政管理部门处理。二是由商标注册人或者利害关系人向人民法院起诉。

注册商标中含有本商品的通用名称、图形、型号，或者直接标示商品的质量、主要原料、功能、用途、重量、数量及其他特点或者含有地名，注册商标专用权人无权禁止他人正当使用。对他人的正当使用行为不能作为商标侵权行为查处。

### 七、驰名商标

#### （一）驰名商标的概念

驰名商标是指在中国为相关公众广为知晓并享有较高声誉的商标。驰名商标能给国家和企业带来巨大的经济效益，驰名商标的多少，在一定程度上表现了一个国家的经济实力和水平。保护驰名商标有利于维护社会经济秩序，保护驰名商标权人的合法权益，保护消费者的利益。

#### （二）驰名商标的认定

驰名商标由商标局、商标评审委员会、人民法院认定，任何组织和个人不得认定或者采取其他变相方式认定驰名商标。根据《商标法》的规定，驰名商标应当根据当事人的请求，作为处理涉及商标案件需要认定的事实进行认定。认定驰名商标，应当考虑下列因素：① 相关公众对该商标的知晓程度；② 该商标使用的持续时间；③ 该商标的任何宣传工作的持续时间、程度和地理范围；④ 该商标作为驰名商标受保护的记录；⑤ 该商标驰名的其他因素。商标局、商标评审委员会在认定驰名商标时，应当综合考虑上述各项因素，但不以该商标必须满足上述规定的全部因素为前提。

#### （三）对驰名商标的保护

为了保护驰名商标所有权人的合法权益，我国对驰名商标制定了有别于一般商标的特殊保护规定，持有人认为其权利受到侵害时，即可以依照我国《商标法》的规定请求驰名商标保护。具体表现在：

（1）将与他人驰名商标相同或者近似的商标在非类似商品上申请注册，且可能损害驰名商标注册人的权益的，由国家工商行政管理总局商标局驳回其注册申请；申请人不服的，可以向国家工商行政总局商标局评审委员会申请复审；已经注册的，自注册之日起5年内，驰名商标注册人可以请求国家工商行政管理总局商标局评审委员会予以撤销，但恶意注册的不受时间限制。

（2）将与他人驰名商标相同或者近似的商标使用在非类似的商品上，且会暗示该商品与驰名商标注册人存在某种联系，从而可能使驰名商标注册人的权益受到损害的，驰名商标注册人可以自知道或者和应当知道之日起2年内，请求工商行政管理机关予以制止。

（3）自驰名商标认定之日起，他人将与该驰名商标相同或近似的文字作为企业名称一部分使用，且可能引起公众误认的，工商行政管理机关不予核准登记；已经登记的，驰名商标注册人可以自知道或者应当知道之日起2年内，请求工商行政管理机关予以撤销。

（4）未经国家工商行政管理总局商标局认定，伪称商标为驰名商标，欺骗公众的，由行为地工商行政管理机关视其情节予以警告，处以违法所得额3倍以下的罚款，但最高不超过3万元，没有违法所得的，处以1万元以下的罚款。

## 本 章 小 结

本章主要讲解了著作权、专利权、商标权三个知识产权各自的概念。知识产权作为一种无形财产权,具有专有性、地域性、时间性的特征,应从主体、客体和内容三个角度分别来看待这三个知识产权各自的特征。

## 本章重要概念

著作权　合理使用　法定许可　专利权　强制许可　商标权　驰名商标

# 第十章　竞争法律制度

- 内容简介
- 重点难点
- 学习目标
- 知识框架
- 思政育人
- 第一节　竞争法概述
- 第二节　反不正当竞争法
- 第三节　反垄断法
- 本章小结
- 本章重要概念

## 内容简介

本章主要介绍了不正当竞争与垄断两种危害市场公平竞争的行为法律制度。企业在进行竞争时可划分出合法竞争与违法竞争的界限，同时对其他经营者的违法竞争行为也可依法要求国家机构干预，遭受损失还可要求赔偿。

## 重点难点

本章的重点为不正当竞争行为与垄断行为的表现形式；难点为如何认定企业存在不正当竞争与垄断的违法竞争行为。

## 学习目标

通过本章学习，学生理解并掌握竞争的概念、垄断的概念、反不正当竞争行为；了解反垄断法的相关规定、反不正当竞争法的相关规定。

## 知识框架

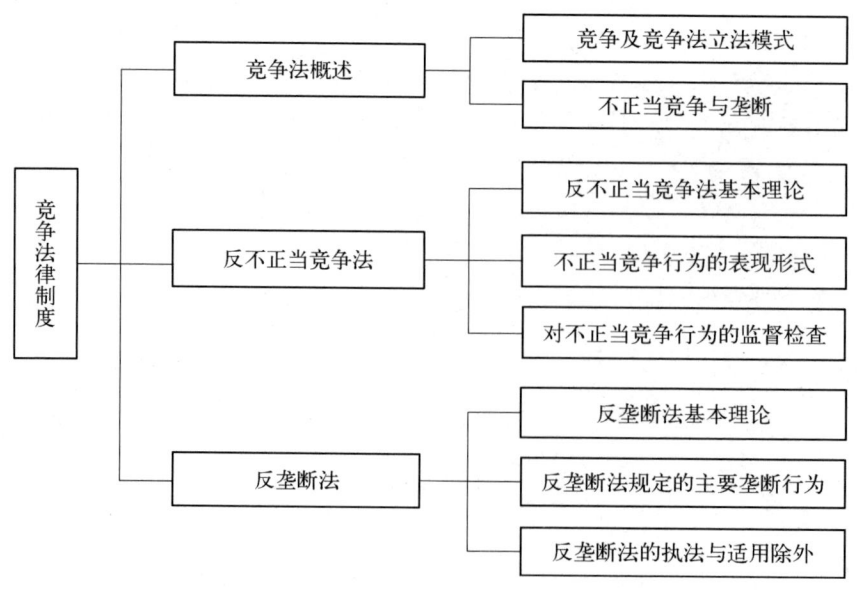

**思政育人　　中国互联网反垄断简史：阿里美团们的红与黑**

一场针对中国互联网巨头的反垄断风暴正在酝酿，而且这次动真格了。

2020年11月10日，国家市场监管总局发布《关于平台经济领域的反垄断指南（征求意见稿）》，要加大对互联网巨头涉嫌垄断的调查和监管。消息一出，港股互联网巨头股价集体大跌，当天美团股价跌幅超10%、京东超8%、阿里超5%；第二天美团、阿里、京东跌幅均超9%，腾讯跌幅超7%。

截至11月13日，中国前十大上市公司（按市值排名），互联网公司占了五个，剩下的是茅台、中国平安和三大国有银行。随着股价上升，美团市值已经超越中国工商银行，拼多多和京东市值超越了中国农业银行。

这些互联网巨头在加速膨胀，挑战垄断的边界。

垄断会带来很多问题。2020年有两起事件，加深了业内人士对垄断问题的担忧。一是年初的"美团商家四月围城"，全国上千家企业抱团要求美团和饿了么减免佣金，全国最大的地区餐饮协会——广东餐饮协会向美团"开炮"；二是在2020年11月举行的博鳌亚洲论坛国际科技与创新论坛上，中国央行原行长周小川对互联网科技巨头的垄断行为发出预警，称互联网科技巨头掌控大量数据和市场份额，形成垄断抑制公平竞争。

这两起事件后，人们才反应过来，原来，美团对商家的佣金是可以一直涨的，即便商家在亏钱。互联网巨头掌控的那些数据，会成为一种风险因子抑制公平竞争。引发这些问题的根源，就是互联网带来的垄断。过去，这些互联网巨头喜欢秀肌肉，时不时拿市场份额说事，但如今，随着反垄断法规出台，监管的大刀砍下，一场风暴正在席卷而来。

**资料来源：** 黎明. 中国互联网反垄断简史：阿里美团们的红与黑[EB/OL]. (2020-11-14)[2023-07-12]. https://tech.ifeng.com/c/81N1irYPg8i.

## 第一节　竞争法概述

### 一、竞争及竞争法立法模式

**（一）竞争的含义与特征**

竞争是指两个以上主体为各自利益而互相争胜的活动。竞争法上所讲的竞争即市场竞争，是商品经营者为实现商品价值，满足经济利益，相互之间展开的竞相争胜、优胜劣汰的活动。竞争是商品经济的产物，具有下列特征：

（1）竞争发生在两个以上商品经营者之间。如果在某个特定的市场里只有一个商品经营者，就不会发生竞争。

（2）竞争一般发生在同行业的商品经营活动中。不同行业之间，会发生资本平均利润率的竞争，而导致资金流向高利润的行业。只有同行业之间的竞争，才是市场意义上的竞争。而且只有涉及商品经营内容的竞争才是市场竞争。

（3）竞争应该发生在同一个特定的市场上。这包括两层含义：一是竞争发生在同一个行业市场上；二是竞争发生在同一个行业的地域市场上。

**（二）竞争法立法模式**

根据是将反垄断法与反不正当竞争法合并立法，还是分别立法，可将世界各国和地区的竞争立法分为三类：合立式、分立式和综合式。

1. 合立式

合立式，即制定一部统一的竞争法典，将反垄断和反不正当竞争合并立法，制定统一的反不正当竞争法。此种模式最为典型的是台湾模式。1991年中国台湾制定了一部涵盖反垄断与限制竞争法和反不正当竞争法两个方面内容的统一竞争法典（即《公平交易法》），该法的规制对象为企业（即公司、独资或合伙的工商行号、同业公会、其他提供商品和服务从事交易的人或团体等）的垄断与不公平竞争行为。有相同立法模式的国家还有匈牙利等。

2. 分立式

分立式，即就垄断和不正当竞争行为分别立法，其中规制垄断的法律为反垄断法，而规制不正当竞争的法律为反不正当竞争法。这种模式以德国竞争法为典型。德国的反垄断法典即1957年制定并经1966年、1973年、1980年、1990年四度修订的《反对限制竞争法》，亦称《卡特尔法》。该法的规制对象包括卡特尔协议、滥用市场优势和企业兼并三类垄断与限制竞争行为。有相同立法模式的国家还有日本、法国等。

3. 综合式

综合式，即对垄断与不正当竞争在法律上不作明确划分，制定以"竞争"或"交易"等直接命名的法律，但法律的实质内容却是调整竞争关系和竞争管理关系，其中规定反不正当竞争的内容。这种比较独特的立法体例的典型代表是以《谢尔曼法》《克莱顿法》及《联邦贸易委员会法》构筑的美国竞争法。有相同立法模式的国家主要是部分英美法系国家。

我国于1993年颁布实行《中华人民共和国反不正当竞争法》（以下简称《反不正当竞争法》）中有条款涉及行政垄断问题，但总的来讲，其主要内容是针对狭义不正当竞争行为的。同时，由于2007年《中华人民共和国反垄断法》的颁布，我国的反不正当竞争立法体例应该说是分立模式。

## 二、不正当竞争与垄断

### （一）不正当竞争与垄断的含义

1. 不正当竞争的概念

不正当竞争行为有广义和狭义之分。广义的不正当竞争行为包括违反诚实信用商业道德的不正当竞争行为以及垄断和限制竞争行为。狭义的不正当竞争行为则仅指前者，是和垄断相并列的。本章基本采取其狭义含义。

我国1993年9月2日通过的《反不正当竞争法》对不正当竞争行为作了定义。《反不正当竞争法》第2条第2款规定：本法所称的不正当竞争，是指经营者违反本法规定，损害其他经营者的合法权益，扰乱社会经济秩序的行为。这无疑是我国对不正当竞争行为所作的最为权威的法律定义。

2. 垄断的含义

垄断是指经营者违反法律规定，在特定市场内滥用市场支配地位或者与其他经营者合谋，排除或限制竞争，损害消费者权益，违反公共利益的行为。通常表现为垄断行为或者垄断状态。垄断行为是商品经营者控制其他经营者或者消费者相关行为的表现,如通过"价格联盟"限制经营者提高或者降低商品价格,通过暴利政策谋取高额利润。垄断状态是商品经营者对某种商品或者服务拥有市场支配地位的状态,如独家经营某种商品,或者政府特许若干家企业经营某种服务,或者经营者对某种商品的市场占有率达到相当份额的情况。

不论是垄断行为还是垄断状态,客观上都会限制相关经营者自由、有效地投资、经营的权利,也会影响到消费者福利的满足或者提高,因此垄断对自由竞争、有效竞争构成某种障碍。

### (二) 不正当竞争与垄断的关系

不正当竞争与垄断在本质上都是对市场规律和市场机制的破坏,都是反竞争的行为;在结果上,都要损害其他竞争者(或其他经营者)以及消费者的合法权益;而且两种行为有时相互交叉或重叠。但是不正当竞争毕竟不同于垄断,两者之间的区别主要表现在以下几个方面:

(1) 实施主体的条件不同。一般而言,不正当竞争行为的实施主体不一定具有经济优势,因此,任何企业或个体经营者,都可以实施,但垄断行为的实施主体一般需要具有经济上的垄断地位或优势地位。

(2) 行为的目的和后果不尽相同。垄断的目的是消除、排斥竞争,而不正当竞争的目的主要是通过不正当的手段获得竞争利益。因此,不正当竞争是以承认竞争为前提的,有竞争才能通过不正当的手段实现获益目的。垄断行为则是以不允许竞争为其目标的。同时,在损害方面,不正当竞争是对竞争秩序的破坏,而垄断是对市场竞争格局的破坏,是对竞争度的限制和削弱。

(3) 实施的手段不同。垄断一般是经营者凭借自己在市场中的经济地位来实施,在表面上其手段可能符合平等自愿的市场交易规则,如企业合并、格式合同、商业合作等;而不正当竞争行为则是采用非正常的手段,如欺骗、仿冒、贿赂、巨额奖赏、低于成本销售等,来打击、排挤竞争对手,从而谋取竞争利益。

(4) 法律的规制有所不同。法律对不正当竞争的规制侧重于竞争秩序的维护,而对垄断的规制则侧重于竞争度的维护,故在一些国家或地区,法律对垄断和不正当竞争分别进行规制,既有反垄断法,也有反不正当竞争法;即使在合并立法的国家,垄断与不正当竞争也是适用不同的法律调整方法来调整的。

## 第二节 反不正当竞争法

### 一、反不正当竞争法基本理论

#### (一) 反不正当竞争法的定义

反不正当竞争法是调整国家在反对不正当竞争,维护公平、自由和有效竞争,保护其他经营者和消费者合法权益的活动中所产生的社会关系的法律规范的总称。

反不正当竞争法的调整对象就是在反对市场经济不正当竞争中所发生的各种社会关

系。一是不正当竞争者相互之间的关系;二是不正当竞争者与正当竞争者之间的关系;三是不正当竞争者与消费者之间的关系;四是不正当竞争者与反不正当竞争者之间的关系。总之,反不正当竞争法就是调整上述社会关系的法律规范的总称。

在表现形式上,我国的反不正当竞争法有广义和狭义之分。狭义的反不正当竞争法是指全国人大常委会通过的《反不正当竞争法》。广义的反不正当竞争法除《反不正当竞争法》外,还包括国家有关法律、行政法规、司法解释和规章中关于反不正当竞争的法律规范。

我国第一部统一的竞争法律是1993年通过并于12月1日开始实施的《反不正当竞争法》。

2017年11月4日第十二届全国人民代表大会常务委员会第三十次会议通过修订《反不正当竞争法》的决定,2018年1月1日正式生效。

### (二) 反不正当竞争法的作用

我国《反不正当竞争法》第1条规定:为了促进社会主义市场经济健康发展,鼓励和保护公平竞争,制止不正当竞争行为,保护经营者和消费者的合法权益,制定本法。这就是《反不正当竞争法》的立法目的,亦即反不正当竞争法的作用。

## 二、不正当竞争行为的表现形式

### (一) 混淆行为

经营者不得实施下列混淆行为,引人误认为是他人商品或者与他人存在特定联系。

1. 擅自使用与他人有一定影响的商品名称、包装、装潢等相同或者近似的标识

经营者擅自使用有一定影响的商品特有的名称、包装、装潢或者使用与该商品近似的名称、包装、装潢,造成和他人有一定影响的商品相混淆,使购买者误认为是该商品。有一定影响的商品的名称、包装、装潢可能并未注册商标或采取其他知识产权保护措施,但对这些反映经营者商业信誉和商品声誉的标志的仿冒属于破坏竞争秩序的不正当竞争行为。

他人有一定影响的商品是指为相关公众所知悉并拥有一定信誉的商品。例如,获得省、部级名优产品称号以及获得国家驰名商标称号的产品,均可认为是有一定影响的商品。仿冒该类商品,是一种较为普遍的不正当竞争手段。值得注意的是,仿冒该类商品的方式是多种多样的,既可以是冒用,也可以是模仿(近似),既可以表现为名称,也可以表现为包装、装潢等。此外,这种行为在客观上必须给交易的相对人造成认识上的混淆。

2. 擅自使用他人有一定影响的企业名称(包括简称、字号等)、社会组织名称(包括简称等)、姓名(包括笔名、艺名、译名等)

企业的名称不仅具有唯一性,且为企业所独有,与企业不可分离。企业对其名称享有专用权,其他任何人不得侵犯。至于姓名,这里有特定的含义,一般是指从事经营的个体经营者在经营中所使用的与其经营相联系的姓名。例如,个体工商户、个人合伙在市场活动中使用的名字,像"陈××火锅""王××菜刀"等,如果他人未经允许使用了这些姓名,造成混淆,即构成不正当竞争。

企业名称或者姓名显示经营者或服务活动的外在特征,体现了商业信誉和商品声誉。构成擅自使用他人有一定影响的企业名称或姓名的行为的基本要件是:第一,故意并未经名称或姓名专有权人的许可,擅自使用;第二,被仿冒的企业名称或姓名一般都具有良好的信誉、声誉;第三,此类仿冒行为的目的是引人误认、误购。《反不正当竞争法》规定,仿冒他人的企业名称或姓名,给被侵害的经营者造成损害的,应当承担损害赔偿责任。

3. 擅自使用他人有一定影响的域名主体部分、网站名称、网页等

《反不正当竞争法》采取了列举性规定,"等"字概括规定应作出与列举事项相一致的类似解释,即不属于域名主体部分、网页和网站名称的范围,但仍属于类似的互联网领域的特殊商业标识。本项首先明确列举了"网站名称"和"网页",各种独立网站,包括在各种电商平台上开设的网店都可划到本项名下,各种微博号、微信号名称,以及各种应用程序的名称都可归入本类规范之列。《最高人民法院关于审理涉及计算机网络域名民事纠纷案件适用法律若干问题的解释》第四条规定:"人民法院审理域名纠纷案件,对符合以下各项条件的,应当认定被告注册、使用域名等行为构成侵权或者不正当竞争:① 原告请求保护的民事权益合法有效;② 被告域名或其主要部分构成对原告驰名商标的复制、模仿、翻译或音译;或者与原告的注册商标、域名等相同或近似,足以造成相关公众的误认;③ 被告对该域名或其主要部分不享有权益,也无注册、使用该域名的正当理由;④ 被告对该域名的注册、使用具有恶意。"新法吸收了上述司法解释的部分内容,并予以概括规定。

4. 其他足以引人误认为是他人商品或者与他人存在特定联系的混淆行为

这是指在商品上伪造或冒用认证标志、名优标志等质量标志,伪造产地,对商品质量作引人误解的虚假表示。产品的质量标志是产品质量信誉的集中体现,这些标志主要有认证标志、名优标志、等级标志等。一些经营者在竞争中伪造或者冒充质量标志,以此争取交易机会并谋取高额经济利益,从而损害了竞争秩序。至于商品的产地,往往与商品的信誉有机地联系在一起,从而也具有相当的商业价值,他人伪造产地,会给真正拥有该产地的同类产品造成损害,并损害消费者的利益,故也是一种典型的不正当竞争行为。这类不正当竞争行为并不侵犯特定经营者的知识产权,它或者虚构事实,或者隐瞒事实真相,对商品的质量、信誉作引人误解的虚假表示,以进行欺诈性交易。

(二) 商业贿赂行为

1. 商业贿赂的界定

经营者不得采用财物或者其他手段贿赂下列单位或者个人,以谋取交易机会或者竞争优势。其包括:交易相对方的工作人员;受交易相对方委托办理相关事务的单位或者个人;利用职权或者影响力影响交易的单位或者个人。经营者的工作人员进行贿赂的,应当认定为经营者的行为;但是,经营者有证据证明该工作人员的行为与为经营者谋取交易机会或者竞争优势无关的除外。

商业贿赂行为的构成要件包括:① 商业贿赂的行贿主体是经营者,受贿主体为作为交易相对人的经营者或其他对交易具有影响力的有关人员;② 主观上,行贿者的目的是借用商业贿赂手段促成交易或在交易中排挤同业竞争者,取得竞争优势;③ 商业贿赂是以不

正当方式进行的行为;④ 商业贿赂行为具有违法性。

2. 商业贿赂行为的表现形式

我国商业贿赂的主要表现形式是回扣。回扣是指在商品购销中,卖方从明确标价应支付价款外,账外暗中向买方退还钱财及其他报偿以争取交易机会和交易条件的行为。回扣具有以下特征:① 回扣行为发生在交易双方之间;② 回扣的形式是支付货币、有价证券或其他财物;③ 回扣的目的是在于争取交易机会与交易条件。

经营者销售或者购买商品,可以以明示方式给对方折扣,可以给中间人佣金。经营者给对方折扣、给中间人佣金的,必须如实入账。接受折扣、佣金的经营者必须如实入账。可见折扣是一种合法的竞争行为,其与商业贿赂(如回扣)有着本质的区别。

折扣与商业贿赂(如回扣)的区别是:第一,折扣是公开的和明示的。在折扣的场合,经营者要向所有的客户事先声明打折的范围、方法和时间等,这与商业贿赂的秘密性特征截然有别。第二,折扣是直接给予对方当事人的。在商业贿赂中,经营者给予的利益可能是给予对方的,但在多数情况下可能是给予对方的有关人员的。而折扣只能给予交易的对方,而不是给予对方的有关人员。第三,折扣必须符合财经制度。折扣不能是账外给付,而折扣中的双方均应当对折扣如实入账。如双方以折扣为名,账外暗中给付对方价格优惠,则可能构成商业贿赂。第四,折扣的比例、方式符合商业习惯。折扣中,打折的比例、打折的商品品种、打折的时间、打折的对象等,都要受商业习惯的制约,但商业贿赂中的利益交易是不受商业习惯制约的,而是一种违反常规的操作。

佣金与商业贿赂(如回扣)的区别是:第一,佣金是付给独立的中介人或居间人的。收受佣金的主体是具有独立地位的中间人、经纪人等,他们与达成主交易的双方没有任何隶属关系,而商业贿赂中收受利益的人就是主交易的对方或对方的有关人员。第二,佣金是明示的和公开的。居间活动是一种合法的市场活动,佣金的支付也不必要秘密进行,实践中,居间人、经纪人等甚至常常与经营者讨价还价,最后以书面合同的形式确定佣金的支付方法,这与商业贿赂明显不同。第三,佣金具有劳务报酬的性质。佣金的支付总以中间商的劳动付出和工作成果为根据,在本质上是劳务报酬,而商业贿赂中的利益支付,在本质上是一方对另一方的收买,根本不具有报酬的性质。第四,佣金的支付符合财经制度。佣金的支付不仅要规定于合同中,而且要按正规程序出具票据、记入会计账目、交纳税收。这也是佣金与商业贿赂的一个本质的区别。

综上所述,我们可以看出,回扣与折扣、佣金的一系列区别界限中,是否如实入账,是暗中支付还是明示支付是本质的区别。

## 相关思考 10-1

某市某贸易公司在 2×23 年夏购进了 3 万件男式衬衫,由于质量差、款式旧、销量少,影响了公司资金周转。贸易公司经理在业务会上宣布:不论是公司的内部职员,还是外部人员,只要能帮助公司推销 100 件以上的,都可以给予 20% 的回扣,回扣可一律不记账。消息传出,一些小商贩竞相来批发购买,很快该公司积压的近 3 万件衬衫销售一空。该市的市场监督管理局注意到了这个情况,就前来这家查账,告诉该公司管理人员,账外回扣是违法的。但该贸易公司经理辩称,搞市场经济,有经营自主权,入账与不入账是企业的自由。请问:该贸易公司的账外回扣行为是商业贿赂行为吗?

### (三) 虚假宣传行为

虚假宣传行为是指经营者利用广告或者其他的方式,对商品的质量、性能、用途、特点、价格、使用方法等作引人误解的虚假表示,诱发消费者产生误购的行为。在反不正当竞争法上,虚假宣传行为与误导行为往往是划等号的,都是不正当竞争行为。虚假宣传行为是一种危害严重的行为,也是在市场中发生量很大的行为。因此我国《反不正当竞争法》规定:经营者不得利用广告或者其他方法,对商品的质量、制作成分、性质、用途、生产者、有效期限、产地等作引人误解的虚假宣传。广告的经营者不得在明知或者应知的情况下,代理、设计、制作、发布虚假广告。

引人误解的虚假宣传在现实生活中有多种表现形式。根据不同的标准,可以将其作不同的分类。下面介绍两种主要的分类方法。

1. 引人误解的虚假广告宣传和引人误解的其他宣传

根据宣传是否采用广告,可以将引人误解的虚假宣传分为引人误解的虚假广告宣传和引人误解的其他宣传。引人误解的虚假广告宣传,是指通过广告宣传,不真实地介绍商品或服务情况,从而引人误解的行为。例如,滥用各种夸张性语言或绝对化语言(如使用"国家级""最高级""最佳"等用语);滥用公众对名人、专家、国家领导人、权威机构的信任做广告宣传;使用含糊其词、模棱两可的语言或形象做广告;虚构产品或服务的获奖情况、商标权或专利权的授予情况、销售地区或数量等;隐瞒商品或服务本身具有的法律、法规要求应予明示的瑕疵;无根据地使用各种数据、百分比做广告宣传;假冒他人注册商标、专利、厂商名称等侵权性广告,等等。

引人误解的其他宣传,是指利用非广告的其他宣传方法,对商品或服务作引人误解的宣传。在实践中,引人误解的虚假宣传主要采用的是广告形式,但宣传的方式很多,除了广告这一形式,还有多种宣传方式。例如,举办展览会、展销会、博览会、订货会,举办新闻发布会、产品鉴定会、座谈会,散发宣传材料、价格标签,公共场合下领导人对某种产品或服务发表讲话等。在这些宣传活动中,如果经营者提供的信息确实让一般公众发生了误解,同样构成引人误解的虚假宣传。

2. 虚假宣传和引人误解的宣传

根据宣传内容本身是否真实,可把引人误解的虚假宣传分为虚假宣传和引人误解的宣传。它表明不仅虚假的宣传行为可能构成不正当竞争,某些真实的宣传同样可能构成不正当竞争。

虚假宣传是指经营者对商品或服务情况所作的与客观实际不符,并引人误解的宣传。其根本特征是宣传内容本身不真实,并引人误解,即宣传的内容传递给人们的信息与产品或服务的实际状况不相符,而这些信息又引起了人们的误解。不真实的内容主要有捏造的信息、夸大的信息、错漏的信息、含混的信息、虚假的承诺、无端的保证等。

引人误解的宣传指经营者对商品或服务情况所作的可能真实但却引人误解的宣传。其特点是:宣传内容可能是真实的,但宣传的效果是引人误解的。如不当的比喻、不当的暗示、错误的联想、含糊的表述等,都可以引起人们的误解。从实践中的情况来看,这种行为往往是基于人们的过失而发生的,但有时却是经过经营者的精心策划而实施的。如有人蓄意将"正在申请专利"改为"已经申请了专利",从语言文字上看,两者似无实质的不同,但从一般公众的认知角度,"已经申请了专利"和"已经获得专利"不易区分,从而引起人们的误解。

应该指出的是,尽管广告等大众媒体是主要的传播方式,但虚假宣传行为所包含的形式包括了可以对商品进行宣传的所有形式。凡是宣传引人误解的虚假内容,不管经营者运用什么宣传方式,都构成不正当竞争行为。

**(四) 侵犯商业秘密的行为**

商业秘密是指不为公众所知悉、具有商业价值并经权利人采取相应保密措施的技术信息和经营信息。商业秘密的特性是:第一,商业性,表现为它具有实用价值并能够为权利人带来经济利益;第二,秘密性,表现为它不为社会公众所知悉,并且权利人还采取了保密措施来维持这种秘密性。

侵犯商业秘密是指经营者采用非法手段获取、披露或使用他人商业秘密的行为。我国在立法中吸收了世界各地的经验,对侵犯商业秘密的行为以列举的方式作了具体的规定。

1. 以不正当手段获取他人商业秘密

获取他人商业秘密的不正当手段是指一切违反诚实信用、公平竞争原则,直接从权利人处获取商业秘密的行为。事实上,不正当手段是不可能列举穷尽的,因此,在具体的案件审理中,还需对个案进行分析,只要侵权人不是以正当手段获得,就可以认定为是以不正当手段获得。《反不正当竞争法》对"不正当手段"具体规定为:以盗窃、利诱、胁迫或者其他不正当手段获取权利人的商业秘密的行为。

2. 恶意披露、使用或允许他人使用以违法手段获得的商业秘密

这是行为人侵犯他人商业秘密的继续。非法获取他人商业秘密的行为人将其所获取的商业秘密转告第三人或利用各种方式将其泄露或自己使用或允许他人使用该商业秘密,都会使权利人受到的损害进一步扩大。我国《反不正当竞争法》第9条第1款第2项对此明确规定,披露、使用或者允许他人使用以前项手段获取的权利人的商业秘密,是侵犯商业秘密的行为。"前项手段"是指以盗窃、贿赂、欺诈、胁迫或者其他不正当手段获取权利人的商业秘密的行为。

3. 违反约定或者违反权利人的要求披露、使用或允许他人使用商业秘密的行为

行为人可以通过正当手段获得商业秘密,如通过合作合同等。此时,行为人对商业秘密的权利人即负有相应的保密、不得擅自使用等义务,这些义务可以是明示的,也可以是默示的。行为人如果违反这些义务,擅自披露、使用或者允许他人使用该商业秘密,就应当被认定为不正当竞争行为。我国《反不正当竞争法》规定,禁止"违反约定或者违反权利人有关保守商业秘密的要求,披露、使用或者允许他人使用其所掌握的商业秘密"的行为。

4. 第三人侵犯商业秘密的行为

我国《反不正当竞争法》将其称为"视为侵犯商业秘密的行为",是指第三人明知或者应知商业秘密权利人的员工、前员工或者其他单位、个人实施前款所列违法行为,仍获取、披露、使用或者允许他人使用该商业秘密的,视为侵犯商业秘密。

### （五）不正当有奖销售行为

有奖销售是经营者的一种促销手段，是经营者以提供物品、金钱或其他条件作为奖励，刺激消费者购买商品或接受服务的行为。世界各国对有奖销售都有立法加以规范和严格限制，规定这些以奖励、让利为特征的促销手段的实施，不得有碍于公正而自由的竞争，其方法必须是正当的、诚实的，否则即构成不正当有奖销售行为。国家工商行政管理总局(现已更名为国家市场监督管理总局)《关于禁止有奖销售活动中不正当竞争行为的若干规定》第2条第1款对有奖销售下了定义：本规定所称有奖销售，是指经营者销售商品或者提供服务时，附带性地向购买者提供物品、金钱或者其他经济上的利益的行为。其主要包括：奖励所有购买者的附赠式有奖销售和奖励部分购买者的抽奖式有奖销售。

不当有奖销售具有以下特征：第一，主体一般是出售或提供服务的卖方。不当有奖销售发生于销售环节，一般是由推销商品或服务的经营者组织和实施，故其主体一般均为卖方。第二，发生于有奖销售的过程中。只有在实施有奖销售的场合，才会有不当有奖销售可言。第三，采用了不合法的奖励方法或奖励幅度。不当有奖销售采用的方法主要表现为有奖欺骗、人为控制奖励进程、借有奖销售推销质次价高的产品、不当巨额有奖销售等。第四，行为人主观上存在故意。有奖销售是一种有计划、有步骤实施的行为，因此，从事不当有奖销售的行为人主观上存在故意，目的是以不正当的手段促进销售，并以此获得竞争利益。

依据我国《反不正当竞争法》第10条的规定，不当有奖销售的表现形式主要有以下三种。

1. 欺骗性有奖销售

欺骗性有奖销售，即经营者采用欺骗方式进行有奖销售的行为。这种欺骗既可以发生在附赠的场合，也可以发生在悬赏抽奖的场合。欺骗性有奖销售具体又表现为以下几种：

（1）谎称有奖或对所设奖励作虚假表示。谎称有奖是经营者在悬赏抽奖的过程中对外诈称其商品为有奖销售，以招揽顾客购买，实际上该经营者并未采取任何有奖销售的安排，或者对所设奖的种类、中奖概率、最高奖金额、总金额、奖品种类、数量、质量、方法等作虚假不实的表示，致使许多购买者受骗上当。在这种情况下，购物的消费者根本不能中奖或者所得的奖励与原告知的奖励根本不符。

（2）内定人员中奖。内定人员中奖就是经营者在悬赏抽奖的过程中将中奖的机会事先直接分配给特定的单位或个人的行为。在内定人员中奖的情况下，经营者实际上剥夺了普通客户(非内定人员)的中奖机会，普通客户成了事实上的受骗上当者。

（3）人为操纵中奖程序。经营者在悬赏抽奖的过程中，故意将设有中奖标志的产品、奖券不投放市场或者不与无奖的商品、奖券一起投放市场；故意将带有不同奖金金额、不同奖励等级的奖券、奖励标志按不同的时间阶段投放市场。

（4）所设奖的种类、兑奖条件、奖金金额或者奖品等有奖销售信息不明确，影响兑奖。实践中欺骗性有奖销售的表现形式是多种多样的，前述三种行为并不能包括所有的情形，故在立法上必须有一定的灵活规定。虽然有的行为不属于前述三种行为，但是只要发生于有奖销售过程中，并在实质上构成欺骗，即可以认定其为不正当有奖销售。如在有奖销售中隐瞒事实真相、以各种借口拒绝兑奖等,也是欺骗性有奖销售行为。

2. 不当巨额有奖销售

有奖销售有利有弊,就奖励的幅度、金额来看,如果法律没有一定的限制,同样会导致竞争秩序的混乱。根据我国《反不正当竞争法》第10条第3项的规定,抽奖式的有奖销售最高奖金不得超过50 000元。另据规定,如果是以非现金的物品或者其他经济利益作奖励的,则按照同期市场同类商品或服务的正常价格来折算其金额。

这些不正当的有奖销售行为或者存在着欺诈,或者违背公平交易的一般原则。不正当的有奖销售,目的在于同竞争对手争夺顾客和市场,推销质次价高的商品;同时,不正当的巨额抽奖销售靠刺激顾客的投机心理来推销商品,使消费者很难做出理性的、真实的判断,也会导致违法经营者在有奖销售中采取欺骗性交易行为,从而严重危害公共利益和善良风俗,不利于经济和社会的健康发展。

### (六)商业诋毁行为

商业诋毁行为是指经营者通过捏造、散布虚假事实等不正当手段,损害竞争对手的商业信誉和商品声誉,削弱对手竞争能力的行为。商业信誉是社会对经营者商业道德、商品品质、价格、服务等方面的积极评价。商品声誉是社会对特定商品品质、性能的赞誉。商品声誉给经营者带来商业信誉,商业信誉促进商品声誉,它们是一种互动的关系。它们为经营者带来巨大的经济效益以及市场竞争中的优势地位。

在现实经济生活中,商业诋毁行为的表现形式是多种多样的。根据具体手段的不同,大体上可以将商业诋毁行为归纳为以下几类。

1. 在产品附属资料中诋毁他人商誉

在自己的产品说明书及其他文字说明资料中,故意贬低他人的产品信誉。例如,在说明书中明确说明自己的产品有几大好处,而某某的同类产品则有几大"害处"。又如,在给产品配备的宣传册中,声称××等几家企业已"即将破产",而只有它们还"如日中天"等。典型的例子是1992年某省洗涤剂厂在其产品的包装上写到:"普通洗衣粉、肥皂均含磷、含铝,会引发人体患老年痴呆症……等多种疾病",并同时吹嘘自己的产品无毒、无害。

2. 在产品交易中诋毁他人商誉

这是指在具体的产品交易过程中,向自己的客户吹嘘自己,攻击他人、贬低他人的信誉。其主要特点是发生于具体的交易过程中,一般是以口头的方式散布不利于同业竞争者的谣言。

3. 在新闻、广告中诋毁他人商誉

这是指在新闻媒介发布的新闻、刊登的广告中,对他人的商誉进行攻击或贬低的行为。由于这种行为以新闻媒介为手段,故影响最广、危害性极大。例如,刊登贬低他人商誉的对比广告,在新闻中故意无中生有,中伤他人的产品等;又如,利用召开新闻发布会之机,吹捧自己、贬低他人等。

4. 在公众中散布谣言诋毁他人商誉

经营者为了贬低他人的商誉而在公众中散布不利于竞争对手的谣言。如编造"某公司要破产""某公司已经发不出工资""某厂在生产中掺杂掺假""公安机关已经在追查某公司的违法犯罪行为"等"内部消息""小道消息"并向公众散布。这种方式的特点是以口头形式向不特定的多数人传播不利于其竞争对手的虚假消息,以破坏竞争对手的商誉,并使自己从中获利。

5. 组织、唆使、雇佣他人诋毁他人商誉

经营者组织、唆使或者利用他人捏造、散布不利于竞争对手的虚假事实,损害竞争对手的商誉。其特点是组织、唆使、利用他人的人并不出面,而是在幕后操纵,因而比较隐蔽;对受损害的人而言,举证也比较困难。因此,有关部门在处理具体案件时,应当注意查明事实真相,追究幕后操纵者的法律责任。

### 相关思考 10-2

由杭州娃哈哈集团公司生产的"娃哈哈儿童营养液"曾获得 20 余项大奖,销售额一直保持在全国同类产品的领先地位,该公司也由于此产品在海内外享有较高的商业信誉和商品声誉。1995 年年初,珠海巨人高科技集团公司生产了一种与"娃哈哈儿童营养液"类似的产品"巨人吃饭香"投放全国市场,并专门负责印制了宣传册,该宣传册中称"据说娃哈哈有激素,造成小孩早熟,产生许多现代儿童病"。为此,全国各地娃哈哈产品的销售商和消费者纷纷要求娃哈哈集团对此作出解释。巨人集团的这一行为,致使娃哈哈儿童营养液在全国各地的销售量下跌,娃哈哈集团良好的商业信誉、商品声誉和企业形象亦因此受到了极大的损害。为此,娃哈哈集团向法院提起诉讼,要求巨人集团立即停止损害行为;赔偿直接经济损失 673 万元和名誉损失费 320 万元;要求被告公开赔礼道歉、恢复影响等。请问:此案法院应如何处理?

### (七) 互联网领域不正当竞争

经营者利用网络从事生产经营活动,应当遵守本法的各项规定。经营者不得利用技术手段,通过影响用户选择或者其他方式,实施下列妨碍、破坏其他经营者合法提供的网络产品或者服务正常运行的行为,包括:未经其他经营者同意,在其合法提供的网络产品或者服务中,插入链接、强制进行目标跳转;误导、欺骗、强迫用户修改、关闭、卸载其他经营者合法提供的网络产品或者服务;恶意对其他经营者合法提供的网络产品或者服务实施不兼容;其他妨碍、破坏其他经营者合法提供的网络产品或者服务正常运行的行为。

互联网领域不正当竞争的构成要件如下。

1. 经营者间是否存在竞争关系或市场竞争行为

经营者是指从事商品经营或者营利性服务(以下简称"商品服务")的法人、其他经济组织和个人。只有主体之间存在竞争才会产生竞争行为与竞争行为"正当性"认定的后续问题。市场竞争行为是指行为人为竞争目的,获取或者破坏他人竞争优势的行为。事实上,在传统不正当竞争行为的案件中,是否具有同业竞争关系往往是法官确定诉权、审理案件的前置性要件。但随着互联网领域与大数据时代的不断更新发展,互联网独有的特性也日益凸显。互联网经济被称为"注意力经济",获取更多的用户和更多的流量是互联网平台竞争的核心。加之,为了提供更人性化的服务、获取更多的用户群体,互联网平台往往是尽可能地提供多元化的服务,这就免不了与其他互联网平台业务形成交叉,传统狭义的同业竞争在互联网领域逐渐不再适用。我们应该做的是参考其他国家的立法发展与国际普遍的发展趋势来界定竞争关系。

在审理互联网领域的不正当竞争案。只要是双方存在破坏他人竞争优势为自己或他人争取交易机会的行为即构成竞争关系或市场竞争行为。这一点在大众点评诉百度地图一案一审判决书中也有体现反不正当竞争法所调整的竞争关系不限于同业者之间的竞争关系,还包括为自己或他人争取交易机会所产生的竞争关系以及因破坏他人竞争优势所产生的竞争关系。竞争本质上是对客户即交易对象的争夺。在互联网领域,即使双方的经营模式存在不同,只要双方在争夺相同的网络用户群体,即可认定为存在竞争关系。而大众点评和百度地图都为用户提供 LBS 服务(Location Based Service,基于位置的服务)和 O2O 服务(Online to Office,线上到线下的服务),两者在为用户提供商品信息和点评信息的服务模式上近乎一致,存在直接竞争关系。

2. 该竞争行为是否具有正当性

此要件为不正当竞争行为的外在表现,且为判断"正当性"的核心部分,应细分为两个子要件进行分析。

(1) 从竞争行为本身入手,分析该行为是否符合"最低限度使用原则"以及是否构成"实质性替代"。法院与实务界通常采取以下四个环节界定市场替代性:① 未经许可的提供行为;② 提供的内容相同或近似;③ 产生用户转移的效果;④ 其他竞争者因提供行为而受损。由此可见,我国重点关注的是经营者是否通过不当方式增加自身交易机会,在互联网领域即流量的获取,从而增加自身竞争优势或掠取、减少他人市场份额、破坏他人竞争利益等。如果损失不便计算的话,可以判断被告方模仿、抄袭或利用信息的行为是否构成混淆的可能。此种混淆包括潜在混淆和事实混淆,其中包含商品或服务来源的混淆,也包括对商品或服务关联关系或保证关系的混淆。在互联网领域通常是服务关联关系的混淆,比如被告方平台使用原告平台的信息或数据,即使在页面中显示对方平台的标志,但在普通用户看来也会误以为两个平台之间存在合作关系。此种关系会造成被利用的平台流量减少。同时也要考量被告平台利用数据信息的方式和范围,如果其小范围"最低限度"的使用,不会显著地造成原告业绩的下滑,则不构成不正当竞争行为。反之,如果超过必要限度,全部或大部分显示原告平台的数据信息,对普通消费者的选择已经提供了足够的参考时,即构成实质性替代,普通消费者不会再点击链接跳转到原告平台,会直接作出消费与否的判断。

(2) 从消费者利益与市场公平竞争秩序角度分析该竞争行为的影响效果。要肯定我们国家没有"劳动成果权",但也要意识到互联网的特殊性。判断某一竞争行为"正当性"时,要看其是否遵循"最低限度使用原则",还应分析该竞争行为对消费者、对整个市场竞争秩序产生的后果与影响,从而综合判断该竞争行为的"正当性"。

首先,互联网领域具有自身特殊性,它是注意力竞争的运营模式,所以说互联网领域的竞争讲求的是"抢先一步"。如果一个互联网企业通过资金技术的投入先占领了市场,其就会先吸引用户使用,也就是说具有先行利益,后期可以将这些注意力卖给有需求的人。大众点评即是如此,它是我国首家店铺用户评价分享平台,涵盖餐饮、娱乐、健身等多个方面。它投入了人力、物力与技术不断地搜集信息,不断地扩展用户,渐渐地随着其知名度的扩张,大众点评已经在广大用户群中形成了既定观念和平台效应,也可以说是"第二含义",这就说明平台所包含的信息具有商业价值与实用性。

其次,随着互联网的不断发展,跨界竞争与技术创新越来越凸显。网络平台经营者基于已有的用户群,不断扩展其他领域的服务,通过增加新的服务,网络经营者可以将已有用户转化为新的用户,以及吸引更多其他用户使用自己的平台。这也意味着各大平台争相创新优化服务模式,但技术创新、模仿自由的同时也必须遵守公认的行业道德,即投入智力劳动和经济成本的先行利益具有保护的权利,其他平台不得通过不正当手段进行侵犯。技术创新可能满足消费者利益,但我们仍需要站在社会整体经济利益与市场竞争秩序上,分析若肯定该竞争行为是否会对市场竞争秩序或市场经济利益产生积极影响,是否会对该领域的其他竞争主体是否会产生积极影响。

由此说明,某一互联网主体的竞争行为若属于"盲从模仿"则应严厉打击,若具有积极的主观目的,则应站在消费者和社会整体经济利益两个角度进行深入分析。考虑消费者的权益是否受到侵犯,从长远发展角度看保护此行为是否有利于营造公平的竞争环境。在分析社会整体经济利益时,可以通过判断是否构成"实质性替代"和"最低限度使用原则"来对平台的竞争行为的"正当性"与否进行定性。

3. 该竞争行为是否具有对社会整体经济利益、市场竞争秩序的损害或损害可能

第三个要件与第二个要件判断竞争行为"正当性"的子要件存在交叉关系,因为"正当性"的判断是综合考量的因素,难免要从竞争行为产生的后果层面去考虑。第三个要件是不正当竞争行为的表现结果,由竞争行为"不正当性"所产生的危害结果,以及两者之间的因果关系。

对于最后一个要件,将社会整体利益而非单一的消费者利益作为考量因素是有原因的。根据《反不正当竞争法》的立法宗旨,再结合法院众多案件的审判理由,单一将消费者利益作为涉诉行为的评判标准,且将互联网新型不正当竞争行为保护的法益归为消费者利益,排除竞争者利益,显得片面且不可取。反不正当竞争法保护的不单是消费者利益,还有一部分则是经营者利益,即以经营者为代表的整个市场领域的整体利益。且立足整个反不正当竞争法的发展演变历程,其保护法益最初着眼于经营者利益,随着不断发展,渐渐地扩展至消费者利益和社会公共利益,逐渐完成了向社会整体利益理念的转变。对于互联网领域而言,更是如此,很多创新行为表面上看是利于消费者的,但究其本质则是不正当地争夺市场交易机会、扰乱市场竞争秩序。因此,是否损害或有损害社会整体经济利益是考量的因素之一。

## 三、对不正当竞争行为的监督检查

对不正当竞争行为的主要的监督检查机关是县级以上工商行政管理部门。除此以外,依据法律、行政法规的规定,对不正当竞争行为有监督检查权的部门还包括监察部、专利局、中医药管理局等部门,这些部门在某些特定事项上也是不正当竞争行为的监督检查机关。

根据《反不正当竞争法》第13条的规定,监督检查部门在监督检查不正当竞争行为时,有权行使下列职权。

1. 检查权和调查权

按照规定程序进入涉嫌不正当竞争行为的经营场所进行检查,并询问被检查的经营者、利害关系人、证明人,并要求提供证明材料或者与不正当竞争行为有关的其他材料;查询、复制与不正当竞争行为有关的协议、账册、单据、文件、记录、业务函电和其他材料;检

查与《反不正当竞争法》限定的不正当竞争行为有关的财物。

2. 强制措施权

强制措施权包括：责令被检查的经营者说明商品的来源和数量；暂停销售，听候检查；不得转移、隐匿、销毁与不正当竞争行为有关的财物。

经有关机关批准可以查封、扣押与涉嫌不正当竞争行为有关的财物；查询涉嫌不正当竞争行为的经营者的银行账户。

采取前款规定的措施，应当向监督检查部门主要负责人书面报告，并经批准。采取前款规定的措施，应当向设区的市级以上人民政府监督检查部门主要负责人书面报告，并经批准。

3. 行政处罚权与行政公开

行政处罚权具体包括：责令停止违法行为、罚款、没收违法所得、吊销营业执照、责令消除影响等。另外，监督检查部门的工作人员在监督检查不正当竞争行为时，应当出示检查证件。监督检查部门调查涉嫌不正当竞争行为，应当遵守《中华人民共和国行政强制法》和其他有关法律、行政法规的规定，并应当将查处结果及时向社会公开。

## 第三节 反垄断法

二维码：
视频 10-1
反不正当竞争法与反垄断法

### 一、反垄断法基本理论

#### （一）反垄断法的概念

垄断的产生既有市场机制的原因，也有法律上的原因。从市场机制运作的角度考察，垄断是自由竞争的结果，而垄断的后果则是竞争机制的正常运转受到了扭曲和损害。在垄断资本主义形成过程中，包括卡特尔、托拉斯、康采恩、辛迪加等多种形式在内的垄断组织大量出现，竞争机制的作用受到了限制，市场活力严重不足，市场秩序和市场结构遭到了破坏，中小企业的生存和发展遇到了前所未有的危机，消费者的权益受到了损害，全社会的经济效益呈现出不断下降趋势，经济机会均等、经济权力平等的理念愈来愈难以实现。在这样的社会经济背景下，为了维护竞争机制正常地发挥作用，为了保护经济地位处于劣势的中小企业和广大消费者，保障整个社会的经济秩序，反垄断立法陆续纳入了各国的重要议事日程。

垄断行为在法律上是传统民商法所奉行的"契约自由""意思自治"的异化物。诸如联合限价、联合限制生产数量、联手排挤竞争对手等限制竞争的行为都是以合同或者协议的形式出现，都声称是企业间的自愿行为，是真实意思的一致产物，而这些行为的危害也是不言而喻的。然而，对于垄断行为的规制，传统民商法深感力不从心，难以有更大的作为，因此，需要一种新的法律机制即反垄断法机制。

现代意义上的反垄断法产生于 19 世纪末，西方自由资本主义进入垄断资本主义时期。1890 年，美国颁布的《谢尔曼法》是世界上第一部反垄断立法。目前，绝大多数市场经济国家都由较为完善的反垄断法律制度。我国最早对垄断进行规范的规范性文件是 1980 年 10 月 17 日国务院发布的《关于开展和保护社会主义竞争的暂行规定》。此后，我国虽无法典意义上的反垄断法,但是在《反不正当竞争法》《价格法》《对外贸易法》以及其他相关法律、法规和规章中已散见一些反垄断法律规范。中国的《反垄断法》颁布于2007年8月30日,于2008年8月1日开始实施。

反垄断法是指调整在反对垄断或限制竞争过程中发生的市场监管关系的法律规范的总称。它与禁止以违反诚实信用原则和其他公认的商业道德等不正当手段从事市场竞争行为、维护公平竞争秩序的反不正当竞争法共同构成完成的竞争法。

### (二) 我国反垄断法的适用范围和基本原则

1. 我国反垄断法的适用范围

反垄断法调整的主要是具有竞争关系的经营者之间的法律关系,因此必须对经营者作出定义。我国《反垄断法》所称的经营者,是指从事商品生产、经营或者提供服务的自然人、法人和其他组织。而经营者之间的竞争关系,主要存在于相关市场之中。对相关市场,反垄断法将其定义为:经营者在一定时期内就特定商品或者服务(以下统称商品)进行竞争的商品范围和地域范围。同时结合我国实际,延续反不正当竞争法的思路,我国《反垄断法》将具有行政垄断性质的反竞争行为纳入调整范围。如该法规定,行政机关和法律、法规授权的具有管理公共事务职能的组织不得滥用行政权力,排除、限制竞争。

我国《反垄断法》作为国内法,适用于中华人民共和国境内从事的垄断行为自不待言,但是随着经济全球化的发展,经济活动(特别是大型企业的垄断行为)的影响并不限于一国境内。为此,该法进一步明确:中华人民共和国境外的垄断行为,对境内市场竞争产生排除、限制影响的,适用本法。这一规定是在参考了许多国家的竞争法之后作出的符合国际惯例的选择。

2. 我国反垄断法的基本原则

我国反垄断法的基本原则可以概括为两点。第一,建立健全统一、开放、竞争、有序的市场体系的原则。《反垄断法》的出台,使其与反不正当竞争法一同构筑起我国竞争法体系的骨架,形成了与社会主义市场经济相适应的竞争规则。第二,保护经济自由权与监管和调控相结合的原则。《反垄断法》抑制垄断并不消灭垄断。它承认并保护经营者的经济自由权,允许经营者通过公平竞争、自愿联合,依法实施集中,扩大经营规模,提高市场竞争能力;同时为建立健全统一、开放、竞争、有序的市场体系而监管和调控经营者的反竞争(如垄断协议、恶意并购、限制竞争等)行为。

## 二、反垄断法规定的主要垄断行为

垄断行为多种多样,要清晰认识各种垄断行为的特性是一件非常复杂的工程。按照内容类型近似性进行分类梳理,进而从个性中抽象出共性,《反垄断法》规定了三种限制、排除竞争效果的垄断行为:① 经营者达成垄断协议;② 经营者滥用市场支配地位;③ 具有或者可能具有排除、限制竞争效果的经营者集中。上述三种行为是否对竞争效果产生实际的控制力,是否影响有效的竞争机制,以及是否采取必要的法律制裁,需要国家反垄断执法机构依法进行调查并作出判断。

此外,《反垄断法》还专门规定了滥用行政权力限制、排除竞争的行为。由于该行为一般表现为政府机构滥用职权,而不是商品经营者的市场行为,反垄断执法机构原则上不能对其直接进行查处,而是由上级机关责令其改正并依法处分相关责任人员。在此意义上,立法对行政机关滥用行政权力的行为实行"软约束"。

**(一) 垄断协议行为**

垄断协议又称限制竞争协议,是指排除、限制竞争的协议、决定或者其他协同行为。"协议"与合同法意义上的协议相同,既包括书面协议,也包括口头协议。"决定"则是指企业集团、其他形式的企业联合组织以及行业协会等要求其成员企业共同实施排除、限制竞争的决议。"协同行为"则指经营者虽然没有达成协议,也没有可供遵循的决定,但相互间通过意思联络,共同实施的排除、限制竞争的协调、合作行为。

按照市场交易的一般原则,经营者相互间可以按照公平、自愿的原则订立合同,开展联合,扩大经营规模,提高市场竞争能力。但是,如果该联合行为具有排除、限制竞争的意图,就会成为反垄断立法制裁的对象。从现实发生的垄断行为来看,限制竞争协议是占第一位的,即其实际发生的数量和被执法机关查处的数量远远高于其他垄断行为。根据协议产生的特点,垄断协议可以分为横向垄断协议和纵向垄断协议。

1. 横向垄断协议

横向垄断协议是指两个或两个以上因经营同类产品或服务而在生产或销售过程中处于同一经营阶段的同业竞争者之间的垄断协议,如两家汽车生产公司之间的联合。我国《反垄断法》第13条禁止具有横向垄断性质的协议,包括以下形式:

(1) 固定或者变更商品价格,这种"价格联盟"在现实生活中比较常见,比如某地网吧统一确定上网价格、某地餐馆统一提高牛肉面价格、某地婚姻介绍所统一确定中介费用等。

(2) 限制商品的生产数量或者销售数量。限制数量的垄断协议包括限制商品生产数量和限制商品销售数量两种形式。前者是指经营者之间通过协议明确各经营者维持生产商品的具体数量或限定生产商品数量的上限;后者是指经营者之间通过协议限定具体商品的具体市场投入量,从而限制商品的市场流通总量。限制数量的垄断协议同样损害市场绩效,降低经济效率和消费者福利,应予以禁止。

(3) 分割销售市场或者原材料采购市场。《反垄断法》将分割市场的垄断协议区分为分割销售市场的协议和分割原材料采购市场的协议。前者的目的在于提高销售产品的价格,而后者的目的在于降低采购原材料的价格。划分市场的垄断协议严重扭曲市场竞争,阻碍市场机制正常发挥作用,从而破坏经济效率、损害消费者福利,应当予以禁止。

(4) 限制购买新技术、新设备或者限制开发新技术、新产品。限制购买新技术、新设备或者限制开发新技术、新产品的协议,限制了经营者通过创新开展的竞争,保护了落后,严重伤害市场的创新能力,降低了效率,损害了消费者福利,应当予以禁止。

(5) 联合抵制交易。选择哪个交易对象进行交易本是市场主体的权利和自由,但是若多个经营者联合起来一致行动,拒绝与特定经营者进行交易,就要受到反垄断法的制约。

(6) 国务院反垄断执法机构认定的其他垄断协议。现实经济生活纷繁复杂,垄断协议的表现形式千变万化,因此,《反垄断法》设此条款,以防挂一漏万。即便某种垄断协议没有在此明示列举,只要其具有反竞争属性,损害市场效率和消费者福利,就可以经反垄断执法机构认定为非法。

### 2. 纵向垄断协议

纵向垄断协议是指具有产品供应、服务关系的上下游企业之间达成的协议。这种协议可能会造成上游企业对下游企业的控制，不利于下游企业的有效竞争。纵向限制竞争协议可能对市场产生以下不利影响：第一，促成价格卡特尔；第二，导致市场进入障碍。

由于纵向垄断协议的经济效果比较模糊，故反垄断法对其规制比较审慎，只有那些对竞争和效率的消极效果明确大于积极效果的纵向垄断协议才被法律认定为非法。我国《反垄断法》第 14 条规定，禁止商品经营者与交易相对人达成下列纵向垄断协议：① 固定向第三人转售商品的价格；② 限定向第三人转售商品的最低价格；③ 国务院反垄断执法机构认定的其他垄断协议，比如搭售协议、强制下游企业购买最低数量产品的协议。

### 3. 适用除外的情形

经营者达成的垄断协议如果符合国家鼓励或者许可的产业政策的，可以适用豁免制度。对于并非以限制竞争为目的或者为某种公共利益而达成的合意或者一致行动，《反垄断法》是允许的。这就是第 15 条有关垄断协议的豁免条款，即有下列情形之一的，不适用该法前述第 13 条和第 14 条的规定：为改进技术、研究开发新产品的；为提高产品质量、降低成本、增进效率，统一产品规格、标准或者实行专业化分工的；为提高中小经营者经营效率，增强中小经营者竞争力的；为实现节约能源、保护环境、救灾救助等社会公共利益的；因经济不景气，为缓解销售量严重下降或者生产明显过剩的；为保障对外贸易和对外经济合作中的正当利益的；法律和国务院规定的其他情形。但是对于第一项至第五项情形，经营者还应当证明"所达成的协议不会严重限制相关市场的竞争，并且能够使消费者分享由此产生的利益"，才可免除法律责任。

### 4. 行业协会的禁止行为

行业协会作为非政府组织机构，是由同行业内的全部或者部分企业按照自愿原则组成的自律性组织。行业协会的基本功能是为本行业企业提供信息沟通平台，为本行业发展提供规划和咨询服务，协调行业内企业之间的关系。同时，行业协会也是联结企业与政府的"桥梁"，政府可以通过行业协会促进其立法政策的实施。为防止行业协会片面强调行业利益，损害社会整体利益和消费者利益，《反垄断法》禁止行业协会组织本行业的经营者从事立法禁止的垄断协议。

### 5. 法律责任

经营者因达成并实施垄断协议给他人造成损失的，依法承担民事责任。此外，反垄断法还就垄断协议规定了以下行政责任：经营者违反反垄断法规定，达成并实施垄断协议的，由反垄断执法机构责令停止违法行为，没收违法所得，并处上一年度销售额 1% 以上 10% 以下的罚款；尚未实施所达成的垄断协议的，可以处 50 万元以下的罚款。经营者主动向反垄断执法机构报告达成垄断协议的有关情况并提供重要证据的，反垄断执法机构可以酌情减轻或者免除对该经营者的处罚。行业协会违反反垄断法规定，组织本行业的经营者达成垄断协议的，反垄断执法机构可以处 50 万元以下的罚款；情节严重的，社会团体登记管理机关可以依法撤销登记。

### （二）滥用市场支配地位行为

市场支配地位也称市场优势地位，是指经营者在相关市场内具有能够控制商品价格、

二维码：
视频 10-2
反垄断法滥用市场支配地位

数量或者其他交易条件,或者能够阻碍、影响其他经营者进入相关市场能力的市场地位。滥用市场支配地位,是指拥有市场支配地位的经营者采用不正当的方式排除、限制竞争的行为。该行为通常只有竞争实力雄厚的经营者或者政府特许的商品经营者才有可能实施,前者如美国微软公司在销售其WINDOWS操作系统时"捆绑"销售浏览器,后者如电信部门强迫消费者购买其指定的电话。

1. 市场支配地位的认定

我国《反垄断法》第18条总结并借鉴世界范围内相关立法经验,认定经营者具有市场支配地位应当依据下列因素:① 该经营者在相关市场的市场份额以及相关市场的竞争状况;② 该经营者控制销售市场或者原材料采购市场的能力;③ 该经营者的财力和技术条件;④ 其他经营者对该经营者在交易上的依赖程度;⑤ 其他经营者进入相关市场的难易程度;⑥ 与认定该经营者市场支配地位有关的其他因素。这一规定较好地反映了世界各国以及国际组织反垄断法有关市场支配地位认定标准的共性。

为了方便执法和司法实践中的操作,我国《反垄断法》第19条设计了市场支配地位的推定制度。有下列情形之一的,可以推定经营者具有市场支配地位:一个经营者在相关市场的市场份额达到1/2的;两个经营者在相关市场的市场份额合计达到2/3的;3个经营者在相关市场的市场份额合计达到3/4的。但是,前述第2、第3项规定的情形中,有的经营者市场份额不足1/10的,不应当推定该经营者具有市场支配地位。被推定具有市场支配地位的经营者,有证据证明不具有市场支配地位的,不应当认定其具有市场支配地位。

2. 滥用市场支配地位的表现

《反垄断法》第17条规定了下列禁止滥用市场支配地位的行为:

(1) 以不公平的高价销售商品或者以不公平的低价购买商品,即在市场缺乏竞争的情况下,拥有市场支配地位的经营者通过价格策略获取垄断利润的盘剥行为。

(2) 没有正当理由,以低于成本的价格销售商品。企业是营利性组织,低于成本的定价若无正当理由,其实质是打击竞争对手、争夺市场和顾客。一旦目的达到,就会抬高价格。因此,这类行为又称作掠夺性定价,是反垄断法规制的对象。为了避免鲜活产品腐烂、推销过季产品、清偿到期债务等,以及尽可能减少损失或缓解经营中遇到的特殊困难等,被认为是正常经营的需要,即使低于成本价销售,也不构成掠夺性定价。

(3) 没有正当理由,拒绝与交易相对人进行交易。具有市场支配地位的经营者没有正当理由,拒绝与其交易相对人进行交易,或限制交易的数量与范围等的行为。反垄断法关注的拒绝交易,主要是指由市场支配地位的公用企业(如供水、供电等企业)实施的拒绝交易行为。

(4) 没有正当理由,限定交易相对人只能与其进行交易或者只能与其指定的经营者进行交易。限定交易相对人只能与其进行交易或者只能与其指定的经营者进行交易的行为也称强制交易行为。通过强制交易,经营者可限制交易相对人与自己的竞争者进行交易,从而达到抑制竞争者甚至将其逐出市场的目的。另外,强制交易还可起到阻碍竞争者市场进入的效果。

强制交易的经济效果也并非绝对,只有经营者无正当理由地实施该行为时才为非法。如果经营者实施强制交易行为具有改善商品生产或销售,或者有利于推动技术进步、提升消费者福利,且正面效果大于负面效果时,就可以得到豁免。

(5) 没有正当理由搭售商品,或者在交易时附加其他不合理的交易条件。该行为是指经营者在提供用户所需的产品或者服务时,额外附加其他产品或者服务;若对方不接受附加的产品或者服务,则所需产品或者服务亦无法获得。所以,此举又被称为"捆绑式"销售。

(6) 没有正当理由,对条件相同的交易相对人在交易价格等交易条件上实行差别待遇。经营者对不同的交易相对人采取不同的交易条件,是其选择交易对象的一种权利,也是一种常见的营销策略。但当具有市场支配地位的经营者实施差别待遇时,有可能对竞争产生损害。特别是当交易对象"条件相同"时对之实行差别待遇,因为缺乏合理性而受到反垄断法的禁止。此外应注意,差别待遇的形式主要表现为价格的差异,但不仅仅限于价格。并且若具有合理的理由,法律上认可一定的差别待遇。这些正当理由可以是:基于制造、销售、运输成本不同所致的价格差别;基于影响市场条件的变化而产生的价格变化;基于促销容易变质腐烂的商品、季节性商品而采取的不同价格等。

(7) 国务院反垄断执法机构认定的其他滥用市场支配地位的行为。此为兜底条款,授权国务院反垄断法执法机构认定前述六项滥用市场支配地位行为以外的其他行为类型。

从以上规定可以看出,拥有市场支配地位的经营者的相关交易行为是否构成违法,需要执法机构通过调查核实,确认相关行为是否正当之后,才能作出决定。

3. 法律责任

经营者实施垄断行为,给他人造成损失的,依法承担民事责任。这里的"他人",可以是受害的竞争者,也可以是用户或者消费者。承担责任的方式主要是损害赔偿。此外,反垄断法还规定了滥用市场支配地位的行政责任:对经营者滥用市场支配地位的,反垄断执法机构可以责令停止违法行为,没收违法所得,并处上一年度销售额1%以上或10%以下的罚款。

**(三) 经营者集中行为**

1. 经营者集中的含义

经营者集中是指经营者之间通过合并、取得股份或者资产、委托经营或者联营以及人事兼任等方式形成的控制与被控制的状态。它的核心是指两个或两个以上企业以一定的方式或手段所形成的企业间的资产、营业和人员的整合。

我国《反垄断法》在第20条以列举方式对其予以限定。该条指出:经营者集中是指下列情形:经营者合并;经营者通过取得股权或者资产的方式取得对其他经营者的控制权;经营者通过合同等方式取得对其他经营者的控制权或者能够对其他经营者施加决定性影响。

经营者集中对市场经济的发展和有序竞争具有积极促进与消极妨碍双重作用。因此进行法律调控时,一方面必须尊重经济规律,承认规模经济的合理性,允许经济力集中和企业适度合并,另一方面又要预防经营者以不法手段实施集中,或者使经营者集中失控,导致一定市场或者行业内竞争的丧失。

2. 经营者集中的申请

经营者集中可以使企业形成规模经济,可以扩大企业的市场占有份额。不过,当经营者集中可能会影响竞争机制有效发挥作用时,客观上需要政府予以适当的管理。所以,经营者集中并不当然构成立法上禁止的垄断行为。要求某些经营者集中事先提出申报并对其进行审查是反垄断法设立的重要制度。经营者集中申报制度主要包括申报的时间、申报的标准、申报的例外以及申报的文件与资料等内容。

(1) 申报时间。经营者集中达到国务院规定的申报标准的,经营者应当事先向国务院反垄断执法机构申报,未申报的不得实施集中。建立经营者集中事先申报制度,目的是防患于未然。

(2) 申报的标准。从考量经营者集中对竞争消极影响的角度出发,只有达到一定标准的集中,反垄断法才要求申报,并予以监督。我国《反垄断法》未涉及经营者集中申报的具体标准,只是规定经营者集中达到"国务院规定的申报标准"的,经营者应当申报。这表明我国经营者集中的申报标准由国务院制定。

(3) 申报的例外。按照国际上的普遍做法,对经营者集中的除外规定主要涉及两种情况,一是已经形成控制与被控制关系的经营者之间的集中;二是受同一经营者控制的经营者集中。借鉴这一经验,我国反垄断法规定:"经营者集中有下列情形之一的,可以不向国务院反垄断执法机构申报:参与集中的一个经营者拥有其他每个经营者50%以上有表决权的股份或者资产的;参与集中的每个经营者50%以上有表决权的股份或者资产被同一个未参与集中的经营者拥有的。"该免于申报情形主要是考虑母公司控制子公司时,子公司已经不具有独立的市场支配地位的情况。

(4) 应提交的申报文件和资料。为了审查企业的市场影响能力和企业集中可能给竞争造成的后果,法律要求申报者提供特定的文件与材料。申报集中的经营者应当向国务院反垄断执法机构提交下列文件、资料:申报书;集中对相关市场竞争状况影响的说明;集中协议;参与集中的经营者经会计师事务所审计的上一会计年度财务报告;国务院反垄断执法机构规定的其他文件、资料。同时还规定,经营者提交的文件、资料不完备的,应当在国务院反垄断执法机构规定的期限内补交文件、资料;逾期未补交的,视为未申报。

3. 反垄断执法机构的审查和决定

第一,初步审查。国务院反垄断执法机构应当自收到经营者提交的符合法律规定的文件、资料之日起30日内,对申报的经营者集中进行初步审查,作出是否实施进一步审查的决定,并书面通知经营者。国务院反垄断执法机构作出决定前,经营者不得实施集中。国务院反垄断执法机构作出不实施进一步审查的决定或者逾期未作出决定的,经营者可以实施集中。

第二,再次审查。国务院反垄断执法机构决定实施进一步审查的,应当自决定之日起90日内审查完毕,作出是否禁止经营者集中的决定,并书面通知经营者。作出禁止经营者集中的决定,应当说明理由。审查期间,经营者不得实施集中。经营者集中具有或者可能具有排除、限制竞争效果的,国务院反垄断执法机构应当作出禁止经营者集中的决定。但是,经营者能够证明该集中对竞争产生的有利影响明显大于不利影响,或者符合社会公共利益的,国务院反垄断执法机构可以作出对经营者集中不予禁止的决定。

第三,附限制性条件的经营者集中。对不予禁止的经营者集中,国务院反垄断执法机构可以决定附加减少集中对竞争产生不利影响的限制性条件。对外资并购境内企业或者以其他方式参与经营者集中,涉及国家安全的,除按规定进行经营者集中审查外,还应当按照国家有关规定进行国家安全审查。

4. 法律责任

经营者违反《反垄断法》规定实施集中的,由国务院反垄断执法机构责令停止实施集中、限期处分股份或者资产、限期转让营业以及采取其他必要措施恢复到集中前的状态,可以处 50 万元以下的罚款。

### 延伸阅读 10-1

可口可乐公司与中国汇源果汁集团有限公司(以下简称"汇源公司")在香港联交所联合公布的信息披露,可口可乐表示愿以大约 25 亿美元收购中国汇源果汁集团有限公司。交易后可口可乐公司将取得汇源公司绝大部分甚至 100%股权,从而取得了汇源公司的决定控制权,因此,该交易符合集中的法定标准;同时,可口可乐公司和汇源公司 2007 年在中国境内的营业额分别为 12 亿美元(约合 91.2 亿元人民币)和 3.4 亿美元(约合 25.9 亿元人民币),分别超过 4 亿元人民币,达到并超过了《国务院关于经营者集中申报标准的规定》的申报标准,因此此案接受商务部相关审查。2009 年 3 月 18 日,商务部对可口可乐并购汇源的反垄断审查作出裁决,依法禁止该项集中。

资料来源:中华人民共和国商务部.商务部就可口可乐公司收购中国汇源公司案反垄断审查做出裁决[EB/OL].(2009 - 03 - 18)[2023 - 06 - 30]. http://www.mofcom.gov.cn/aarticle/ae/ai/200903/20090306108388.html.

### (四)滥用行政权力排除、限制竞争

1. 滥用行政权力排除、限制竞争的含义

滥用行政权力排除、限制竞争是指拥有行政权力的政府机关以及其他依法具有管理公共事务职能的组织滥用行政权力,排除、限制竞争的各种行为。我国《反垄断法》第 8 条规定:"行政机关和法律、法规授权的具有管理公共事务职能的组织不得滥用行政权力,排除、限制竞争。"这一原则性规定与该法第五章列举的滥用行政权力排除、限制竞争的主要表现形式互为补充,使得反垄断执法机构能够运用《反垄断法》规范行政垄断。

2. 行为方式及其要件

滥用行政权力排除、限制竞争的行为方式多种多样,反垄断法重点约束的主要有以下几类。

(1)地区封锁。这是指是指行政机关和法律、法规授权的具有管理公共事务职能的组织滥用行政权力,限制外地商品进入本地市场,或者限制本地商品流向外地市场的行为。它往往由地方政府及其所属部门以政府命令、文件或通知等方式出现,通过对这些命令、文件、通知等的执行达到封锁市场,保护地方利益的目的。

我国《反垄断法》第 33 至第 35 条规定了地区封锁的三种表现形式:第一,限制商品在地区间自由流通。这包括行政机关和其他依法具有管理公共事务职能的组织实施的下列五类行为:对外地商品设定歧视性收费项目、实施歧视性收费标准,或者规定歧视性价格;对外地商品规定与本地同类商品不同的技术要求、检验标准,或者对外地商品采取重复检验、重复认证等歧视性技术措施,限制外地商品进入本地市场;采取专门针对外地商品的行政许可,限制外地商品进入本地市场;设置关卡或者采取其他手段,阻碍外地商品进入本地市场或者本地商品运出;妨碍商品在地区间自由流通的其他行为。第二,排斥或限制

招标投标行为,即行政机关和其他依法具有管理公共事务职能的组织滥用行政权力以设定歧视性资质要求、评审标准或者不依法发布信息等方式,排斥或者限制外地经营者参加本地的招标投标活动。第三,排斥或者限制外地投资或设立分支机构,即行政机关和其他依法具有管理公共事务职能的组织滥用行政权力,采取与本地经营者不平等的待遇方式,排斥或者限制外地经营者在本地投资或设立分支机构。

(2) 强制交易。这是指中央政府部门、地方政府及其他依法具有管理公共事务职能的组织,利用行政权力强制安排市场交易活动,限制和排斥竞争、妨碍公平交易的行为。我国《反垄断法》第32条规定:行政机关和法律、法规授权的具有管理公共事务职能的组织不得滥用行政权力,限定或者变相限定单位或者个人经营、购买、使用其指定的经营者提供的商品。

(3) 强制经营者实施危害竞争的垄断行为。行政机关和法律、法规授权的具有管理公共事务职能的组织不得滥用行政权力,强令经营者达成固定价格、划分市场、限制数量等垄断协议,或者强令具有市场支配地位的经营者从事高卖低买、歧视待遇、搭售等滥用市场支配地位的行为,或者强令经营者实施违法经营者集中等。地方政府实施此种行为的动机可能是保护地方经济、挽救某地方企业等。如强制联合(合并)限制竞争就是其中最典型的一种。

我国《反垄断法》第36条就行政机关以及其他具有管理公共事务职能的组织滥用行政权力强制经营者从事垄断行为作出了明确规定:行政机关和法律、法规授权的具有管理公共事务职能的组织不得滥用行政权力,强制经营者从事本法规定的垄断行为。

(4) 制定含有限制竞争内容的行政法规、行政命令等。这是指行政机关利用行政权力,通过制定行政法规、规章或者发布具有普遍约束力的决定、命令,将具有限制竞争性质的条款或内容包含其中,要求相对人执行以达到限制竞争之目的。

行政行为有具体和抽象之分。具体行政行为是行政机关针对具体人、具体事项作出的行政行为,比如对某人因某项行政违法行为作出的行政处罚决定。抽象行政行为则是行政机关针对不特定对象发布的能反复适用的行政规范性文件。与具体行政行为只针对一人一事不同,抽象行政行为具有一定的"普适性",其危害性更大。因此,我国《反垄断法》第37条明确规定:行政机关不得滥用行政权力,制定含有排除、限制竞争内容的规定。

综合上述行为的共性,判断是否构成滥用行政权力排除、限制竞争,一般应从以下要件入手:首先,从行为的实施者来看必须是行政机关或者依照法律、法规授权具有管理公共事务职能的其他组织。这两类主体的特点是均拥有一定的行政权力。其次,上述主体实施了"滥用行政权力"的行为。最后,该行为产生了破坏市场机制、损害公平竞争秩序,排除或者限制竞争的严重后果。

3. 法律责任

行政机关和法律、法规授权的具有管理公共事务职能的组织滥用行政权力,实施排除、限制竞争行为的,由上级机关责令改正;对直接负责的主管人员和其他直接责任人员依法给予处分。反垄断执法机构可以向有关上级机关提出依法处理的建议。

此外,法律、行政法规对行政机关和法律、法规授权的具有管理公共事务职能的组织滥用行政权力实施排除、限制竞争行为的处理另有规定的,依照其规定。

> **相关思考 10-3**
>
> 福建某镇盛产水蜜桃等水果,每年需要大量纸箱、桃筐等,为了谋取经济利益,该镇财政所给某一纸箱店制定了一项优惠政策,买他们的纸箱或桃筐,减收特产税:每吨水蜜桃可减税 44 元。尽管该财政所没有强制水果商必须购买该纸箱店的纸箱、桃筐,但水果商还是"争相"购买该店的价格高的纸箱、桃筐。
>
> 请问:该财政所的行为属于反垄断法中规定的什么行为?

### 三、反垄断法的执法与适用除外

#### (一) 反垄断法的执法

1. 反垄断执法机构

反垄断执法机构是依法行使反垄断调查和审查权力,并对违法垄断行为进行制裁的行政机构。目前,国务院执行反垄断执法事务的机关有国家发改委、商务部和国家工商总局。国家发改委内设的价格监督部门负责查处价格垄断行为,商务部内设的条法司负责国内外贸易和国际经济合作中的反垄断调查,国家工商总局内设的公平交易局负责市场交易中的垄断行为。除此之外,一些监管部门在行业管理中也有一定的反垄断执法权,比如银监会、电监会等。因此,我国客观上形成了多元机构执法的局面。为了减少执法冲突,提高反垄断效率,《反垄断法》对反垄断机构的设置作出了切合实际的规定:一是设立反垄断委员会,二是确立两级反垄断执法机构。

反垄断委员会由国务院设立,负责组织、协调、指导反垄断工作,其主要职责是:研究拟订有关竞争政策;组织调查、评估市场总体竞争状况,发布评估报告;制定、发布反垄断指南;协调反垄断行政执法工作;国务院规定的其他职责。该委员会的组成和工作规则由国务院规定。从这些职责分析可知,反垄断委员会的定位应该是调研智囊型宏观协调机构而非直接执法机构。

国务院规定的承担反垄断执法职责的机构依法负责反垄断执法工作,根据工作需要,可以授权省、自治区、直辖市人民政府相应的机构,依照法律规定负责有关反垄断执法工作。由于体制关系,我国现行多部法律、行政法规中都有反垄断的内容,并由相对应的不同机构来执行。如《中华人民共和国价格法》中规定了禁止固定价格、掠夺性定价等内容;《反不正当竞争法》规定了禁止强制交易、差别待遇、搭售以及行政性垄断等;《中华人民共和国对外贸易法》中作出了不得在对外贸易活动中实施垄断行为的规定;《中华人民共和国电信条例》中规定了禁止差别待遇、禁止拒绝进入网络等内容。这些法律、行政法规的执法职能主要是按照现行各有关部门的职能分工实施的,如发展和改革委员会、商务部、工商总局等部门,以及信息产业部、民航总局、银监会等有关行业监管机构均有权依照相关法律对某些限制竞争行为进行查处。

2. 反垄断调查

反垄断调查是由下列环节有机组成的执法过程:

(1) 反垄断调查的启动。反垄断调查可由反垄断执法机构依职权启动或者依举报启动。反垄断执法机构依法对涉嫌垄断行为进行调查。对涉嫌垄断行为,任何单位和个人有权向反垄断执法机构举报。反垄断执法机构应当为举报人保密。

(2)反垄断调查措施。反垄断执法机构调查涉嫌垄断行为,可以采取下列措施:进入被调查的经营者的营业场所或者其他有关场所进行检查;询问被调查的经营者、利害关系人或者其他有关单位或者个人,要求其说明有关情况;查阅、复制被调查的经营者、利害关系人或者其他有关单位或者个人的有关单证、协议、会计账簿、业务函电、电子数据等文件、资料;查封、扣押相关证据;查询经营者的银行账户。采取上述措施时,应当向反垄断执法机构主要负责人书面报告,并经批准。

(3)反垄断调查的中止。对反垄断执法机构调查的涉嫌垄断行为,被调查的经营者承诺在反垄断执法机构认可的期限内采取具体措施消除该行为后果的,反垄断执法机构可以决定中止调查。中止调查的决定应当载明被调查的经营者承诺的具体内容。反垄断执法机构决定中止调查的,应当对经营者履行承诺的情况进行监督。经营者履行承诺的,反垄断执法机构可以决定终止调查。

(4)反垄断调查的决定。反垄断执法机构对涉嫌垄断行为调查核实后,认为构成垄断行为的,应当依法作出处理决定,并可以向社会公布。

### (二)反垄断法的适用除外

反垄断法是维护正当竞争的法,它所规范的重心在于反竞争的垄断行为而非垄断状态。同时,为了促进科技进步、保护幼稚产业或者弱势团体,维护全体或者长远的社会公共利益,对于某些领域、某些行业还需承认、维持某种垄断。我国《反垄断法》对不适用反垄断法的领域及行业作出了规定。

1. 自然垄断

自然垄断就是国家有时对某些行业的价格和进入实行全行业管制,只允许一家企业垄断全部生产。人们自18世纪就已经认识到,竞争并不总是给社会带来良好的经济效益。恰恰相反,从社会的经济效益出发,市场经济中的某些领域是不应当竞争的,垄断经营才合理,首先是那些向社会提供电力、自来水、天然气的行业,这些行业又被称为自然垄断行业。

自然垄断行业的特点要求反垄断法适用除外:

首先,自然垄断行业的投资大,回收投资的时间长。自然垄断行业向社会提供的产品或者服务都是通过固定的管道或者线路进行的。因铺设管道或者道路的成本很高,从经济的合理性出发,从供应场所到用户的管道或者线路应当只有一条。如果要在这些部门引进竞争机制,势必就会重复铺设管道或线路,增加至少1倍的投资。如果自然垄断行业允许竞争,将提高该行业产品的社会平均成本,从社会整体经济效益衡量,必然造成资源的浪费,不利于社会福利最大化。

其次,从生产和消费的关系上,自然垄断行业的生产和销售需同时进行并不宜中断,"以销定产"是这些行业区别于竞争性产品产业的最大特点,不存在消费需求不宜进行生产,否则就会造成社会财富的浪费。其市场需求在一定时间里相对稳定,一般不存在明显的产品销售"淡季"或"旺季",也就是产品需求增长的空间相对平稳,在现有生产设备的连续运行能够保障需求的情况下,若再重复建设同类行业必然使整个行业同受开工不足的困扰,造成投入财产大量沉积,抑制影响整个行业的经营效率。因此,如果现有特定企业提供的产品能够满足社会需求,就应该阻止其他企业进入,保护现有特定企业的垄断经营。

最后,自然垄断行业需要保持长期稳定的经营业绩自然垄断行业面向全社会,服务于各行各业和千家万户。它们的经营状况如何,能否提供安全和价格合理的产品或服务,直接关系到人民生活稳定和国民经济的发展。因此,需要保持长期稳定的经营业绩。

因此,从全社会公共利益出发,对自然垄断行业必须进行规制,实行垄断经营。

2. 知识产权领域

知识产权保护一般是指法律保护知识产权权利人依法行使知识产权的行为。知识产权具有的法定独占性、垄断性使知识产权的保护与反垄断法有所冲突。因此各国反垄断法一般都将行使知识产权的行为排除在反垄断法的规制对象之外。为了鼓励创新,知识产权法对发明创造的权利人给予一定期限的垄断特权。知识产权的权利人行使知识产权的行为,表面上看与反垄断法禁止的行为近似,实则恰恰是促进科技进步必须予以保护的合法行为。为避免法律之间的冲突,我国《反垄断法》第55条规定,生产经营者依照有关知识产权的法律、行政法规规定行使知识产权的行为,不适用本法;但是,经营者滥用知识产权,排除、限制竞争的行为,适用本法。

3. 中小企业兼并或限制竞争的协议——效益型垄断

如果某些协议没有产生限制竞争的效果,反而提高了市场的竞争力,则应受到法律的保护,适用除外制度。例如,为应付不景气,企业合理组合的共同行为;旨在使经济过程合理化的协议决议,但以该协议和决议适合于从根本上提高参与企业在技术方面、企业经济方面或组织方面的工作效率或经济效率,并因此能改善对需求的满足为限。合理化的效果应当同与之相关联的限制竞争之间保持适当的关系;为帮助中小企业弥补在与大企业竞争中的结构和规模的不利地位,只要是旨在提高效率,提高中小企业的竞争力,并且未实质性地损害竞争的中小企业之间的联合协议,都是应当允许的。

4. 农业生产者及农村经济组织的联合

我国《反垄断法》第56条规定:农业生产者及农村经济组织在农产品生产、加工、销售、运输、储存等经营活动中实施的联合或者协同行为,不适用本法。对于农业生产者及农村经济组织从事农产品的生产经营活动给予特别保护,使其免于反垄断法的规制,不仅有利于疏导农业生产风险,促进我国农业的规模化经营,同时也是符合国际惯例的。

## 本 章 小 结

本章主要讲解了竞争法的两种具体法律规定:反不正当竞争法和反垄断法。如何解决行政垄断的问题是下一步市场经济改革的关键。

## 本章重要概念

竞争法　垄断　不正当竞争